________________ 님의 소중한 미래를 위해

이 책을 드립니다.

핵심만 쏙쏙 짚어내는

1일 1페이지 영어 365

메이트북스

메이트북스 우리는 책이 독자를 위한 것임을 잊지 않는다.
우리는 독자의 꿈을 사랑하고,
그 꿈이 실현될 수 있는 도구를 세상에 내놓는다.

핵심만 쏙쏙 짚어내는 1일 1페이지 영어 365

초판 1쇄 발행 2021년 3월 25일 | **초판 5쇄 발행** 2021년 7월 1일 | **지은이** 정승익 · 이재영
펴낸곳 ㈜원앤원콘텐츠그룹 | **펴낸이** 강현규 · 정영훈
책임편집 안정연 | **편집** 유지윤 · 오희라 | **디자인** 최정아
마케팅 김형진 · 이강희 · 차승환 · 김예인 | **경영지원** 최향숙 · 이혜지 | **홍보** 이선미 · 정채훈
등록번호 제301-2006-001호 | **등록일자** 2013년 5월 24일
주소 04607 서울시 중구 다산로 139 랜더스빌딩 5층 | **전화** (02)2234-7117
팩스 (02)2234-1086 | **홈페이지** blog.naver.com/1n1media | **이메일** khg0109@hanmail.net
값 18,000원 | ISBN 979-11-6002-318-3 43740

처음에는 우리가 습관을 만들어야 하지만,
나중에는 습관이 우리의 운명을 바꾼다.

• 존 드라이든 •
(영국의 시인이자 극작가)

지은이의 말

매일 꾸준히 하면 영어가 쉬워집니다!

"고등학교 가면 영어 성적이 떨어진다!"
이것은 루머가 아닌 팩트입니다. 중학교 때 영어를 꽤 잘한다고 생각했던 학생들이 고1 첫 중간고사에서 9등급 중 4-5등급을 받습니다. 보통의 인문계 고등학교에서 1-2등급까지가 인서울 대학에 진학을 한다는 현실을 감안하면 4-5등급은 충격적인 결과입니다. 왜 이런 일이 벌어지는 걸까요?

중학 영어와 고등 영어의 차이

중학교에서 시험은 절대평가로 치러집니다. 절대평가이기 때문에 90점만 넘으면 다수의 아이들이 최고등급인 A등급을 받습니다. 하지만 고등학교는 9등급으로 이루어진 상대평가입니다. 전체의 4%까지가 1등급, 11%까지가 2등급, 23%까지가 3등급을 받는 식입니다. 중학교에서 A등급을 받던 아이들 중에서 100명 중 4등 안에 드는 실력을 갖춘 아이만이 1등급을 받는 겁니다.
그렇다면 어떤 아이들이 1등급을 받을 수 있을까요? 고등학교 영어에 대해서 잘 알고 미리 대비를 한 아이들이 1등급을 받을 수 있습니다.
중학교와 고등학교 영어의 수준 차이는 조금 과장하면 2배 이상입니다. 중학교 교과서와 고등학교 교과서의 수준 차이가 꽤 심합니다. 단어가 훨씬 더 어렵고, 문장도 길고 복잡해집니다. 그 뿐만이 아닙니다. 대부분의 고등학교에서는 교과서 외에도 부교재나 모의고사를 시험 범위에 넣습니다. 이는 입시를 위한 변별의 요소가 반영된 것인데, 대다수의 학교에서 최상위권을 변별하기 위해서 시험 범위를 굉장히 많이 잡습니다. 중학교 때 고작 교과서 본문 2~3단원 정도였던 시험 범위는 고등학교가 되면서 그것의 50배, 100배 수준으로 범위가 늘어납니다. 중학교 때 자신의 부족한 영어 실력을 벼락치기식의 암기를 통해서 메꾸었던 학생들은 고등학교에서 폭발적으로 늘어난 시험 범위를 따라가지 못하고 순식간에

5등급 이하의 성적으로 밀려납니다. 중학교 때 미리 고등학교 이후를 준비하지 않으면 큰 좌절을 경험하게 되고 이는 곧 영포자, 대입 실패로 이어지게 됩니다.

중학교에서 받는 A등급에 안주하면서 고등학교 이후를 외면한 학생들이 5등급 이하로 밀려납니다. 반대로 말하면, 중학교 때 고등학교 과정에 관심을 가지고 꾸준히 대비한 학생들은 1등급을 충분히 받을 수 있습니다. 이 책은 중학교 단계에서 고등학교 과정에 필요한 요소들을 대비할 수 있도록 만들었습니다. 미리 알면 대비할 수 있습니다.

PART 1 필수영문법

파트 1에서는 중등에서 고등까지 필요한 주요한 영문법을 배웁니다. to부정사, 동명사, 분사, 관계사 등 주요한 문법을 모두 다루기 때문에 영문법의 기초를 확실하게 세울 수 있습니다. 빠르게 문법의 기초를 세우고 싶다면 이 책을 활용하면 됩니다. 문법 개념을 친절하고 상세하게 설명했기 때문에 내용을 읽는 것만으로도 이해를 할 수 있고, 이해한 내용을 바탕으로 문제를 해결하면서 개념을 마스터할 수 있습니다.

PART 2 필수동사 1200

중등에서 고등으로 진학하면서 단어의 수준이 높아지고, 양이 폭발적으로 증가합니다. 단어 암기는 단기간에 되는 것이 아니기 때문에 중등 과정에서부터 꾸준히 고등 과정을 대비해 단어를 암기해야 합니다. 이 책에서는 중등에서 고등까지 필요한 동사 1200개를 선정해서 정리했습니다. 문장 해석의 핵심은 동사이기 때문에 동사를 우선적으로 외우면 독해가 수월해집니다. 단순하고 지루한 암기가 아니라 외울 단어와 함께 쓰이는 표현들을 같이 익히기 때문에 훨씬 더 오래, 의미 있게 기억할 수 있습니다.

PART 3 듣기

중등에서 고등까지의 과정에서 듣기에 어려움이 있는 학생들은 안 들려서 문제를 틀리는 것이 아닙니다. 왜냐하면 수능영어 시험에서조차 영어듣기에서 말을 하는 속도는 정말 느린 편이기 때문입니다. 어떤 부분은 들리고, 어떤 부분은 들리지 않는다면, 그것은 잘 안 들려서가 아니라 단어와 표현을 모르기 때문입니다. 파트 4에서는 수능영어의 듣기 유형을 살펴보고, 각 유형별로 필요한 단어와 표현을 익힙니다. 눈으로 충분히 익혔다면, ebsi 사이트에서 기출문제와 MP3파일을 다운받아 실제로 문제도 풀어보고, 들어보는 것으로 마무리하면 됩니다.

PART 4 매일구문 200

문법을 이용해서 문장을 정확하게 해석하는 방법을 배우는 것을 '구문'이라고 합니다. 아무리 문법 개념을 배워도 문장에 적용하는 것은 경험이 필요합니다. 파트 3에서는 고등학교 모의고사에서 출제가 되었던 문장들을 직접 해석해봅니다. 중학생들이 고등 수준의 단어, 문장들을 간접 체험해보는 좋은 기회가 될 겁니다. 파트 3에서 다양한 문장들을 해석해보면서 파트 1, 2에서 배운 문법과 단어를 완전히 내것으로 만들 수 있습니다.

PART 5 매일독해

중학교에서 배우는 영어교과서 본문의 수준과 고등학교의 수준은 꽤 차이가 큽니다. 중학교에서 좋은 성적을 기록하던 학생들도 고등 수준의 독해에 적응을 못해서 성적이 큰 폭으로 하락합니다. 이를 예방하기 위해서는 고등 수준의 독해에 빠르게 적응해야 합니다. 단어 수준, 문장의 길이, 문장의 복잡성에 빨리 적응을 하고 독해 실력을 끌어 올려야 고1 입학 이후에 어려움을 겪지 않습니다. 파트 5를 통해서 고등 과정에서 다루는 독해 지문의 수준에 적응을 하고, 수능영어 독해 파트에 등장하는 다양한 유형의 문제들을 해결하는 전략을 배웁니다.

『핵심만 쏙쏙 짚어내는 1일 1페이지 영어 365』에는 대한민국에서 학창 시절을 보내는 여러분들에게 필요한 모든 영어의 요소들을 담았습니다. 공무원영어의 기초를 쌓고 싶은 분들에게도 '문법/단어/구문/독해'의 기초를 한번에 쌓을 수 있는 좋은 기회가 될 것입니다.
하루에 한 장씩 꾸준히 공부를 해나감으로써 반드시 영어 공부에 흥미와 자신감을 찾기 바랍니다. 이 책을 통해서 얻은 자신감을 바탕으로 더욱 즐겁게 영어 공부를 하면서 여러분의 인생에서 영어를 강력한 무기로 만들 수 있기를 바랍니다. 그날까지 함께하겠습니다.

교재 내용의 오타, 오류는 mishui@naver.com으로 제보 부탁드립니다.
최신의 교재 정오표는 아래 QR코드를 통해서 다운 받으실 수 있습니다.

차례

이 책의 활용법

이 책에서는 하루에 한 페이지씩 공부하면서 365일 동안 중고등학생들에게 필요한 영어의 핵심 요소들을 배웁니다. [문법 – 단어 – 듣기 – 구문 – 독해]의 순서로 구성되어 있습니다. 기본적으로 책의 순서에 따라 공부하면 좋고, 원하는 파트를 먼저 공부해도 좋습니다.

'파트 1 필수영문법'에는 중고등학생들에게 필요한 문법의 요소들을 담았습니다. 최대한 친절하게 개념 설명이 되어 있습니다. 하지만 문법의 특성상 개념을 한번에 이해하기 어려울 수 있습니다. 일단 끝까지 읽고, 반복을 통해서 개념을 익혀야 합니다. 문제 풀이를 통해서 개념을 다지기 바랍니다. 유튜브 채널 [정승익TV]에서 제공하는 문법 강좌를 참고하시면 큰 도움이 될 것입니다.

'파트 2 필수동사 1200'은 동사 1200개를 담았습니다. 문장 해석의 핵심이 되는 동사 1200개를 외우면 중고등학교 수준의 독해를 할 때 큰 도움을 받을 겁니다. 단어를 외울 때는 한글 의미만 익히지 말고 반드시 어떤 표현들과 어울려 사용하는지를 함께 외우기 바랍니다. 의미 있게 기억을 해야 오랫동안 머릿속에 남아서 활용할 수 있습니다.

'파트 3 듣기'는 듣기평가에 필요한 단어와 표현들을 다루고 있습니다. 듣기평가에 자주 등장하는 단어, 표현들을 익혀주세요. 실제 듣기평가는 말하는 속도가 매우 느리기 때문에 단어, 표현만 알면 충분히 의미를 이해하고 정답을 맞출 수 있습니다. 듣기 평가라고 해서 듣기를 먼저 해야 한다는 편견을 버리고 단어, 표현을 먼저 익혀주시기 바랍니다.

'파트 4 매일구문 200'은 배운 문법과 단어를 문장 속에서 복습하는 시간입니다. 중고등 수준의 영어의 핵심은 독해입니다. 독해를 위해서는 우선 한 문장이 정확하게 해석되어야 합니다. 그 해석을 연습하는 시간이 구문입니다. 기출 문장들을 해석해보면서 문법과 단어가 활용되는 것들을 느껴보기 바랍니다.

'파트 5 매일독해'는 수능영어에 본격적으로 대비하는 시간입니다. 수능영어는 특정한 유형들로 이루어져 있기 때문에 고득점을 위해서는 유형에 대한 이해가 반드시 필요합니다. 수능영어의 독해 유형들을 살펴보고 풀이 전략을 익힙니다. 이 책에서 익힌 전략을 바탕으로 기출문제집을 추가로 풀면서 수능 영어에 대한 준비를 확실히 할 수 있습니다.

365일 체크 리스트

	Mon	Tue	Wed	Thu	Fri	Sat	Sun
1 Week	☐	☐	☐	☐	☐	☐	☐
2 Week	☐	☐	☐	☐	☐	☐	☐
3 Week	☐	☐	☐	☐	☐	☐	☐
4 Week	☐	☐	☐	☐	☐	☐	☐
5 Week	☐	☐	☐	☐	☐	☐	☐
6 Week	☐	☐	☐	☐	☐	☐	☐
7 Week	☐	☐	☐	☐	☐	☐	☐
8 Week	☐	☐	☐	☐	☐	☐	☐
9 Week	☐	☐	☐	☐	☐	☐	☐
10 Week	☐	☐	☐	☐	☐	☐	☐
11 Week	☐	☐	☐	☐	☐	☐	☐
12 Week	☐	☐	☐	☐	☐	☐	☐
13 Week	☐	☐	☐	☐	☐	☐	☐
14 Week	☐	☐	☐	☐	☐	☐	☐
15 Week	☐	☐	☐	☐	☐	☐	☐
16 Week	☐	☐	☐	☐	☐	☐	☐
17 Week	☐	☐	☐	☐	☐	☐	☐
18 Week	☐	☐	☐	☐	☐	☐	☐
19 Week	☐	☐	☐	☐	☐	☐	☐
20 Week	☐	☐	☐	☐	☐	☐	☐
21 Week	☐	☐	☐	☐	☐	☐	☐
22 Week	☐	☐	☐	☐	☐	☐	☐
23 Week	☐	☐	☐	☐	☐	☐	☐
24 Week	☐	☐	☐	☐	☐	☐	☐
25 Week	☐	☐	☐	☐	☐	☐	☐
26 Week	☐	☐	☐	☐	☐	☐	☐

	Mon	Tue	Wed	Thu	Fri	Sat	Sun
27 Week	☐	☐	☐	☐	☐	☐	☐
28 Week	☐	☐	☐	☐	☐	☐	☐
29 Week	☐	☐	☐	☐	☐	☐	☐
30 Week	☐	☐	☐	☐	☐	☐	☐
31 Week	☐	☐	☐	☐	☐	☐	☐
32 Week	☐	☐	☐	☐	☐	☐	☐
33 Week	☐	☐	☐	☐	☐	☐	☐
34 Week	☐	☐	☐	☐	☐	☐	☐
35 Week	☐	☐	☐	☐	☐	☐	☐
36 Week	☐	☐	☐	☐	☐	☐	☐
37 Week	☐	☐	☐	☐	☐	☐	☐
38 Week	☐	☐	☐	☐	☐	☐	☐
39 Week	☐	☐	☐	☐	☐	☐	☐
40 Week	☐	☐	☐	☐	☐	☐	☐
41 Week	☐	☐	☐	☐	☐	☐	☐
42 Week	☐	☐	☐	☐	☐	☐	☐
43 Week	☐	☐	☐	☐	☐	☐	☐
44 Week	☐	☐	☐	☐	☐	☐	☐
45 Week	☐	☐	☐	☐	☐	☐	☐
46 Week	☐	☐	☐	☐	☐	☐	☐
47 Week	☐	☐	☐	☐	☐	☐	☐
48 Week	☐	☐	☐	☐	☐	☐	☐
49 Week	☐	☐	☐	☐	☐	☐	☐
50 Week	☐	☐	☐	☐	☐	☐	☐
51 Week	☐	☐	☐	☐	☐	☐	☐
52 Week	☐	☐	☐	☐	☐	☐	☐

파트 1에서는 중학교에서 고등학교까지 필요한 필수영문법을 익힙니다. 매일 하루치씩 공부를 해도 좋고, 궁금한 문법을 먼저 찾아서 공부를 해도 좋습니다. 영문법을 처음 공부한다면, 처음부터 차례대로 하나씩 공부하는 것을 추천합니다. 이해하기 편한 순서로 내용이 구성되어 있습니다. 영문법을 공부할 때에는 다음의 2가지 원칙을 꼭 기억해주세요.

1. 이해하면서 익힌다.

모든 영문법은 필요에 의해서 만들어진 것입니다. 무작정 외우려고 하면 머릿속에 저장되지 않습니다. 각 문법이 왜 필요한지를 먼저 이해하는 것이 중요합니다.

2. 예문과 함께 익힌다.

영문법은 어디까지나 문장을 만들기 위한 수단입니다. 영문법을 제대로 이해한다는 것은 문장 속에서 활용할 수 있다는 것입니다. 배운 영문법이 문장 속에서 어떻게 활용되는지를 반드시 익히기 바랍니다. 이 책에 다양한 예문들을 실었습니다. 영문법 공부의 마무리는 꼭 문장으로 해주세요.

영문법을 처음 배우면 누구나 답답한 부분이 생깁니다. 아직 문법 지식이 완전하지 않기 때문에 이해가 되지 않는 부분이 생길 수밖에 없습니다. 그럴 때는 이해가 안 되는 부분을 형광펜으로 표시하고 넘어가세요. 그러고 나서 영문법에 대한 지식이 쌓인 후에 다시 돌아와서 형광펜으로 표시된 부분을 보면 이해할 수 있는 경우가 대부분입니다. 영문법은 일단 끝까지 진도를 나가는 것을 목표로 하세요.

PART 1

필수영문법

DATE . . . COMPLETE

DAY 1

방탄소년단 RM 이야기

필수영문법

2020년 한국 가수로는 최초로 빌보드 차트 1위에 오른 방탄소년단은 미국 진출 당시 리더인 RM(본명: 김남준)의 영어 실력이 화제가 되었습니다. 방탄소년단은 미국 진출 당시 영어로 진행되는 대부분의 프로그램에 따로 통역사를 두지 않고, RM이 통역 역할을 맡으면서 자연스럽게 출연했습니다. 전문가들은 이것이 미국인들의 마음의 문을 여는 데 도움이 되었다고 분석합니다.

놀라운 것은 RM은 서울에서 태어나 5세 이후 일산에서 성장한 평범한 대한민국의 청년이었다는 점입니다. 중고등학교 시절에 전교 1, 2등을 다툴 정도로 성적이 우수했다고 하며, 미드 〈프렌즈〉를 시청하면서 영어를 공부했다고 합니다.

한국에서 태어나 평범하게 성장한 이 청년은 자신이 24세의 나이에 UN 총회에서 전 세계인을 상대로 연설을 하게 될 거라고 상상이나 했을까요? 절대로 아닐 겁니다. 그저 열심히 공부하는 중에 영어 공부도 열심히 했는데, 이것이 그의 인생에서 '세계 진출'이라는 어마어마한 일에 결정적인 도움이 된 것입니다.

학생들은 대부분 시험을 위해 영어 공부를 합니다. 하지만 영어가 여러분의 인생에 얼마나 중요한 도구가 될지 아무도 모릅니다. 어린 나이의 여러분들은 10년 후, 20년 후 여러분의 미래를 알 수 없습니다. 확실한 사실은 기회가 주어졌을 때 영어를 능숙하게 의사소통 도구로 사용할 수 있다면 그 기회는 큰 행운으로 바뀔 수 있다는 겁니다.

일산에서 자란 한 청년이 전 세계를 상대로 영어로 연설을 하고, 세계인의 가슴을 뜨겁게 했습니다. UN 총회에서 연설한 RM의 연설문 일부를 함께 보면서 여러분의 꿈을 무럭무럭 키우기 바랍니다.

My name is Kim Namjoon, also known as RM, the leader of the group BTS.
제 이름은 방탄소년단의 리더이자 RM이라고 알려진 김남준입니다.

No matter who you are, where you're from, your skin color, your gender identity, just speak yourself. Find your name and find your voice by speaking yourself.
여러분이 누구이든, 어느 나라 출신이든, 피부색이 어떻든, 성 정체성이 어떻든, 여러분 자신에 대해서 이야기하세요. 여러분 자신에 대해서 말하면서 여러분의 이름과 목소리를 찾으세요.

Q 앞으로 여러분에게 영어 공부는 어떤 도움을 줄 거라고 생각하나요?

DAY 2 3인칭단수

3인칭단수는 영문법을 공부하는 초기에 만나는 개념입니다. 3인칭과 단수를 합친 말이 3인칭단수입니다.
영어에는 1인칭, 2인칭, 3인칭, 이렇게 3개의 인칭이 있습니다.

- 1인칭: 나
- 2인칭: 너
- 3인칭: 나와 너를 제외한 세상의 모든 것

단수는 1개나 1명을 말하는 것이기 때문에 3인칭단수는 '나와 너를 제외한 세상의 모든 것 중에서 1명, 1개'를 말합니다. 여러분 주변에서 이야기를 나누고 있는 여러분(나)과 상대방(너)을 제외한 1개(명)는 모두 3인칭단수입니다.
he, she, pen, book, house, school

이 개념이 문법책 초반에 등장하는 이유는 영어 문장에서 '주어'가 3인칭단수인가, 아닌가에 따라서 동사를 사용하는 방법이 달라지기 때문입니다.
I have **a pen. (주어가 3인칭단수가 아닐 경우)**
He has **a pen. (주어가 3인칭단수일 경우)**

기본적으로 주어가 3인칭단수인 경우 동사에 s(es)를 붙입니다. 아래 문제를 통해서 익혀보세요.

Q 괄호 안에서 알맞은 것을 고르세요.

1. I [like / likes] basketball.
2. I [stay / stays] up late at night.
3. I [play / plays] computer games every day.
4. She [like / likes] making cookies.
5. I [speak / speaks] three languages.
6. He [have / has] two sons.
7. We [take / takes] a walk after dinner.
8. They [clean / cleans] their house every day.
9. My mom [eat / eats] breakfast at 7.
10. My father [leave / leaves] for work at 8.

DAY 3 인칭대명사

인칭대명사는 사람이나 사물을 나타내는 명사를 대신해 쓰는 말입니다. 우리말과 마찬가지로 영어에서도 앞서 이야기를 했던 대상을 가리킬 때 반복을 피하기 위해서 대신하는 말을 사용합니다. 우리가 영어에서 자주 사용하는 'I, you, he, she'와 같은 것들이 인칭대명사입니다. 인칭대명사는 문장에서 어떤 역할을 하느냐에 따라서 형태가 달라집니다. 인칭대명사를 정확하게 사용하려면 먼저 '단수/복수'의 개념과 '격'을 알아야 합니다.
단수와 복수의 개념은 간단합니다.

- 단수: 1명(개)
- 복수: 2명(개) 이상

3가지 격의 개념은 다음과 같습니다.

- 주격: 문장의 주어 자리에 쓰일 때
- 소유격: '~의'라고 해석되면서 주로 물건의 소유를 나타낼 때
- 목적격: 문장에서 목적어 자리에 쓰일 때

주어, 목적어 등의 개념은 이후에 다시 배울 거니까 지금은 위치만 보고 인칭대명사를 익혀주세요. 인칭대명사를 단수/복수, 격에 따라서 정리하면 다음과 같습니다.

		주격 (~은/는/이/가)	소유격 (~의)	목적격 (~을(를)/~에게)
단수	1인칭	I	my	me
	2인칭	You	your	you
	3인칭	He	his	him
		She	her	her
		It	its	it
복수	1인칭	We	our	us
	2인칭	You	your	you
	3인칭	They	their	them

Q 우리말 해석에 맞게 알맞은 인칭대명사를 넣으세요.

1. _______ is happy. 그녀는 행복하다.
2. I like _______. 나는 그것을 좋아한다.
3. You used _______ computer. 너는 그녀의 컴퓨터를 사용했다.

DAY 4 구와 절

영어 공부를 하다 보면, 명사구, 형용사절과 같은 말을 들을 수 있습니다. 이것을 이해하기 위해서 단어, 구, 절의 개념을 먼저 익혀야 합니다.

단어는 의미가 있는 하나의 덩어리를 말합니다.
book, chair, student, school, beauty, happiness, milk, water

구는 2개 이상의 단어가 모여서 한 덩어리로 뭉친 것입니다. 이들 단어 사이에는 '주어+동사'의 관계가 없습니다.
to study English **영어를 공부하는 것**
running fast **빨리 달리는 것**

절은 2개 이상의 단어가 모여서 한 덩어리가 된 점에서 구와 같습니다. 하지만 절은 구와 달리 이들 단어 사이에 '주어+동사'의 관계가 있습니다.
that he is smart **그가 똑똑하다는 것**(사실)
when it rains **비가 올 때**

구와 절은 영어에서 명사, 형용사, 부사의 3가지 역할을 합니다. 구가 명사 역할을 하면 명사구이고, 형용사 역할을 하면 형용사구이고, 부사 역할을 하면 부사구입니다. 마찬가지로 절도 명사절, 형용사절, 부사절이 있습니다.

Q 다음 덩어리는 구인가요? 절인가요?

1. to respect my parents [구 / 절]
2. what she said to me [구 / 절]
3. because he had a wide experience [구 / 절]
4. walking alone [구 / 절]
5. when it rains [구 / 절]

DAY 5 8품사

영어에서는 단어가 처음 만들어질 때 8가지 성격 중 하나를 가지게 됩니다. 단어가 처음 생겨날 때부터 가지게 되는 8가지 성격을 8품사라고 합니다.

명사는 사람, 사물, 동물, 추상적 개념의 이름을 나타내는 말입니다.
book, chair, student, sugar, water, love, happiness

대명사는 앞에서 사용한 명사를 대신하는 말입니다.
I, you, he, she, they, we, this, that

동사는 사람이나 사물의 움직임이나 상태를 나타내는 말입니다.
be**동사**(am, are, is), **일반동사**(study, sleep), **조동사**(can, may)

형용사는 사람이나 사물의 성질, 수량, 크기, 색 등을 나타내는 말입니다.
smart, pretty, tall, low, high, quick

부사는 장소, 방법, 시간 등을 나타내는 말입니다.
quickly, slowly, very, well

전치사는 명사나 대명사 앞에서 명사, 대명사의 장소, 시간, 방법, 방향성 등을 나타내는 말입니다.
in, at, on, with, without, for, by

접속사는 말과 말을 이어주는 말입니다. 접속사의 '접속'이라는 말은 '이어준다'라는 의미입니다.
and, but, so

감탄사는 슬픔, 기쁨, 분노 등 사람의 감정을 표현하는 말입니다.
Oh, Ah, Bravo

Q 다음 단어 중 품사가 다른 하나를 골라 동그라미 치세요.

about, for, with, in, and

DAY 6 명사

명사는 사람, 사물, 동물, 추상적 개념의 이름을 나타내는 말입니다.

명사의 성격에 따른 분류

1. 보통명사는 보통의 평범한 명사로 같은 종류가 있는 사람, 사물의 이름을 나타냅니다.
book, boy, girl, tiger, desk, school

2. 고유명사는 인명, 지명, 특정 사물의 이름처럼 세상에서 1개밖에 없는 고유한 것의 이름을 나타냅니다.
Seoul, America, Tom

3. 물질명사는 물질들의 이름을 나타냅니다.
milk, gold, salt, air

4. 추상명사는 눈에 보이지 않는 추상적인 개념들의 이름을 나타냅니다.
happiness, truth, love, hope

5. 집합명사는 사람, 사물들이 모여 있는 느낌을 주는 명사입니다. 집합명사들은 상황에 따라서 단수나 복수 취급을 하기 때문에 사용할 때 주의가 필요합니다.
family(가족, 가족들), committee(위원회, 위원들), audience(청중, 청중들)

셀 수 있는지 여부에 따른 명사의 분류

1. 셀 수 있는 명사는 1명(개), 2명(개)··· 이런 식으로 셀 수 있습니다.
book(책), boy(소년), girl(소녀), dog(개), cat(고양이), school(학교)

2. 셀 수 없는 명사는 세상에 1개만 있는 것을 말하므로 2개 이상이 없어서 셀 수 없습니다.
Seoul(서울), America(미국), Tom(톰), milk(우유), gold(황금), salt(소금), air(공기), happiness(행복), truth(진실), love(사랑), hope(희망)

Q 다음 중 보통명사를 찾아서 동그라미 치세요.

friend, money, Tom, Seoul, truth

DAY 7 셀 수 있는 명사

셀 수 있는 명사의 특징은 다음과 같습니다.

1. 명사 1개를 가리킬 때는 앞에 a를 붙입니다.
a house, a bike, a pencil, a girl

2. 첫소리가 모음으로 시작하는 명사 앞에는 an을 붙입니다.
an egg, an apple, an orange, an idea, *an umbrella, *an hour
(*발음이 모음으로 시작하는 umbrella, hour)

3. 셀 수 있는 명사의 복수형 뒤에 -s를 붙입니다.
houses, bikes, pencils, boys

4. 끝 글자가 [s, sh, ch, x, o]로 끝나는 명사에는 -es를 붙입니다.
buses, dishes, watches, boxes, potatoes

5. [자음+y]로 끝나는 명사는 y를 i로 바꾸고 -es를 붙입니다.
baby → babies, lady → ladies

6. [-f,-fe]로 끝나는 명사들은 -ves로 바꾸거나 s를 붙입니다.
knife → knives, wolf → wolves, roof → roofs, belief → beliefs

7. 복수형이 불규칙하게 변하는 명사들입니다.

man → men	woman → women	foot → feet
tooth → teeth	child → children	mouse → mice

8. 수를 나타내는 few, many와 함께 사용 가능합니다.
few students, many apples

Q 다음 명사들의 복수형을 쓰세요.

1. egg → ________
2. baby → ________
3. child → ________

DAY 8 셀 수 없는 명사

셀 수 없는 명사의 4가지 특징은 다음과 같습니다.

1. 복수형이 없습니다.
waters(X), moneys(X)

2. a(n)과 함께 쓸 수 없습니다.
a water(X), a money(X)

3. 수를 나타내는 표현과 쓸 수 없습니다.
two waters(X), three moneys(X)

4. 양을 나타내는 much, little과 함께 사용합니다.
little water, much money

셀 수 없는 명사들이 사용된 표현들로 오늘 공부를 마무리하겠습니다.

much water 많은 물

much food 많은 음식

much luggage 많은 짐

much knowledge 많은 지식

little coffee 적은 커피

little time 적은 시간

little information 적은 정보

'a lot of, lots of(많은)'는 셀 수 있는 명사와 셀 수 없는 명사 모두에 사용 가능합니다.

Q 다음 괄호 안에서 알맞은 것을 고르세요.

1. [Milk / A milk] is good for health.
2. [Beauty / A beauty] is in the eye of the beholder.

DAY 9 물질명사를 셀 때

물질명사는 셀 수 없는 명사이지만, 이 물질을 통에 넣거나 가공을 하면 셀 수 있는 경우가 있습니다. 이때 그 물질의 단위를 나타내는 단위명사를 사용합니다.
'water'이라는 명사는 셀 수 없습니다. 하지만 '병'이라는 단위를 이용하면 물 한 병, 물 두 병… 이런 식으로 셀 수 있는 원리입니다.

piece: 장, 조각의 단위 a piece of paper 종이 한 장 two pieces of furniture 가구 두 점	slice: 얇게 썬 단위 a slice of cheese 치즈 한 장 two slices of bread 빵 두 조각
glass: 잔의 단위 a glass of water 물 한 잔 two glasses of milk 우유 두 잔	bar: 작은 덩어리의 단위 a bar of soap 비누 한 개 two bars of chocolate 초콜릿 두 개
bottle: 병의 단위 a bottle of juice 주스 한 병 two bottles of beer 맥주 두 병	cup: 컵의 단위 a cup of tea 차 한 잔 two cups of coffee 커피 두 잔
sheet: 장의 단위 a sheet of paper 종이 한 장 two sheets of paper 종이 두 장	loaf: 덩어리의 단위 a loaf of bread 빵 한 덩어리 two loaves of bread 빵 두 덩어리
bowl: 공기, 그릇의 단위 a bowl of rice 밥 한 공기 two bowls of soup 수프 두 그릇	

Q 우리말 의미에 맞게 빈칸에 알맞은 단위명사를 쓰세요.

1. a __________ of paper 종이 한 장
2. a _______ of soap 비누 하나
3. two _______ of water 물 두 잔

DAY 10 동사

동사는 사람이나 사물의 움직임이나 상태를 나타내는 말입니다. 동사에는 3가지 종류가 있는데 be동사, 일반동사, 조동사입니다.

- be동사: am, are, is, was, were
- 일반동사: play(놀다), eat(먹다), study(공부하다), sleep(자다)
- 조동사: can(~할 수 있다), may(~일지도 모른다), will(~일 것이다), must(~해야 한다)

동사는 영어 문장에서 주어가 어떤 상태인지, 어떤 동작을 하는지를 나타냅니다. 문장의 의미를 파악하는 데 가장 중요한 품사입니다. 동사는 영어로 Verb이고, 줄여서 V라고 표시합니다. 주어는 Subject여서 S라고 줄여 씁니다. 기본적으로 영어의 문장은 S+V를 기본으로 합니다.

영어 문장에서 동사가 더욱 중요한 이유는 동사에 따라서 문장의 구조가 결정되기 때문입니다. 예를 들어, I study… 여기까지 해석을 했다면 자연스럽게 다음에 무언가가 더 와야 한다는 생각이 듭니다. 내가 '무엇을' 공부하는지가 궁금한 거죠. 그래서 study 다음에 내용을 추가해야 완전한 문장이 됩니다.

I study English / math / physics. 나는 영어/수학/물리학을 공부한다.

영어 문장을 해석할 때 동사를 해석하고 나서 다음에 올 이야기들을 상상해보면 더욱 빠르게 문장의 의미를 파악할 수 있습니다.

Q 다음 동사의 알맞은 종류에 동그라미 치세요.

1. avoid [be동사 / 조동사 / 일반동사]
2. might [be동사 / 조동사 / 일반동사]
3. was [be동사 / 조동사 / 일반동사]
4. were [be동사 / 조동사 / 일반동사]
5. agree [be동사 / 조동사 / 일반동사]
6. bring [be동사 / 조동사 / 일반동사]
7. will [be동사 / 조동사 / 일반동사]
8. should [be동사 / 조동사 / 일반동사]

DAY 11

be동사

be동사는 동사의 한 종류입니다. be동사는 주어에 알맞게 사용을 하는 것이 중요합니다. be동사의 형태(현재형)를 표로 정리해봤습니다.

		주어	be동사	줄임말
단수	1인칭	I	am	I'm
	2인칭	You	are	You're
	3인칭	He	is	He's
		She	is	She's
		It	is	It's
복수	1인칭	We	are	We're
	2인칭	You	are	You're
	3인칭	They	are	They're

be동사는 크게 2가지 의미가 있습니다.

1. ~이다

I am a teacher. 나는 선생님이다.

You are a student. 너는 학생이다.

The news is surprising. 그 소식은 놀랍다.

2. ~이 있다, 존재하다

She is in her room. 그녀는 그녀의 방에 있다.

He is at the party. 그는 파티에 참석 중이다.

Q 다음 중 밑줄 친 부분의 의미가 나머지와 다른 하나는?

① The man is a great singer.

② Mr. Kim is my P.E. teacher.

③ Jimmy is a smart student.

④ My sister is at school now.

⑤ This is an easy English book.

DAY 12 be동사의 과거형

be동사의 현재 형태는 'am, are, is'입니다.
과거를 나타내는 be동사는 딱 2개입니다. was, were! 이 2개의 동사를 주어에 맞게 사용하면 됩니다.

be동사의 과거형

I / He / She / This / That / It / 3인칭단수 + was
You / We / They + were

주어에 맞게 be동사의 과거형을 자유롭게 사용하는 연습을 해야 합니다. 아래에서 주어에 맞게 빈칸에 알맞은 be동사의 과거형을 넣는 연습을 해보겠습니다.

Q 빈칸에 알맞은 be동사의 과거형을 쓰세요.

1. I _______ late for school.
2. You _______ hungry.
3. Tom _______ at school.
4. My brother _______ sick yesterday.
5. He _______ fired.
6. I ______ a winner.
7. We _______ hungry.
8. That _______ funny.
9. The book ______ under the table.
10. I _____ happy then.
11. The game _______ interesting.
12. They ______ great teachers.
13. Her clothes _________ pretty.
14. Your dogs _________ very cute.

DAY 13 be동사의 부정문

동사를 공부할 때는 동사를 활용한 부정문, 의문문을 만들 수 있어야 합니다. be동사의 부정문은 be동사 바로 뒤에 not을 사용하면 됩니다.

be동사의 부정문

be동사 + not
is not(isn't)
am not
are not(aren't)
was not(wasn't)
were not(weren't)
(*am not은 줄여 쓰지 않음)

be동사는 주어에 맞게 사용을 하는 것이 핵심입니다. 주어에 알맞게 be동사의 부정문을 만드는 연습을 충분히 하세요.

Q 다음 문장을 부정문으로 바꾸세요.

1. We are sick. → ____________________
2. Her name is Sarah. → ____________________
3. Children are hungry. → ____________________
4. He is my best friend. → ____________________
5. I am in the second grade. → ____________________
6. You are tall and smart. → ____________________
7. She is a famous actress. → ____________________
8. They are good students. → ____________________
9. I am in the drama club. → ____________________
10. We are happy today. → ____________________
11. He was absent from the meething. → ____________________
12. They're kind to me. → ____________________
13. She's my English teacher. → ____________________

DAY 14 be동사의 의문문

be동사를 의문문으로 바꿀 때는 주어와 be동사의 위치를 서로 바꿉니다.

be동사의 의문문

be동사 + 주어 …?
Am I…?
Are you…?
Is he…?
Is she…?
Are we…?
Are they…?

Is she tall? 그녀는 키가 크니?
Are they students? 그들은 학생이니?
Were you busy then? 너는 그때 바빴니?
Were we at the same room? 우리 같은 방에 있었니?

의문문은 질문에 대한 대답도 중요합니다. be동사로 질문을 하면 yes나 no로 답을 하는 것이 기본입니다.

Are they students? 그들은 학생이니?
– Yes, they are. / No, they aren't.

Were they surprised at the news? 그들은 그 소식에 놀랐니?
– Yes, they were. / No, they weren't.

Q 다음 문장을 의문문으로 바꾸세요.

1. We are close friends. → ______________________
2. They are classmates. → ______________________
3. Nick is smart. → ______________________
4. This is a new cell phone. → ______________________
5. Vegetables are good for health. → ______________________

DAY 15 일반동사

일반동사는 동사의 한 종류입니다. 세상에는 무수히 많은 일반동사들이 있고, 주어의 동작이나 상태를 나타냅니다.

일반동사의 개념

- be동사와 조동사를 제외한 모든 동사
- 주어의 행동이나 움직임을 나타내는 동사
- 먹다, 자다, 공부하다, 놀다 등

일반동사를 사용할 때는 주어가 3인칭단수인지 아닌지 여부가 중요합니다.
첫째, 주어가 3인칭단수가 아닐 때 일반동사의 현재형은 일반동사의 원래 형태를 그대로 사용합니다.

I study English. **나는 영어를 공부한다.**

We take a shower every night. **우리는 매일밤 샤워를 한다.**

둘째, 주어가 3인칭단수일 때 일반동사의 현재형은 일반동사에 s(es)를 붙입니다.

He studies English. **그는 영어를 공부한다.**

He takes a shower every night. **그는 매일밤 샤워를 한다.**

일반동사에 s(es)를 붙이는 방법은 다음 시간에 다시 한번 알아보겠습니다.

Q 다음 일반동사들의 의미를 쓰세요.

1. add ______________________
2. cause ______________________
3. complete ______________________
4. divide ______________________
5. fix ______________________
6. hide ______________________
7. increase ______________________
8. measure ______________________
9. overcome ______________________
10. participate ______________________

DAY 16 3인칭단수 주어와 일반동사

주어가 3인칭단수이면 일반동사를 현재형으로 사용할 때 s나 es를 붙여야 합니다. 동사에 따라서 몇 가지 주의해야 할 점이 있습니다.
주어가 3인칭단수일 때 일반동사의 현재형에 일어나는 변화는 다음과 같습니다.

1. 동사원형 + s
work → works, leave → leaves, say → says, grow → grows

2. 동사 끝이 -o, -s, -x, -sh, -ch로 끝날 때 -es
do → does, pass → passes, relax → relaxes, teach → teaches

3. 동사 끝이 [자음 + y]면 y를 i로 고치고 -es, [모음 + y]는 그냥 -s
study → studies, cry → cries, try → tries, copy → copies, play → plays, pay → pays

4. 불규칙 변화
have → has

처음에는 이런 원리가 어렵고 복잡해 보이지만, 영어를 계속 사용하다 보면 나중에는 굳이 원리를 떠올리지 않아도 자연스럽게 사용할 수 있기 때문에 초반에 연습을 충분히 하는 것이 중요합니다.

Q 괄호 안의 동사를 알맞은 현재형으로 바꿔서 빈칸을 채우세요.

1. She _______ [feel] lonely.
2. He ________ [look] very excited.
3. This pie _______ [taste] good.
4. Jane ______ [like] music.
5. He _____ [love] his friends very much.

DAY 17

일반동사의 과거형

동사의 과거시제는 과거에 일어난 일에 대해서 이야기할 때 사용합니다. 어젯밤의 일, 조선 시대에 일어난 일 등을 과거시제로 나타낼 수 있습니다.
오늘은 일반동사의 과거시제에 대해 알아보겠습니다. 일반동사의 과거시제는 규칙적으로 변하는 것이 있고, 불규칙적으로 변하는 것이 있습니다. 규칙적으로 변하는 것부터 볼게요.
일반동사 과거시제의 규칙 변화는 '동사원형 + (e)d'입니다.

1. 대부분의 경우: 동사원형 + ed
work → worked
2. e로 끝나는 동사: 동사원형 + d
die → died
3. 자음 + y로 끝나는 경우: y를 i로 고치고 -ed
study → studied
4. 모음 + y로 끝나는 경우: 동사원형 + ed
enjoy → enjoyed
5. 단모음 + 단자음인 경우: 마지막 자음을 한 번 더 쓰고 -ed
stop → stopped

규칙 변화만 해도 단어의 형태에 따라서 약간 복잡한 면이 느껴집니다. 다소 어려워도 동사는 문장에서 무조건 1회 이상 활용되기 때문에 반드시 마스터해야 합니다.

Q 다음 동사들을 과거형으로 바꾸세요.

1. cry ________
2. stay ________
3. enjoy ________
4. rush ________
5. kick ________
6. delay ________
7. answer ________
8. watch ________
9. play ________
10. marry ________

DATE . . . COMPLETE □□

필수영문법

DAY 18 일반동사의 불규칙한 과거형 ①

오늘부터 일반동사가 불규칙하게 과거형으로 바뀌는 것을 3일에 걸쳐 알아봅니다.

	뜻	현재	과거	과거분사(p.p)
1	~이다, ~있다	am/is	was	been
2	~이다, ~있다	are	were	been
3	(아이를) 낳다, 참다	bear	bore	born
4	치다	beat	beat	beaten
5	~되다	become	became	become
6	시작하다	begin	began	begun
7	묶다	bind	bound	bound
8	물다	bite	bit	bitten
9	(바람이) 불다	blow	blew	blown
10	부수다, 깨뜨리다	break	broke	broken
11	가져오다	bring	brought	brought
12	건설하다	build	built	built
13	사다	buy	bought	bought
14	잡다	catch	caught	caught
15	선택하다	choose	chose	chosen
16	오다	come	came	come
17	비용이 들다	cost	cost	cost
18	자르다	cut	cut	cut
19	다루다	deal	dealt	dealt
20	뛰어들다	dive	dived/dove	dived
21	(땅을) 파다	dig	dug	dug
22	~을 하다	do/does	did	done
23	그리다	draw	drew	drawn
24	마시다	drink	drank	drunk
25	운전하다	drive	drove	driven
26	먹다	eat	ate	eaten
27	떨어지다	fall	fell	fallen
28	먹이다	feed	fed	fed
29	느끼다	feel	felt	felt
30	싸우다	fight	fought	fought

DAY 19 일반동사의 불규칙한 과거형 ②

31	발견하다	find	found	found
32	날다	fly	flew	flown
33	잊어버리다	forget	forgot	forgotten
34	용서하다	forgive	forgave	forgiven
35	얼다	freeze	froze	frozen
36	얻다	get	got	got/gotten
37	주다	give	gave	given
38	가다	go	went	gone
39	자라다	grow	grew	grown
40	걸다	hang	hung	hung
41	가지다	have/has	had	had
42	듣다	hear	heard	heard
43	숨다	hide	hid	hidden
44	치다	hit	hit	hit
45	붙잡다	hold	held	held
46	다치다	hurt	hurt	hurt
47	유지하다	keep	kept	kept
48	알다	know	knew	known
49	놓다	lay	laid	laid
50	이끌다	lead	led	led
51	떠나다	leave	left	left
52	빌려주다	lend	lent	lent
53	시키다	let	let	let
54	눕다	lie	lay	lain
55	잃다	lose	lost	lost
56	만들다	make	made	made
57	~을 의미하다	mean	meant	meant
58	만나다	meet	met	met
59	실수하다	mistake	mistook	mistaken
60	지불하다	pay	paid	paid
61	두다, 놓다	put	put	put
62	읽다	read	read	read
63	타다, 몰다	ride	rode	ridden
64	(벨이) 울리다	ring	rang	rung
65	오르다, 올라가다	rise	rose	risen
66	달리다	run	ran	run

DAY 20

일반동사의 불규칙한 과거형 ③

67	말하다	say	said	said
68	보다	see	saw	seen
69	찾다, 추구하다	seek	sought	sought
70	팔다	sell	sold	sold
71	보내다	send	sent	sent
72	놓다	set	set	set
73	흔들다	shake	shook	shaken
74	빛나다	shine	shone	shone
75	쏘다	shoot	shot	shot
76	보여주다	show	showed	shown
77	닫다	shut	shut	shut
78	노래하다	sing	sang	sung
79	가라앉다	sink	sank	sunk
80	앉다	sit	sat	sat
81	잠자다	sleep	slept	slept
82	냄새가 나다	smell	smelt	smelt
83	말하다	speak	spoke	spoken
84	(돈, 시간) 소비하다	spend	spent	spent
85	일어서다	stand	stood	stood
86	훔치다	steal	stole	stolen
87	치다	strike	struck	struck
88	수영하다	swim	swam	swum
89	흔들다	swing	swung	swung
90	잡다, 받아들이다	take	took	taken
91	가르치다	teach	taught	taught
92	찢다	tear	tore	torn
93	말하다	tell	told	told
94	생각하다	think	thought	thought
95	던지다	throw	threw	thrown
96	이해하다	understand	understood	understood
97	입다	wear	wore	worn
98	울다	weep	wept	wept
99	이기다	win	won	won
100	쓰다	write	wrote	written

DAY 21 일반동사의 부정문

일반동사의 부정문을 만들 때는 주어가 3인칭단수인지 여부가 중요합니다.

1. 주어가 3인칭단수가 아닐 때 일반동사의 부정문
주어 + do not(don't) + 동사원형
They don't sing well. 그들은 노래를 잘하지 않는다.
I don't play basketball well. 나는 농구를 잘하지 않는다.

2. 주어가 3인칭단수일 때 일반동사의 부정문
주어 + does not(doesn't) + 동사원형
He doesn't exercise. 그는 운동을 하지 않는다.
She doesn't eat dinner. 그녀는 저녁을 먹지 않는다.

3. 일반동사 과거형의 부정
주어 + didn't + 동사원형
I didn't make a mistake. 나는 실수를 하지 않았다.
She didn't sleep at all. 그녀는 전혀 잠을 자지 않았다.

Q 다음 문장을 부정문으로 바꾸세요.

1. I wear a school uniform.
→ ______________________________.
2. They drink milk.
→ ______________________________.
3. I walk to school.
→ ______________________________.
4. I drink milk every morning.
→ ______________________________.
5. My mom likes chocolate.
→ ______________________________.

DAY 22 일반동사의 의문문

일반동사를 의문문으로 바꿀 때는 주어가 3인칭단수인지 여부에 따라서 2가지 형태로 바꿀 수 있습니다. 질문에 답을 할 때는 기본적으로 Yes/No로 답을 합니다.

1. 주어가 3인칭단수가 아닐 때

Do + 주어 + 동사원형…?

You like him.

→ Do you like him? 너는 그를 좋아하니?

– Yes, I do. / No, I don't.

2. 주어가 3인칭단수일 때

Does + 3인칭단수 주어 + 동사원형…?

Jane has a pet.

→ Does Jane have a pet? Jane은 애완동물을 가지고 있니?

– Yes, she does. / No, she doesn't.

과거형일 때에는 주어의 3인칭단수 여부는 상관 없이 did로 시작을 하면 됩니다.

3. 일반동사의 과거형의 의문문

Did + 주어 + 동사원형…?

She gave him some money.

→ Did she give him some money? 그녀는 그에게 돈을 좀 주었니?

– Yes, she did. / No, she didn't.

Q 다음 문장들을 의문문으로 바꾸세요.

1. Your dad works at a hospital.

→ ______________________________ ?

2. She had many books.

→ ______________________________ ?

형용사

형용사는 사람이나 사물의 성질, 수량, 크기, 색등을 나타내는 말입니다. 형용사는 문장에서 명사를 꾸며주는 역할을 합니다. 형용사는 2가지 용법으로 사용합니다.

1. 형용사의 한정적 용법: 형용사가 명사의 의미를 '한정'하는 용법

kind teacher 친절한 선생님

tall tree 높은 나무

novel idea 참신한 생각

efficient plan 효율적인 계획

2. 형용사의 서술적 용법: 형용사가 문장의 '서술'을 도와주는 용법

You are kind. 너는 친절하다.

She is tall. 그녀는 키가 크다.

The house is big. 그 집은 크다.

The plan was successful. 그 계획은 성공적이었다.

3. 서술적 용법으로만 사용하는 형용사들도 있습니다. 아래 형용사들은 명사를 수식할 때는 사용할 수 없습니다.

afraid(두려운), alike(비슷한), alive(살아 있는), alone(혼자), aware(알고 있는), asleep(잠이 든), ashamed(부끄러운)

alive plants(×) → live plants(○) (살아 있는 식물들)

alone man(×) → He is alone.(○) (그는 혼자다.)

Q 괄호 안에서 알맞은 것을 고르세요.

1. My father and I look [like / alike].
2. The animal is still [alive / live].
3. She lives a(n) [alone / lonely] life.

DATE . . . COMPLETE

필수영문법

DAY 24 부사

부사는 장소, 방법, 시간, 이유 등을 나타내는데, 문장의 필수 성분은 아니지만 문장의 의미를 풍부하게 합니다. 부사는 명사를 제외한 동사, 형용사, 부사, 문장 전체를 수식합니다.

부사의 역할

1. 동사 수식
run fast 빠르게 달리다

2. 형용사 수식
very smart 매우 똑똑한

3. 부사 수식
really quickly 정말 빠르게

4. 문장 전체를 수식
Strangely, I couldn't meet her.
이상하게도, 나는 그녀를 만날 수 없었다.

부사의 기본 형태

부사는 형용사에 -ly를 붙이면 만들어지는 경우가 많습니다.
quick/quickly, sudden/suddenly, happy/happily, heavy/heavily, careful/carefully

형용사와 부사의 형태가 같은 경우

1. fast
형용사(빠른) Shelly is a fast runner. Shelly는 빠른 주자이다.
부사(빨리) Time flies very fast. 시간은 아주 빨리 흘러간다.

2. hard
형용사(딱딱한, 어려운, 열심인) The question was hard to answer. 그 질문은 답하기 어려웠다.
부사(열심히) I studied hard to pass the exam. 나는 그 시험에 합격하기 위해 열심히 공부했다.

*late, early도 형용사, 부사의 형태가 같음

Q 다음 문장의 밑줄 친 부분은 형용사일까요? 부사일까요?

1. I was <u>late</u> for school yesterday. [형용사 / 부사]
2. The test was <u>hard</u> for me. [형용사 / 부사]

DAY 25 빈도부사

빈도부사란 어떤 일이 발생하는 횟수를 나타낼 때 사용하는 부사입니다.

빈도부사의 종류

빈도에 따라서 빈도부사의 종류를 나타내면 다음과 같습니다.

always(항상), usually(보통), often(종종), sometimes(때때로), seldom(드물게), rarely(거의~않는), never(결코~않는)

100% ———————————————————— 0%

빈도부사의 위치

빈도부사는 동사의 종류에 따라서 위치가 달라지며, 이 위치를 이용한 시험 문제가 중학교에서 출제됩니다.

1. be동사 뒤

He's always busy. 그는 항상 바쁘다.

She is often lazy. 그녀는 종종 게으르다.

2. 조동사 뒤

She can sometimes visit her grandmother. 그녀는 때때로 할머니댁을 방문할 수 있다.

He must always take care of his brother. 그는 항상 그의 남동생을 돌봐야 한다.

3. 일반동사 앞

She sometimes eats fast food. 그녀는 때때로 패스트푸드를 먹는다.

He often helps me with my homework. 그는 종종 내 숙제를 도와준다.

Q 다음 괄호 안에서 알맞은 것을 고르세요.

1. He [is always / always is] happy about his life.
2. I [often read / read often] a novel.

DATE . . . COMPLETE □□

필수영문법

DAY 26

접속사

'접속'은 이어준다는 의미입니다. 접속사는 2개 이상의 성분을 이어주는 역할을 합니다.

기본적인 접속사

기본적인 접속사들을 이용해서 영어에서 2개 이상의 성분들을 연결합니다.
(and 그리고, but 그러나, or 또는, so 그래서)
bread and butter 빵과 버터
I want to succeed so I work hard. 나는 성공하고 싶다. 그래서 열심히 노력한다.
Do you like to go out or stay home? 나가고 싶어? 아니면 집에 있고 싶어?
It's a nice car but it's too expensive. 그것은 멋진 차야, 하지만 너무 비싸.

기타 접속사들

문장과 문장을 연결할 수 있는 다양한 접속사들이 있습니다. 다음 문장에서 when이라는 접속사는 두 문장을 연결하고 있습니다.
When I called her, she was sleeping. 내가 전화했을 때, 그녀는 자고 있었다.

이와 같이 사용할 수 있는 다양한 접속사들이 있습니다.

when ~할 때
if 만약 ~한다면
so that ~하기 위해서
so - that 너무 ~해서 ~하다
although ~임에도 불구하고
because ~때문에
as ~함에 따라, ~할 때
as soon as ~하자마자

이외에도 다양한 접속사들이 있습니다. 차근차근 이 책을 통해서 만나보겠습니다.

Q 다음 문장의 빈칸에 알맞은 접속사를 쓰세요.

1. She likes coffee _____ donut. 그녀는 커피와 도넛을 좋아한다.
2. ______ I was young, I used to play soccer. 나는 어렸을 때 축구를 하곤 했다.

DAY 27 전치사

전치사는 '앞에 위치하는 말'이라는 뜻입니다. 전치사는 명사나 대명사 앞에 위치합니다. 명사나 대명사 앞에 위치해서 명사, 대명사의 시간, 장소, 방법 등 다양한 의미를 전달합니다. 워낙 많이 쓰이는 덩어리라서 '전치사구'라는 특별한 이름도 가지고 있습니다.

전치사구

형태: 전치사 + (대)명사

to school 학교로　　at 7 o'clock 7시에　　for you 너를 위해서

with him 그와 함께　　without you 너 없이　　behind you 너의 뒤에

전치사구는 문장에서 의미를 더하는 역할을 합니다.

I go. 이 문장이 허전하게 느껴지죠? 전치사구를 더해보죠. 그러면 문장의 의미가 훨씬 더 완전해집니다.

I go to school. 나는 학교에 간다.

때로는 전치사구가 없으면 아래 문장처럼 말이 안 되기도 합니다.

The ball is

문장이 완성되려면 다음과 같이 전치사구가 있어야죠.

The ball is under the table. 그 공은 테이블 아래에 있다.

이렇게 전치사구는 문장에서 의미를 풍부하게 하거나, 문장에서 꼭 필요한 필수 성분으로 사용됩니다.

Q 다음 전치사구의 의미를 쓰세요.

1. at school ________________
2. on Monday ________________
3. in 2001 ________________
4. in winter ________________
5. since 1990 ________________
6. from January ________________
7. until next Thursday ________________

DAY 28 시간을 나타내는 전치사

전치사는 명사와 함께 쓰여 다양한 의미를 전달하는데, '시간'의 의미를 전달할 수 있습니다. 이때는 주로 at, on, in의 전치사가 사용되고, 이 전치사들을 비교하는 것은 중학교에서 시험에 등장하기도 합니다.

1. at + [구체적인 시간 / 특정 시점]
at noon 정오에, at dawn 새벽에, at 1:00 p.m. 오후 1시에
She came here at seven thirty. **그녀는 7시 30분에 여기에 왔다.**
I will meet you at night. **나는 너를 밤에 만날 것이다.**

2. on + [요일 / 날짜 / 특별한 날]
on May 10th 5월 10일에, on Sunday 일요일에, on Monday morning 월요일 아침에
My birthday falls on February. **내 생일은 2월이다.**
She never works on Christmas day. **그녀는 절대로 크리스마스에 일하지 않는다.**

3. in + [월 / 연도 / 계절 / 비교적 긴 시간]
in the morning/afternoon/evening 아침에/오후에/저녁에
in January 1월에, in spring 봄에, in 2015 2015년에
She got married in September. **그녀는 9월에 결혼했다.**
They came here in the summer. **그들은 여름에 여기에 왔다.**

Q 다음 괄호 안에서 알맞은 전치사에 동그라미 치세요.

1. [at / on / in] Sunday
2. [at / on / in] 1983
3. [at / on / in] summer
4. [at / on / in] the morning
5. [at / on / in] November 4th
6. [at / on / in] December

DAY 29 장소를 나타내는 전치사

장소를 나타내는 전치사를 이용하면 다양한 명사나 대명사의 위치나 방향을 나타낼 수 있습니다.

1. in: ~ 안에
The ball is in the box. **공이 상자 안에 있다.**

2. on: ~ 위에 (표면에 접촉해서)
The plant is on the table. **식물이 테이블 위에 있다.**

3. under: ~ 아래에
The ball is under the box. **공이 박스 아래에 있다.**

4. behind: ~ 뒤에
The ball is behind the box. **공이 박스 뒤에 있다.**

5. in front of: ~ 앞에
The ball is in front of the box. **공이 박스 앞에 있다.**

6. at + 비교적 좁은 장소
I waited for her at the station. **나는 역에서 그녀를 기다렸다.**

7. in + 비교적 넓은 장소
The weather is great in Korea in fall. **한국에서는 가을에 날씨가 좋다.**

Q 빈칸에 우리말 의미에 맞게 알맞은 전치사를 쓰세요.

1. His shoes were ____ the box. 그의 신발은 박스 안에 있었다.
2. An apple is ____ the desk. 사과 한 개가 책상 위에 있다.
3. I met her ____ the airport. 나는 그녀를 공항에서 만났다.
4. My mom is _____ the hospital. 우리 엄마는 병원에 계신다.

DAY 30 관사

관사에서 '관'은 한자로 머리에 쓰는 갓을 의미합니다. 머리에 갓을 쓰듯이 관사는 명사 위에 씌우는 느낌으로 사용합니다. 명사 앞에 a나 the를 붙여서 사용합니다. 문법책에 따라서는 관사를 명사를 꾸며주는 역할을 한다고 해서 형용사로 보기도 합니다. a나 the를 '관사'라고 합니다.

관사의 개념은 워낙 까다롭기 때문에 학교 시험에서는 관사를 틀려도 감점을 하지 않는 경우도 많습니다. 하지만 영어를 자연스럽게 사용하기 위해서는 관사라는 개념을 반드시 익혀야 하기 때문에 오늘부터 관사에 대해서 알아봅니다.

관사의 종류

1. 부정관사 a, an: 불특정한 하나를 나타내는 명사와 사용
*뒤에 이어지는 명사의 첫 음이 모음으로 발음되면 an을 사용

2. 정관사 the: 특정한 것을 가리키는 명사와 사용

관사를 사용한 예들

관사를 사용한 예들은 다음과 같습니다.

a bus 버스 한 대 **a cat 고양이 한 마리** **an egg 계란 한 개**
an idea 아이디어 한 개 **the book 그 책** **the sun 태양** **the moon 달**

아주 대략적으로는 부정관사는 정해져 있지 않은 보통의 명사에 사용하고, 정관사는 특정한 명사에 사용합니다. a bus는 보통의 버스 한 대를 뜻하고, the bus는 말하는 사람과 듣는 사람이 알고 있는 특정한 버스를 가리킵니다. 이것 외에도 다양한 관사의 쓰임이 있기 때문에 일단 기본만 익히고 내일부터 정확하게 사용법을 익히겠습니다.

Q 다음 문장에서 알맞은 관사는 무엇일까요?

When I was at the zoo, I saw [the / an] elephant. 나는 동물원에서 코끼리 한 마리를 봤어.

DAY 31 부정관사

기본적으로 부정관사는 셀 수 있는 명사와 함께 사용합니다. 셀 수 없는 명사와는 기본적으로 a를 사용하지 않습니다. 명사가 특정한 의미로 쓰이면 가능한 경우도 있지만 여기서는 다루지 않습니다. 부정관사를 사용하는 경우는 몇 가지가 있습니다.

부정관사 a(n)을 사용하는 경우

1. 하나를 가리킬 때

There is an apple on the table. **테이블 위에는 사과가 한 개 있다.**

2. 어떤

In a sense, that makes sense. **어떤 면에서, 그것은 이치에 맞다.**

3. ~당

I meet my grandparents once a year. **나는 나의 조부모님을 1년에 한 번 만난다.**

4. 집단을 의미

A tiger is generally larger than a lion. **호랑이는 일반적으로 사자보다 더 크다.**

*a tiger는 호랑이 한 마리가 아닌 '호랑이 집단'을 가리킵니다.

부정관사는 a와 an의 2종류입니다. 뒤에 이어지는 명사의 발음이 모음으로 시작하면 an을 사용해야 합니다. 발음을 편하게 하기 위해서 an을 사용합니다.

a를 사용하는 경우

a를 사용하는 경우는 다음과 같습니다.

a dog a man a bus a cat a house a nurse

an을 사용하는 경우

an을 사용하는 경우는 다음과 같습니다.

an egg an idea an office an hour an umbrella

Q 다음 단어 앞에 알맞은 부정관사를 쓰세요.

1. _____ library 2. _____ uniform 3. _____ hour

4. _____ clock 5. _____ bike

DAY 32 정관사

정관사를 사용하는 경우는 다음의 9가지입니다.

1. 앞에서 언급한 것을 다시 언급할 때

There is a book on the desk. The book is about science.

책상 위에 책 한 권이 있다. 그 책은 과학에 관한 것이다.

2. 말하는 사람과 듣는 사람이 아는 특정한 명사를 말할 때

Could you pass me the sugar, please? 설탕 좀 건네주시겠어요?

3. 세상에서 유일한 것을 가리킬 때

The Sun sets in the west. 해는 서쪽으로 진다.

4. 집단을 가리킬 때

The tiger is the largest feline in the world. 호랑이는 세계에서 가장 큰 고양이과 동물이다.

5. 악기 앞에 사용

I can play the violin. 나는 바이올린을 연주할 수 있다.

6. the + 형용사 = ~하는 사람들

The rich are getting richer and richer. 부자들은 더욱더 부유해지고 있다.

7. 서수, 최상급 앞에

I won the first prize at the writing contest. 나는 글쓰기 대회에서 1등 상을 받았다.

8. 명사 뒤에 명사를 수식하는 구 또는 절이 있을 때

Seoul is the capital of Korea. 서울은 한국의 수도이다.

9. 기타 습관적으로 the를 붙이는 경우

the Pacific 태평양 the Alps 알프스 산맥 the Philippines 필리핀 the Netherlands 네덜란드

Q 다음 괄호 안에서 알맞은 것을 고르세요.

1. People believed [an / the] Earth was flat.
2. You will get paid once [a / the] month.

DAY 33 관사를 쓰지 않는 경우

경우에 따라서 관사를 사용하지 않는 경우도 있습니다.

관사를 사용하지 않는 경우(무관사)

1. 식사를 나타내는 명사 앞

I didn't have breakfast this morning. 나는 오늘 아침에 아침을 먹지 않았다.

2. 운동 경기를 나타내는 명사 앞

John usually plays basketball on weekends. John은 대개 주말마다 농구를 한다.

3. by+교통수단

My sister and I went to Busan by train. 내 여동생과 나는 기차를 타고 부산에 갔다.

4. 장소, 기구를 나타내는 명사가 본래의 목적으로 쓰일 때

Jack doesn't go to school on Saturday. Jack은 토요일에 학교에 가지 않는다.

I go to church every Sunday. 나는 매주 일요일마다 교회에 간다.

5. 가족 구성원을 나타내는 명사 앞

Dad bought me a bag for my birthday gift. 아빠는 내게 생일 선물로 가방을 사주셨다.

6. 관직, 신분을 나타내는 명사 앞

Professor Kim is going to leave for Australia. 김 교수님은 호주로 떠날 것이다.

7. 과목을 나타내는 명사 앞

My favorite subject is science. 내가 가장 좋아하는 과목은 과학이다.

8. 그 외의 경우 – listen to music과 watch TV는 관용적으로 관사 없이 씁니다.

Mark likes listening to music. Mark는 음악을 듣는 것을 좋아한다.

Q 괄호 안에서 알맞은 관사를 고르세요.

1. [An / The / X] apple a day keeps you healthy.
2. It's time to have [a / the / X] dinner.

DAY 34 주어

주어는 문장의 주인입니다. 영어 문장에서 가장 중요한 성분이고, 문장의 제일 앞에 주로 위치합니다. 영어로는 subject, 줄여서 주로 S라고 표시합니다. 주어는 '~은, ~는, ~이, ~가'를 붙여서 해석합니다. 문장의 제일 앞, 동사 앞에 위치하는 것이 거의 주어라고 보면 됩니다. 다음 문장에서 주어를 찾아보세요.

I love you.

너무 쉽죠? 'I'가 주어입니다. 앞으로 영문법을 더 배우게 되면, 주어의 형태가 다음과 같이 길어지고 다양해짐을 알게 될 겁니다.

다양한 주어의 형태

다양한 주어의 형태는 다음과 같습니다.

I want to study English. 나는 영어를 공부하고 싶다.

To study English is fun. 영어를 공부하는 것은 재미있다.

Studying English is interesting. 영어를 공부하는 것은 흥미롭다.

That you study English is surprising. 네가 영어를 공부하는 것은 놀랍다.

이런 문장의 주어들을 정확하게 파악하기 위해서는 문법을 공부해야 합니다. 부정사, 동명사, 접속사와 같은 문법을 이 책에서 모두 배웁니다. 하나하나 차근히 공부해 나가면 됩니다. 문장에서 주어는 주로 제일 앞에 위치하고, 동사랑 연결해서 해석하는 것이 문장 해석의 핵심입니다.

Q 다음 문장에서 주어를 찾아서 밑줄 치세요.

1. He is a kind man.
2. This house was sold yesterday.
3. To study English is interesting.
4. Taking the subway can save your time.
5. My dream is to be a teacher.

DAY 35 목적어

목적어는 '~을(를)'을 붙여 해석하며, 동사 뒤에 위치합니다. 영어로 object이고, 줄여서 O라고 표시합니다. 목적어는 모든 문장에서 필요한 건 아닙니다.

아래 '문장 아닌 문장'에서는 무엇이 부족할까요?
I love 나는 사랑한다.
뭘 사랑하는지 궁금하죠? 그녀를 사랑하는지, 동물을 사랑하는지, 햄버거를 사랑하는지 밝혀야 합니다. 이때 목적어를 추가합니다.
I love you. 나는 너를 사랑한다.

이제 문장의 의미가 확실해졌습니다. 이 문장에서 you가 목적어입니다. 주어처럼 목적어도 형태가 다양합니다. 아직 문법을 완전히 배운 상태가 아니지만, 동사 다음에 나오는 것을 목적어로 해석해보세요. 동사와 연결되면서 '~을/를'로 해석이 된다면 문장의 목적어라고 보면 됩니다.

다양한 목적어의 형태

다양한 목적어의 형태는 다음과 같습니다.
I study English. 나는 영어를 공부한다.
I want to study English. 나는 영어 공부하기를 원한다.
She likes watching a movie. 그녀는 영화 보는 것을 좋아한다.
I know that you study English. 나는 네가 영어 공부한다는 사실을 안다.

Q 다음 문장에서 목적어를 찾아서 밑줄 치세요.

1. I bought a new book.
2. We reached our destination.
3. My friend explained the situation.
4. Tom called me last night.
5. I answered the question.

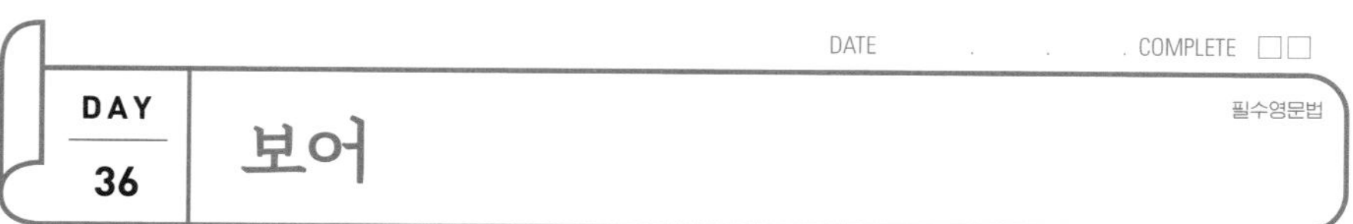

보어

보어는 S, V, O, C 중에서 학습자들이 가장 어려워하는 개념입니다. 보어는 '보충하는 말'이라는 뜻입니다. 영어로 complement이고, 줄여서 C로 표현합니다. 다음 문장을 보세요.
I am 나는 ~이다

여기서 내가 무엇인지를 보충해줘야 합니다. 이때 보어를 추가하는 겁니다.
I am a student. 나는 학생이다.

이 문장에서 a student가 보어입니다.

보어에는 주격보어와 목적격보어가 있습니다.

주격보어

영어로 주격보어는 Subject Complement라서 S.C.라고 표현합니다. 주격보어는 문장의 주어를 보충합니다.
I am smart. 나는 똑똑하다.

목적격보어

목적격보어는 Object Complement라서 O.C.라고 표현합니다. 목적격보어는 목적어를 보충합니다.
I made my mom proud. 나는 엄마를 자랑스럽게 만들었다.

이 문장에서 누가 proud하죠? my mom이라는 목적어가 자랑스러워하는 겁니다. 이후에 5형식 문장을 배우면 목적격보어에 대해서 훨씬 더 상세하게 알 수 있습니다.

Q 다음 문장에서 보어를 찾아서 밑줄 치세요.

1. He seemed upset.
2. She became a doctor.
3. Life is a marathon.
4. The soup tasted terrible.
5. I made my mom happy.

DAY 37 자동사 vs. 타동사

동사를 분류하는 기준은 다양합니다. 자동사와 타동사는 앞서 배운 목적어와 관련이 있습니다. 자동사의 '자'는 혼자서 할 수 있다는 의미이고, 타동사의 '타'는 혼자서는 못 하기 때문에 타인의 도움이 필요하다는 의미입니다. 따라서 자동사는 목적어가 필요 없고, 타동사는 목적어가 반드시 필요합니다.

자동사

자동사는 목적어가 필요 없는 다음과 같은 동사입니다.
die(죽다), sleep(자다), snow(눈이 오다), live(살다), stay(머무르다), happen(일어나다), occur(발생하다), go(가다), come(오다), arrive(도착하다), appear(나타나다), look(~처럼 보이다), taste(~한 맛이 나다), sound(~처럼 들리다)···

I swim in the pool. 나는 수영장에서 수영을 한다.

He appeared on the stage. 그는 무대 위에 나타났다.

*자동사 뒤에 오는 성분들은 목적어가 아닙니다.

타동사

타동사는 목적어가 필요한 다음과 같은 동사입니다.
study(공부하다), find(찾다), buy(사다), enjoy(즐기다), expect(기대하다), eat(먹다), bring(가져오다), give(주다), make(만들다)···

I play the guitar. 나는 기타를 연주한다.

She enjoys reading books. 그녀는 독서를 즐긴다.

Q 다음 문장에서 밑줄 친 동사는 자동사인가요? 타동사인가요?

1. She sang at the school concert. [자동사 / 타동사]
2. My dad bought the boat last year. [자동사 / 타동사]
3. I passed the book to my sister. [자동사 / 타동사]

DAY 38 제안문

영어에서는 문장을 몇 가지 형태로 나누어볼 수 있습니다. 우리가 지금까지 쓴 마침표(.)로 끝나는 문장을 '평서문'이라고 합니다. 평범하게 서술한 문장이라는 의미입니다. 오늘 배울 '제안문'은 상대방에게 제안할 때 사용하는 문장이고, let's를 이용한 문장입니다. let's는 let us의 줄임말인데 제안문으로 사용할 때는 let's로 표현합니다.

제안문의 형태

Let's + 동사원형

Let's go for a walk. 산책 가자.

Let's go out of here. 여기서 나가자.

Let's take a quick break. 잠시 쉬자.

Let's do our homework now. 지금 숙제를 하자.

Let's see what's happening. 무슨 일이 일어나고 있는지 보자.

제안문의 부정

제안문은 부정을 할 수 있습니다. '~하지 말자'라는 의미를 전달합니다.

Let's not + 동사원형

Let's not worry about it. 그것에 대해서 걱정하지 말자.

Let's not talk about the issue. 그 사안에 대해서 말하지 말자.

Let's not argue anymore. 더 이상 논쟁하지 말자.

Let's not discuss this now. 지금 이것을 토론하지 말자.

Let's not stay here too long. 너무 오래 여기 머물지 말자.

Q 다음 의미에 맞게 제안문을 작성해보세요.

1. 같이 공부하자.

______________________________.

2. 조깅하러 가자.

______________________________.

DAY 39 감탄문

영어에서 '감탄'을 이야기하기 위해서는 아래에 나오는 2가지 패턴의 문장을 사용해야 합니다. 형용사나 부사를 강조할 때에는 how를 쓰고, 명사를 강조할 때는 what을 사용합니다.

What으로 시작하는 감탄문

What + a(an) + 형용사 + 단수 명사 + (주어 + 동사)!
What + 형용사 + 복수명사 + (주어 + 동사)!
What a cute puppy! 정말 귀여운 강아지구나!
What nice sunglasses you have! 넌 정말 멋진 선글라스를 가졌구나!
What a waste! 정말 낭비네!
What a great song! 정말 멋진 노래네!

How로 시작하는 감탄문

How + 형용사/부사 + (주어 + 동사)!
How nice the car is! 정말 멋진 차구나!
How fast a cheetah runs! 치타는 정말 빨리 달리는구나!
How simple that is! 그것 정말 간단하구나!
How fast he runs! 그는 정말 빠르게 달리는구나!

오늘의 영화
What a coincidence! [몬스터 주식회사]
정말 우연이다!

Q 다음 문장을 감탄문으로 바꾸어 쓰세요.

1. She is very smart.
→ How ______________________________
2. This computer is really expensive.
→ How ______________________________

DAY 40 명령문

영어로 명령을 표현할 때는 공식을 따라야 합니다. 명령문은 기본적으로 주어가 없이 동사부터 시작합니다. 명령은 듣는 사람인 너(You)에게 하는 것이 당연하기 때문에 주어인 You가 생략된 것입니다.

be동사로 시작하는 명령문

(긍정) be동사 + 형용사 / 명사
(부정) Don't / Never be + 형용사 / 명사
Be **calm! 침착해!**
Be **brave! 용기를 가져!**
Don't be **selfish! 이기적으로 행동하지 마!**
Never be **late again! 다시는 늦지 마!**

일반동사로 시작하는 명령문

(긍정) 동사원형
(부정) Don't / Never + 동사원형
Have **a seat! 앉아!**
Please stay **here. 여기에 머물러주세요. (*please가 붙으면 더 공손한 표현)**
Don't eat **too much! 너무 많이 먹지 마!**
Never give **up! 절대로 포기하지 마!**

오늘의 영화
Run, Forrest! [포레스트 검프]
포레스트, 달려!

Q 빈칸을 채워 명령문을 완성하세요.
1. ________________ regularly. 규칙적으로 운동하세요!
2. ________________ hard. 열심히 공부하세요!

DAY 41 의문문의 2가지 종류

의문문은 의문사로 시작하는 의문문과 의문사로 시작하지 않는 의문문의 2종류입니다. 의문사로 시작하지 않는 의문문은 앞서 배웠습니다. 일단 의문사의 개념을 알아봅니다.

의문사

의문사는 육하원칙을 영어로 바꾼 것입니다.
who(누가), when(언제), where(어디서), what(무엇을), how(어떻게), why(왜), which(어느, 어떤)

의문사로 시작하는 의문문

의문사로 시작하는 의문문은 yes, no로 답할 수 없고, 의문사에 맞는 내용을 답해야 합니다.

Who **is your English teacher? – Mr. Kim. 네 영어 선생님은 누구시니? –김 선생님이셔.**

When **did she arrive? – At 9 o'clock. 그녀는 언제 도착했니? –9시에.**

Where **have you been during your vacation? – I have been to Mexico.**
넌 방학 동안 어디에 다녀왔니? –멕시코에 다녀왔어.

What **are you watching? – I'm watching the news. 넌 무엇을 보고 있니? –난 뉴스를 보고 있어.**

How **was school today? – It was good. 오늘 학교는 어땠니? –좋았어.**

Why **are you running? – I'm running because I need to exercise.**
넌 왜 뛰고 있니? –운동할 필요가 있기 때문에 뛰고 있어.

오늘의 영화

Who am I? [알라딘]

나는 누구죠?

Q 빈칸에 알맞은 의문사를 넣으세요.

1. _______ did you meet yesterday? 어제 누구 만났어?
2. _______ are you? 너 어디야?
3. _______ did you get it? 너 어떻게 그것을 얻었어?

DATE . . . COMPLETE □□

필수영문법

DAY 42 비인칭주어 it

영어에서 it은 기본적으로 '그것'이라는 의미이죠. 하지만, 비인칭주어 it이라는 것은 의미가 따로 없습니다. 날씨, 날짜, 요일, 시간, 거리, 명암, 계절 등을 나타낼 때 마땅한 주어가 없어서 딱히 가리키는 것이 없는 it을 주어 자리를 채우기 위해서 사용합니다. 어려운 개념은 아니니 비인칭주어를 사용한 문장들을 자연스럽게 익혀주세요.

비인칭주어 it을 쓰는 경우

1. 날씨를 나타낼 때	It's sunny. 화창하다.
2. 날짜를 나타낼 때	It's 4th of July. 7월 4일(미국독립기념일)이다.
3. 요일을 나타낼 때	It's Monday. 월요일이다.
4. 시간을 나타낼 때	It takes two hours. 2시간 걸린다.
5. 거리를 나타낼 때	It is two kilometers to the station. 역까지 2km이다.
6. 명암을 나타낼 때	It's getting dark. 어두워지고 있어.
7. 계절을 나타낼 때	It's summer. 여름이야.

오늘의 영화

It's cold, and it's dark in that lamp. [알라딘]

램프 안은 춥고 어두워.

Q 다음 문장에서 밑줄 친 it의 쓰임이 다른 것은?

① It is five o'clock.

② It is Monday.

③ It is very dark out there.

④ It is my cat.

⑤ It is spring now.

DAY 43 재귀대명사

재귀대명사에서 '재귀'라는 말은 '다시 돌아간다'라는 뜻입니다. 재귀대명사는 다시 돌아가는 대명사라는 의미입니다. 재귀대명사는 인칭대명사에 따라서 형태가 다릅니다.

재귀대명사의 종류

I – myself　　you – yourself(너 자신) – yourselves(너희들 자신)

he – himself　　she – herself　　they – themselves

we – ourselves　　it – itself

재귀대명사가 필요한 3가지 경우

1. 주어가 문장에 다시 등장할 때

아래 문장에서 she와 herself는 같은 대상을 가리킵니다.

She looked at herself into the mirror. **그녀는 거울로 자신의 모습을 보았다.**

2. 강조하고 싶을 때

We built the house ourselves. **우리는 우리 스스로 집을 지었다.**

The problem may be the TV itself. **문제는 아마 TV 자체일지도 모른다.**

3. 관용 표현

관용표현이라는 것은 습'관'적으로 사'용'하는 표현을 말합니다.

She lives by herself. **그녀는 혼자 산다.**

The door closes by itself. **그 문은 저절로 닫힌다.**

The story is true in itself. **그 이야기는 그 자체로 사실이다.**

오늘의 영화

I consider myself a teacher. [아이언맨3]

난 내 스스로를 선생님이라고 생각해.

Q 빈칸에 알맞은 재귀대명사를 쓰세요.

1. He could fix the computer ____________.
2. I am proud of ________.
3. She ________ cut her hair.

DAY 44 문장의 5형식

앞서 배운 주어, 동사, 목적어, 보어는 문장의 재료들입니다. 요리할 때 재료가 있다고 요리가 되는 건 아니죠? 재료를 요리할 수 있는 요리법이 필요합니다. 문장의 5형식은 문장을 만드는 요리법과 같습니다.

문장의 5형식

영어에서 문장을 만들고 싶다면 S(주어), V(동사), O(목적어), C(보어)라는 재료를 다음과 같은 5가지 형태로 조합해야 합니다. 아직 문장의 5형식을 배우기 전이지만, 형태만 보세요.

1형식 문장: S+V
2형식 문장: S+V+C
3형식 문장: S+V+O
4형식 문장: S+V+O+O
5형식 문장: S+V+O+C

앞으로 영어를 사용하고, 내신대비를 하기 위해서는 문장의 5형식을 기본으로 문장을 이해하면 효율적입니다.

Q 문장의 5형식을 복습해볼게요. S,V,O,C를 알맞게 채워서 아래 빈칸을 채워보세요.

1형식 문장: S+___
2형식 문장: S+V+___
3형식 문장: S+V+___
4형식 문장: S+V+___+___
5형식 문장: S+V+___+___

DAY 45 1형식 문장

1형식 문장은 주어(S)와 동사(V)만 가지고 만든 문장입니다.

1형식 문장

형태: S + V
해석: S가 V하다.
Birds sing. 새들이 노래한다.
The rain stopped. 비가 멈췄다.

주어와 동사만 이용해서 만든 1형식 문장의 경우는 워낙 의미가 빈약해서 주로 의미를 보충해줍니다. 대표적인 것이 '전치사+명사'를 이용해서 의미를 보충하는 경우입니다.

전치사구

전치사구 = 전치사 + 명사
at night 밤에
to the church 교회로

문장에서 양념 역할을 하면서 문장의 의미를 보충하는 성분들을 '수식어구'라고 부르고 영어로는 Modifier, 줄여서 M으로 표현합니다.
Time flies like an arrow. 시간이 화살처럼 날아간다.
(like an arrow: 수식어구(M))

정리하면, 1형식 문장은 주어, 동사, 그리고 수식어구로 만든 문장입니다.

Q 다음 1형식 동사들의 의미를 쓰세요.

1. go
2. come
3. stay
4. fly
5. fall
6. leave
7. arrive
8. happen
9. rise
10. cry
11. smile
12. work
13. appear
14. disappear

DAY 46 there is/are

there is/are도 1형식 문장으로 분류합니다. there은 부사로서 '거기에서'라는 의미를 가지고 있지만, there is/there are 표현에서는 의미가 없습니다. 이 표현을 사용할 때는 주어가 there이 아니라 be동사 뒤에 등장한다는 점이 독특합니다.

there is/are

다음에 오는 주어의 단수/복수 여부에 따라서 동사 is/are이 결정됩니다.
There is + 단수명사 주어
There are + 복수명사 주어
There is a cap on the desk. **책상 위에 모자가 한 개 있다.**
There are two cats under the table. **테이블 아래에 두 마리의 고양이가 있다.**

there is/are의 부정

부정을 할 때는 be동사 다음에 not을 붙이면 됩니다.
There is not(isn't) + 단수명사 주어
There are not(aren't) + 복수명사 주어
There isn't a cap on the desk. **책상 위에 모자가 없다.**
There aren't many people at the theater. **극장에는 사람들이 많지 않다.**

오늘의 영화
There is a dangerous smell. [인사이드 아웃]
위험한 냄새가 나네.

Q 다음 빈칸에 들어갈 말이 나머지 넷과 다른 하나는?
① There ______ some letters for you.
② There ________ seven days in a week.
③ ________ there many trees in the park?
④ There ________ a mirror in my room.
⑤ My brother and I _______ hungry.

DAY 47 2형식 문장

2형식 문장은 주어(S), 동사(V), (주격)보어(C)로 만드는 문장입니다. 2형식 문장에 쓰이는 동사들은 반드시 뒤에 보어로 보충을 해주어야 문장의 의미가 완전해집니다.

2형식 문장

형태: S + V + C
해석: S는 C이다. / S가 C가 되다.
I am a taxi driver. **나는 택시운전사이다.**
You are pretty. **너는 예쁘다.**
She looks happy. **그녀는 행복해 보인다.**
Tom became a doctor. **Tom은 의사가 되었다.**

2형식에서 쓰이는 보어는 주어를 보충하기 때문에 '주격보어'라고 하며 S.C.(Subject Complement)라고 표현하기도 합니다. 보어가 될 수 있는 품사는 명사와 형용사입니다. 위 문장에서 명사와 형용사가 보어로 쓰인 것을 확인할 수 있습니다.

2형식 문장까지 공부하면서 '혹시 너무 쉬운 것만 배우고 있는 것이 아닌가' 하는 생각이 들 수 있습니다. 그래서 멋진 영화 대사를 준비했습니다. 할리우드 영화나 미국 드라마를 유심히 보면 주인공들이 결코 길게 말하지 않습니다. 짧은 문장으로도 충분히 의미를 전달할 수 있습니다.

오늘의 영화
I'm the king of the world! [타이타닉]
내가 세상의 왕이다!

Q 다음 기출 문장들을 해석하세요.

1. The results are incredible. [2015 고1 6월 32번]

____

2. It was a beautiful rainbow. [2015 고1 3월 23번]

____

DAY 48 2형식 문장의 대표 동사들

대표적인 2형식 동사들

1. be동사: '~이다'라고 해석합니다.
am, are, is, was, were
Honesty is the best policy. 정직이 최선의 방책이다.

2. seem류 동사: '~처럼 보인다'라고 해석합니다.
seem, appear, look
The lake looks beautiful in the moonlight. 호수는 달빛에 아름답게 보인다.

3. 감각동사: '~한 감각이 느껴지다'라는 식으로 해석됩니다.
feel, sound, smell, taste, look
Good medicine tastes bitter. 좋은 약은 쓴 맛이 난다.

4. become형 동사(변화): '~이 되다'라고 해석합니다.
turn, get, grow, go, run, fall, come, make
The tree grew bigger. 나무는 더 커졌다.

5. remain형 동사(상태): '~ (상태)를 지속/유지하다'라는 의미입니다.
remain, stay, keep, lie, stand
The house stood empty. 그 집은 오랫동안 비어 있었다.

오늘의 영화
I saw his video. He seems amazing. [인턴]
그의 비디오를 봤어요. 그는 놀라워 보이던데요.

Q 다음 기출 문장들을 해석하세요.

1. Education is the exception to this rule. [2020 고1 3월 24번]

____

2. This is often inconsistent with the facts. [2017 고1 9월 26번]

____

DAY 49 감각동사

감각동사는 2형식 문장을 대표하는 동사입니다. 인간의 감각은 보고, 듣고, 느끼는 것을 말합니다. 그런 감각을 나타내는 영어의 동사들은 뒤에 형용사를 사용해야 합니다. 보어 자리에는 명사, 형용사를 사용할 수 있는데, 감각동사들은 형용사를 사용합니다.

look	+ 형용사	~하게 보이다
feel		~처럼 느끼다
sound		~처럼 들리다
taste		~한 맛이 나다
smell		~한 냄새가 나다

She looks nice. 그녀는 멋져 보인다.

The food smells wonderful. 그 음식은 좋은 냄새가 난다.

It sounds interesting. 그것은 흥미롭게 들린다.

I feel good today. 나는 오늘 기분이 좋다.

감각동사는 한국말로 해석하면 보어로 형용사가 아닌 부사가 필요한 것 같은 느낌을 주기 때문에 부사를 사용하기 쉽습니다. 하지만 2형식 문장의 보어 자리에는 형용사만 위치할 수 있기 때문에 부사를 사용하면 안 됩니다.

It tastes bad. (O) 그것은 안 좋은 맛이 난다.

It tastes badly. (X)

The girl looks sad. (O) 그 소녀는 슬퍼 보인다.

The girl looks sadly. (X)

오늘의 영화

It just looks happy to me. [인턴]

내 눈에는 행복해 보이네요.

Q 다음 괄호 안에서 알맞은 단어를 고르세요.

She looks [happy / happily].

DATE . . COMPLETE □□

필수영문법

DAY 50

3형식 문장

3형식 문장은 주어, 동사, 목적어로 만듭니다. 동사까지만 해석하면 의미가 부족해서 목적어를 보충해줘야 합니다.

3형식 문장

형태: S + V + O
해석: S가 O를 V하다.
I love you. 나는 너를 사랑한다.
I bought a new car. 나는 새 차를 샀다.
I have a question. 나는 질문이 하나 있다.

대표적인 3형식 동사들

우리말로 해석했을 때 목적어가 필요한 동사들이 3형식 동사들입니다. 반드시 뒤에 목적어를 사용해야 합니다. 처음부터 목적어와 함께 공부를 하면 좋습니다.
study(공부하다), eat(먹다), make(만들다), begin(시작하다), break(부수다), bring(가져오다), build(건설하다), buy(사다), catch(잡다), choose(선택하다), find(찾다), forget(잊다), know(알다), learn(배우다), use(사용하다), explain(설명하다), suggest(제안하다) …
study Spanish 스페인어를 공부하다
make cookies 쿠키를 만들다
explain the reason 이유를 설명하다
suggest an idea 아이디어를 제안하다
forget her birthday 그녀의 생일을 잊다

오늘의 영화
You complete me. [제리 맥과이어]
당신은 나를 완성해.

Q 다음 기출 문장들을 해석하세요.

1. Technology has doubtful advantages. [2019 고1 3월 30번]
→ ____________________
2. We express our opinions all the time. [2016 고1 6월 33번]
→ ____________________

DAY 51 4형식 문장

4형식 문장은 주어, 동사, 목적어 2개를 이용해서 만듭니다. 2개의 목적어는 간접목적어, 직접목적어입니다. 영어로 간접목적어가 Indirect Object라서 I.O., 직접목적어가 Direct Object라서 D.O. 라고 표시합니다.
4형식 문장의 동사는 '수여동사'라고 불립니다. 무언가를 준다는 의미의 동사입니다. 4형식 수여동사 다음에는 누구에게 무엇을 주는지를 밝혀줘야 합니다. '누구'에 해당하는 부분이 간접목적어, '무엇'에 해당하는 부분이 직접목적어입니다.

4형식 문장

형태: S + V + I.O. + D.O.
해석: S가 I.O.에게 D.O.를 V하다.
I buy her lunch. **나는 그녀에게 점심을 사준다.**
Jay teaches us English. **Jay는 우리에게 영어를 가르쳐준다.**
He gave the girl a doll. **그는 그 소녀에게 인형을 하나 주었다.**

4형식 대표 동사들

give(주다), send(보내주다), show(보여주다), bring(가져다주다), teach(가르쳐주다), buy(사주다), make(만들어주다), cook(요리해주다), find(찾아주다) …

오늘의 영화
Show me the money! [제리 맥과이어]
나에게 돈을 보여줘(벌어다줘).

Q 다음 기출 문장들을 해석하세요.

1. He handed me his cell phone. [2018 고1 9월 30번]

→ ______________________________

2. He showed the woman her picture. [2015 고1 9월 43-45번]

→ ______________________________

3. I offered him some money, but he refused. [2018 고1 9월 30번]

→ ______________________________

DAY 52 4형식 문장의 3형식 전환

3형식 문장과 4형식 문장은 서로 바꿔 쓸 수 있습니다. 이를 이용한 문제가 중학교에서 출제되기도 합니다. 4형식을 3형식으로 바꾸는 기본 원리는 4형식 문장의 직접목적어를 3형식 문장의 목적어 자리로 옮기는 겁니다. 이때 남은 간접목적어는 전치사 to, for, of를 이용해서 연결합니다. 이때 어떤 전치사를 사용할지는 동사에 따라 달라집니다.

4형식 문장의 3형식 전환

4형식: S + V + I.O. + D.O.
3형식: S + V + D.O. + to/for/of + I.O.

남은 간접목적어를 전치사를 이용해 연결

1. 전치사 to를 사용하는 동사
give, bring, teach, show, send, lend, pass, feed, grant, leave, offer…
He gave her a blue box. → He gave a blue box to her.

2. 전치사 for를 사용하는 동사
buy, make, cook…
I bought my father a tie. → I bought a tie for my father.

3. 전치사 of를 사용하는 동사
ask, require
Can I ask you a question? → Can I ask a question of you?

Q 다음 빈칸에 알맞은 전치사를 쓰세요.

1. He made a cake ____________ me.
2. She gave a candy ____________ her father.

DAY 53 5형식 문장

5형식 문장은 문장의 5가지 형식 중에서 가장 어렵습니다. 문장의 재료를 모두 이용해서 만든 문장이기도 하고, 형태가 다양하기 때문에 많은 문장들을 경험해야 제대로 익힐 수 있습니다.

5형식 문장

형태: S + V + O + O.C.
해석:
S가 O를 C라고 V하다.
S가 O를 C한 상태라고 V하다.
S가 O가 C하는 것을 V하다.

5형식 문장을 처음 접하면 3형식과 헷갈립니다. 3형식에 목적격보어만 뒤에 더하면 5형식이 되기 때문입니다. 5형식은 길고, 목적어에 대한 추가 설명이 하나 더 붙어 있는 것이라고 보면 됩니다.

I saw her. 나는 그녀를 보았다. (3형식)
I saw her dancing. 나는 그녀가 춤추는 것을 보았다. (5형식)

이것이 3형식과 5형식의 차이입니다. 목적어의 동작이나 상태를 목적격보어를 이용해서 보충해주면 5형식 문장이 됩니다.
5형식 문장이 어려운 이유는 문장 성분 중에서 '목적격보어'의 형태가 굉장히 다양해서 해석이 매번 달라지기 때문입니다. 다음 시간부터 다양한 목적격보어를 살펴봅니다. 오늘은 간단한 형태의 5형식 문장을 위주로 살펴보겠습니다. 목적어와 목적격보어를 자연스럽게 연결해서 해석하는 것이 핵심입니다.

Q 다음 5형식 문장들을 해석해보세요.

1. We call him Jay. ______________________
2. I always keep my room clean. ______________________
3. He found the book interesting. ______________________
4. The movie made her a star. ______________________

DAY 54 목적격보어 ①

5형식 문장이 어려운 이유는 목적격보어의 형태가 다양하기 때문입니다. 바꾸어 말하면, 목적격보어를 잡으면 5형식 문장을 제대로 이해할 수 있습니다.

명사 목적격보어

명사가 목적격보어에 쓰이면 목적어와 목적격보어가 같은 대상을 가리킵니다.

call, name, make, elect, appoint… + O + O.C.(명사)

call the baby Sam 그 아기를 Sam이라고 부르다

make her a star 그녀를 스타로 만들다

elect him president 그를 대통령으로 선출하다

Many people call it soccer. 많은 사람들이 그것을 축구라고 부른다.

I named my cat Jessy. 나는 내 고양이를 Jessy라고 이름 붙였다.

The committee elected her its representative. 위원회는 그녀를 그들의 대표로 선출했다.

형용사 목적격보어

형용사가 목적격보어에 쓰이면 목적어의 상태, 성질을 나타냅니다.

make, find, keep, get, leave… + O + O.C.(형용사)

make my mom happy 엄마를 행복하게 만들다

leave the door open 문을 열어둔 채로 두다

keep the floor clean 바닥을 깨끗하게 유지하다

I made my mom angry. 나는 엄마를 화나게 만들었다.

I found the question difficult. 나는 그 질문을 어렵다고 느꼈다.

Exercising regularly makes you healthy. 규칙적으로 운동하는 것은 너를 건강하게 만든다.

Q 괄호 안에서 알맞은 것에 동그라미 치세요.

1. I made my dad [angry / angrily].
2. I found the movie [interesting / interestingly].
3. You should keep your child [quiet / quietly].

DAY 55 목적격보어 ②

to부정사 목적격보어

to부정사가 목적격보어에 오면, 목적어가 하는 동작을 나타냅니다.
cause, order, require, enable, encourage, expect, ask, allow, advise, force, permit…
+ O + to 동사
I want you to come back. 나는 네가 돌아오기를 바란다.

동사원형 목적격보어

5형식 동사 중에 지각동사나 사역동사를 사용하면, 목적격보어에 동사원형을 사용합니다.
지각동사, 사역동사 + O + 동사원형
I saw a man cross the road. 나는 한 남자가 길을 건너는 것을 보았다.

동사ing 목적격보어

지각동사는 목적어가 하는 동작이 생생할 때 동사ing 형태를 목적격보어에 사용할 수 있습니다.
지각동사 + O + 동사ing
She felt her face turning red. 그녀는 얼굴이 빨갛게 변하는 것을 느꼈다.

p.p. 목적격보어

목적어와 목적격보어의 동사와의 관계가 수동적일 때에는 목적격보어에 p.p.형태를 사용합니다.
5형식 동사 + O + p.p.
I'll have you arrested. 나는 네가 체포되도록 만들 것이다.

Q 괄호 안에서 알맞은 것에 동그라미 치세요.

1. I felt the table [shaking / shaken].
2. He required us [to go back / going back].

DAY 56 지각동사

지각 동사는 인간의 감각을 이용해서 무언가를 인식하는 것을 나타내는 동사들입니다. '보다, 듣다, 냄새 맡다, 느끼다'와 같은 의미의 동사들이 지각동사입니다.

지각동사

지각동사를 사용하면 목적격보어에 동사원형을, 진행의 의미가 강할 때는 동사ing 형태를 사용합니다. 목적어와 목적격보어의 관계가 수동일 때는 p.p.형태를 사용합니다.

see, look at, watch(보다) hear, listen to(듣다) taste(맛이 나다) smell(냄새가 나다) feel(느낌이 들다)	+ O +	동사원형(*to V 사용하지 않음) 동사ing(목적어와 진행, 능동 관계) p.p.(목적어와 완료, 수동 관계)

I saw her swim in the pool. 나는 그녀가 수영장에서 수영하는 것을 보았다.

We smelled something burning. 우리는 뭔가가 타는 냄새를 맡았다.

I saw him throwing stones. 나는 그가 돌을 던지고 있는 것을 보았다.

I heard my name called in the crowd. 나는 내 이름이 군중 속에서 불리는 것을 들었다.

오늘의 영화

I saw you fight. I've never seen so much courage. [글래디에이터]

자네가 싸우는 걸 보았네. 난 그런 엄청난 용기를 본 적이 없네.

Q 괄호 안에서 알맞은 것에 동그라미 치세요.

1. I saw a man [to talk / talk] to her.
2. He felt someone [to touch / touch] his hand.
3. I heard the children [to cry / cry]
4. She saw me [crossing / crossed] the river.
5. My mom heard me [sing / to sing] at night.

DAY 57 사역동사

사역동사는 5형식을 대표하는 동사입니다. '사역'은 '사람을 부려서 일을 시킴'을 뜻합니다. 내가 하지 않고, 다른 사람에게 일을 미루어 시키는 것을 사역이라고 말합니다. 영어에서는 make, have, let이 대표적인 사역동사입니다.

사역동사

사역동사를 사용하면 목적격보어에 to동사의 형태가 아닌 동사의 원형을 사용합니다. 목적어와 목적격보어의 관계가 수동이면 p.p.를 사용합니다.
형태: make, have, let + O + 동사원형/p.p.
해석: 누가~을 하도록 시키다/만들다
She made me laugh. 그녀가 나를 웃게 만들었다.
She had me come home early. 그녀는 내가 집에 일찍 오도록 시켰다.
I'll let you know how it works. 그것이 어떻게 작동하는지 내가 알려줄게요.
I had my car washed yesterday. 나는 어제 세차했다.

준사역동사

help 동사는 영어에서 '준사역동사'라고 부릅니다. help 동사 다음에 위치하는 목적격보어에는 동사원형을 쓸 수도 있고, to동사를 사용할 수도 있습니다. 완전한 사역동사는 아니라는 의미로 준사역동사라고 부릅니다.
help + O + (to)동사
Tom helped me (to) do my homework. Tom은 내가 숙제하는 것을 도왔다.

오늘의 영화
Hey, can you make me a prince? [알라딘]
이봐, 너 나를 왕자로 만들 수 있어?

괄호 안에서 알맞은 것에 동그라미 치세요.

1. My friend always makes me [laugh / to laugh].
2. I let you [go / to go] when it is finished.
3. Sarah had me [stay / to stay] home.
4. She made me [brush / to brush] my teeth.
5. I can't make her [stop / to stop] crying.

DAY 58 12시제

시제는 동사가 언제 어떻게 동작을 하는지를 알려줍니다. 영어에는 12개의 시제가 있고, 이것을 12시제라고 부릅니다. 우리는 기본적으로 3개의 시제를 알고 있습니다.

기본적인 3개의 시제

기본적인 3개의 시제인 '과거, 현재, 미래'에 '진행 시제, 완료 시제'라는 2개의 시제를 더합니다. 이 시제들을 서로 합쳐보면, 12개의 시제가 완성됩니다.
아래 표를 보세요. 어둡게 표시된 부분이 12개의 시제가 됩니다.

12시제

	진행	완료	완료진행
1. 과거 시제	2. 과거진행 시제	3. 과거완료 시제	4. 과거완료진행 시제
5. 현재 시제	6. 현재진행 시제	7. 현재완료 시제	8. 현재완료진행 시제
9. 미래 시제	10. 미래진행 시제	11. 미래완료 시제	12. 미래완료진행 시제

'진행'은 글자 그대로 동작이나 상태가 진행되고 있음을 나타냅니다. '완료'는 동작이나 상태가 일정 기간 동안 쭉 이어진다는 것을 나타냅니다.

Q 12개의 시제를 써보세요.

	진행	완료	완료진행
1.	2.	3.	4.
5.	6.	7.	8.
9.	10.	11.	12.

DAY 59 현재 시제

현재 시제는 우리가 가장 기본적으로 알고 있는 동사의 원형을 사용해서 나타냅니다. 현재 시제는 현재 일어나는 일을 나타내는 것 외에도 몇 가지 다른 쓰임을 가지고 있습니다.

현재 시제를 쓰는 경우

1. 불변의 진리

The sun rises in the east. 태양은 동쪽에서 뜬다.

2. 현재의 지속적인 상태

I don't like mushrooms. 나는 버섯을 좋아하지 않는다.

3. 습관

At the weekend, we usually go to the market. 주말에 우리는 주로 시장에 간다.

4. 미래

출발하고, 도착하는 의미의 동사들(go, come, leave, arrive, depart…)은 미래의 의미를 가진 표현들(tomorrow, this evening)과 함께 쓰여서 현재 시제로 표현해도 미래를 나타낼 수 있습니다.

Our train leaves at eleven. 우리 기차는 11시에 떠날 것이다.

Q 다음 우리말 의미에 맞게 괄호 안에서 알맞은 것을 고르세요.

1. A friend in need [is / will be] a friend indeed. 어려울 때 친구가 진짜 친구이다.
2. I [taught / teach] English in high school. 나는 고등학교에서 영어를 가르친다.
3. My dad [left / leaves] for Seoul tomorrow morning. 아빠는 내일 아침 서울로 떠나실 것이다.

DAY 60 미래 시제

미래 시제는 앞으로 다가올 미래의 일을 나타냅니다. 2가지 형태(will, be going to)로 미래를 표현할 수 있습니다.
be going to는 will보다 좀 더 계획되어 있고, 예정된 일을 나타내는 느낌을 전달합니다.

동사의 미래 시제 will

1. 기본: will + 동사원형
I will(I'll) meet him later. 나는 그를 나중에 만날 것이다.

2. 부정문: will not(won't) + 동사원형
It will not(won't) snow tomorrow. 내일 눈이 오지 않을 것이다.

3. 의문문: Will + 주어 + 동사원형…?
Will it be cold tomorrow? 내일 추울까?

동사의 미래 시제 be going to

1. 기본: am/are/is going to + 동사원형
He's going to come to my house tomorrow. 그는 내일 우리 집에 올 것이다.

2. 부정문: am/are/is not going to + 동사원형
I'm not going to go to the cinema tonight. 나는 오늘 밤 영화를 보러 가지 않을 것이다.

3. 의문문: am/are/is + 주어 + going to + 동사원형…?
Is he going to buy a new computer? 그는 새로운 컴퓨터를 살까?

Q 괄호 안의 동사를 미래 시제로 바꾸세요.

1. I ____________ [visit] my grandparents next week.
2. I ____________ [help] you when you are needed.

DAY 61 현재진행 시제

진행 시제는 말 그대로 '진행'되고 있는 일을 나타냅니다. 진행 시제를 제대로 활용하기 위해서는 우선 동사에 ing를 붙이는 연습해야 합니다.

~ing 붙이는 방법

1. 동사에 그냥 ing를 붙입니다.
watch – watching, play – playing

2. 발음되지 않는 e로 끝나는 단어는 e를 없애고 ing
make – making, take – taking

3. 발음되는 e로 끝나는 단어는 동사의 현재형에 ing
agree – agreeing, see – seeing

4. ie로 끝나는 단어는 ie를 y로 고치고 ing
lie – lying, die – dying

현재진행 시제

현재진행 시제는 지금 현재 어떤 동작이나 상태가 진행되고 있음을 나타냅니다.
기본: 주어 + am/are/is + 동사ing
부정문: 주어 + am/are/is not + 동사ing
의문문: Am/Are/Is + 주어 + 동사ing…?
He is running in the park. 그는 공원에서 달리고 있습니다.
He is not running in the park. 그는 공원에서 달리고 있지 않습니다.
Is he running in the park? 그는 공원에서 달리고 있습니까?

Q 다음 빈칸에 알맞은 것을 쓰세요.

____________ David ________________ TV now? [watch]

David는 지금 TV를 보고 있나요?

DAY 62 과거진행 시제

과거진행 시제는 과거에 무언가가 생생하게 진행되고 있었음을 나타냅니다.

과거진행 시제

기본: 주어 + was/were + 동사ing
부정문: 주어 + was/were not + 동사ing
의문문: Was/Were + 주어 + 동사ing…?
He was taking a shower. 그는 샤워를 하고 있는 중이었다.
He was not taking a shower. 그는 샤워를 하고 있는 중이 아니었다.
Was he taking a shower? 그는 샤워를 하고 있는 중이었나요?

과거 시제와 과거진행 시제

She washed her car. 그녀는 세차를 했다.
She was washing her car. 그녀는 세차를 하고 있는 중이었다.
위 문장에서 과거 시제는 '그녀가 세차를 했다'는 사실을 나타내고, 과거진행 시제는 과거의 어떤 시점에 '그녀가 세차라는 동작을 하고 있었다'라는 의미를 전달합니다.

Q 괄호 안의 동사를 과거진행 시제로 바꿔서 빈칸을 채우고, 완성된 문장을 해석하세요.

1. He ______________ [write] an e-mail when the phone rang.

해석 ______________________________

2. I ________________ [listen] to the music, so I didn't hear the fire alarm.

해석 ______________________________

3. While John __________________ [sleep] last night, someone stole his car.

해석 ______________________________

DAY 63 미래진행 시제

미래진행 시제는 미래의 어느 시점에 어떤 일이 생생하게 진행되고 있을 것임을 나타냅니다. 문장 안에 미래의 시점이 적혀 있을 수도 있고, 만약 없다면 문장 근처의 맥락이나 상황을 통해서 파악할 수 있는 경우라고 봐야 합니다.

미래진행 시제

기본: 주어 + will be + 동사ing
부정문: 주어 + will not(won't) be + 동사ing
의문문: Will + 주어 + be + 동사ing…?

He will be playing computer games at 10 p.m. tomorrow.
그는 내일 저녁 밤 10시에 컴퓨터 게임을 하고 있는 중일 것이다.

He will not be playing computer games at 10 p.m. tomorrow.
그는 내일 밤 10시에 컴퓨터 게임을 하고 있지 않을 것이다.

Will he be playing computer games at 10 p.m. tomorrow?
그는 내일 밤 10시에 컴퓨터 게임을 하고 있을 건가요?

오늘의 영화

They will be expecting his next match. [글래디에이터]
관중들은 그의 다음 시합을 기대하고 있을 거예요.

Q 괄호 안의 동사를 미래진행 시제로 바꿔서 빈칸을 채우고, 완성된 문장을 해석하세요.

1. I ______________ [wait] for her when her plane arrives tonight.

해석 ______________

2. I ______________ [watch] TV when she arrives tonight.

해석 ______________

3. I ______________ [wait] for you when your bus arrives.

해석 ______________

DAY 64

현재완료 시제

현재완료 시제는 과거의 어느 시점부터 현재까지 동작이나 상태가 이어짐을 표현합니다.

현재완료 시제

형태: have/has + 과거분사(p.p.)
부정문: have/has not + 과거분사(p.p.)
의문문: Have/Has + 주어 + 과거분사(p.p.)…?

She has lived in Seoul all her life. 그녀는 평생 서울에 살았다.
She has not lived in Seoul all her life. 그녀는 평생 서울에 살지는 않았다.
Has she lived in Seoul all her life? 그녀는 평생 서울에 살았나요?

지금 여러분들은 살고 있는 집에서 몇 년간 살았나요? 5년간 살았다고 답을 해볼게요. 다음 중 어떻게 표현해야 할까요?

1. I lived in this house for 5 years.
2. I have lived in this house for 5 years.

정답은? 2번입니다. 현재완료 시제를 이용해야 과거부터 지금 '현재'까지 살았다는 의미를 나타낼 수 있습니다. 1번은 현재가 아닌 옛날에 5년 살았다는 해석이 됩니다.

현재완료 시제와 어울리는 표현

1. for(~동안)+ 기간
I have studied Spanish for three years. 나는 3년간 스페인어를 공부했다.

2. since(~이후로) + 시점
I have lived in this city since 1983. 나는 1983년 이후로 이 도시에 쭉 살았다.

Q 괄호 안에서 알맞은 표현에 동그라미 치세요.

She [was / has been] ill since yesterday.

DAY 65 현재완료 시제의 4가지 용법

현재완료 시제의 4가지 용법

1. 완료: 지금 막 ~했다
과거에 시작해서 지금까지 이어진 동작이 지금 막 완료되었음을 나타냅니다.
She has just come. **그녀는 지금 막 왔다.**

2. 경험: (지금까지) ~한 적이 있다
과거부터 현재까지 나의 경험을 현재완료 시제를 이용해서 나타낼 수 있습니다.
I have never been to Paris. **나는 파리에 가본 적이 없다.**

3. 계속: (지금까지) ~해 오고 있다
과거에 시작된 동작이나 상태가 지금도 이어지고 있음을 '계속' 용법을 이용해서 나타낼 수 있습니다. since(~이후로), for(~동안에) 같은 표현들과 매우 궁합이 잘 맞습니다.
I have studied English for 10 years. **나는 영어를 10년간 공부해 왔고 지금도 하고 있다.**

4. 결과: ~해버렸다
과거의 동작이나 상태의 결과로 현재 어떤 일이 일어나고 있다면 이것은 결과 용법입니다.
He has lost his watch. **그는 시계를 잃어버려서 현재 가지고 있지 않다.**

Q 다음 현재완료의 알맞은 해석에 동그라미 치세요.

1. I have already had lunch. [완료 / 경험 / 계속 / 결과]
2. I have never been to Paris. [완료 / 경험 / 계속 / 결과]
3. She has once lived in New York. [완료 / 경험 / 계속 / 결과]

DATE . . . COMPLETE □□

DAY 66

필수영문법

과거완료 시제

과거완료 시제는 과거보다 더 과거에 일어난 일을 표현한다고 생각하면 됩니다. 과거완료를 사용하기 위해서는 맥락상 기준이 되는 과거 시제가 반드시 존재해야 합니다.

과거완료 시제

형태: had + 과거분사(p.p.)
부정문: had not + 과거분사(p.p.)
의문문: Had + 주어 + 과거분사(p.p.)…?
The train had just left when he got to the station. 그가 역에 도착했을 때, 열차는 막 떠났다.

과거완료 시제의 4가지 용법

1. 완료
I had finished my homework when she called me.
나는 그녀가 나에게 전화했을 때 숙제를 끝냈었다.

2. 경험
He wondered if I had been to L.A. before. 그는 내가 전에 LA에 가본 적이 있는지 궁금해했다.

3. 계속
I thought he had been alive until then. 나는 그때까지 그가 살아 있었다고 생각했다.

4. 결과
I told my friends I had bought the music CD. 나는 내 친구들에게 내가 음악 CD를 샀다고 말했다.

오늘의 영화
I had hoped you would come to me last night. [타이타닉]
나는 당신이 어젯밤 나에게 오기를 희망했어요.

Q 동사의 형태를 바꿔서 빈칸을 채우세요.
I couldn't buy my mom's birthday present because I ________ [spend] all my money.

DAY 67 미래완료 시제

미래완료 시제는 미래의 어느 시점에는 동작이나 상태가 완료되어 있을 거라는 의미입니다. 미래완료 시제는 미래의 특정한 시점과 함께 이야기될 때 맥락이 자연스럽습니다.

미래완료 시제

형태: will have + 과거분사(p.p.)
부정문: will not have + 과거분사(p.p.)
의문문: Will + 주어 + have 과거분사(p.p.)…?
She will have cooked dinner by 7. 그녀는 7시까지는 저녁을 다 할 것이다.
She will not have cooked dinner by 7. 그녀는 7시까지 저녁을 다 하지 못할 것이다.
Will she have cooked dinner by 7? 그녀는 7시까지 저녁을 다 할까?
I will have finished this book by tonight. 나는 오늘밤까지 이 책을 다 읽을 것이다.
My mom will have cooked dinner by 6. 엄마는 6시까지 저녁을 요리할 것이다.
He will have arrived by tomorrow morning. 그는 내일 아침에는 도착을 할 것이다.
Will she have graduated by next year? 그녀는 내년에는 졸업을 할까요?
Will he have got married by next year? 그는 내년에는 결혼을 할까요?

오늘의 영화

Very soon, he will have summoned an army great enough to launch an assault on Middle-earth. [반지의 제왕: 반지원정대]
그는 곧 Middle-earth 공격을시작하기에 충분한 군대를 소환 완료할 것이오!

Q 괄호 안의 동사를 변형해서 미래완료시제를 완성하고, 문장을 해석하세요.

1. By the time you read this letter, I ______________ [leave].

해석 ______________________________

2. You ______________ [finish] your report by this time next week.

해석 ______________________________

3. Will they ______________ [arrive] by tomorrow?

해석 ______________________________

DAY 68 조동사

조동사는 동사의 한 종류입니다. 조동사에서 '조'는 도와준다는 의미입니다. 조동사는 동사를 도와주는 역할을 합니다. 이미 초등학교 때부터 익숙한 can, may, will, must, should 등이 조동사입니다.

조동사의 특징

1. 주어와 상관없이 형태가 같습니다.
I can, He can, They can

2. 동사 앞에 위치합니다. 조동사 다음의 동사는 원형을 사용합니다.
I can swim

3. 동사에 가능성, 능력, 의무 등 다양한 의미를 더합니다.

조동사의 부정

조동사 + not + 동사원형
I can't do it. 나는 그것을 할 수 없어.
That cannot be true. 그건 사실일 리가 없어.

조동사의 의문문

조동사 + 주어 + 동사원형…?
Can you answer the question? 질문에 답할 수 있나요?
May I go home? 집에 가도 되나요?

오늘의 영화
Oh, I can bark! [업]
오, 나는 짖을 수 있어!

Q 괄호 안에서 알맞은 것에 동그라미 치세요.
I [will / can] speak a little Chinese. 나 중국어를 좀 할 수 있어.

DAY 69 조동사 will, would

조동사 will은 미래를 나타냅니다. 미래를 나타내기 위해서 굉장히 자주 사용되기 때문에 반드시 알아야 하는 조동사입니다.

조동사 will

형태: will + 동사원형
해석: ~할 예정이다
부정: will not + 동사원형
의문: Will + 주어 + 동사원형…?
I will accept your offer. 나는 너의 제안을 받아들일 것이다.
I won't make the same mistake again. 나는 같은 실수를 다시 하지 않을 것이다.
Will you work late today? 너는 오늘 늦게까지 일할 거니?

조동사 would는 will의 과거 형태라고 볼 수 있지만, 다른 의미들도 갖고 있습니다.

조동사 would

1. 정중히 요청할 때
Would you like a glass of water? 물 한 잔 드릴까요?

2. 과거의 동작을 나타낼 때
I would read poems. 나는 (과거에) 시를 읽곤 했다.

3. 가정법과 사용
If I were you, I would finish the work.
내가 너라면, 그 일을 마칠 거야.

Q 괄호 안의 단어들을 이용해서 아래 우리말을 영어로 쓰세요.

________________________ 너 오늘 밤 여기를 떠날 거야? [leave, tonight]

DAY 70 조동사 can

조동사 can은 기본적으로 능력의 의미를 가지고 있습니다. 허가, 요청의 의미도 있기 때문에 다양한 의미를 익혀야 합니다. 하나의 조동사는 보통 3-4가지 정도의 의미를 가지고 있습니다.

조동사 can

해석: ~할 수 있다(능력), ~해도 좋다(허가), ~해도 될까요?(요청)
형태: can + 동사원형
부정: cannot(can't) + 동사원형
의문: Can + 주어 + 동사원형…?
He can repair your computer. 그는 너의 컴퓨터를 고칠 수 있다.(능력)
You can stay here tonight. 너는 오늘 밤 여기 머물러도 된다.(허가)
Can I borrow your pen? 당신 펜을 빌려도 될까요?(요청)

조동사 can이 능력의 의미를 나타낼 때는 be able to로 바꾸어 쓸 수 있습니다. 이때 be동사는 주어와 시제에 알맞게 바꿔줘야 합니다.
I can swim like a fish. 나는 물고기처럼 수영할 수 있어.
= I am able to swim like a fish.
She can speak several languages. 그녀는 몇 가지 언어를 말할 수 있다.
= She is able to speak several languages.

Q 밑줄 친 can의 쓰임이 다른 것은?

① Can I leave now?
② Jane can play the piano.
③ Can you read this book?
④ He can swim like a fish.
⑤ Can she write the alphabet?

DAY 71 조동사 could

조동사 could는 can의 과거형으로 생각하기 쉽지만, 그 외에도 몇 가지 의미를 더 가지고 있습니다. 의미 차이가 미묘할 수 있으니, 반드시 예문과 함께 공부해주세요.

조동사 could

1. 과거의 능력

He could speak four languages when he was younger.

그는 더 어렸을 때 4개 언어를 말할 수 있었다.

2. 과거의 가능성

You could call me yesterday. 너는 어제 나에게 전화할 수 있었어.

3. can보다 정중한 요청

Could I say something? 제가 좀 말해도 될까요? (공손한 표현)

4. 제안할 때

I could help you with your homework. 당신 숙제를 도와줄 수 있어요.

5. 미래의 불확실한 추측, 가능성

It could be really cold in winter. 겨울에는 무척 추울 수도 있어.

Q 다음 문장들을 해석해보세요.

1. She could drive a car. ____________________
2. He could play football well when he was 8. ____________________
3. A lot of crime could be prevented. ____________________
4. I could call you anytime. ____________________
5. Could you lend me this book? ____________________

DAY 72 조동사 may, might

조동사 may는 기본적으로 추측, 허락의 의미를 나타냅니다. can과 함께 가장 많이 사용되는 조동사 중 하나입니다.

조동사 may

해석: ~일 지도 모른다(추측), ~해도 좋다(허락)
형태: may + 동사원형
부정: may not + 동사원형
의문: May + 주어 + 동사원형…?

She may still hate you. 그녀는 여전히 너를 싫어할지도 모른다. (추측)
May I have your name please? 당신 이름을 알 수 있을까요? (허락)
May I sit next to you? 당신 옆에 앉아도 될까요? (허락)
May I come in? 들어가도 될까요? (허락)
He may be busy doing his homework. 그는 숙제를 하느라 바쁠 거야. (추측)
We may need some water. 우리는 물이 좀 필요할지도 몰라. (추측)

조동사 might는 may보다 더 불확실한 추측을 나타냅니다.

My mom might be at home. 엄마는 아마 집에 계실지도 몰라. (불확실함)
I think you might be right. 네가 맞을지도 모른다고 생각해. (불확실함)
It might be possible. 그것은 가능할지도 몰라. (불확실함)
This might be the difficult decision for me. 이건 나에게 어려운 결정일지도 몰라. (불확실함)

오늘의 영화

Mr. Hopkins, you may agree with him. [죽은 시인의 사회]
홉킨스 씨, 당신은 그의 말에 동의할지도 모릅니다.

Q 다음 문장들을 해석하세요.

1. May I turn on the radio? ____________________
2. I might study math with you tonight. ____________________
3. I might join you if I finish my work early. ____________________
4. You may keep the change. ____________________

DAY 73 조동사 must

조동사 must는 강력한 의무, 필요를 나타내는 조동사입니다.

조동사 must

해석: ~해야 한다, ~할 필요가 있다
형태: must + 동사원형
부정: must not + 동사원형
의문: Must + 주어 + 동사원형…?

You must listen to my advice. **너는 내 조언을 들어야만 해.**

You must love yourself. **너는 너 자신을 사랑해야 해.**

You must not park here. **너는 여기에 주차하면 안 돼.**

You must not take a picture inside the building. **너는 빌딩 안에서 사진 찍으면 안 돼.**

must에는 의무를 나타내는 것 외에 아주 중요한 의미가 한 개 더 있습니다. 강한 확신의 의미를 가진 추측입니다. 우리말로는 '~임에 틀림없다' 정도의 의미입니다.

He must be hungry. **그는 배고픈 게 틀림없어.**

This must be the right address! **이것은 맞는 주소임에 틀림없어.**

must가 강한 확신의 의미를 나타낼 때, 정반대의 의미로 '~일 리가 없다'를 can't를 이용해서 나타낼 수 있습니다.

It can't be true. **그건 사실일 리가 없어.**

He cannot be hungry. **그는 배고플 리가 없어.**

오늘의 영화

My best work, I must admit. [인크레더블]
(이건) 내 최고의 작품이야, 나는 인정해야만 해.

Q 다음 밑줄 친 must의 의미에 동그라미 치세요.

1. Students must pass an entrance examination. [의무 / 확신]
2. That must be a mistake. [의무 / 확신]

DAY 74 조동사 should

조동사 should는 충고, 조언을 말할 때 사용합니다.

조동사 should

해석: ~해야 한다
형태: should + 동사원형
부정: should not + 동사원형
의문: Should + 주어 + 동사원형…?

You should listen to my advice. **너는 내 조언을 들어야만 해.**

You should not judge people by their appearance. **너는 사람을 외모로 판단하면 안 돼.**

I think you should drive more carefully. **내 생각에 너는 좀 더 조심스럽게 운전해야 해.**

I should meet him right now. **나는 그를 지금 만나야만 해.**

should는 의무를 나타낼 수 있고, 앞으로의 일에 대한 기대도 나타낼 수 있습니다.

I should return the book before the library closes.
나는 도서관이 문을 닫기 전에 이 책을 반납해야 해. (의무)

My sister should be in New York by now. **내 여동생은 지금쯤 뉴욕에 있을 거야.** (기대)

오늘의 영화

Maybe you should call her. [제리 맥과이어]
아마도, 당신은 그녀에게 전화를 걸어야만 해요.

다음 문장들을 해석하세요.

1. I think he should be here soon. ______________________________
2. You should close your eyes. ______________________________
3. You should go home. ______________________________
4. You should focus more on your family. ______________________________

DAY 75

필수영문법

조동사 have to

조동사 have to는 기본적으로 '~해야만 한다'라는 의미를 가진 must와 유사한 의미를 나타냅니다. 하지만 주어에 따라서 have to 또는 has to로 형태가 바뀝니다. 과거일 때는 had to로 형태가 바뀝니다. 원래 조동사는 주어나 시제에 따라서 형태가 바뀌지 않지만, have to는 순수한 조동사가 아니라서 이렇게 주어와 시제에 따라서 형태가 바뀐다고 이해하면 됩니다. 조동사를 공부할 때 주어나 시제에 따라 형태가 변하는 것들은 순수한 조동사가 아니랍니다.

조동사 have to

해석: ~해야만 한다
형태: have(has) to (현재), had to (과거), will have to (미래)
부정: don't(doesn't) have to (현재), didn't have to (과거), won't have to (미래)
의문:
Do/Does 주어 + have to + 동사원형…? (현재)
Did 주어 + have to + 동사원형…? (과거)
Will 주어 + have to + 동사원형…? (미래)
We have to leave early. **우리는 일찍 떠나야만 해.**
You have to stir the soup continuously. **너는 수프를 계속 저어야만 해.**
She has to read four books for her homework. **그녀는 숙제를 위해서 책 4권을 읽어야만 해.**
She had to finish the report before the midterm. **그녀는 중간고사 전에 보고서를 끝마쳐야만 했어.**
She will have to deal with other problems. **그녀는 다른 문제들을 처리해야만 할 것이다.**
You will have to do your best. **너는 최선을 다해야만 할 거야.**

오늘의 영화

You have to act like you own everything. [알라딘]
넌 네가 모든 것을 가진 것처럼 행동해야만 해.

Q 영화 〈인크레더블〉의 한 장면입니다. 괄호 안의 단어를 이용해서 빈칸을 채우세요.

MR. INCREDIBLE: How you doing, honey? 자기, 안녕?
ELASTIGIRL: ____________________? [answer] 내가 답을 해야만 하나요?

DAY 76 must와 have to의 차이

조동사 must와 have to는 비슷하면서도 다른 점이 명확합니다. 이 차이점이 중학 수준의 영어에서 중요하게 등장하기 때문에 꼭 한 번 정리하고 넘어가야 합니다.

must와 have to의 같은 점

둘 다 의무를 나타냅니다.
must: ~해야 한다 (의무) **You must work hard. 너는 열심히 일해야만 해.**
have(has) to: ~해야 한다 (의무) **You have to work hard. 너는 열심히 일해야만 해.**

must와 have to의 차이점

1. must의 부정
must not: ~해서는 안 된다 (금지)
You must not run inside the room. 너는 방안에서 뛰어서는 안 된다.

2. have to의 부정
don't(doesn't) / didn't have to: ~할 필요가 없다/없었다
You don't have to come home early today. 너는 오늘 일찍 집에 올 필요가 없다.

Q 다음 두 문장을 해석해보세요.

1. You must not wake him up early.

해석 ______________________________

2. You don't have to wake him up early.

해석 ______________________________

DAY 77 조동사 have p.p.

조동사 다음에 동사원형이 아닌 have p.p.를 이어서 쓰면 '과거'에 대한 다양한 의미를 나타낼 수 있습니다.

조동사 have p.p.

1. should have p.p.: (과거에) ~했어야만 했다
I should have studied harder. **나는 더 열심히 공부했어야만 했다.**

2. must have p.p.: (과거에) ~했음에 틀림없다, ~였음에 틀림없다
He must have been asleep. **그는 잠들었음에 틀림없다.**

3. can't have p.p.: (과거에) ~했을 리가 없다, ~이 아니었음에 틀림없다
He can't have been asleep. **그는 잠들었을 리가 없다.**

4. could have p.p.: (과거에) ~할 수 있었을 것이다
You could have done it. **너는 그것을 할 수 있었을 것이다.**

5. would have p.p.: (과거에) ~했을 것이다
It would have been a mistake. **그것은 실수였을 것이다.**

오늘의 영화
It should have arrived by now. [인턴]
그 상품은 지금쯤 도착했어야 했는데요.

Q 우리말 의미에 맞게 다음 빈칸에 알맞은 조동사를 쓰세요.

1. You __________ have listened to the teacher. 너는 선생님 말씀을 들었어야만 했어.
2. He _________ have been asleep. 그는 자고 있었던 게 틀림없어.
3. She _________ have left the house yet. 그녀는 아직 집을 떠났을 리가 없어.

DAY 78 used to vs. would

used to와 would를 이용하면 과거의 동작, 상태를 나타낼 수 있습니다.

used to와 would의 공통점

두 조동사 모두 과거의 일을 나타낼 수 있습니다. 이때 과거의 일은 현재는 하지 않는다는 의미까지 포함되어 있습니다. 어려서는 즐겨 했지만 현재는 안 하는 일들을 이 조동사들을 이용해서 나타냅니다.

I used to(would) study Chinese. 나는 중국어를 공부하곤 했어. (지금은 안 해)

I used to(would) start work at 7 o'clock. 나는 7시에 일을 시작하곤 했어. (지금은 아니야)

used to와 would의 차이점

used to는 과거의 동작, 상태를 나타낼 수 있지만 would는 과거의 동작만을 나타낼 수 있습니다. would로는 과거의 '상태'를 나타낼 수는 없습니다. 아래 문장을 보세요.

I used to be fat, but now I am thin. 나는 과거에 뚱뚱했지만, 지금은 날씬하다.

이때 내가 과거에 뚱뚱했던 것은 동작이 아닌 상태이기 때문에 would는 사용할 수 없습니다. would는 동작과 어울립니다.

When I was a kid, I would go fishing with my dad. 나는 아이였을 때, 아빠와 낚시를 가곤 했다.

Q 다음 문장을 해석하세요.

1. She used to eat meat, but now she is a vegetarian.

해석 ______________________________

2. I used to live in Paris.

해석 ______________________________

3. Sam used to be the best student in class.

해석 ______________________________

4. He would always come late to the meetings.

해석 ______________________________

DAY 79 had better

had better은 상대방에게 충고, 제안 혹은 경고를 할 때 사용할 수 있는 표현입니다. 가벼운 충고나 제안의 의미일 수도 있고, 경우에 따라서는 강력한 경고의 의미도 전달할 수 있습니다.

had better

해석: ~하는 편이 더 낫다
형태: had better + 동사원형
부정: had better not + 동사원형
We'd better eat something. 우리는 뭔가 먹는 게 낫겠어.
You'd better leave now. 너는 지금 떠나는 편이 낫겠어.
I'd better not go out today. 오늘은 안 나가는 게 낫겠어.

아래의 문장들은 다소 강하게 경고의 의미를 나타냅니다.
You'd better listen to my advice. 너는 내 충고를 들어야만 해.
You'd better take care of yourself. 너는 너 자신을 잘 돌봐야만 해.
You'd better not drink too much. 너는 (술을) 너무 많이 마시면 안 돼.

Q 다음 문장들을 해석하세요.

1. I'd better go home right now.

해석 ______________________________

2. You'd better listen to your parents.

해석 ______________________________

3. You had better not come home late.

해석 ______________________________

4. You had better set your alarm clock.

해석 ______________________________

5. You had better change your attitude.

해석 ______________________________

DAY 80 기타 조동사

조동사는 우리가 배운 것 외에도 많이 있습니다. 다양한 조동사를 익혀보세요.

다양한 조동사

1. would rather: 차라리 ~하는 게 좋다

I would rather stay at home. 나는 집에 머무는 편이 낫겠다.

2. ought to: ~해야 한다

You ought to stop smoking. 너는 금연해야만 한다.

You ought not to drink so much. 너는 (술을) 너무 많이 마시면 안 된다.

*ought to의 부정은 ought not to입니다.

3. may(might) as well: ~하는 편이 낫다

You may as well leave early. 너는 일찍 떠나는 편이 더 낫다.

4. may(might) well: ~하는 것은 당연하다, 아마 ~일 것이다

He may well say so. 그는 그렇게 말하는 것도 당연하다.

You may well be right. 당신은 아마 맞을 것이다.

오늘의 영화

I may well not be an expert. [아이언맨2]

나는 전문가가 아닐지도 몰라요.

Q 우리말 의미에 맞게 빈칸에 알맞은 조동사를 쓰세요.

1. You ______________ go home now. 너는 지금 집에 가는 게 낫겠다.

2. I ____________________ die than retreat. 나는 후퇴하느니 차라리 죽겠어.

DAY 81 수동태란?

기본적으로 동사는 능동태와 수동태로 표현합니다. 수동태는 동사를 변형해서 '동작을 당하는 것'을 나타내는 동사의 형태입니다.

수동태

형태: be+p.p.
해석: 주어가 수동적으로 동작을 당함
be expected **기대되다**
be studied **연구되다**
be heard **들리다**

수동태 만드는 법

수동태를 처음 배울 때는 수동태 만드는 것을 연습하는 것이 가장 중요합니다.
More than 300 million people speak Spanish. **3억 명이 넘는 사람들이 스페인어를 말한다.**

1단계> 문장의 목적어를 주어로 가지고 오기
Spanish

2단계> 동사는 문장의 주어와 시제에 맞는 'be동사 + p.p.'
Spanish is spoken

3단계> 원래 문장의 주어는 'by+목적격'의 형태로 문장 뒤에 배치
Spanish is spoken by more than 300 million people.

Q 다음 능동태 문장을 수동태로 바꾸세요.

1. I clean my room. → (수동태)
2. My dad changed the flat tire. → (수동태)
3. Tom painted the entire house. → (수동태)
4. The kangaroo carried her baby in her pouch. → (수동태)

DAY 82 수동태를 쓰는 이유

영어 문장에서 수동태를 사용하는 몇 가지 경우가 있습니다.

수동태를 사용하는 이유

1. 목적어 강조
문장의 주어가 아닌 목적어가 맥락상 중요할 때, 목적어를 앞으로 내보내는 수동태를 사용합니다. 아무래도 사람들은 앞에 나오는 것에 집중하죠.
Tom was elected a captain (by us). Tom이 반장으로 선출되었다.

2. 행위자가 불분명
동사의 주인이 불분명할 때가 있습니다. 지갑을 도난당했을 때, 우리는 범인을 모릅니다. 그때는 어쩔 수 없이 목적어를 주어로 사용하는 수동태를 사용합니다.
My bike was stolen. 내 자전거가 도난당했다.

3. 행위자가 일반 사람일 경우
일반 사람들이 동사의 주체인 경우는 주어가 큰 의미가 없습니다. 그래서 수동태로 바꾸어 주고, 행위자는 생략하는 경우가 많습니다.
English is spoken in Canada. 영어는 캐나다에서 사용된다.

4. 행위자가 너무나 뻔한 경우에도 주어를 굳이 써줄 필요가 없습니다. 아래 문장의 주어는 누가 봐도 '경찰'입니다.
He was arrested. 그는 체포되었다.

Q 다음 문장의 수동태는 왜 쓰였을까요? 여러분이 생각하는 이유를 적어주세요.

He was elected a captain again. 그는 주장으로 다시 선출되었다.
(이유)

DAY 83 수동태의 부정문, 의문문

수동태의 부정

형태: be동사 + not + 과거분사 + (by 목적격)

I am not invited to the party by her. 나는 그녀에 의해 파티에 초대받지 않았다.

The cat was not chased by the dog. 고양이는 개에 의해서 쫓기지 않았다.

The experiment is not carried out by us. 그 실험은 우리에 의해서 실행되지 않는다.

수동태의 의문

수동태의 의문문은 의문사가 있을 때와 없을 때로 나누어서 익혀야 합니다.

1. 의문사가 없을 때

Be동사 + 주어 + 과거분사 + (by 목적격)…?

Is this book written by you? 이 책은 당신에 의해서 쓰여졌니?

Is the baby resembled by his parents? 그 아기는 부모를 닮았니?

2. 의문사가 있을 때

의문사 + be동사 + (주어) + 과거분사 + (by 목적격)…?

When was the bridge built? 그 다리는 언제 건설되었나요?

Who was invited by you? 누가 당신에 의해서 초대되었나요?

*who가 주어 역할까지 하고 있는 문장입니다.

Q 다음 문장을 괄호 안의 형태로 바꾸세요.

1. Our TV was broken by my brother.

→ (부정)

2. The fish was eaten by the bear.

→ (의문)

DAY 84

다양한 시제와 수동태

시제와 수동태는 함께 쓰여 동사의 의미를 다양하게 만들 수 있습니다. 각각의 시제에 'be + p.p'를 더해준다고 생각하면 됩니다.

시제별 수동태 바꾸기

He cleans the room. (현재)

→ The room is cleaned by him. 그 방은 그에 의해서 청소된다.

He cleaned the room. (과거)

→ The room was cleaned by him. 그 방은 그에 의해서 청소되었다.

He will clean the room. (미래)

→ The room will be cleaned by him. 그 방은 그에 의해서 청소될 것이다.

He is cleaning the room. (진행)

→ The room is being cleaned by him. 그 방은 그에 의해서 청소되고 있는 중이다.

He has cleaned the room. (완료)

→ The room has been cleaned by him. 그 방은 그에 의해서 청소되어져 왔다.

* 각 시제의 완료진행형, 미래진행형의 수동태는 실제 영어에선 사용되지 않습니다.

Q 다음 문장들을 수동태로 바꾸세요.

1. My mom is cleaning the kitchen.

____

2. Sam has watered the plants.

____

3. We have finished the report.

____

4. Someone has killed the president.

____

5. My boss will send the email.

____

DAY 85 조동사, 동사구가 있는 수동태

조동사의 수동태

조동사 다음에는 동사의 원형을 사용해야 하기 때문에 be동사들의 원형인 'be' 형태를 사용해야 합니다.

조동사 + be + 과거분사

I will forget you. 나는 너를 잊을 것이다.

→ You will be forgotten by me. 너는 나에게 잊힐 것이다.

Food will be brought. 음식은 가져와질 것이다.

You might be helped. 너는 도움을 받을지도 모른다.

That bicycle can be stolen. 그 자전거는 도난당할 수 있다.

Your order will be taken. 너의 주문은 받아질 것이다.

A new book will be read. 새 책은 읽힐 것이다.

동사구

여러 개의 단어가 모여서 하나의 동사 덩어리를 형성하는 경우, 이것을 동사구라고 부릅니다. 동사구가 사용된 문장을 수동태로 만들 때, 동사 덩어리를 하나의 동사처럼 취급합니다.

bring up(양육하다), run over(차에 치이다), call off(취소하다), turn on(켜다), turn off(끄다), look after(돌보다), take care of(돌보다)

My baby is taken care of by her. 내 아기는 그녀에 의해서 돌봐진다.

The computer was turned on by her. 그 여자에 의해 컴퓨터가 켜졌다.

The dog will be looked after by Tom. 그 개는 Tom의 돌봄을 받을 것이다.

Q 다음 문장을 수동태로 바꾸세요.

All the students look up to the teacher.

→ ______________________________

DAY 86 4형식 문장의 수동태

4형식 문장의 수동태

4형식 문장은 2개의 수동태 문장을 만들 수 있습니다.

4형식 문장: I gave her a letter.

간접목적어 주어: I was given a letter by her.

직접목적어 주어: A letter was given to me by her.

이때 직접목적어를 주어로 하는 문장을 만들면, 동사에 따라서 원래 문장에는 없던 전치사 to/for/of를 추가해야 합니다.

4형식 동사별 전치사

1. 전치사 to를 쓰는 경우: give, bring, teach, show, send, lend, pass…

A bar of chocolate was given to Jill by John. 초콜릿바가 John에 의해서 Jill에게 주어졌다.

2. 전치사 for를 쓰는 경우: buy, make…

The present was bought for my mom by me. 그 선물은 엄마를 위해서 나에 의해 구매되었다.

3. 전치사 of를 쓰는 경우: ask

The question was asked of Tom by Ms. Helen.

그 질문은 Helen 선생님에 의해 Tom에게 물어봐졌다.

Q 다음 문장을 수동태로 바꾸세요.

1. I lent a pencil to Graham.

→ A pencil ______________________.

→ Graham ______________________.

2. I bought my sister an interesting book.

→ An interesting book ______________________.

DAY 87

5형식 문장의 수동태

5형식 문장의 수동태

5형식 문장은 수동태로 바꿀 때 목적어를 주어로 바꾸고 나면, 목적격보어가 있습니다. 남은 목적격보어는 문장의 끝에 그대로 적어줘야 합니다.

(능동) They called the baby Sam.

→ (수동) The baby was called Sam (by them).

5형식 문장을 수동태로 바꿀 때 주의할 점들

1. 목적격보어가 원형부정사인 경우 없어진 'to'를 부활시켜라!

My mom made me take care of my sister. 엄마는 내가 여동생을 돌보도록 시키셨다.

→ I was made to take care of my sister by my mom.

2. have나 let은 수동형으로 사용하지 않는다.

- let은 allow를 사용해 수동태 문장을 만든다.

She let me go out and play. 그녀는 내가 나가서 놀도록 허락했다.

→ I was allowed to go out and play by her.

3. 지각동사의 목적격보어가 현재분사인 경우 그대로 현재분사 형태를 유지한다.

We heard him singing a song. 우리는 그가 노래를 하는 것을 들었다.

→ He was heard singing a song.

Q 다음 문장을 수동태로 바꾸세요.

1. She kept me waiting for half an hour.

→ ______________________________

2. We saw him enter the building.

→ ______________________________

DAY 88

목적어가 절인 문장의 수동태

영어에서 절이라는 것은 주어와 동사를 갖춘 문장이라고 생각하면 됩니다. 목적어가 절인 문장은 목적어에 문장이 하나 더 있는 것처럼 느껴집니다.

They say that he is rich. **그들은 그가 부자라고 말한다.**

이 문장에서 목적어는 that he is rich입니다. 수동태를 만들 때는 목적어를 주어로 사용해야 하지만, 이 경우 목적어가 너무 길기 때문에 주어로 가져왔다가 가주어 it을 사용합니다. 나중에 다시 배울 개념이지만, 가주어 it은 문장의 주어가 너무 길 때 가짜 주어인 it을 주어로 사용하고, 진짜 주어는 뒤로 빼는 문법입니다.

They say that he is rich.

→ That he is rich is said by them.

→ It is said that he is rich.

이때 문장의 동사가 say, believe, expect, suppose, know, consider일 때는 that절의 주어를 문장의 주어로 사용하는 수동태도 가능합니다. 그리고 뒷부분의 내용은 다음과 같이 처리합니다.

He is said to be rich. **그는 부자라고 말해진다.**

She is believed to be smart. **그녀는 똑똑하다고 믿어진다.**

Q 다음 문장을 주어진 단어로 시작하는 수동태로 바꾸세요.

1. People know that he has a humble attitude.

→ He ______________________________.

2. They suppose that all rich men are wicked.

→ All rich men ______________________________.

3. People consider that the war is over.

→ The war ______________________________.

DAY 89 by 이외의 전치사가 사용되는 수동태

필수영문법

수동태를 만들 때는 원래 문장의 주어는 'by+목적격'의 형태로 바뀌지만, 경우에 따라서는 by 이외의 전치사를 쓰기도 합니다. 중학교에서 주요한 문법 포인트로 등장하기도 합니다.

be made of: ~로 만들어지다(물리적 변화)	be satisfied with: ~에 만족하다
be made from: ~로 만들어지다(화학적 변화)	be married to: ~와 결혼하다
be known for: (능력) ~로 알려지다	be known to: ~에게 알려지다
be crowded with: ~로 붐비다	be filled with: ~로 가득 차다
be surrounded by (with): ~에 둘러싸이다	be known as: (명사) ~로 알려지다
be disappointed with: ~로 실망하다	be pleased with (at): ~에 기뻐하다
be interested in: ~에 관심이 있다	be covered with: ~로 덮여 있다
be surprised at: ~에 놀라다	be named after: ~의 이름을 따서 이름 짓다
be frightened to: ~에 겁먹다	be born in: ~에 태어나다
be tired with (from): ~에 지치다	be tired of: ~에 싫증나다

His parents were pleased with(at) his success. 그의 부모님은 그의 성공에 기뻐했다.

The cup is filled with warm cocoa. 그 컵은 따뜻한 코코아로 채워져 있다.

The garden was covered with fallen leaves. 그 정원은 떨어진 잎들로 덮여 있었다.

He is known for his honesty. 그는 그의 정직함으로 유명하다.

His books are known to everybody. 그의 책은 모두에게 알려져 있다.

The singer is known as the 'Queen of Dance'. 그 가수는 '춤의 여왕'으로 알려져 있다.

Q 다음 빈칸에 알맞은 단어는?

1. We are satisfied ________ your good service. 우리는 당신의 서비스로 인해 만족스럽다.
2. I'm interested ________ the movie. 나는 그 영화에 관심이 있다.

DAY 90

형용사/부사의 비교급과 최상급 ①

형용사와 부사를 비교급이라는 형태로 바꾸면 비교를 할 수 있습니다. 또 최상급이라는 형태로 바꾸면 '가장 ~한'이라는 표현을 할 수 있습니다.

비교급과 최상급 - 규칙변화1

1. 1음절 단어에는 -er/-est를 붙입니다. 1음절이란 단어에 발음되는 모음이 하나 있는 경우입니다. 기본적으로 매우 짧은 단어라고 생각하면 됩니다.

fast – faster – fastest(빠른 – 더 빠른 – 가장 빠른)

short – shorter – shortest(짧은 – 더 짧은 – 가장 짧은)

2. e로 끝나는 1음절 단어에는 r/st만 붙입니다.

nice – nicer – nicest(멋진 – 더 멋진 – 가장 멋진)

large – larger – largest(큰 – 더 큰 – 가장 큰)

3. '단모음+ 단자음'으로 이루어진 단어는 마지막 자음을 한 번 더 쓰고 er/est를 붙입니다.

fat – fatter – fattest(살찐 – 더 살찐 – 가장 살찐)

big – bigger – biggest(큰 – 더 큰 – 가장 큰)

4. '자음 + y'로 끝나는 1음절 단어는 y를 i로 고치고 er/est를 붙입니다.

happy – happier – happiest(행복한 – 더 행복한 – 가장 행복한)

early – earlier – earliest(이른 – 더 이른 – 가장 이른)

Q 다음 단어들의 비교급, 최상급을 쓰세요.

1. great – ____________ – ____________
2. wise – ____________ – ____________
3. pretty – ____________ – ____________
4. busy – ____________ – ____________
5. thin – ____________ – ____________
6. hot – ____________ – ____________
7. lazy – ____________ – ____________

DAY 91 형용사/부사의 비교급과 최상급 ②

오늘 만나는 형용사와 부사는 다소 긴 단어들이라는 공통점이 있습니다.

비교급과 최상급 - 규칙변화2

1. -ful, -less, -ish, -ous, -ly로 끝나는 단어는 앞에 more/most를 붙입니다.

useful – more useful – most useful(유용한 – 더 유용한 – 가장 유용한)

useless – more useless – most useless(쓸모없는 – 더 쓸모없는 – 가장 쓸모없는)

2. -ly로 끝나더라도 friendly와 같은 형용사의 경우에는 –ier/-iest을 사용합니다.

friendly – friendlier – friendliest(친절한 – 더 친절한 – 가장 친절한)

lonely – lonelier – loneliest(외로운 – 더 외로운 – 가장 외로운)

3. 대부분의 2음절 이상의 단어 앞에 more/most를 붙입니다.

difficult – more difficult – most difficult(어려운 – 더 어려운 – 가장 어려운)

popular – more popular – most popular(대중적인 – 더 대중적인 – 가장 대중적인)

비교급과 최상급 - 규칙변화3

2가지 변화가 모두 가능한 경우도 있습니다.

wise – wiser(more wise) – wisest(most wise)(현명한 – 더 현명한 – 가장 현명한)

handsome – handsomer(more handsome) – handsomest(most handsome)
(잘생긴 – 더 잘생긴 – 가장 잘생긴)

Q 다음 단어들의 비교급, 최상급을 쓰세요.

1. expensive – ____________ – ____________
2. slowly – ____________ – ____________
3. fluently – ____________ – ____________
4. easily – ____________ – ____________
5. important – ____________ – ____________

DAY 92 불규칙한 비교급

비교급과 최상급이 불규칙하게 변화하는 경우도 있습니다.

비교급과 최상급 - 불규칙변화

good(좋은) – better – best	old(나이 든, 늙은) – older – oldest
well(건강한) – better – best	old(연상의, 손위의) – elder – eldest
bad(나쁜) – worse – worst	late(시간이 늦은) – later (후의) – latest (최근의)
ill(건강이 나쁜) – worse – worst	late(순서가 나중인) – latter(후자의) – last(마지막)
many / much(많은) – more – most	far(거리가 먼) – farther – farthest
few(수가 적은) – fewer – fewest	far(더욱, 한층) – further – furthest
little(양이 적은) – less – least	

Your writing is better than mine. 네 글이 내 글보다 낫다.

Today is the worst day of my life. 오늘은 내 인생에서 최악의 날이다.

His house is far from town, but her house is farther.
그의 집은 마을에서 멀지만, 그녀의 집은 더 멀다.

Q 다음 단어들의 비교급, 최상급을 쓰세요.

1. good – ______________ – ______________
2. well – ______________ – ______________
3. bad – ______________ – ______________
4. ill – ______________ – ______________
5. many – ______________ – ______________
6. few – ______________ – ______________
7. little – ______________ – ______________
8. old(나이 든, 늙은) – ______________ – ______________
9. old(연상의, 손위의) – ______________ – ______________
10. late(시간이 늦은) – ______________ – ______________

DAY 93 원급을 이용한 비교

형용사와 부사의 비교급, 최상급을 배우는 이유는 실제로 2개 또는 그 이상의 대상을 비교하기 위해서입니다. 그런데 꼭 비교급을 쓰지 않고, 형용사와 부사의 원래 형태 그대로 이용해서도 비교의 표현을 나타낼 수 있습니다. '원급'이라는 것은 형용사와 부사의 원래 형태 그대로를 나타냅니다.

원급을 이용한 비교

1. as + 원급 + as
해석: ~만큼 …한
'as-as'구문을 사용하면 두 개의 비교되는 대상이 형용사/부사의 면에서 같다는 의미를 나타냅니다.

She is as honest as her little sister. **그녀는 그녀의 여동생만큼 정직하다.**

He works as hard as she does. **그는 그녀만큼 열심히 일한다.**

His room is as small as mine. **그의 방은 내 방만큼 작다.**

Our house is as large as yours. **우리 집은 너의 집만큼 크다.**

2. not as(so) + 원급 + as
해석: ~만큼 …하지 않은
부정의 not을 붙이면 두 개의 비교되는 대상에서 의미 차이가 발생합니다.

My house is not as big as yours. **우리 집은 너의 집만큼 크지 않다.**

He is not as strong as Mike. **그는 Mike만큼 힘이 세지 않다.**

He is not as old as me. **그는 나만큼 나이가 많지 않다.**

She is not as tall as her little brother. **그녀는 그녀의 남동생만큼 키가 크지 않다.**

오늘의 영화

Your hands are as big as my face! [몬스터 대학교]

너의 손은 내 얼굴만큼 크네!

Q 우리말에 알맞게 괄호 안의 단어를 이용해서 문장의 빈칸을 채우세요.

1. Today is ______________________. [cold] 오늘은 어제만큼 춥다.
2. He goes shopping ______________________. [often] 그는 너만큼 자주 쇼핑을 간다.

DAY 94

비교급을 이용한 비교

형용사, 부사의 비교급을 이용해 다음과 같이 비교 표현을 만들 수 있습니다.

형용사, 부사의 비교급

형태: 비교급 + than~ (~보다 더 ~한)

Your grade is worse than mine. 너의 성적은 내 성적보다 더 안 좋다.

My dog barks more loudly than yours. 나의 개는 너의 개보다 더 크게 짖는다.

Tom drives more carefully than me. Tom은 나보다 더 조심스럽게 운전한다.

You are more polite than me. 너는 나보다 더 예의 바르다.

It's cheaper to go by train than by car. 기차로 가는 것이 자동차로 가는 것보다 싸다.

than이 필요 없는 경우

맥락상 비교 대상이 명확할 경우 than이하는 생략 가능합니다.

I want to do something more interesting. 나는 더 재미있는 뭔가를 하고 싶다.

You should be more careful when driving. 너는 운전할 때 더 조심해야 한다.

오늘의 영화

MR. INCREDIBLE : A jet's not fast enough.

ELASTIGIRL : What's faster than a jet? [인크레더블]

인크레더블: 제트기는 충분히 빠르지 않아.

엘라스티걸: 제트기보다 더 빠른 게 뭐죠?

Q 괄호 안의 단어를 이용해서 비교하는 문장을 완성하세요.

1. Jill is __________ [fast] than me.
2. My brother is __________ [clumsy] than me.
3. You might be tall, but I am __________ [tall].
4. My new car is __________ [quiet] than the old one.
5. This winter is __________ [cold] than last winter.
6. My dad is __________ [fat] than me.
7. I like cats __________ [much] than dogs.

DAY 95 최상급을 이용한 비교

최상급을 이용한 표현

형태: the + 최상급 + 범위

Jupiter is the biggest planet in our solar system. 목성은 태양계에서 가장 큰 행성이다.

This is the most interesting book I have ever read.

이것은 내가 읽은 것 중에서 제일 재밌는 책이다.

This building is the oldest in the town. 이 빌딩은 마을에서 가장 오래되었다.

최상급의 다양한 다른 표현

최상급은 최상급만의 표현도 중요하지만, 최상급을 원급이나 비교급을 이용해서 다양하게 나타내는 법도 중요합니다.

Tom is the tallest in the class. Tom은 우리 반에서 키가 제일 크다.

= Tom is taller than any one else.

= Tom is taller than any other student.

= Tom is taller than all the other students.

= No other student is taller than Tom.

= No other student is as tall as Tom.

오늘의 영화

Magic Mirror on the wall, who is the fairest one of all? [백설공주와 일곱 난장이]

벽에 있는 마술 거울아, 누가 세상에서 가장 예쁘니?

Q 괄호 안의 단어를 이용해서 최상급이 들어간 문장을 완성하세요.

1. My captain is the ____________ [little] worried about the game. 주장은 게임에 대해서 가장 걱정을 덜 한다.
2. That was the ____________ [good] movie ever. 그것은 역대 최고의 영화였다.
3. Sam is the ________________ [handsome] boy in my school. Sam은 우리 학교에서 제일 잘생긴 소년이다.
4. Mt. Everest is the ______________ [high] mountain in the world. 에베레스트산은 세계에서 가장 높다.

DATE . . . COMPLETE □□

필수영문법

DAY 96 비교급, 최상급 강조

비교급의 강조

비교 대상의 차이가 심할 때 '훨씬'이라는 의미로 비교급을 강조할 수 있습니다.
- much, even, far, still, a lot 등을 사용
- 원래의 의미와는 상관없이 '훨씬'으로 해석
- very는 비교급을 수식할 수 없음

Dogs are a lot smarter than you think. **개들은 네가 생각하는 것보다 훨씬 더 똑똑하다.**

This cell phone is still more useful than mine. **이 핸드폰은 나의 것보다 훨씬 더 유용하다.**

최상급의 강조

최상급도 강조를 할 수 있습니다. 단연 최고일 때 사용을 할 수 있습니다.
- much, the very, by far 등을 사용
- '단연코'로 해석

He is by far the tallest boy in our class. **그는 우리 반에서 단연코 가장 키가 큰 소년이다.**

This is the very best dictionary. **이것은 단연코 최고의 사전이다.**

오늘의 영화

To be honest I'm a lot more concerned about the water being so cold. [타이타닉]
솔직히, 나는 물이 차가워지는 것에 대해서 훨씬 더 걱정하고 있어.

Q 괄호 안의 단어를 강조해서 문장을 완성하세요.

1. China is ________________ [big] than Korea.
2. My dog is ________________ [big] than yours.
3. Mt. Everest is ________________ [high] than Mt. Halla.
4. This question is ________________ [easy] than I expected.
5. The skin of a shark is ________________ [rough] than that of a tuna fish.

DAY 97 the 비교급, the 비교급

the 비교급, the 비교급

형태: the + 비교급(주어 + 동사), the + 비교급(주어 + 동사)
해석: ~하면 할수록, 점점 더 …하다

The older we grow, the weaker our memory becomes.
우리가 나이 들면 나이 들수록, 우리의 기억은 점점 더 약해진다.

The more careful you are, the fewer mistakes you make.
네가 더 신중하면 할수록, 너는 더 적은 실수를 한다.

형용사의 비교급이 명사를 수식할 때는 비교급 바로 다음에 위치합니다.

The more money you have, the more you spend. **네가 돈을 더 많이 가질수록, 너는 더 많이 쓴다.**

'주어+동사'를 생략하는 경우도 있습니다.

The sooner, the better. **더 빠를수록, 더 좋다.**

The more, the better. **더 많을수록, 더 좋다.**

오늘의 영화

And the bigger we get, the more complicated it's gonna get. [인턴]
우리(회사)가 더 커지면 커질수록 더 복잡해질 거야.

Q 괄호 안의 단어를 이용해서 다음 표현을 완성하세요.

1. ________________ [high] we climb, ________________ [cold] it becomes.
우리가 높이 오르면 오를수록 더 추워진다.

2. ________________ [fresh] the fruit is, ________________ [good] it tastes.
과일은 신선할수록 맛이 더 좋다.

DAY 98

배수표현

2배, 3배를 영어로 어떻게 나타낼까요? 영어에서 2배, 3배를 배수사라고 부릅니다. 배수사를 이용한 표현들은 수능영어에서 도표 문제를 푸는 데 활용되기 때문에 반드시 익혀야 합니다.

배수사

2배 twice(two times), 3배 three times, 4배 four times, 5배 five times, 6배 six times …

원급을 이용한 배수표현

형태: 배수사 + as + 원급 + as

My father is three times as old as I am. **아빠는 나보다 나이가 3배 더 많으시다.**

The African continent is four times as large as the European one.

아프리카 대륙은 유럽 대륙보다 4배 더 크다.

비교급을 이용한 배수표현

형태: 배수사 + 비교급 + than

His house is three times bigger than mine. **그의 집은 내 집보다 3배 더 크다.**

I can run twice faster than my brother. **나는 나의 남동생보다 2배 더 빠르게 달릴 수 있다.**

오늘의 영화

THOR: You know, I'm 1,500 years old. I've killed twice as many enemies as that.

[어벤져스: 인피니티 워]

너 그거 알아? 나는 1500세야. 나는 그것(1500)보다 2배 더 많은 적들을 죽였어.

Q 괄호 안의 단어를 이용해서 문장을 완성하세요.

1. This book is ________________ [big] as that one. 이 책은 그 책보다 3배 더 크다.
2. This pencil is ________________ [expensive] than that one.

이 연필은 저 연필보다 2배 더 비싸다.

DAY 99 to부정사의 개념

오늘부터는 영문법에서 아주 중요한 to부정사를 배웁니다. to부정사가 들어가면 문장이 기본적으로 길어집니다. 긴 문장을 해석하기 위해서 꼭 필요한 문법이기 때문에 영어 초보에서 중수, 고수로 나아가기 위해서는 반드시 익혀야 하는 문법이라고 생각하면 됩니다.
to부정사를 이해하기 위해서는 8품사의 개념을 다시 복습해야 합니다. 8품사 중에서 동사로 태어난 단어들은 문장에서 딱 한 가지 역할만 합니다. 바로 동사의 역할이죠. 그런데 명사의 경우는? 명사로 태어난 단어는 문장에서 주어, 목적어, 보어처럼 다양한 역할을 합니다.
세상에 수많은 동사들이 있는데, 동사로만 사용을 하는 것은 영어가 언어라는 면에서 비효율적입니다. 그래서 동사들을 더욱 많이 활용하기 위해서 'to'를 동사 앞에 붙입니다. 그러면 to부정사가 만들어지면서 동사가 아닌 명사, 형용사, 부사로 다양하게 문장에서 활용됩니다.

to부정사

형태: to + 동사원형
활용: 명사, 형용사, 부사
to study English 영어를 공부하는 것/영어를 공부하는/영어를 공부하기 위해서
to express feelings 감정을 표현하는 것/감정을 표현하는/감정을 표현하기 위해서

to부정사는 동사에 to를 붙여서 명사, 형용사, 부사로 다양하게 활용하는 문법이라고 보면 됩니다. 문장 속에서 무슨 역할을 하고 있는지를 파악하는 것이 중요하고, 다양한 문장을 접하면서 구조에 익숙해지면 충분히 to부정사를 정확하게 해석할 수 있습니다.

Q 다음 문장에서 to부정사를 찾아서 밑줄 치고, 문장 해석에 도전하세요.

1. I chose to help him. ____________________________.
2. They are learning to sing. ____________________________.
3. He tends to be a little shy. ____________________________.
4. He has no one to look after him. ____________________________.
5. I hope to pass the exam. ____________________________.

DAY 100 to부정사의 형태

to부정사가 어떻게 생겼는지 구체적으로 살펴봅니다. 동사가 1형식 동사부터 5형식 동사까지 5종류가 있기 때문에 to부정사도 몇 형식 동사를 이용해서 만드느냐에 따라서 형태가 달라집니다.

to부정사의 형태

1. to + 1형식 동사 + (전치사구)
to go to school

2. to + 2형식 동사 + 주격보어
to be a teacher

3. to + 3형식 동사 + 목적어
to study English

4. to + 4형식 동사 + 간접목적어 + 직접목적어
to give her a candy

5. to + 5형식 동사 + 목적어 + 목적격보어
to make her happy

이와 같이 to부정사라고 해서 단순히 'to + 동사'의 2단어로 이루어졌다고 생각하면 안 됩니다. 동사의 종류에 따라서 얼마든지 길어질 수 있습니다. 아직 to부정사를 본격적으로 배우기 전이지만, 문장의 형식을 배웠기 때문에 아래의 to부정사들도 충분히 해석할 수 있습니다.

Q 다음 표현들을 해석하세요. (~하는 것으로 해석하세요.)

ex) to finish his work 그의 일을 마치는 것

1. to teach students ____________________
2. to buy a new camera ____________________
3. to open the door without the key ____________________
4. to stay with my parents ____________________
5. to make my mom upset ____________________

DAY 101 to부정사의 명사적 용법

to부정사가 원래 명사가 하던 역할을 하는 것을 'to부정사의 명사적 용법'이라고 합니다. 명사는 문장에서 주어, 목적어, 보어 역할을 합니다. 이 역할을 to부정사가 그대로 합니다.

to부정사의 명사적 용법

1. 주어 역할: 문장에서 주어 역할
To study is important. 공부하는 것은 중요하다.

2. 목적어 역할: 문장에서 목적어 역할
She plans to go to Paris. 그녀는 파리에 갈 계획이다.

3. 보어 역할: 문장에서 주격보어, 목적격보어 역할
My job is to teach English. (주격 보어) 내 직업은 영어를 가르치는 것이다.
I want her to be quiet. (목적격보어) 나는 그녀가 조용하기를 원한다.

She decided to learn to read. [2018 고1 3월 43-45번]
그녀는 읽는 법을 배우기로 결심했다.
He decided to give up professional baseball. [2016 고1 3월 43-45번]
그는 프로야구를 포기하기로 결정했다.
Some people want to cut down the trees for lumber. [2015 고1 6월 30번]
어떤 사람들은 목재용으로 그 나무들을 베려고 한다.

Q 다음 문장에서 밑줄 친 to부정사는 문장에서 무슨 역할을 하고 있나요?

1. You must decide <u>to forget</u> and let go of your past. [2018 고1 3월 21번]
[주어/목적어/보어]
2. The penguins' solution is <u>to play</u> the waiting game. [2019 고1 11월 21번]
[주어/목적어/보어]

DATE . . . COMPLETE □□

DAY 102

필수영문법

가주어와 진주어

문장의 주어가 너무 길 때 가짜 주어 it을 사용하고, 진짜 주어는 뒤로 보냅니다. to부정사가 주어로 쓰일 때 기본적으로 주어가 길기 때문에 가주어 it을 사용하고, to부정사로 된 진짜 주어는 뒤로 보내는 경우가 많습니다.

가주어와 진주어

To live without air is impossible. **공기 없이 사는 것은 불가능하다.**

→ It is impossible to live without air.

가주어 (It) **진주어** (to live without air)

It is important to identify these issues. [2017 고1 3월 35번]

이러한 이슈들을 알아보는 것은 중요하다.

It will also be more difficult to manipulate you. [2018 고1 3월 30번]

(누군가가) 여러분을 조종하는 것도 더 어려워질 것이다.

But it makes sense to think about how often you do. [2014 고1 9월 19번]

그러나 얼마나 자주 그러는지에 대해 생각하는 것은 이치에 맞다.

It is easy to judge people based on their actions. [2017 고1 9월 20번]

행동을 기반으로 사람들을 판단하는 것은 쉽다.

It's easy to say one should keep cool, but how do you do it? [2020 고1 3월 21번]

침착함을 유지하라고 말하는 것은 쉽지만, 어떻게 침착함을 유지하는가?

It is not always easy to eat well when you have a newborn baby. [2015 고1 3월 33번]

신생아가 생기면 잘 먹는 것이 항상 쉬운 것은 아니다.

Q 다음 문장을 가주어 it으로 시작하는 문장으로 바꾸세요.

To recognize your pet's particular needs and respect them is important.
[2016 고1 3월 21번]

= It is ______________________________.

DAY 103 의문사 + to부정사

to부정사를 명사적 용법으로 사용할 때, 의문사를 함께 사용할 수 있습니다. 문장에서 주어, 목적어, 보어 역할을 하게 되기 때문에 명사적 용법으로 분류합니다.

의문사 + to부정사

1. what + to부정사: 무엇을 ~할지
I don't know what to wear. **나는 무엇을 입을지 모르겠다.**

2. where + to부정사: 어디에서(로) ~할지
Tell me where to go. **어디로 갈지를 말해줘.**

3. how + to부정사: 어떻게 ~할지, ~하는 법
He will show you how to fix it. **그는 그것을 고치는 방법을 보여줄 것이다.**

4. when + to부정사: 언제 ~할지
I'd like to know when to leave. **나는 언제 떠날지를 알고 싶다.**

5. which + to부정사: 어느 것을 ~할지
He didn't decide which to buy. **그는 어느 것을 살지 결정하지 못했다.**

6. who(m) + to부정사: 누구를(에게)~할지
I'm thinking about who(m) to invite. **나는 누구를 초대할지 생각 중이다.**

*'why + to부정사'의 형태는 사용할 수 없습니다.

Q 우리말 의미에 맞게 빈칸을 채워 문장을 완성하세요.

1. Paderewski did not know ____________ to turn for help. [2016 고1 6월 43~45번]
Paderewski는 어디에서 도움을 구할지 몰랐다.
2. The editors must make difficult decisions about whom to include and _________ to exclude. [2016 고1 3월 37번] 편집자들은 누구를 포함시키고 누구를 제외할지에 대해서 어려운 결정을 해야 한다.

DATE . . . COMPLETE □□

필수영문법

DAY 104 가목적어 it

영어에는 가목적어라는 개념도 있습니다. 5형식 문장에서 to부정사를 목적어로 사용하는 경우, 가목적어 it을 목적어 자리에 사용하고 진짜 목적어인 to부정사를 뒤로 보냅니다. 이때 대신 쓴 it은 가목적어, 뒤로 보내진 to부정사는 진목적어가 됩니다.

가목적어와 진목적어

I found to study English interesting. (X) **나는 영어 공부하는 것이 흥미롭다고 느꼈다.**

→ I found it interesting to study English. (O)

가목적어 (it) **진목적어** (to study English)

가목적어를 활용한 문장들

목적어 자리에 특별한 의미가 없는 it이 보인다면, 뒤에 진짜 목적어가 보이는지 확인하세요. to부정사 외에도 진짜 목적어들은 더 있지만, 오늘은 to부정사만 제대로 배웁니다.

I found it interesting to study Chinese. **나는 중국어를 공부하는 것이 흥미롭다고 느꼈다.**

I found it difficult to finish the task in two hours.

나는 두 시간 안에 그 일을 마치는 것이 어렵다고 느꼈다.

He considered it best to say nothing about the matter.

그는 그 문제에 대해서 아무 말도 하지 않는 것이 최고라고 여겼다.

Q 다음 문장들은 틀린 문장들입니다. 가목적어 it를 사용해서 다시 작성하세요.

1. This makes to stick to the goal nearly impossible. [2017 고1 9월 32번]

→

2. Technology makes to worsen a situation with a quick response much easier. [2016 고1 6월 22번]

→

DAY 105 to부정사의 형용사적 용법

to부정사가 형용사의 역할을 하는 것을 'to부정사의 형용사적 용법'이라고 합니다.

to부정사의 형용사적 용법 ①: 명사수식

명사를 수식하는 형용사의 역할을 to부정사가 합니다. 영어에서 두 단어 이상이 명사를 수식할 때는 뒤에서 수식을 한다는 법칙이 있습니다. to부정사는 두 단어 이상이기 때문에 뒤에서 명사를 수식합니다. 그래서 형용사적 용법으로 쓰이는 to부정사 앞에는 항상 명사가 위치합니다.

형태: 명사 + to부정사

We have no food to eat. **우리는 먹을 음식이 없다.**

I have some work to finish. **나는 마쳐야 할 일이 약간 있다.**

to부정사의 형용사적 용법 ②: 보어 역할

to부정사를 주격보어 자리에 쓸 때는 주의할 것이 있습니다. 보어 자리에 to부정사가 있으면 명사적 용법일 수도 있고, 형용사적 용법일 수도 있습니다. 명사적 용법으로 쓰이는 것은 앞서 살펴봤고, 형용사적 용법으로 쓰이게 되면 'be to용법'이라는 특별한 용법이 만들어집니다.

1. 명사적 용법: 이때는 보어로 쓰인 to부정사의 내용과 주어가 같은 내용입니다.

My dream is to make my family happy. **나의 꿈은 내 가족을 행복하게 만드는 것이다.**

2. 형용사적 용법: 이때는 '예정/의무/의도/가능/운명'이라는 특별한 의미가 만들어집니다.

I am to meet her next week. **나는 다음 주에 그녀를 만날 예정이다.**

be to 용법은 '예정, 의무, 가능, 의도, 운명' 등 다양하게 해석됩니다. 자세한 내용은 내일 다시 알아봅니다.

Q 다음 문장들을 정확하게 해석하세요.

1. Everyone has something to be happy about. [2017 고1 6월 21번]

해석 ______________________________

2. This limits our ability to bring in and help more pets. [2019 고1 9월 18번]

해석 ______________________________

DAY 106 be to용법

be to용법은 to부정사의 형용사적 용법 중 하나입니다. to부정사가 문장의 보어 자리에 위치하게 되면서 '예정/의무/의도/가능/운명'의 의미를 나타냅니다.

be to 용법

1. 예정: ~할 예정이다

The President is to make a visit to New York next week.

대통령은 다음 주에 뉴욕을 방문할 예정이다.

2. 의무: ~해야 한다

You are to respect your parents all the time. **너는 항상 너의 부모님을 존경해야 한다.**

3. 의도: ~하고자 한다

If you are to succeed, you must save your time.

만약 성공하고 싶으면, 너는 시간을 절약해야 한다.

4. 가능: ~할 수 있다 (주로 부정과 함께 쓰입니다.)

No one was to be seen at school. **아무도 학교에서 보이지 않는다.**

5. 운명: ~할 운명이다

The princess was to get married to an ugly frog. **공주는 못생긴 개구리와 결혼할 운명이었다.**

Q 다음 문장의 밑줄 친 부분은 어떻게 해석을 해야 할까요? 해석한 후, to부정사의 알맞은 의미를 [예정/의무/의도/가능/운명] 중에 골라 동그라미 치세요.

1. The Prime Minister is <u>to make</u> a further visit to London next week. [예정 / 의무 / 의도 / 가능 / 운명]
2. The Prime Minister is <u>to visit</u> India next month. [예정 / 의무 / 의도 / 가능 / 운명]
3. I don't mind your going to the party but you're not <u>to be</u> back late. [예정 / 의무 / 의도 / 가능 / 운명]
4. You are not <u>to leave</u> this room without my permission. [예정 / 의무 / 의도 / 가능 / 운명]

DAY 107

to부정사의 부사적 용법

to부정사의 부사적 용법은 다양한 해석이 가능합니다. 문장의 맥락에 맞게 해석을 해야 합니다.

to부정사의 부사적 용법

1. 목적: ~하기 위하여, ~하려고

I went to the airport to see her off. **나는 그녀를 배웅하려고 공항에 갔다.**

2. 감정의 원인: ~하니, ~해서 (감정의 원인을 to부정사로 나타냅니다.)

Nice to meet you. **만나서 반갑다.**

3. 판단의 근거: ~하다니, ~하니

He must be silly to say so. **그렇게 말하다니 그는 어리석은 게 틀림없다.**

4. 결과: ~해서 (그 결과) …하다

He awoke only to find himself alone in the house.

그는 깨어나서 그가 집에 혼자 있다는 것을 알게 되었다.

5. 형용사 수식: to 부정사 바로 앞의 형용사의 의미를 수식

Swimming is hard to learn. **수영은 배우기 어렵다.**

Q 다음 문장을 해석하세요.

1. Use words to make the reader see. [2016 고1 3월 20번]

해석 ______________________________

2. A single decision is easy to ignore. [2020 고1 3월 30번]

해석 ______________________________

3. To prove this wrong, Newton reversed the process. [2014 고1 11월 39번]

해석 ______________________________

4. One of her friends called to invite her to lunch. [2015 고1 6월 26번]

해석 ______________________________

5. You don't need complex sentences to express ideas. [2018 고1 6월 20번]

해석 ______________________________

DAY 108 to부정사의 의미상의 주어

to부정사의 의미상의 주어는 to부정사에 쓰인 동사의 주어가 무엇인지를 생각하면 됩니다. to부정사의 의미상의 주어는 3가지로 나누어서 이해합니다.

to부정사의 의미상의 주어가 문장에 있는 경우

to부정사의 동사의 주인이 문장 안에 이미 있는 경우입니다. 따로 추가할 것이 없습니다.
I want to sleep. **나는 잠을 자기를 원한다.**

to부정사의 의미상의 주어 'for+목적격'

문장 내에 to부정사의 동작의 주인이 없다면 'for+목적격'의 형태로 추가해야 합니다.
It's not easy for me to break the bad habit. **내가 나쁜 습관을 없애는 것은 쉽지 않다.**

to break에서 break라는 동작의 주체가 문장에 없기 때문에 'for me'의 형태로 의미상의 주어를 추가했습니다.

to부정사의 의미상의 주어 'of+목적격'

to부정사의 의미상의 주어를 추가하려고 할 때, 사람의 성격이나 성질에 대한 판단을 나타내는 형용사(good, kind, generous, nice, polite, clever, foolish, silly, stupid, careless, rude, cruel, wrong, selfish)가 근처에 있다면 'of+목적격'을 사용합니다.
It's kind of him to help me. **그가 나를 도와주다니 (그는) 친절하구나.**

Q 다음 괄호 안에서 알맞은 것에 동그라미 치세요.

1. These pants are too long [for / of] me to wear.
2. It is always good [for / of] you to study hard.
3. It was very kind [for / of] you to help your mom do the dishes.

DAY 109 to부정사의 부정

to부정사는 동사를 이용한 문법이기 때문에 부정을 할 수 있습니다. to부정사를 부정할 때는 to부정사 바로 왼쪽에 not/never을 붙입니다.

to부정사의 부정

형태: not(never) + to부정사

I decided not to sleep. **나는 자지 않기로 결심했다.**

She asked me never to call her again. **그녀는 나에게 다시는 그녀에게 전화하지 말라고 요청했다.**

I decided not to go to London. **나는 런던에 안 가기로 결정했다.**

My mom told me not to be late. **엄마는 늦지 말라고 내게 말씀하셨다.**

She tried not to cry. **그녀는 울지 않으려고 노력했다.**

The boy tried not to burn anything. **그 소년은 어떤 것도 태우지 않으려고 애썼다.**

오늘의 영화

Forrest, I told you not to bother. [포레스트 검프]

포레스트, 내가 방해하지 말라고 말했지.

I told you not to drive so fast. You almost ran him over. [토이 스토리4]

내가 그렇게 빨리 운전하지 말라고 했지. 너 거의 그 사람을 차로 칠 뻔했어.

Q 다음 문장들을 해석하세요.

1. My parents told me not to be selfish.

해석 ____________________

2. Ms. Sam taught us not to cheat on the exam.

해석 ____________________

3. I was told not to fight with my brother.

해석 ____________________

4. Hey, try not to laugh!

해석 ____________________

5. I'm trying not to listen to the noise.

해석 ____________________

DAY 110 to부정사의 시제

동사를 이용한 문법인 to부정사는 시제가 있습니다. to부정사의 시제는 동사의 12시제와는 아무런 관련이 없습니다. to부정사는 단순, 완료의 딱 2개 시제를 가지고 있습니다.

to부정사의 단순 시제

형태: to 동사
to부정사의 단순 시제는 to부정사의 동사와 문장의 동사가 같은 시점에서 발생하는 일이라고 이해하면 됩니다.
I want to go home. 나는 집에 가기를(현재) 원한다.(현재)

to부정사의 완료 시제

형태: to have p.p.
to부정사의 완료 시제는 to부정사의 동작이 문장의 동사보다 더 과거에 일어났다는 것을 나타냅니다.
He seems to have been rich. 그는 부자였던(과거) 것처럼 보인다.(현재)
위 문장에서 그가 seem(~처럼 보이다)하는 것은 현재이고, 부자였던 것은 과거입니다. 이런 상황이라면 '한 남자가 지금은 부자인지 알 수 없지만 과거에 부자였던 것처럼 현재 보인다'라는 의미가 됩니다. to부정사의 시제를 처음 익힐 때 가장 주의할 점은 to have p.p.라는 완료 시제의 형태만 보고 동사의 12시제 중 현재완료 시제와 연결하지 말아야 한다는 겁니다. '완료'라는 이름마저 비슷하지만, to부정사의 완료 시제는 현재완료 시제와 전혀 관련이 없고, 문장의 진짜 동사보다 한 시제 더 앞서서 동작이 일어났음을 표시하는 것에 불과합니다.
He pretended to have lost her wallet. 그는 그녀의 지갑을 잃어버린 척했다.
She claims to have met many famous people. 그녀는 많은 유명한 사람들을 만났다고 주장한다.

Q 다음 두 문장이 같은 뜻이 되도록 빈칸을 채워 문장을 완성하세요.
It seemed that he had stole my money.
→ He seemed ______________________

DAY 111 to부정사의 수동태

동사를 사용한 to부정사는 수동태로 만들 수 있습니다.

단순 시제의 수동태

단순 시제이기 때문에 문장의 주어와 같은 시점에 대한 이야기이며, 동작을 수동적으로 당한다는 의미입니다.
형태: to be p.p.
I'm happy to be invited to the party.
나는 파티에 초대되어서 기쁘다. (초대를 한 것이 아니라 초대를 받은 것이죠?)

완료 시제의 수동태

완료 시제의 수동태는 문장의 주어보다 하나 더 과거에 일어난 일에 대한 이야기이며, 동작을 수동적으로 당한다는 의미입니다.
형태: to have been p.p.
I was happy to have been chosen a captain of my class.
나는 우리 반의 반장으로 뽑혀서 기뻤다. (반장으로 뽑은 것이 아니라 뽑힌 것이죠?)

오늘의 영화

I don't like to be called Big Mike. [블라인드 사이드]
나는 Big Mike라고 불리는 것을 좋아하지 않아요.
The Joker planned to be caught. [배트맨 다크나이트]
조커는 잡히는 것을 계획했어.

Q 우리말 의미에 맞게 빈칸을 채워 문장을 완성하세요.

1. She is hoping to ________ [elect] president. 그녀는 대통령으로 뽑히기를 희망한다.
2. I don't want to ________ [help]. 나는 도움을 받고 싶지 않다.
3. I hoped to ____________ [choose] for the school soccer team.
나는 학교 축구팀에 뽑히기를 바랐다.

DAY 112 to부정사의 관용표현

too + 형용사(부사) + to부정사

해석: 너무 ~해서 …할 수 없는

이 표현에서 주의할 점이 있습니다. 표현 자체에 not, never이라는 단어가 없지만, 동사를 '부정'으로 해석해야 합니다.

I'm too tired to go to the meeting. 나는 너무 피곤해서 모임에 갈 수 없다.

That box was too heavy to lift. 저 상자는 너무 무거워서 들 수가 없었다.

형용사(부사) + enough to부정사

해석: ~할 만큼 충분히 …한

Ian was kind enough to take me home. Ian은 나를 집에 데려다줄 만큼 충분히 친절했다.

My camera is small enough to carry in my pocket.
내 카메라는 호주머니에 넣고 다닐 만큼 충분히 작다.

She is smart enough to get good grades in science.
그녀는 과학에서 좋은 점수를 받을 수 있을 정도로 충분히 똑똑하다.

오늘의 영화

If a patient doesn't trust you then they won't feel safe enough to be honest with you.
[굿 윌 헌팅]
환자가 당신을 믿을 수 없다면 그들은 당신에게 정직할 만큼 충분히 안전하다고 느끼지 못할 거예요.

Q 다음 표현들을 해석하세요.

1. It was too late for us to change our plans.

해석 ______________________________

2. It is not cold enough to snow.

해석 ______________________________

3. Everyone was happy enough to sing.

해석 ______________________________

4. The girls were too shy to perform on the stage.

해석 ______________________________

DAY 113 동명사의 개념

동명사는 동사에 ing를 붙여서 명사로 활용하는 문법입니다. to부정사의 명사적 용법과 비슷하지만 다른 점도 존재합니다. 동명사는 명사로서 문장에서 주어, 목적어, 보어, 전치사의 목적어로 쓰입니다.

동명사

형태: 동사ing
해석: ~하는 것(행위)

1. 주어 역할
Learning English is fun. 영어를 배우는 것은 재밌다.

2. 보어 역할
My favorite activity is reading books. 내가 제일 좋아하는 활동은 독서이다.

3. 목적어 역할
I enjoyed living in France. 나는 프랑스에 사는 것을 즐겼다.

4. 전치사의 목적어
전치사의 목적어라는 것은 전치사 다음에 위치하는 명사를 말합니다.
Thank you for coming. 와줘서 고마워.

Q 다음 문장에서 밑줄 친 동명사의 역할에 동그라미 치세요.

1. Achieving focus in a movie is easy. [2019 고1 11월 38번] [주어 / 목적어 / 보어 / 전치사의 목적어]
2. I never wake up without being full of ideas. [2015 고1 3월 31번] [주어 / 목적어 / 보어 / 전치사의 목적어]
3. Just having a good brain isn't always enough. [2018 고1 3월 41–42번] [주어 / 목적어 / 보어 / 전치사의 목적어]

DAY 114

주어로 쓰이는 동명사

주어 역할을 하는 동명사가 들어간 다양한 문장을 해석하는 연습을 하겠습니다. 동명사가 주어로 쓰일 때는 문장 제일 앞에 '동사ing' 형태가 보이고, 이후에 동사가 보입니다. 그러면 앞의 동사ing로 시작하는 부분을 한 덩어리로 묶어서 주어로 해석하면 됩니다.

동명사주어 해석법

동사ing··· + 동사···
주어

Dancing is great fun. 춤추는 것은 굉장히 재미있다.

Writing is exchanging ideas. 글쓰기는 아이디어를 교환하는 것이다.

Cooking is my hobby. 요리는 나의 취미이다.

Smoking is bad for your health. 흡연은 너의 건강에 해롭다.

Doing homework is boring. 숙제를 하는 것은 지루하다.

Reading is the complex cognitive process. 읽기는 복잡한 인지 과정이다.

Finding work isn't easy these days. 구직은 요즘 쉽지 않다.

Q 다음 기출 문장들을 해석하세요.

1. Giving support is often the best way to get it. [2014 고1 11월 20번]

해석 ______________________________

2. But buying and selling them diminishes their value. [2014 고1 9월 27번]

해석 ______________________________

DAY 115 보어로 쓰이는 동명사

동명사가 보어로 쓰일 때는 주로 보어를 사용하는 동사인 be동사 다음에 사용됩니다. 동명사가 보어로 사용되는 문장들을 살펴봅니다. be동사 다음에 나오는 동명사 덩어리를 하나의 덩어리로 해석하면 됩니다.

동명사보어 해석법

주어 + be동사 + 동사ing…
(동사ing… = 보어)

His job is teaching math. 그의 직업은 수학을 가르치는 것이다.

Her dream is getting married to a handsome actor. 그녀의 꿈은 잘생긴 배우와 결혼하는 것이다.

My biggest difficulty is adjusting to a new environment.
내가 가장 어려워하는 것은 새로운 환경에 적응하는 것이다.

Our top priority was getting everyone on the plane.
최우선 사항은 모든 사람을 비행기에 탑승시키는 것이었다.

One of my duties is doing my homework. 나의 의무 중 하나는 숙제를 하는 것이다.

My plan for tomorrow is meeting my girlfriend. 내일 나의 계획은 여자 친구를 만나는 것이다.

My lifelong goal is traveling around the world. 나의 일생의 목표는 세계 여행을 하는 것이다.

His mistake was making his mother upset. 그의 실수는 엄마를 화나게 한 것이었다.

My hobby is taking photos on weekends. 나의 취미는 주말마다 사진을 찍는 것이다.

Q 괄호 안의 동사를 이용해서 문장의 빈칸을 채우세요.

1. Her favorite thing is ______________ [listen] to music.
2. A good career for her might be __________ [coach] soccer.
3. The hardest thing about learning English is _________________ [memorize] words.

DAY 116

전치사의 목적어로 쓰이는 동명사

필수영문법

전치사의 목적어는 전치사 다음에 나오는 '명사' 자리를 말합니다. 동사에 목적어가 따라오듯이 전치사 다음에도 목적어처럼 명사가 따라온다고 해서 전치사 다음의 명사를 '전치사의 목적어'라고 부릅니다.

전치사의 목적어

전치사 + 명사
　　전치사의 목적어

동명사는 전치사의 목적어 역할을 합니다. 이 역할이 특히 중요한 이유는 to부정사가 이 역할을 하지 못하기 때문입니다.

After taking a shower, I dried my hair. (O) 샤워를 하고 나서 머리를 말렸다.

After to take a shower, I dried my hair. (X) 전치사 다음에 to 부정사를 사용할 수 없습니다.

전치사 다음에 동명사가 나오는 패턴은 영어에서 정말 자주 사용됩니다.

She is used to using chopsticks. 그녀는 젓가락 사용에 익숙하다.

*be used to -ing: ~에 익숙하다

I feel like going home. 나는 집에 가고 싶다.

I'm tired of waiting for you. 나는 너를 기다리는 것이 지긋지긋하다.

He has difficulty in texting. 그는 문자를 보내는 것을 어려워한다.

She complained about bullying. 그녀는 괴롭힘에 대해서 불평했다.

They apologized for being late. 그들은 늦은 것에 대해서 사과했다.

He's thinking of retiring. 그는 은퇴를 생각 중이다.

Q 괄호 안의 동사를 이용해서 문장의 빈칸을 채우세요.

1. After ________ [take] a shower, I kept working.
2. She dreams of ___________ [be] a pop star.
3. She is proud of ___________ [speak] English.
4. He always tells the joke without _____________ [laugh].
5. I'm worried about ______________ [make] mistakes.

DAY 117 목적어로 쓰이는 동명사

동명사가 목적어로 사용될 때는 주의할 점이 있습니다. 원래 명사가 목적어 역할을 하기 때문에 to부정사와 동명사가 모두 목적어 역할을 할 수 있을 것 같지만, 동사에 따라서 어떤 동사는 to부정사만, 또 다른 동사는 동명사만을 목적어로 취합니다.

동명사만을 목적어로 취하는 동사

아래 동사들은 동명사만을 목적어로 취합니다. 이 동사들은 목적어로 to부정사를 사용할 수 없습니다. 중고등학교에서 어법 문제도 다수 출제되기 때문에 암기가 필요합니다.
admit(허락하다), advocate(옹호하다), allow(허용하다), anticipate(예상하다), avoid(회피하다), consider(고려하다), delay(늦추다), deny(부정하다), discontinue(중단하다), discuss(토론하다), dislike(좋아하지 않다), enjoy(즐기다), finish(끝내다), give up(포기하다), include(포함하다), keep[(계속)유지하다], mention(말하다, 언급하다), mind(상관하다), miss(그리워하다), postpone(연기하다), practice[연습(실행)하다], quit(중지하다), recall(~을 생각해내다, 상기하다), recollect(다시 모으다), recommend(~을 추천하다), resent(분개하다), resist(저항하다), risk(모험하다), stop(그만하다), suggest(제안하다), tolerate(관대히 다루다, 너그럽게 봐주다), understand(이해하다), complete(완료하다)…

Suddenly everybody stopped talking. 갑자기 모두가 이야기를 멈췄다.

He avoided answering my question. 그는 나의 질문에 답하기를 피했다.

He denied committing the crime. 그는 범행을 저지른 것을 부인했다.

He postponed returning to Paris. 그는 파리로 돌아가는 것을 연기했다.

He admitted cheating on the test. 그는 시험에서 부정행위한 것을 인정했다.

오늘의 영화

Just keep swimming. [니모를 찾아서]

그냥 계속 헤엄쳐.

Q 괄호 안에서 어법상 알맞은 것을 괄호 안에서 고르세요.

1. I enjoyed [to live / living] in Korea.
2. He suggested [to stay / staying] at home.

DAY 118 부정사를 목적어로 쓰는 동사

동사들 중에는 to부정사만을 목적어로 취하는 동사들도 있습니다. 역시 문법 문제가 다수 출제되는 부분이기 때문에 암기가 필요합니다.

to부정사만을 목적어로 취하는 동사

아래 동사들은 모두 목적어로 to부정사만을 사용합니다. 동명사는 목적어로 사용할 수 없습니다.

afford(~할 여유가 있다), agree(동의하다), ask(묻다), care(주의하다, 관심을 갖다), claim(주장하다), choose(선택하다), decide(결정하다), demand(요구하다), expect(기대하다), fail(실패하다), hesitate(주저하다, 망설이다), hope(바라다), learn(배우다), manage(가까스로 ~해내다), mean(의미하다), offer(제공하다), plan(계획하다), prepare(준비하다), pretend[~인 척하다(속이다)], promise(약속하다), refuse(거절하다), seek(구하다), struggle(몸부림치다), swear(맹세하다), threaten(위협하다), volunteer(~을 자원하다), wait(기다리다), want(원하다), wish(바라다), would like(~하고 싶다)…

We decided to go out. 우리는 나가기로 결심했다.

He managed to open the door without the key. 그는 열쇠 없이 가까스로 문을 열었다.

Nancy seemed to be disappointed. Nancy는 실망한 것처럼 보였다.

They expect to arrive early. 그들은 일찍 도착하기를 기대한다.

We intend to visit you next spring. 우리는 내년 봄에 너를 방문하려고 한다.

The child pretended to be a monster. 그 아이는 괴물인 척했다.

오늘의 영화

I can afford to lose only one friend today. [가디언즈 오브 갤럭시2]

나는 오늘 한 명의 친구를 잃을 여유밖에 없어.

Q 괄호 안에서 어법상 알맞은 것을 고르세요.

1. He tends [to be / being] a little shy.
2. He deserves [to go / going] to jail.

DAY 119 부정사, 동명사를 목적어로 사용하는 동사 remember, forget

어떤 동사는 to부정사와 동명사를 모두 목적어로 취합니다. remember, forget, regret, try와 같은 동사들은 to부정사를 목적어로 취할 때와 동명사를 목적어로 취할 때 해석이 달라집니다.

to부정사 목적어와 동명사 목적어의 차이

	동작의 실시 여부	과거/미래
to부정사 목적어	실시 안 했음	미래의 일
동명사 목적어	실시했음	과거의 일

remember

remember ~ing: (이전에) ~한 것을 기억하다
remember to ~: ~해야 하는 것을 기억하다
I remember meeting her before. 나는 전에 그녀를 만났던 것을 기억한다.
I remember to meet her this afternoon. 나는 오늘 오후에 그녀를 만날 것을 기억한다.

forget

forget ~ing: (이전에) ~한 것을 잊다
forget to ~: ~해야 한다는 것을 잊다
I forgot writing her. 나는 그녀에게 편지 썼던 것을 잊었다.
I forgot to write her. 나는 그녀에게 편지를 쓸 것을 잊었다.

Q 다음 상황에 맞는 말을 괄호 안에서 고르세요.
Mom: Son, when you leave, don't forget [to lock / locking] the door.

DATE . . . COMPLETE □□

DAY 120 부정사, 동명사를 목적어로 사용하는 동사 regret, try

필수영문법

regret

regret은 '후회하다'라는 의미입니다. 과거에 대해서 후회를 할 수 있지만, 미래에 일어나지 않은 일에 대해서는 후회를 할 수 없죠. 그래서 의미가 다소 다릅니다.

regret ~ing: (이전에)~한 것을 후회하다

regret to ~: ~하게 되어 유감이다.

I regret telling her a lie. **나는 이전에 그녀에게 거짓말한 것을 후회한다.**

I regret to tell you the truth. **나는 너에게 진실을 말하게 되어 유감이다.**

try

try는 기본적으로 '노력하다'라는 의미입니다. 목적어로 to부정사, 동명사를 사용하면 노력의 강도가 달라집니다.

try ~ing: 시험 삼아 ~하다

try to ~: ~하려고 노력하다

He tried writing in pencil. **나는 연필로 시험 삼아 써봤다.**

He tried to write in pencil. **나는 연필로 쓰려고 노력했다.**

오늘의 영화

I tried to approach her at school. [플립]

나는 학교에서 그녀에게 접근하려고 애썼어.

You know, I tried. When I had the gauntlet, I really tried to bring her back. [어벤져스 엔드게임]

알잖아, 나는 노력했어. 내가 건틀렛을 가졌을 때, 나는 정말로 그녀를 환생시키려고 노력했어.

Q 다음 상황에 맞는 말을 괄호 안에서 고르세요.

We regret [to inform / informing] you that your application is no longer under consideration.

DAY 121 to부정사 vs. 동명사

to부정사와 동명사를 비교하는 문제는 워낙 시험에 자주 출제됩니다. 앞서 배운 내용을 문제를 풀면서 복습하겠습니다. 문장과 함께 to부정사, 동명사를 목적어로 취하는 동사들을 익히세요.

Q 다음 상황에 맞는 말을 괄호 안에서 고르세요.

1. I enjoyed [to live / living] with my roommate.
2. We've finished [to prepare / preparing] for the meeting.
3. I don't mind [to live / living] near the train line.
4. He suggested [to wait / waiting] until the storm was over.
5. He kept [to work / working], although he felt dizzy.
6. She avoided [to make / making] a mistake.
7. We decided [to go / going] out for dinner.
8. I planned [to clean / cleaning] the kitchen.
9. She plans [to adopt / adopting] a child.
10. I hope [to pass / passing] the exam.
11. She hesitated [to give / giving] an immediate answer.
12. I can't afford [to buy / buying] a new car.
13. I want [to get / getting] my car repaired.
14. A small dog had managed [to survive / surviving] the fire.

DATE . . . COMPLETE ☐☐

필수영문법

DAY 122 동명사의 의미상의 주어

동사를 이용한 문법인 동명사는 의미상의 주어가 있습니다. to부정사 때와 마찬가지로 동명사의 동사에 대한 주어가 동명사의 의미상의 주어입니다.

동명사의 의미상의 주어

1. 인칭대명사: 동명사 앞에 '소유격'

Do you mind my closing the window? 내가 창문을 닫아도 될까?

2. 사람, 생명체 명사: 동명사 앞에 '소유격 또는 목적격'

They insisted on Tom(Tom's) contributing to charity.

그들은 Tom이 자선 단체에 기부할 것을 주장했다.

3. 사물, 추상명사: 동명사 앞에 '목적격'

They objected to the proposal being adopted. 그들은 그 제안이 채택되는 것에 반대했다.

The rain prevented our starting. 비가 우리가 출발하는 것을 막았다.

He doesn't mind my being late for work. 그는 내가 직장에 늦는 것을 신경 쓰지 않는다.

I forgot someone calling me this morning. 나는 누군가 오늘 아침 나에게 전화한 것을 잊었다.

I remember Tom saying so. 나는 Tom이 그렇게 말한 것을 기억한다.

Q 다음 빈칸에 알맞은 형태의 동명사의 의미상의 주어를 쓰세요.

1. Do you mind _______ [I] sitting here?
2. There is little chance of the __________ [plane] being late.

DAY 123 동명사의 시제

to부정사와 마찬가지로 동명사도 단순, 완료의 2가지 시제가 있습니다.

동명사의 단순 시제

형태: 동사ing
단순시제는 동명사의 동작이 문장의 동사와 같은 시점에서 일어나고 있다는 의미입니다.
He practices speaking English a lot. 그는 영어 말하기를 많이 연습한다.
We enjoyed fishing in the river. 우리는 강에서 낚시하는 것을 즐겼다.

동명사의 완료 시제

형태: having p.p.
완료 시제는 동명사의 동작이 문장의 동사보다 하나 더 과거에 일어났다는 의미입니다.
He feels sorry for having been idle in his youth.
그는 어린 시절 게을렀던 것을 유감스럽게 생각한다.
I remember having visited my sister in France.
나는 프랑스에 살고 있는 여동생을 방문했던 것을 기억한다.
I was ashamed of having spent all the money on it.
나는 그것에 모든 돈을 쓴 것에 대해서 부끄러움을 느꼈다.

Q 괄호 안의 동사를 이용해서 빈칸을 채워 문장을 완성하세요.

1. I heard of his ________________ [win] a prize. 나는 그가 상을 받았다는 소식을 들었다.
2. He was accused of ________________ [steal] my bag. 그는 나의 가방을 훔친 것으로 고소당했다.

DAY 124 동명사의 부정, 수동태

동명사의 부정

형태: not/never + 동명사

I apologized for not helping him. 나는 그를 도와주지 않은 것에 대해서 사과했다.

Not being comfortable makes your trip feel longer.

편안하지 않은 것은 너의 여행을 더 길게 느껴지도록 만든다.

동명사의 단순 시제의 수동태

형태: being p.p.

I don't like being treated like a child. 나는 아이처럼 다뤄지는 것을 좋아하지 않는다.

동명사의 완료 시제의 수동태

형태: having been p.p.

I don't like having been treated like a child when I was young.

나는 내가 어렸을 때 아이처럼 다뤄진 것을 좋아하지 않는다.

Q 괄호 안의 단어를 이용해서 빈칸을 채워 문장을 완성하세요.

1. The mirror showed no prints of ______________________ [touch].
그 거울은 만져진 자국이 없었다.

2. I don't like _______________ [ask] rude questions.
나는 무례한 질문들을 받는 것을 좋아하지 않는다.

3. Not __________________ [have] too much work would make me so much happier. 일이 너무 많지 않은 것은 나를 훨씬 더 행복하게 만들 것이다.

DAY 125 동명사의 관용표현

동명사의 관용표현

1. how(what) about -ing?: ~하는 게 어때?
How about taking a walk? 산책하는 게 어때?

2. look forward to -ing: ~를 학수고대하다
I'm looking forward to going on a picnic this weekend.
나는 이번 주말에 나들이 가기를 기대하고 있다.

3. can't/coudn't help -ing: ~하지 않을 수 없다 / 없었다
I couldn't help laughing when I heard the news. 나는 그 소식을 들었을 때 웃지 않을 수 없었다.

4. There is no -ing: ~할 수 없다/없었다
There is no staying at home in this fine weather. 좋은 날씨에 집에 머무를 수는 없다.

5. spend(waste) 시간 / 돈 + (in) -ing: ~하느라 시간 / 돈을 쓰다(낭비하다)
He spent last weekend (in) watching TV. 그는 지난 주말, TV를 보며 시간을 보냈다.

6. be busy -ing: ~하느라 바쁘다.
I am busy doing science homework. 나는 과학숙제를 하느라 바쁘다.

7. be used to -ing : ~에 익숙하다
I am used to skipping breakfast. 나는 아침을 거르는 데 익숙하다.

Q 우리말 해석에 맞게 빈칸에 알맞은 말을 쓰세요.

1. I __________ __________ falling in love. 나는 사랑에 빠지지 않을 수 없었다.
2. I _____ ________ _____ living alone. 나는 혼자 사는 것에 익숙하다.

DAY 126

분사의 개념

분사는 동사를 '동사ing' 또는 '동사의 과거분사' 형태로 만들어서 형용사 또는 부사로 활용하는 문법입니다.

분사

종류: 현재분사(동사ing), 과거분사(p.p.)
특징: 형용사 역할

현재분사의 역할

분사는 동형사라고 이해해도 좋습니다. 기본적으로 동사를 형용사처럼 쓰는 문법이거든요. 자고 있는 아기를 많이 보셨죠? 영어로 sleeping baby라고 표현합니다. '자고 있는'이라는 의미를 가진 형용사가 따로 없습니다. 그래서 동사 sleep을 활용해서 이런 형용사를 만든 겁니다.

studying 공부하고 있는
falling 떨어지고 있는
crying 울고 있는

이렇게 동사에 ing를 붙이면 형용사처럼 활용할 수 있습니다. 이 분사들은 명사를 수식하는 역할을 합니다.

studying **student 공부하고 있는 학생**
falling **leaves 떨어지고 있는 잎들**
crying **baby 울고 있는 아기**

Q 다음 표현을 해석하세요.

1. boiling water ____________________
2. a rolling stone ____________________
3. a broken window ____________________

DAY 127 현재분사

현재분사는 동사의 형태를 '동사ing'로 바꾸어서 형용사처럼 사용하는 문법입니다.

현재분사

형태: 동사ing
의미: 능동, 진행

현재분사의 역할

1. 명사 수식
수식하는 동사와 수식받는 명사의 관계가 능동, 진행의 관계일 때 현재분사를 사용합니다.
a girl singing a pop song **팝송을 부르고 있는 소녀**

2. 주격보어
주격보어 자리에 현재분사를 넣으면 진행 시제를 만들 수 있습니다.
I am listening to music. **나는 음악을 듣고 있는 중이다.**

3. 목적격보어
5형식 문장의 목적격보어 자리에 현재분사가 쓰여 목적어의 생생한 동작을 묘사해줍니다.
I saw Sam lying on the floor. **나는 Sam이 바닥에 누워있는 것을 보았다.**

Q 다음 표현들을 해석하세요.

1. a laughing man ______________________
2. a suffering man ______________________
3. a starving dog ______________________
4. a sleeping man ______________________

DAY 128 현재분사가 포함된 문장

현재분사가 포함된 문장은 기본적으로 복잡합니다. 현재분사 덩어리가 명사를 수식하고 있기 때문에 이 구조를 정확하게 파악해야 문장을 정확하게 해석할 수 있습니다.

현재분사 해석 요령

명사 + [동사ing~]

The man carrying the bricks is my father. 벽돌들을 나르고 있는 남자는 나의 아버지다.

There is a woman living next door. 내 옆집에 살고 있는 여자가 있다.

The boy throwing a ball is my son. 공을 던지고 있는 소년은 나의 아들이다.

I want a newspaper containing comic strips. 나는 만화가 포함되어 있는 신문을 원한다.

The teacher shouting at her looked pale. 그녀에게 소리치고 있는 선생님은 창백해 보였다.

Pick up the book lying on the floor. 바닥에 놓여 있는 책을 집어라.

Q 다음 기출 문장들을 해석하세요.

1. He pointed at a girl walking up the street. [2018 고1 3월 19번]

해석 ____________________

2. Consider a fascinating study involving carrot juice. [2015 고1 11월 41–42번]

해석 ____________________

3. He was a responsible man dealing with an irresponsible kid. [2018 고1 9월 28번]

해석 ____________________

4. A teenager riding his bike saw me kick a tire in frustration. [2018 고1 9월 30번]

해석 ____________________

5. Images are simply mental pictures showing ideas and experiences. [2017 고1 3월 34번]

해석 ____________________

DAY 129 현재분사 vs. 동명사

현재분사와 동명사는 생긴 모양이 똑같습니다. 현재분사와 동명사를 정확하게 구분을 해야 문장 해석을 제대로 할 수 있기 때문에 오늘은 현재분사와 동명사를 구별하는 방법을 알아 봅니다.

동명사와 현재분사의 차이

동명사는 명사로서 주어, 목적어, 보어, 전치사의 목적어 역할을 합니다. 반면에 현재분사는 형용사로서 명사 수식, 문장의 보어 역할을 합니다.

Smoking is not allowed here. (동명사, 주어 역할) 흡연은 여기서 허용되지 않는다.

Do you mind getting up early? (동명사, 목적어 역할) 일찍 일어나는 걸 꺼리니?

She is proud of having a son. (동명사, 전치사의 목적어 역할)

그녀는 아들이 있는 것을 자랑스러워한다.

People living in Korea are very energetic. (현재분사, 명사 수식)

한국에 살고 있는 사람들은 에너지가 넘친다.

I saw Sam walking in the rain. (현재분사, 목적격보어 역할)

나는 Sam이 빗속에서 걷고 있는 것을 보았다.

동명사와 분사가 굉장히 헷갈릴 때가 있습니다. sleeping bag이라는 표현은 얼핏 보면 현재분사 sleeping이 bag이라는 명사를 꾸며주는 것처럼 보이지만, 생각해보면 의미가 맞지 않습니다. sleeping bag은 명사와 명사가 만나서 새로운 의미를 만들고 있고, 이때 sleeping은 동명사입니다.

Her name was not in the waiting list. (동명사) 그녀의 이름은 대기자 명단에 없었다.

The man waiting for the bus looks nervous. (현재분사) 버스를 기다리고 있는 남자는 불안해 보인다.

Q 다음 밑줄 친 부분은 동명사인가요? 현재분사인가요? 동그라미 치세요.

1. Everyone should bring a hat, a <u>sleeping</u> bag for a trip. [동명사 / 현재분사]
2. Have you ever watched a <u>sleeping</u> dog? [동명사 / 현재분사]

DAY 130 과거분사

분사와 수식 받는 명사의 관계가 수동, 완료일 때는 과거분사를 사용합니다.

과거분사

형태: p.p.
의미: 수동, 완료

과거분사의 역할

1. 명사 수식

the window broken by the wind **바람에 의해서 깨어진 창문**

2. 주격보어 역할

주격보어 자리에 과거분사를 넣으면 'be+p.p.'라는 수동태가 만들어집니다.

I was invited to the party. **나는 파티에 초대되었다.**

과거분사를 이용해서 완료 시제를 만들 수 있습니다.

I have finished my lunch. **나는 점심 식사를 마쳤다.**

3. 목적격보어 역할

5형식 문장에서 목적어와 목적격보어의 관계가 수동, 완료 관계일 경우에는 과거분사를 목적격보어 자리에 사용합니다.

He watched her carried out of the building. **그는 그녀가 빌딩 밖으로 옮겨지는 것을 보았다.**

Q 다음 표현을 해석하세요.

1. baked beans ____________________
2. the dyed hair ____________________
3. the broken record ____________________

DAY 131 과거분사가 포함된 문장

과거분사 해석 요령

명사 + [p.p.~]

Safety of the money kept in the bank is vital importance.

은행에 보관된 돈의 안전은 굉장히 중요하다.

I was unable to attend the meeting held in Japan.

나는 일본에서 열리는 회의에 참석이 불가능했다.

The boy taken to hospital has recovered quickly. 병원에 실려간 소년은 빠르게 회복되었다.

The pictures taken inside the museum were impressing.

박물관 안에서 찍힌 사진들은 인상적이었다.

Actual time spent with you is about 30 minutes. 너와 함께 보낸 실제 시간은 약 30분이다.

A young man named Tom was one of my friends.

Tom이라는 이름을 가진 젊은이는 내 친구 중 한 명이었다.

Q 다음 기출 문장들을 해석하세요.

1. So Egypt established a standard cubit, called the Royal Cubit. [2015 고1 6월 37번]

____

2. The addax is a kind of antelope found in some areas in the Sahara Desert. [2015 고1 3월 24번]

____

3. It is an endangered mammal and there are only about 500 left in the wild. [2015 고1 3월 24번]

____

4. A fish fills its bladder with oxygen collected from the surrounding water. [2016 고1 6월 36번]

____

DAY 132

현재분사 vs. 과거분사

분사는 문법 문제의 단골손님입니다. 현재분사와 과거분사를 구별하는 문법 문제가 중고등학교에서 굉장히 많이 출제됩니다.

명사를 수식할 때

분사가 명사를 수식할 때는 수식 받는 명사와 동사의 관계가 능동, 진행이면 '현재분사'를, 수동, 완료이면 '과거분사'를 사용합니다.

There's a flying bird in the sky. 하늘에 날아가고 있는 새 한 마리가 있습니다.
[새(bird)는 날아가고(fly) 있습니다. 진행의 의미라서 현재분사!]
This is a book written for teenagers. 이것은 십대를 위해 쓰여진 책입니다.
[책(book)은 사물이기에 쓰여진(written) 것이죠? 수동이라서 과거분사!]

목적격보어로 쓰였을 때

이 경우는 5형식 문장에서만 일어날 수 있고, 목적어와 목적격보어의 관계가 진행, 능동이면 현재분사, 수동, 완료이면 과거분사를 사용합니다.

I saw her waiting for a bus. 나는 그녀가 버스를 기다리는 것을 보았다.
[그녀(her)가 능동적으로 wait하기 때문에 현재분사!]
She heard the song sung by him. 그녀는 그 노래가 그에 의해서 불리는 것을 들었다.
[노래(the song)가 그에 의해서 수동적으로 불리기 때문에 과거분사!]

Q 다음 괄호 안에서 알맞은 것은?

1. I found my neckless [stealing / stolen].
2. The idea [suggesting / suggested] by him was amazing.

DAY 133 감정을 나타내는 분사 ①

몇몇 분사들은 감정을 나타내는 형용사로서 역할을 합니다. 중학교 수준에서 문법 문제로 중요하게 등장합니다.

감정을 나타내는 현재분사

과거분사 형태는 해당 형용사와 연결된 대상이 그 감정을 진짜 느끼는 겁니다. 현재분사 형태는 감정을 직접 느끼지 않고, 주변에 그 감정을 느끼게 합니다.

alarming 놀라게 하는	alarmed 놀란
What an alarming noise! 정말 놀라게 하는 소음이네!	I was alarmed by the loud bang. 나는 큰 쾅하는 소리에 놀랐다.
amusing 즐겁게 하는	amused 즐거운
That TV programme is really amusing. 그 TV 프로그램은 정말 즐겁다.	He was amused to hear his little son singing in the bath. 그는 그의 작은 아들이 욕조에서 노래하는 것에 즐거웠다.
boring 지루하게 하는	bored 지루함을 느끼는
I've never seen such a boring film! 나는 그렇게 지루한 영화를 본 적이 없다!	The students looked bored as the teacher talked and talked. 학생들은 선생님이 말씀을 계속 하셔서 지루해 보였다.
confusing 혼란스럽게 하는	confused 혼란스러워 하는
I find these instructions very confusing! 나는 이 설명이 매우 혼란스럽다고 느낀다.	She looked very confused when I told her the truth. 내가 그녀에게 진실을 말했을 때 그녀는 혼란스러워 보였다.
depressing 우울하게 하는	depressed 우울한
This weather is depressing. 날씨가 우울하다.	I was feeling depressed, so I stayed at home. 나는 우울해서, 집에 머물렀다.
embarrassing 당황시키는	embarrassed 당황한
That is the most embarrassing photo. 그것은 가장 당황스러운 사진이다.	John was really embarrassed this morning. John은 오늘 아침에 정말 당황했다.
exciting 흥분시키는	excited 흥분된
It's a really exciting book. 그것은 정말 신나는 책이다.	I was so excited about the news. 나는 그 뉴스에 정말 흥분했다.

DAY 134 감정을 나타내는 분사 ②

exhausting 지치게 하는	exhausted 지친
Doing housework is exhausting. 집안일을 하는 것은 지치게 한다.	Julie was so exhausted after her exams. Julie는 시험을 마친 후 정말 지쳤다.
fascinating 매혹시키는	fascinated 매혹된
The brain is fascinating. 두뇌는 매혹적이다.	Joan was fascinated by her grandmother's story. Joan은 그녀의 할머니의 이야기에 매혹되었다.
frightening 두렵게 하는	frightened 두려움을 느끼는
What a frightening film! 정말 무서운 영화네!	I was really frightened of bees when I was little. 나는 어렸을 때 벌들을 정말 무서워했다.
frustrating 좌절시키는	frustrated 좌절감을 느끼는
It's frustrating when you want to say something in another language. 무언가를 다른 나라 언어로 말하고 싶을 때 좌절스럽다.	Sometimes I get really frustrated. 때때로 나는 정말 좌절감을 느낀다.
interesting 흥미로운	interested 흥미를 느끼는
That was a very interesting book. 그것은 정말 흥미로운 책이다.	She's interested in animals. 그녀는 동물에 흥미가 있다.
satisfying 만족시키는	satisfied 만족한
My job is very satisfying. 내 직업은 정말 만족스럽다.	She is never satisfied with her work. 그녀는 절대 그녀의 작업에 만족하지 않는다.
shocking 충격을 주는	shocked 충격 받은
The news was so shocking that she burst into tears. 그 뉴스는 너무 충격적이어서 그녀는 눈물을 터뜨렸다.	My grandmother was shocked by the man's bad language. 나의 할아버지는 그 남자의 나쁜 언행에 충격 받으셨다.
surprising 놀라게 하는	surprised 놀란
It's surprising that many people don't want to travel to another country. 많은 사람들이 다른 나라로 여행 가기를 원하지 않는 것은 놀랍다.	I was really surprised when I saw you. 나는 너를 봤을 때 정말 놀랐다.
terrifying 두렵게 하는	terrified 두려워하는
What a terrifying dog! 정말 무서운 개네!	My little son is terrified of the dark. 나의 막내 아들은 어둠을 두려워한다.
tiring 지치게 하는	tired 지친
My job is really tiring. 내 일은 정말 지치게 한다.	David's too tired to come to the cinema tonight. David는 오늘밤 너무 지쳐서 영화 보러 갈 수 없다.

DAY 135 분사구문 만들기

분사구문은 부사절을 분사를 이용해서 짧게 줄인 구문입니다.

분사구문 만드는 방법

When I walked along the street, I met my uncle.
부사절

1단계> 부사절의 접속사 생략 (생략하지 않는 경우도 있음)
I walked along the street,

2단계> 부사절과 주절의 주어 일치 여부 확인 후 같으면 생략
(다르면 생략하지 말고 남겨 두기)
walked along the street,

3단계> 부사절과 주절의 시제 비교해서 같으면 동사ing 만들기
walking along the street,

이렇게 완성된 문장은 다음과 같습니다.
Walking along the street, I met my uncle.

기존 문장과 비교해보면, 긴 부사절이 깔끔하게 정리된 것을 볼 수 있습니다.
When I walked along the street, I met my uncle. (기존 문장)
Walking along the street, I met my uncle. (분사구문을 이용해서 줄인 문장)

Q 다음 밑줄 친 부사절을 분사구문으로 바꾸세요.
When I saw him at the school, I asked him why he was late.
→ ______________________, I asked him why he was late.

DAY 136

분사구문 해석하기

분사구문의 다양한 해석

1. 시간으로 해석

Walking along the street, I met a friend of mine. **혼자서 걸어갈 때, 나는 내 친구 중 한 명을 만났다.**

2. 이유로 해석

Being sick, he couldn't attend the meeting. **아팠기 때문에, 그는 회의에 참석하지 못했다.**

3. 조건으로 해석

Turning to the left, you will see the building. **왼쪽으로 돈다면, 너는 빌딩을 볼 수 있을 것이다.**

4. 양보로 해석

양보라는 것은 '비록~일지라도' 정도의 해석을 말합니다.

Admitting he is right, I cannot forgive him. **그가 옳다는 것을 인정하지만, 나는 그를 용서할 수 없다.**

5. 부대상황으로 해석되는 분사구문

부대상황이라는 것은 분사구문의 동작과 주절의 동작이 동시에 일어나거나 연속해 일어나는 것을 의미합니다.

Standing on the cliff, he watched the sun setting. **절벽 끝에 서서, 그는 태양이 지는 것을 보았다.**

오늘의 영화

I'm also just a girl, standing in front of a boy, asking him to love her. [노팅힐]

나는 그저, 그녀를 사랑해주기를 바라며 한 소년 앞에 서 있는 소녀일 뿐이기도 해요.

Q 밑줄 친 분사구문은 어떻게 해석해야 할까요?

1. Knowing little of the city, we hired a tour guide. [시간/이유/조건/양보/부대상황]
2. Investing in this project, you'll make a fortune. [시간/이유/조건/양보/부대상황]

DAY 137 분사구문 연습, 분사구문의 부정

분사구문의 부정

형태: not(never) + 분사구문

Not knowing French, I couldn't read the book. 나는 프랑스어를 몰라서, 그 책을 읽을 수 없었다.

Not having enough money, I can't enjoy shopping. 충분한 돈이 없어서, 나는 쇼핑을 즐길 수 없다.

분사구문을 제대로 해석하기 위해서는 연습이 필요합니다. 문장 전체를 읽고, 맥락을 파악해서 앞서 배운 '시간/이유/조건/양보/부대상황'을 기본으로 해석을 해야 합니다. 다양한 해석이 가능하기 때문에 맥락을 파악하는 것이 핵심입니다.

Q 다음 분사구문이 들어간 문장들을 해석하세요.

1. Picking up a stone, he threw it into the lake.

해석 ______

2. The sun having risen, we put out the light.

해석 ______

3. His father died leaving his family homeless.

해석 ______

4. Living next door to Alice, I seldom see her.

해석 ______

5. Other things being equal, I prefer this one.

해석 ______

6. The car turned over, the passengers were trapped.

해석 ______

7. She came home holding a big doll in her arms.

해석 ______

8. Parking my car, I bumped against another car.

해석 ______

DATE . . . COMPLETE □□

필수영문법

DAY 138 완료형 분사구문

분사도 to부정사, 동명사처럼 단순 시제, 완료 시제의 2가지 시제를 가지고 있습니다.

분사의 단순 시제

단순 시제를 쓰면 주절의 동사와 분사구문의 동사가 같은 시제에 일어났다는 의미입니다.
형태: 동사ing
Smiling brightly, she shook hands with me. **밝게 웃으면서, 그녀는 나와 악수를 했다.**

밝게 웃은 것도 '과거'이고, 악수를 한 것도 '과거'에 일어난 일입니다. 주절과 분사구문의 동작이 같은 시제에서 일어나고 있기 때문에 단순 시제를 사용합니다.

분사의 완료 시제

완료 시제의 형태를 쓰면 주절의 동작보다 분사구문의 동작이 하나 더 과거에 일어난 것을 의미합니다.
형태: having p.p.
Having spent all the money, she can't buy a bike.
돈을 다 써버렸기 때문에, 그녀는 자전거를 살 수 없다.

돈을 쓴 것은 '과거'에 일어난 일이고, 자전거를 살 수 없는 것은 '현재' 일어나는 일입니다. 주절보다 분사구문의 시제가 하나 더 과거인 것을 완료 시제를 이용해서 나타냅니다. 완료 시제의 느낌이 아직 헷갈린다면, 아래의 완료 시제를 이용한 분사구문들을 보면서 주절보다 분사구문의 동작이 하나 더 과거에 일어났음을 확인하세요.

Having finished the work, I went to bed. **일을 마쳤기 때문에, 나는 잠자리에 들었다.**
Having read the newspaper, I know about the accident.
신문을 읽었기 때문에, 나는 사고에 대해서 안다.

Q 괄호 안의 단어를 이용해서 빈칸을 채워 문장을 완성하세요.

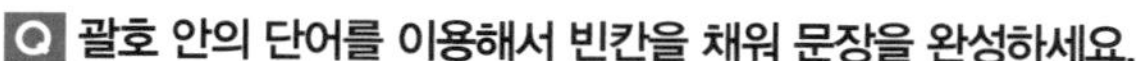
_______________ [finish] their training, they will be fully qualified doctors.

DAY 139 p.p.로 시작하는 분사구문

보통 분사구문이라고 하면, '동사ing'로 시작하는 구문을 떠올립니다. 하지만 p.p.로 시작하는 분사구문도 있습니다. 아래 수동태가 들어 있는 부사절을 직접 분사구문으로 바꾸어 보겠습니다.

When the island was seen from the plane, it was beautiful. 비행기에서 볼 때, 그 섬은 아름다웠다.

→ the island was seen from the plane, (접속사 생략)

→ was seen from the plane, (주어 생략)

→ (Being) seen from the plane, (시제 같을 때 단순 시제 사용)

여기서 분사구문의 being 또는 완료 시제인 having been은 생략이 가능합니다. 생략이 되는 이유는 특별한 의미가 없기 때문입니다. 생략 후에는 p.p.로 시작하는 분사구문이 만들어집니다. having been이 생략되는 경우는 아래와 같습니다.

Because it was built long ago, the temple needs restoration.

오래 전에 지어졌기 때문에, 그 사원은 복원이 필요하다.

→ it was built long ago, (접속사 생략)

→ was built long ago, (주어 생략)

→ having been built long ago, (완료 시제 사용)

→ Built long ago, (having been 생략)

Injured during the soccer match, I had to leave the field.

축구 시합 중에 부상을 당해서, 나는 필드를 떠나야만 했다.

Assured, Gabby smiled and started to deliver her speech.

자신감이 있은 채로, Gabby는 웃으면서 연설을 시작했다.

*형용사로 시작하는 분사구문도 being이나 having been이 생략된 형태입니다.

Q 다음 밑줄 친 부분을 분사구문으로 바꾸세요.

Although he was unemployed, he has much money.

→ ______________________, he has much money.

DAY 140 with 분사구문

분사구문을 공부하다 보면 'with 분사구문'을 만나게 됩니다. with를 이용해서 마치 분사구문처럼 '상태'를 나타낼 수 있습니다. 과거분사, 현재분사와 함께 사용할 수 있는 문법인데, 이 둘을 구별하는 문법 문제가 출제되기도 합니다.

with 분사구문

형태: with + 목적어(명사) + 과거분사/현재분사
해석: ~한 채로(상태, 상황을 나타냄)
He could solve the problem with his eyes closed. 그는 눈을 감은 채로 그 문제를 풀 수 있었다.
With night coming on, we hurried home. 밤이 오자, 우리는 서둘러 집을 향했다.

관용적으로 쓰는 with 분사구문

with his arms folded 팔짱 낀 채로
with his legs crossed 다리를 꼰 채로
with your mouth full 입에 음식이 찬 채로

with 분사구문은 전치사, 형용사와도 함께 사용할 수 있습니다.
with shoes on 신발을 신은 채로 *on은 전치사
with his eyes open 그의 눈을 뜬 채로 *open은 형용사

Q 다음 표현들을 해석해보세요.

1. with my sister following me ______________________
2. with technology advancing rapidly ______________________
3. with the light turned on ______________________
4. with our legs tied ______________________

DAY 141

분사구문의 관용적 표현

분사구문의 관용적 표현

1. generally speaking: 일반적으로 말하자면

Generally speaking, the more you pay, the more you get.

일반적으로 말하자면, 네가 더 지불할수록, 더 많이 얻는다.

2. frankly speaking: 솔직히 말하자면

Frankly speaking, I made a mistake. **솔직히 말하자면, 내가 실수를 했다.**

3. strictly speaking: 엄격히 말하자면

Strictly speaking, this sentence is wrong.

엄격히 말하자면, 이 문장은 잘못되었다.

4. considering (that): ~을 고려하면

Considering his ability, what might Tom accomplish?

그의 능력을 고려하면, Tom은 무엇을 성취할까?

5. judging from: ~으로 판단하건대

Judging from the look of the sky, it will rain tomorrow.

하늘 모습으로 판단하건대, 내일 비가 올 것이다.

6. provided that: ~다면

We will accept the offer, provided that the price is right.

가격이 적절하다면, 우리는 제안을 받아들일 것이다.

Q 다음 괄호 안에서 알맞은 표현에 동그라미 치세요.

1. [Generally speaking / Strictly speaking], women live longer than men.

일반적으로 말하자면, 여성은 남성보다 오래 산다.

2. [Considering / Judging from] his age, he is quite like an adult.

그의 나이를 고려하면, 그는 꽤 어른 같다.

DAY 142

관계대명사의 개념 ①

관계대명사라는 이름은 2가지로 이해를 해야 합니다. '관계'라는 말은 두 문장을 합치는 것을 말합니다. '대명사'는 명사를 대신하는 품사이죠. 관계대명사는 두 문장을 연결하면서 뒤 문장의 명사를 빼고 대신하는 대명사 역할을 하는 문법입니다.

관계대명사 만들기

두 문장이 공통된 명사를 가지고 있을 때 그 명사들을 이용해서 두 문장을 하나로 합칠 수 있습니다. 뒤 문장의 공통된 명사를 빼고 그 자리에 두 문장을 연결하는 역할을 하는 관계대명사를 넣어서 두 문장을 하나로 합치는 겁니다. 이를 영어 문장으로 표현해보면 다음과 같습니다.

I love Sarah. She is so beautiful.

이 문장에서 Sarah와 She가 같은 대상을 가리킵니다. 이 경우 두 문장을 하나로 합칠 수 있습니다. 뒤 문장의 she를 관계대명사 who로 바꿉니다.

I love Sarah. + who is beautiful

관계대명사 who는 두 문장을 연결하는 기능을 하기 때문에 문장 사이로 위치를 옮깁니다.

I love Sarah who is beautiful.

이때 who라는 관계대명사를 사용했는데, 어떤 관계대명사를 사용할지는 다음 시간에 배우겠습니다. 오늘은 관계대명사가 두 문장을 연결하는 과정에서 생겨난 개념이라는 것을 익혀주세요.

오늘의 영화

I'm no expert in weapons. We have somebody here who is an expert on weapons.

[아이언맨2]

나는 무기 전문가가 아닙니다. 여기 훌륭한 무기 전문가가 있습니다.

DAY 143

관계대명사의 개념 ②

I love Sarah who is beautiful.
지난 시간에 만든 문장에서 왜 관계대명사 who를 사용했을까요? 관계대명사를 고를 때는 2가지 점을 생각해야 합니다. 어떤 관계대명사를 사용하는지를 이용한 문법 문제도 다수 출제됩니다.

관계대명사를 고를 때 생각할 점

첫째, 선행사가 사람인가 사람이 아닌가?
둘째, 공통의 명사가 뒤 문장에서 주어, 목적어, 소유격 중 어떤 역할을 하고 있는가?

아래 표는 어떤 관계대명사를 사용할지를 알려줍니다. 위 문장에서 선행사는 Sarah이기 때문에 사람입니다. 그리고 뒤 문장에서 주어를 생략했기 때문에 관계대명사는 자연스럽게 주어 역할을 하게 됩니다. 그래서 선행사가 사람이고, 관계대명사가 주어 역할을 할 때 사용하는 who를 사용한 것입니다.

주격이라는 것은 주어 역할, 목적격은 목적어 역할, 소유격은 '~의'처럼 무엇의 소유를 나타냅니다. 다음 시간에 더 정확하게 알아봅니다.

선행사	주격	소유격	목적격
사람	who	whose	who(m)
사물, 동물	which	of which / whose	which
사람, 사물, 동물	that	–	that

Q 괄호 안에서 어법상 알맞은 것을 동그라미 치세요.

I talked to the boy [who / whose / which] I saw at the mall yesterday.

DAY 144

관계대명사의 주격/목적격/소유격

필수영문법

관계대명사는 주격, 목적격, 소유격의 3가지 격이 있습니다. 뒤 문장에서 주어를 빼고 넣은 관계대명사는 주격이고, 목적어를 빼고 집어넣은 관계대명사는 목적격입니다.

주격 관계대명사

공통된 명사가 뒤 문장에서 주어 역할을 하다가 관계대명사로 바뀐 경우입니다.

I have a friend. + She lives in Busan.

→ I have a friend who lives in Busan.

목적격 관계대명사

공통된 명사가 뒤 문장에서 목적어 역할을 하다가 관계대명사로 바뀐 경우입니다.

He is the man. + I met him yesterday.

→ He is the man who(m) I met yesterday.

소유격 관계대명사

공통된 명사가 뒤 문장에서 소유격(~의) 역할을 하다가 관계대명사로 바뀌었습니다.

I met a woman. + Her car was stolen.

→ I met a woman whose car was stolen.

오늘의 영화

A man who doesn't spend time with his family can never be a real man. [대부]

가족과 시간을 보내지 않는 남자는 진정한 남자가 아니다.

Q 밑줄 친 관계대명사는 무슨 격인지 고르세요.

1. He is the first Korean <u>that</u> won the gold medal. [주격 / 목적격 / 소유격]
2. The young man <u>whom</u> you met last night was my cousin. [주격 / 목적격 / 소유격]
3. I saw a man <u>whose</u> hair was red. [주격 / 목적격 / 소유격]

DAY 145 주격 관계대명사

주격 관계대명사는 뒤 문장에서 주어를 빼고 대신해서 들어온 관계대명사입니다. 주격 관계대명사는 선행사가 사람일 경우 who, 사물일 경우 which를 사용합니다. that은 선행사가 사람이거나 사물인 경우에 모두 사용할 수 있습니다.

주격 관계대명사

형태: who, which, that
특징: 뒤 문장의 주어를 대신하는 관계대명사
I have a dog. The dog always follows me.
→ I have a dog which always follows me. 나는 나를 항상 따르는 개가 있다.

주격 관계대명사에 이어지는 뒤 문장은 동사부터 시작을 합니다. 관계대명사를 처음 공부할 때는 뒤 문장의 생김새에 주목하면 나중에 어법 문제를 해결할 때 유리합니다.
The man who called last night was my brother. 어젯밤 전화한 사람은 나의 남동생이었다.
We bought a house which is 200 years old. 우리는 200년 된 집을 샀다.
The house which belongs to Julie is in London. Julie 소유의 집은 런던에 있다.
The man who stole my backpack has been arrested. 내 배낭을 훔친 사람은 체포되었다.

Q 다음 괄호 안에서 알맞은 관계대명사를 고르세요.

1. Once there were two thieves [who / which] worked together. [2015 고1 11월 43–45번]
2. One [who / which] did was a young man named Clarence Birdseye. [2018 고1 6월 41–42번]
3. This is not the case for people [who / which] live in the suburbs. [2015 고1 3월 39번]

DAY 146 목적격 관계대명사

목적격 관계대명사는 뒤 문장에서 목적어를 대신하는 관계대명사입니다. 선행사가 사람이면 목적격 관계대명사는 who나 whom을, 사물이나 동물이면 which를 쓰고, that은 사람, 사물, 동물에 관계없이 모두 쓸 수 있습니다.

목적격 관계대명사

형태: who(m), which, that
특징: 뒤 문장의 목적어를 대신하는 관계대명사
Susan saw the movie star. Tom likes the movie star.
→ Susan saw the movie star who(m) Tom likes. Susan은 Tom이 좋아하는 영화배우를 보았다.
목적격 관계대명사는 기본적으로 생략이 가능하기 때문에 문장을 해석할 때 생략된 목적격 관계대명사를 느끼면서 해석해야 합니다. 목적격 관계대명사를 생략하면 선행사(명사)와 뒤 문장의 주어(명사)가 부딪히게 되면서 연결이 안 되기 때문에 생략된 지점을 느낄 수 있습니다.
This is the boy I met the other day.
*the boy와 I는 연결될 수 없기 때문에 목적격 관계대명사 who(m)이 생략된 것을 알 수 있습니다.

The bike which I loved was stolen. 내가 좋아했던 자전거를 도난당했다.
She loves the chocolate which I bought. 그녀는 내가 산 초콜릿을 좋아한다.
The university that she entered is famous. 그녀가 입학한 대학은 유명하다.
He brought a woman who I used to meet. 그는 내가 만났던 여성을 데려왔다.
We went to the village that Lucy recommended. 우리는 Lucy가 추천한 마을에 갔다.

Q 다음 괄호 안에서 알맞은 관계대명사를 고르세요.

1. It was the first rainbow [whom / which] Ester had ever seen. [2015 고1 3월 23번]
2. The price [whom / which] they pay is limited physical movement during the day. [2015 고1 3월 39번]

DAY 147 소유격 관계대명사

소유격 관계대명사는 뒤 문장에 있던 소유격을 대신합니다. 소유격이라는 것은 his, her, my, your처럼 '누구의'라고 해석되면서 소유를 나타냅니다. whose는 선행사가 사람일 때와 사물일 때를 구분하지 않고 모든 경우에 사용합니다. 선행사가 사물인 경우에 소유격 whose 대신 of which를 쓸 수 있는데, 현대 영어에서 사용 빈도는 낮습니다.

소유격 관계대명사

형태: whose
특징: 뒤 문장의 소유격을 대신하는 관계대명사

I know a man. + His father has invented many useful things.

→ I know a man whose father has invented many useful things.

나는 (그의) 아버지가 많은 유용한 것들을 발명한 한 남자를 안다.

The house whose roof is old belongs to me. 지붕이 오래된 집은 내 소유이다.

The little girl whose doll was lost is sad. 그녀의 인형을 잃어버린 작은 소녀는 슬프다.

The dog whose owner lives next door is over there. 옆집에 주인이 사는 개가 저기 있다.

Q 다음 기출 문장들을 해석하세요.

1. So a patient whose heart has stopped can no longer be regarded as dead. [2018 고1 9월 39번]

 ______________________________

2. She was working for "The Hunger Project" whose goal was to bring an end to hunger around the world. [2014 고1 9월 43-45번]

 ______________________________

3. Among the three platforms whose usage increased between the two years, cell phones showed the smallest increase. [2015 고1 11월 24번]

 ______________________________

DAY 148 관계대명사의 생략

목적격 관계대명사 생략

목적격 관계대명사는 기본적으로 생략이 가능합니다. 실제로 정말 많은 경우에 목적격 관계대명사를 쓰지 않습니다. 언어는 짧은 것을 좋아하기 때문입니다. 생략된 관계대명사의 존재를 의식하면서 해석을 해줘야 합니다.

Everything (that) she told me was unbelievable. **그녀가 나에게 말한 모든 것은 믿을 수 없었다.**

The car (which) my father gave me was stolen. **나의 아버지가 나에게 주신 자동차가 도난당했다.**

There is an apple (which) I bought at the market. **내가 시장에서 산 사과가 있다.**

주격 관계대명사 + be동사 생략 가능

주격 관계대명사는 기본적으로 생략이 불가능합니다. 생략이 불가능하다는 것은 외울 필요 없이 생략을 해보면 문장이 말이 안 됩니다. 아래 문장을 해석해보세요.

They called a lawyer lived nearby.

무슨 말인지 모르겠죠? 주격 관계대명사를 생략해서 문장의 구조가 엉망이 되어서 그렇습니다. 원래 문장은 아래와 같습니다.

They called a lawyer who lived nearby. **그들은 근처에 사는 변호사를 불렀다.**

생략이 불가능한 주격 관계대명사는 다음에 be동사가 쓰이는 경우는 be동사와 함께 생략이 가능합니다. 아래 문장처럼 말이죠. 생략을 해도 문장의 의미 파악이 가능하면 생략이 가능합니다.

TV programs (that are) directed to children have a lot of commercials for toys.

아이들을 위한 TV 프로그램들은 많은 장난감 광고를 포함하고 있다.

Q 다음 문장에서 관계대명사가 생략된 자리에 알맞은 관계대명사를 넣으세요.

I'm going to make him an offer he can't refuse. [영화 〈대부〉]

DAY 149 전치사 + 관계대명사

관계대명사 공부가 깊어지면 '전치사와 관계대명사'가 함께 쓰인 문장을 만나게 됩니다. 겉보기에 at which, for which, with which와 같이 정말 어렵게 생겼습니다. 이 문법을 이용하기 위해서는 두 문장을 합치는 과정을 다시 살펴봐야 합니다.

I know the girl. + Tom has talked about her a lot.

→ I know the girl + Tom has talked about whom a lot.

→ I know the girl about whom Tom has talked a lot. 나는 Tom이 많이 이야기한 소녀를 안다.

전치사 about이 whom과 같이 앞으로 나올 수 있습니다. 이 과정에서 about whom이라는 '전치사+관계대명사'가 만들어집니다. 한 번만 더 연습해 보겠습니다.

That's a mistake. + I am responsible for the mistake.

= That's a mistake + I am responsible for which.

= That's a mistake for which I am responsible. 그것은 내게 책임이 있는 실수이다.

Q 괄호 안에서 어법상 알맞은 것을 고르세요.

1. That was the movie [which / during which] I fell asleep.
2. Don't talk about things [which / of which] you know nothing.
3. These are the facts [which / on which] his new theory is based.

DAY 150 관계대명사의 계속적 용법

관계대명사는 2가지 용법이 있습니다.

한정적 용법

지금까지처럼 관계대명사 덩어리가 뒤에서 앞의 명사를 수식하는 겁니다. 앞의 명사의 의미가 한정된다고 해서 '한정적 용법'이라고 부릅니다.

It was the rainbow that I saw for the first time. 그것은 내가 최초로 본 무지개였다.

계속적 용법

계속적 용법은 선행사 뒤에 콤마(,)를 찍는 것이 핵심입니다. '계속'해서 선행사의 의미를 알려준다고 해서 '계속적 용법'입니다.

I have two brothers, who go to high school. 나는 남동생이 2명인데, 고등학생이다.

He loved a woman, who lived next door to him. 그는 어떤 여성을 사랑했는데, 그의 옆집에 살았다.

계속적 용법의 문법적 특징

첫째, 관계대명사 that, what은 계속적 용법으로 쓸 수 없습니다.
둘째, 계속적인 용법으로 쓰이는 which는 앞의 문장의 일부분 혹은 전체를 가리키는 경우가 있습니다. 아래 문장에서 which는 앞 문장 전체의 내용을 가리킵니다.

He failed the test, which surprised everyone around him.
그는 시험에서 떨어졌는데, 그 사실은 그의 주변 모두를 놀라게 했다.

Q 관계대명사에 유의해서 다음 문장들을 해석하세요.

1. Linda, who sat next to her, passed the sheet without signing it. [2015 고1 6월 43-45번]

해석 ____________________

2. Written language is more complex, which makes it more work to read.
[2018 고1 6월 20번]

해석 ____________________

DAY 151 관계대명사 what

관계대명사 what은 앞서 배운 관계대명사들과는 다릅니다. who, which, that과 같은 관계대명사들은 반드시 앞에 선행사(명사)가 있어야 합니다. 하지만 what은 그 선행사를 자신이 포함하고 있습니다. 따라서 왼쪽에 선행사가 없는 것이 가장 큰 특징입니다. what의 특징을 정리합니다.

관계대명사 what의 특징

특징: 선행사를 포함
해석: ~하는 것
역할: 주어, 목적어, 보어, 전치사의 목적어 역할

선행사를 포함한다는 것은 굉장히 중요합니다. 선행사는 명사입니다. 명사를 what이 포함하게 되면 what이 이끄는 덩어리는 명사 덩어리가 되는 것이고, 명사가 문장에서 하는 주어, 목적어, 보어, 전치사의 목적어 역할을 하게 됩니다.

what의 명사 역할

아래 문장들에서 what이 이끄는 명사 덩어리를 느껴보세요.
주어: What I want to know **is her name. 내가 알고 싶은 것은 그녀의 이름이다.**
목적어: Please tell me what you want**. 나에게 네가 원하는 것을 말해줘.**
보어: That's what I was trying to say**. 그것은 내가 말하려고 했던 것이다.**
전치사의 목적어 역할: Thank you for what you did for us**.**
당신이 우리를 위해서 한 것에 대해서 감사합니다.

Q 괄호 안에서 어법상 알맞은 것을 고르세요.

1. That's [that / what] we tell our children. [2019 고1 3월 31번]
2. [That / What] this tells us is that words matter. [2014 고1 9월 41–42번]

DAY 152 관계부사

관계부사는 관계대명사와 비슷한 개념입니다. 두 문장의 '관계'를 이어주는 역할을 하면서 뒤 문장에서 '부사' 역할을 합니다.

관계부사의 탄생

다음 두 문장을 합쳐봅니다.
I like Busan. + I was born in Busan.

앞 문장의 명사 Busan이 뒤 문장에서 in Busan이라는 부사의 형태로 존재합니다. 이때 뒤 문장의 in Busan을 접착제 역할을 하는 관계부사로 바꿀 수 있습니다. 관계부사는 다음의 4종류밖에 없습니다. when, where, how, why 중에서 '시간, 장소, 방법, 이유' 중 의미에 맞게 하나를 골라서 부사의 자리에 넣으면 됩니다. 위 문장의 경우 '부산'이라는 '장소'를 다루고 있기 때문에 장소의 관계부사인 'where'을 넣습니다. 그리고 두 문장 사이로 위치를 옮깁니다.

I like Busan. I was born where.
= I like Busan where I was born.

정리하면, 관계부사는 앞 문장의 명사(선행사)가 뒤 문장에서 부사 역할을 하고 있을 때, 이를 when, where, why, how로 바꾸어서 두 문장을 하나로 합칠 때 사용합니다.

Q 다음 두 문장을 관계부사를 이용해서 합쳐보세요.

1. This is the city. + I met her in the city.
= ____

2. That's the reason. + I apologized to him for the reason.
= ____

DAY 153

관계부사 when

관계부사 when은 선행사가 시간의 개념을 나타낼 때 사용하는 관계부사입니다.

관계부사 when

- 선행사가 시간을 나타낼 때 (the time, the year, the month, the day…)

May 5th is the day. + I was born on the day.

5월 5일은 그날이다. 나는 그날 태어났다.

= May 5th is the day on which I was born.

= May 5th is the day when I was born. **5월 5일은 내가 태어난 날이다.**

전치사 + 관계대명사 = 관계부사

관계부사를 배울 때 '전치사 + 관계대명사 = 관계부사'라는 것을 접할 때가 있습니다. 위 문장을 보면 뒤 문장의 on the day를 1차적으로 on which로 바꾼 뒤에 최종적으로 when으로 바꾸었습니다. 이 과정에서 전치사+관계대명사인 'on which'가 관계부사인 'when'으로 바뀌었습니다.

That's the year when my parents got married. **그때는 나의 부모님이 결혼하신 해이다.**

Tomorrow is the day when I get my first pay check. **내일은 내가 첫 급여를 받는 날이다.**

오늘의 영화

The day you once told me about, the day when Gotham no longer needs Batman. It's coming. [배트맨 다크나이트]

당신이 말했던 날, 고담이 더 이상 배트맨을 필요로 하지 않는 날. 그날이 다가오고 있어.

Q 다음 괄호 안에서 알맞은 관계부사를 고르세요.

1. A pharmacy is a place [where / when] you buy medicine.
2. I'm hoping for a time [where / when] we can be together again.

DAY 154 관계부사 where

관계부사 where은 선행사가 장소를 나타냅니다.

관계부사 where

- 선행사가 장소를 나타낼 때 (the place, the country, the city, the house…)

This is the place. + I used to hide my money in it.

이곳은 그 장소이다. 나는 이곳에 내 돈을 숨기곤 했다.

= This is the place in which I used to hide my money.

= This is the place where I used to hide my money. 이곳은 내가 돈을 숨기곤 했던 장소이다.

We danced by the table where we could see the view.

우리는 경치를 볼 수 있는 테이블 옆에서 춤을 추었다.

This is the room where J.K. Rowling began writing Harry Potter.

이 곳은 J.K. Rowling이 해리포터를 쓰기 시작했던 방이다.

관계부사의 계속적 용법

관계부사 when과 where은 계속적 용법으로도 사용할 수 있습니다.

, when: 그리고 그때

, where: 그리고 거기서

This is the garden, where we used to take pictures.

이곳은 정원인데, 우리가 여기서 사진을 찍곤 했지.

Paris, where we met, is a beautiful city. 파리는 우리가 만난 곳인데, 아름다운 도시이다.

Q 다음 괄호 안에서 알맞은 관계부사를 고르세요.

1. Tell me about the city [when / where] you grew up.
2. This is the cafe [when / where] we met for the first time.

DAY 155 관계부사 why

관계부사 why는 선행사가 이유를 나타내는 the reason입니다.

관계부사 why

- 선행사가 이유를 나타낼 때 (the reason)

I will tell you the reason. + He suddenly disappeared for the reason.

내가 이유를 말해줄게. 그는 그 이유로 인해 갑자기 사라졌어.

= I will tell you the reason for which he suddenly disappeared.

= I will tell you the reason why he suddenly disappeared.

내가 그가 갑자기 사라진 이유를 말해줄게.

Do you know the reason why he left? **너는 그가 갑자기 떠난 이유를 알고 있니?**

The reason why I turned down the job is that the pay was too low.

내가 그 직장을 거절한 이유는 급여가 너무 낮아서야.

There are many reasons why people hate him. **사람들이 그를 싫어하는 많은 이유가 있어.**

Q 다음 괄호 안에서 알맞은 관계부사를 고르세요.

1. I don't understand the reason [where / why] she left me.
2. Can you tell me the reason [where / why] you were late?

DATE . . COMPLETE □□

필수영문법

DAY 156 관계부사 how

관계부사 how는 선행사가 방법을 나타내는 the way(방법, 방식)입니다. 다른 관계부사와는 달리 주의해야 할 점이 있습니다. 관계부사 how는 선행사 the way와 함께 사용할 수 없습니다. 그래서 둘 중 하나만을 사용해야 합니다. they way와 how를 같이 사용하면 틀린 문장입니다.

관계부사 how

- 선행사가 방법을 나타낼 때 (the way)

I don't know the way. + The student came into the room in the way.

나는 그 방법을 모르겠다. 그 학생은 그 방법으로 방에 들어왔다.

= I don't know the way in which the student came into the room.

= I don't know how the student came into the room.

나는 그 학생이 방에 들어온 방법을 모르겠다.

This is how he reached the conclusion. **이것이 그가 결론에 도달한 방식이야.**

This is the way she did it. **이것이 그녀가 그것을 한 방식이야.**

오늘의 영화

I'm sorry for the way I behaved in my youth. [주토피아]

내가 어렸을 때 행동한 방식에 대해서 사과할게.

Q 다음 문장을 어법상 바르게 고치세요.

That's the way how I met her.

→ ______________________________

DAY 157 관계부사의 생략

관계대명사는 반드시 선행사가 있어야 합니다. 하지만, 관계부사의 경우 선행사의 의미가 굉장히 뻔해서 큰 의미가 없는 경우 선행사를 생략할 수 있습니다. 반대로 선행사가 아니라 관계부사가 생략되는 경우도 있습니다. 다음 문장들은 선행사 또는 관계부사 중에서 원하는 것을 한 개 생략할 수 있습니다.

관계부사의 생략

That was (the moment) (when) I decided to give up.
그때가 내가 포기하기로 결심한 순간이야.
This is (the place) (where) he died.
이곳이 그가 죽은 곳이야.
That is (the day) (when) he was born.
그때가 그가 태어난 날이야.
That was (the year) (when) America became independent.
그때가 미국이 독립한 해야.
This is (the time) (when) we should stop.
지금이 우리가 멈춰야 할 때야.

Q 다음 문장에서 생략된 관계부사를 생각해서 써보세요.

1. That is the time _______ he discovered it.
2. This is the place _________ they spoke each other.
3. That was the time ___________ she arrived.

DAY 158 관계대명사 vs. 관계부사 ①

관계대명사와 관계부사를 비교하는 것은 영문법에서 가장 중요한 것 중 하나입니다. 둘 다 두 문장을 한 문장으로 합치는 과정에서 만들어진 문법입니다. 관계대명사는 명사를 대신하고, 관계부사는 부사를 대신합니다. 오늘은 두 문장을 합치면서 알맞은 관계사를 넣는 연습을 합니다.

Q 두 문장에서 공통된 단어를 찾아 명사는 관계대명사로, 부사는 관계부사로 바꾸세요.

1. There is a tree. My dad planted it.
→ There is a tree ____________ my dad planted.

2. This is the city. I was born in this city.
→ This is the city ____________ I was born.

3. I like summer. Many people go on a vacation then.
→ I like summer ____________ many people go on a vacation.

4. This is the way. She solved the problem in the way.
→ This is ____________ she solved the problem.

5. I have a cat. Its name is Kitty.
→ I have a cat ____________ name is Kitty.

6. December is the last month of the year. People celebrate Christmas on December.
→ December is the last month of the year _________ people celebrate Christmas.

7. I don't know the reason. She hates me for the reason.
→ I don't know the reason _______ she hates me.

DAY 159 관계대명사 vs. 관계부사 ②

관계대명사와 관계부사는 기본적으로 어려운 문법이기 때문에 다양한 어법 문제를 만들 수 있습니다. 내신 시험에는 다음과 같은 문제들이 나올 수 있습니다. 관계대명사, 관계부사가 적절하게 사용되었는지 살펴보고 문제를 풀어보세요.

Q 1 다음 중 어법상 어색한 문장은?

① I like the way you speak.
② She was in the bookstore which I met her.
③ I don't know the reason why she got fired.
④ I came to know the way she got the money.
⑤ She told me the reason why she respects him.

Q 2 다음 중 어법상 어색한 문장은?

① She explained the reason why she was late.
② The reason we failed the mission is obvious.
③ I found the house where she wanted to buy.
④ The way she treated people was wicked and cruel.
⑤ I went to the restaurant where she was waiting for me.

Q 3 다음 중 어법상 어색한 문장은?

① The time will come where Korea is unified.
② I want to know how I can achieve my goal.
③ Look at the house which has a pretty garden.
④ He died in the house where he was born.
⑤ I found a shop where I can get a discount.

DAY 160 관계대명사 vs. 관계부사 ③

오늘은 기출 문장 속에서 알맞은 관계대명사를 넣어보겠습니다. 빈칸 뒤에서 어떤 성분이 빠졌는지를 먼저 생각하세요. 명사가 빠져 있다면 명사를 대신하는 관계대명사를 사용해야 하고, 부사가 빠졌다면 부사를 대신해서 관계부사 중 하나를 적어야 합니다. 빈칸 뒤의 문장에서 무엇이 빠졌는지를 꼼꼼하게 따져보세요.

Q 다음 문장의 빈칸에 알맞은 관계대명사나 관계부사를 써보세요.

1. This is not the case for people __________ live in the suburbs. [2015 고1 3월 39번]

2. Creativity is a skill __________ we usually consider uniquely human. [2019 고1 6월 31번]

3. A person __________ can never take a risk can't learn anything. [2020 고1 3월 22번]

4. They prefer practices __________ make our resources sustainable. [2015 고1 6월 30번]

5. That is one reason __________ storytelling is such a persuasive medium. [2018 고1 9월 29번]

6. Likewise, the map must remove details __________ would be confusing. [2017 고1 3월 33번]

7. First, someone __________ is lonely might benefit from helping others. [2019 고1 3월 22번]

DAY 161

복합관계대명사 whatever

복합관계대명사는 '복합 + 관계대명사'로 나누어서 이해하면 됩니다. 우리가 배운 관계대명사에 'ever'을 붙이면 복합관계대명사가 됩니다.

복합관계대명사의 종류

whatever, whichever, who(m)ever

복합관계대명사 whatever의 역할

복합관계대명사는 명사 덩어리, 부사 덩어리로 2가지 역할을 할 수 있습니다.

1. 명사절 역할: ~라면 무엇이나
- 명사 덩어리 역할 (문장에서 주어, 목적어, 보어 역할)

Whatever he says is a lie. **그가 말하는 것은 뭐든지 거짓말이다.**

I don't believe whatever he says. **나는 그가 말하는 것이면 뭐든지 안 믿는다.**

2. 부사절 역할: 무엇이 ~라도, 무엇을 ~라도
- 부사 덩어리 역할

Whatever he says, it is a lie. **그가 무엇을 말하든지, 그것은 거짓말이다.**

처음 접하면 어려운 문법입니다. 문장과 함께 익혀야 하고, 복합관계대명사는 명사절, 부사절의 2가지 역할을 하기 때문에 문장 구조를 통해서 문장 속에서의 역할을 파악해서 정확하게 해석하는 것이 중요합니다.

Q 다음 중 빈칸에 알맞은 것은?

_________ you may choose, you will be satisfied with it.

① Whoever ② Whatever ③ Whenever

④ However ⑤ Wherever

DAY 162 복합관계대명사 whichever

복합관계대명사 whichever은 whatever과 비슷하나, 선택하는 상황에서 주로 사용됩니다.

복합관계대명사 whichever

1. 명사절 역할: ~라면 어떤 것이나
- 문장에서 주어, 목적어, 보어 역할

You can choose whichever you like best. 네가 제일 좋아하는 거라면 어떤 것이든 선택할 수 있어.

You can take whichever suits you best.
너는 너한테 제일 잘 어울리는 어떤 것이라도 가져갈 수 있어.

2. 부사절 역할: 어떤 것이 ~해도, 어떤 것을 ~해도

Whichever you choose, I'll buy it. 네가 어떤 것을 선택해도, 내가 그것을 살게.

Whichever they choose, we must accept their decision.
그들이 어떤 것을 선택해도, 우리는 그들의 결정을 받아들여야만 해.

추가로, whatever과 whichever은 '복합관계형용사'라고 해서 뒤의 명사를 수식하는 역할을 할 수 있습니다. 뒤따르는 명사와 한 덩어리로 해석하면 됩니다.

You may read whatever book you like. 너는 네가 좋아하는 어떤 책을 읽어도 돼.

Choose whatever brand you prefer. 네가 선호하는 어떤 브랜드라도 선택해.

You can come on whichever day you wish. 너는 네가 원하는 어느 날이라도 올 수 있어.

Whichever day you come, you will be welcomed. 어떤 날에 네가 와도, 너는 환영받을 거야.

Q 다음 문장들을 해석하세요.

1. Whichever you buy, there is a six-month guarantee.

해석 ______________________________

2. It's going to be expensive whichever way you do it.

해석 ______________________________

DAY 163 복합관계대명사 whoever

복합관계대명사 whoever도 역시 명사절, 부사절의 2가지 역할을 합니다.

복합관계대명사 whoever

1. 명사절 역할: ~라면 누구나
- 문장에서 주어, 목적어, 보어 역할

I will meet whoever you introduce. **나는 네가 소개하는 사람이라면 누구든지 만날 거야.**

Whoever has them will be able to take control.

그것들을 가진 사람이라면 누구든지 통제를 할 수 있을 것이다.

2. 부사절 역할: 누가(누구를)~해도

Whoever he is, I don't want to meet him. **그가 누구라도, 나는 그를 만나고 싶지 않다.**

Whoever gets up first, don't wake the other.

먼저 일어나는 사람이 누구라도, 다른 사람을 깨우지 마라.

오늘의 영화

Whoever gets a thousand points wins a tank. [인생은 아름다워]

1천 점을 먼저 얻는 사람은 누구라도 탱크를 상으로 받아.

Q 다음 문장들을 해석하세요.

1. Whoever he was, he was as strong as a lion.

해석 ______________________________

2. You might like whoever is in front of you.

해석 ______________________________

3. Whoever comes in last is eliminated from the games.

해석 ______________________________

DAY 164

필수영문법

복합관계부사 whenever

복합관계부사는 '복합 + 관계부사'로 이해를 해야 합니다. 관계부사에 ever을 붙이면 복합관계부사가 됩니다.

복합관계부사의 종류

whenever, wherever, however

복합관계부사의 역할

복합관계부사는 '부사절'이라는 한 개의 역할만을 합니다. 명사절의 역할은 할 수 없습니다.

복합관계부사 whenever

- 부사절 역할: ~때마다, 언제 ~하더라도

Whenever they meet, they quarrel. 그들은 만날 때마다 말다툼을 한다.

You can call me whenever you want. 네가 원할 때면 언제나 나에게 전화할 수 있다.

I wear a hat whenever I go outside. 나는 밖에 나갈 때마다 모자를 쓴다.

Whenever she comes here, she buys me lunch.
그녀가 여기 올 때마다, 그녀는 내게 점심을 사준다.

Whenever he saw her art, new feelings emerged.
그가 그녀의 작품을 볼 때마다, 새로운 느낌이 떠올랐다.

Q 다음 문장들을 해석하세요.

1. Whenever he was frustrated, he took a deep breath.

해석 ______________________________

2. Whenever you're hungry, you can come by.

해석 ______________________________

3. I smiled whenever I looked at her.

해석 ______________________________

DAY 165

복합관계부사 wherever

필수영문법

복합관계부사는 wherever은 부사절을 이끌면서 장소에 대한 이야기를 합니다. whenever과 마찬가지로 부사절의 역할만 합니다.

복합관계부사 wherever

- 부사절 역할: ~하는 곳마다, 어디로~하더라도

He seems to make enemies wherever he goes. 그는 가는 곳마다, 적들을 만드는 것 같다.

You can sit wherever you want. 네가 원하는 곳 어디든 앉아도 돼.

I see mistakes wherever I look. 내가 보는 곳마다 실수들을 본다.

You can go wherever you want to go. 네가 가고 싶은 어디든 갈 수 있어.

Wherever he may go, he is sure to make friends. 그는 어디를 가더라도 확실히 친구를 만들 거야.

Wherever you go, you'll be welcomed. 너는 어디를 가더라도 환영받을 거야.

Wherever she is, I can contact her. 그녀가 어디에 있어도, 나는 그녀와 연락할 수 있어.

You have the freedom to travel wherever you like.
너는 네가 원하는 어디로든 여행할 자유가 있어.

Wherever you go, you will find the same thing. 어디를 가더라도, 너는 똑같은 것을 찾을 거야.

I'm going to find you wherever you are. 네가 어디에 있든, 나는 너를 찾을 거야.

🎬 오늘의 영화

We live wherever we want. [라이언킹]
우리는 어디서든 우리가 원하는 곳에 살아.

Q 다음 문장들을 해석하세요.

1. Wherever you go, I'll follow you.

해석 ______________________________

2. Some people bring joy wherever they go.

해석 ______________________________

3. Wherever you go, you will meet the same kind of people.

해석 ______________________________

DAY 166 복합관계부사 however

복합관계부사 however은 문장에서 굉장히 자주 사용됩니다. 크게 2가지 사용법이 있기 때문에 주의해야 합니다.

복합관계부사 however

형태1: however + S + V
해석: 어떻게 ~해도

However you do it, you can't make it. 어떻게 해도, 너는 해낼 수 없다.

However you look at it, it's a big problem. 네가 그것을 어떻게 바라보아도, 그것은 큰 문제이다.

형태2: however + 형용사/부사 + S + V
해석: 아무리 ~할지라도

However cold it may be, we'll go out. 아무리 추워도, 우리는 나갈 거야.

However hard you try, you can't finish it in a week.
아무리 열심히 노력해도, 너는 그것을 일주일 안에 마칠 수 없다.

However hard it may be, I'll keep trying. 아무리 어려워도, 나는 계속해서 도전할 것이다.

However cold it is, my mom keeps the door open. 아무리 추워도, 엄마는 문을 열어두신다.

However careful she is, she keeps making mistakes.
그녀는 아무리 주의해도, 계속해서 실수한다.

Q 다음 문장의 빈칸에 들어갈 알맞은 복합관계부사는?

1. __________ much she eats, she doesn't gain weight.
그녀는 아무리 많이 먹어도, 살이 찌지 않는다.

2. ___________ she has a problem, she talks to her mother.
그녀는 문제가 있을 때마다 엄마와 이야기한다.

DAY 167 접속사의 종류

접속사는 영어에서 두 덩어리 이상을 연결하는 역할을 합니다. 접속사는 몇 가지 종류를 가지고 있습니다.

접속사의 종류

1. 등위접속사: 두 덩어리 이상을 동등하게 연결하는 접속사
and, but, or, so, nor, yet(그러나), for(왜냐하면)…

2. 등위상관접속사: 두 덩어리 이상을 상관있도록 연결하는 접속사
either A or B: A와 B 둘 중 하나
neither A nor B: A와 B 둘 다 아닌
not only A but also B = B as well as A: A뿐만 아니라 B도 역시
both A and B: A와 B 둘 다
not A but B: A가 아니라 B

3. 종속접속사: 두 문장 이상을 연결하되, 하나의 문장이 다른 문장에 속하게 되는 접속사
- 명사절을 이끄는 종속접속사
that: ~한 사실
whether, if : ~인지 아닌지
- 부사절을 이끄는 종속접속사
시간: when(~할 때), while(~동안에)
이유: because, as, since(~때문에)
조건: if(만약~다면), unless(만약~하지 않는다면)
양보: though, although, even if, even though(~임에도 불구하고)
결과: so 형용사/부사 that(너무 ~해서)
목적: so that(~하기 위해서)

Q 다음 접속사의 의미는?

1. both A and B ______________
2. though ______________

DAY 168 접속사 that

접속사 that은 명사절을 이끄는 접속사입니다. 중1 때 등장하는 문법으로서 영어 문장을 구성할 때 굉장히 자주 사용됩니다. 문장 안에서 that으로 시작하는 덩어리를 정확하게 파악하는 것이 중요합니다.

명사절을 이끄는 접속사 that

형태: that + 문장
해석: ~한 사실, ~한 것

1. 주어로 쓰인 명사절
That he is alive is certain.
그가 살아 있다는 사실은 확실하다.
It is true that she has returned home. (*가주어 it을 사용) **그녀가 집에 돌아온 것은 사실이다.**

2. 목적어로 쓰인 명사절
*목적어를 이끄는 that은 생략 가능
I didn't know (that) he was absent. **나는 그가 결석했는지 몰랐다.**
You will find (that) there's no place like home. **너는 집 같은 곳이 없다는 것을 알게 될 거다.**

3. 보어로 쓰인 명사절
The trouble is that my father is ill. **문제는 우리 아버지가 아프시다는 거다.**
The best part of this program is that it can be used by the beginners.
이 프로그램에서 가장 좋은 부분은 초보자들도 사용할 수 있다는 것이다.

Q 다음 문장을 해석하세요.

1. Oh, you know, people used to think that I was funny. [영화 〈어벤져스: 에이지 오브 울트론〉]

해석 ____________________

2. I think that's a marvelous idea. [영화 〈플립〉]

해석 ____________________

DAY 169 접속사 if

접속사 if는 크게 2가지 의미를 가집니다. '만약~라면'이라는 의미를 우리는 알고 있습니다. 이때는 부사절을 이끄는 접속사의 역할을 하는 겁니다. 부사절로 쓰이는 if는 나중에 다시 한번 알아봅니다. 오늘은 명사절을 이끄는 접속사로서의 if의 역할입니다.

접속사 if

역할: 목적어 역할 (*주어, 보어로는 쓰지 않습니다.)
해석: ~인지 아닌지
Ask her if she will come. **그녀에게 올 건지 아닌지 물어봐.**
Do you know if Jack passed his exam? **Jack이 시험을 통과했는지 아닌지 아니?**
Do you know if the next meeting will be in New York? **다음 회의가 뉴욕에서 열릴지 아니?**
I don't know if it will rain tomorrow. **나는 내일 비가 올지 안 올지 모르겠다.**

처음에는 부사절을 이끄는 if와 헷갈릴 수 있습니다. 하지만 문장에서의 위치, 역할로 구별할 수 있습니다. 명사절을 이끄는 if는 문장에서 주로 동사 뒤에서 목적어 역할을 합니다. 부사절로 쓰이는 if는 뒤에 주어와 동사를 갖춘 문장이 따로 있습니다.
We'll go swimming if it is fine tomorrow. **만약 내일 날씨가 좋으면, 우리는 수영하러 갈 것이다.**
I don't know if it is true. **나는 그것이 사실인지 아닌지 모른다.** (*문장에서 know의 목적어 역할)

Q 다음 문장들을 해석하세요.

1. He wondered if the wind had blown the window open.

해석 ______________________________

2. I wonder if it's okay to call her.

해석 ______________________________

3. I want to know if he has signed the contract.

해석 ______________________________

필수영문법

DAY 170 접속사 whether

접속사 whether은 접속사로서 부사절, 명사절을 이끌 수 있습니다.

접속사 whether

1. 명사절 역할: ~인지 아닌지
- 문장에서 주어, 목적어, 보어 역할
- or not 과 함께 사용 가능

I wonder whether he will win the race. **나는 그가 경주에서 이길지 궁금하다.**

I don't know whether it will rain tomorrow. **나는 내일 비가 올지 모르겠다.**

Do you know whether or not this train goes to Times Square?
이 열차가 타임스퀘어에 가는지 알고 있나요?

2. 부사절 역할: ~든 아니든(상관 없이)
- 문장에서 부사 역할
- or not과 함께 사용 가능

Whether we admit it or not, we all wish everyone would like us.
우리는 인정하든 안 하든, 우리 모두는 모든 사람이 우리를 좋아하기를 바란다.

He needs you right now, whether he knows it or not. **그가 알든 모르든, 그는 지금 네가 필요해.**

오늘의 영화

And for the first time I'm gonna do it whether my father wants me to or not!
[죽은 시인의 사회]
그리고 처음으로 나는 아버지가 원하든 원하지 않든 그것을 할 거야!

Q 다음 문장들을 해석하세요.

1. We wondered whether he was at home.

해석 ____________________

2. Whether she is rich or not isn't important.

해석 ____________________

3. Whether or not she likes you is not certain.

해석 ____________________

DAY 171 의문사절

의문사는 기본적으로는 의문문에 사용이 되지만, 명사절을 이끄는 역할도 할 수 있습니다.

의문사절

의문사로 시작하는 명사절을 '의문사절'이라고 부릅니다. 각 의문사의 의미에 맞게 해석을 하면 되고, 순서가 '주어+동사'로 이어진다는 것을 반드시 기억해야 합니다.
형태: 의문사 + 주어 + 동사
순서가 중요한 이유는 의문문에서 의문사는 '의문사, 동사, 주어' 순서로 쓰이기 때문입니다. 아래 문장들의 밑줄 친 부분의 순서를 비교해보세요.

의문문: Where does she live? 그녀는 어디 사니?
의문사절: I don't know where she lives. 나는 그녀가 어디 사는지 모른다.

의문문에서는 '의문사, 동사, 주어' 순서였던 것이 의문사절이 되면서 질문하는 내용이 문장 속으로 들어가면 '의문사, 주어, 동사'의 순서가 됩니다. 문장 속에서 의문사로 시작하는 의문사절을 찾아서 한 덩어리로 해석하세요.
I don't know when the show starts. **나는 쇼가 언제 시작하는지 모른다.**
I wonder what they are doing. **나는 그들이 무엇을 하고 있는지 궁금하다.**
Tell me what your name is. **너의 이름이 뭔지 말해줘.**
Do you remember what color his car was? **그의 차 색깔이 뭐였는지 기억하니?**
Do you know where the subway station is? **지하철역이 어디 있는지 아니?**
I really can't tell how old he is. **나는 그가 몇 살인지 정말 알 수 없다.**
I wonder who they are going to play with. **나는 그들이 누구랑 놀지 궁금하다.**

Q 다음 빈칸에 알맞은 의문사를 쓰세요.
1. Please tell me _______ happened. 무슨 일이 일어났는지 말해줘.
2. I don't know ______ lives there. 나는 거기 누가 사는지 모른다.

DAY 172

동격 that

동격의 that은 접속사 that의 특별한 쓰임입니다. 명사절을 이끄는 접속사 that은 원래는 앞에 명사가 없습니다. 하지만 동격의 that으로 사용될 때는 앞에 특정한 명사가 있습니다. 아무 명사가 올 수는 없고, 뒤에 나오는 문장의 내용을 담을 수 있는 명사가 위치합니다. 동격 that을 사용하면 아래와 같이 특정한 명사가 나오고, 동격 that 이후에 문장이 위치합니다.

the hope(희망) the fact(사실) the news(소식) the possibility(가능성) the feeling(느낌) the evidence(증거) the proof(증거) the belief(신념)	동격 that	문장

There is a chance that they may win the game. **그들이 게임을 이길 가능성이 있다.**

There is no proof that he stole it. **그가 그것을 훔쳤다는 증거가 없다.**

Police are investigating the possibility that a bomb was planted on the jet.

경찰은 폭탄이 비행기에 설치되었을 가능성을 조사 중이다.

Q 다음 문장들을 해석하세요.

1. The fact that he had suspected the old man pained his heart. [2018 고1 11월 43–45번]

 해석 ____________________

2. The fact that she had to leave everything she knew broke her heart. [2018 고1 11월 19번]

 해석 ____________________

3. The fact that your cell phone is ringing doesn't mean you have to answer it. [2016 고1 11월 20번]

 해석 ____________________

DAY 173 부사절을 이끄는 접속사

부사절을 이끄는 접속사

when은 부사절을 이끄는 접속사입니다. 두 문장을 연결하면서 시간의 의미를 더해줍니다.
When he was a boy, he had climbed many trees. **그는 소년이었을 때, 그는 많은 나무를 올라갔다.**

이 문장에서 when은 두 문장을 연결하는 역할을 하고 있습니다. when이 이끄는 덩어리는 '~할 때'라고 해석되면서 시간의 의미를 나타냅니다. 이것을 '부사절'이라고 합니다.
이런 부사절을 이끄는 접속사들은 의미에 따라서 다양합니다. 대표적으로 다음과 같은 접속사들이 있습니다.

시간: when(~할 때)
조건: if(만약~다면)
목적: so that(~하기 위해서)
결과: so 형용사/부사 that(너무 ~해서)
양보: although(~임에도 불구하고)
이유: because(~때문에)

이상의 접속사들은 부사절을 이끌면서 문장에 다양한 의미를 더해준다는 공통점을 갖고 있습니다. 다음 시간부터 하나씩 구체적으로 알아봅니다.

Q 우리말 해석에 알맞게 괄호 안에서 알맞은 접속사를 고르세요.

1. My parents cheered for me [when / after] I crossed the finished line.
내가 결승선을 통과했을 때, 부모님은 나를 응원해주셨다.
2. [Because / Although] the kitchen is small, it is well designed.
주방은 작았지만, 디자인이 잘 되었다.

DAY 174 시간의 부사절

시간의 접속사

1. when(~할 때, ~하면)
I'll tell him when he comes home. 그가 집에 올 때 나는 그에게 말할 것이다.

2. while(~하는 동안에, ~하는 사이에)
While I was walking along the street, I met him. 길을 따라 걷다가, 나는 그를 만났다.

3. before(~하기 전에, ~보다 앞서서)
I had not waited long before he came. 나는 그가 오기 전에 오래 기다리지 않았다.

4. after(~한 후에)
I can go out after mom comes home. 엄마가 집에 오신 후에 나는 나갈 수 있다.

5. till/until(~할 때까지)
Do not start till I give the word. 내가 말할 때까지 시작하지 마.

6. since(~한 이후로, ~부터 계속해서)
The city has changed a lot since I moved here. 내가 여기로 이사 온 이후로 도시는 많이 변했다.

7. as soon as(~하자마자)
As soon as he heard the news, he turned pale. 그는 뉴스를 듣자마자, 창백해졌다.

Q 다음 문장들을 해석하세요.

1. When it started to snow, everyone started taking pictures.

해석 ______________________________

2. I don't know how to react when you yell at me like that.

해석 ______________________________

DAY 175 이유의 부사절

원인/이유의 접속사

1. because(~때문에, ~한 이유로)

Because I caught a cold, I couldn't attend the class.

나는 감기에 걸려서, 수업에 참석할 수 없었다.

2. as(~이므로)

As he is poor, he can't buy that car. 그는 가난하기 때문에, 그 차를 살 수 없다.

3. since(~때문에)

Since we had not enough time, we took a taxi. 우리는 시간이 충분히 없어서, 택시를 탔다.

4. now(that)(~이니까, ~인 이상)

Now (that) you mention it, I can remember. 네가 그것을 말하니까, 내가 기억을 할 수 있다.

Now that I live only a few blocks from work, I walk to work.

나는 직장이랑 몇 블록 거리에 살기 때문에, 직장에 걸어간다.

 **다음 문장들을 해석하세요.**

1. He became rich because he was smart and worked hard.

해석 ______________________________

2. They stopped building the house because it was raining hard.

해석 ______________________________

DAY 176

접속사 since, while

since와 while은 크게 다른 2가지 의미를 가지고 있습니다.

since

1. ~이후로

since는 전치사, 접속사로서 '~이후로'라는 의미를 지닙니다.

He's been off work since last Thursday. 그는 지난주 목요일 이후로 휴가 중이다.

Since I was young, I've always wanted to become a scientist.

어렸을 때 이후로, 나는 항상 과학자가 되기를 원했다.

2. ~때문에

since는 이유를 나타낼 수 있습니다.

I decided to bake cupcakes, since it was my son's birthday.

아들의 생일이었기 때문에, 나는 컵케이크를 굽기로 결심했다.

while

1. ~하는 동안에

I often get distracted while trying to study. 나는 공부하려고 하는 동안에, 자꾸 집중력을 잃는다.

2. ~하는 반면, ~에도 불구하고

2가지 상반된 이야기를 while로 나타낼 수 있습니다.

While puppies are cute, they can be incredibly annoying to take care of.

강아지들은 귀엽지만, 그들은 돌보기 굉장히 성가실 수 있다.

Q 다음 문장들을 해석하세요.

1. Since you're tired, you should rest.

해석 ______________________________

2. The phone rang while I was doing the dishes.

해석 ______________________________

3. I am interested in English while my sister is really into science.

해석 ______________________________

DAY 177

접속사 as

접속사 as는 다양한 의미를 가지고 있습니다.

as의 다양한 의미

1. ~할 때

They arrived as we were leaving. 그들은 우리가 떠날 때 도착했다.

2. ~함에 따라(상태 변화)

As you get older, you need more sleep. 네가 나이가 들어감에 따라, 더 많은 잠이 필요하다.

3. ~처럼

She arrived early, as I expected. 내가 예상한 대로, 그녀는 일찍 도착했다.

4. ~때문에

I went to bed at 9 pm as I had a plane to catch at 6 am.

나는 오전 6시에 탈 비행기가 있었기 때문에 저녁 9시에 잠자리에 들었다.

5. ~인 채로

Leave it as it is. 그것을 그대로 놓아두어라.

Q 다음 문장들을 해석하세요.

1. As I was saying, we expect next year to be a good year.

해석 ______________________________

2. You should be careful going to the gym, as your ankle is still a little weak.

해석 ______________________________

DAY 178 조건의 부사절

조건의 접속사

1. if(만약 ~라면)
We'll go fishing if it is fine tomorrow. 내일 날씨가 좋으면 우리는 낚시를 갈 것이다.
If it is sunny tomorrow, we can go to the park. 내일 날씨가 맑으면, 우리는 공원에 갈 수 있다.
You can watch TV if you finish your homework. 네가 숙제를 마치면, TV를 봐도 좋다.

2. unless(만약 ~아니라면)
unless는 기본적으로 부정의 의미를 포함하고 있기 때문에, 문장에 부정의 표현이 안 보이더라도 부정으로 해석해야 합니다.
I will leave this afternoon unless it rains. 비가 오지 않는다면 나는 오늘 오후에 떠날 것이다.
You will not pass the exam unless you work harder.
너는 더 열심히 노력하지 않으면 시험을 통과할 수 없을 것이다.
I will not tell you anything unless you tell me what you know first.
네가 아는 것을 먼저 말하지 않는다면, 나는 어떤 것도 말하지 않을 것이다.

오늘의 영화
PUMBAA: Anything we can do?
SIMBA: Not unless you can change the past. [라이언킹]
품바: 우리가 할 수 있는 게 없을까?
심바: 네가 과거를 바꿀 수 있지 않는 한 없어.

Q 다음 괄호 안에서 알맞은 것을 고르세요.
1. [If / Unless] it rains tomorrow, I will stay here.
2. [If / Unless] you stop eating, you will get fat.
3. [If / Unless] you ask her, you will never know.
4. [If / Unless] something's bothering you, don't hesitate to tell me.

DAY 179 결과의 부사절

결과의 접속사

결과의 접속사는 '너무 …해서 ~하다'라는 의미로 해석합니다. 결과의 접속사를 이용한 문장은 다소 길고 복잡하기 때문에 주의해야 합니다.
such와 so를 이용한 2가지 패턴이 있습니다.

1. such + 형용사 + 명사 + that ~ (너무 ~한 명사여서 ~하다)
such를 이용한 패턴은 명사와 함께 사용합니다.
She is such a hard-working colleague that everyone admires her.
그녀는 굉장히 열심히 일하는 동료여서 모두가 그녀를 존경한다.

2. so + 형용사/부사 + that ~ (너무 …해서 ~하다)
so를 이용한 패턴은 형용사/부사와 함께 사용합니다.
It is so dark that I cannot see my hand before me.
너무 어두워서 내 앞에 있는 내 손도 보이지 않는다.
He's so lazy that he never helps out with the housework.
그는 너무 게을러서 그는 집안일을 돕지 않는다.

Q 다음 문장들을 해석하세요.

1. He is so strong that he cannot be defeated.

해석 ______________________________

2. It was so dark that we could hardly see.

해석 ______________________________

3. It was so hot that we didn't leave the air-conditioned room all day.

해석 ______________________________

4. The road surface became so hot that it started to melt.

해석 ______________________________

DATE . . COMPLETE □□

DAY 180

양보의 부사절

필수영문법

양보의 접속사

양보라는 말은 영어에서 '~임에도 불구하고'라고 해석되는 것들을 말합니다. 비슷한 의미를 가진 몇 가지 접속사들이 있습니다. 양보의 접속사로 연결되는 부사절은 뒤 문장과 상반된 의미를 가지기 때문에 해석에 주의해야 합니다.

양보의 접속사 종류

양보의 접속사 종류는 다음과 같습니다.
though, although, even though, while (~임에도 불구하고, 비록 ~지만)
Although it was raining, we kept playing soccer outside.
비가 왔지만, 우리는 밖에서 계속 축구를 했다.
He came to work, although he felt sick. 그는 아팠지만, 직장에 왔다.
Though he is poor, he always smiles. 그는 가난하지만, 항상 웃는다.
Although my mom told me to come home early, I stayed out late.
엄마가 일찍 집에 오라고 했지만, 나는 늦게까지 밖에 있었다.
Although he was a bit rude, people still found him funny.
그는 약간 무례했지만, 사람들은 여전히 그가 재미있다고 생각했다.

Q 다음 문장들을 해석하세요.

1. Although the party was boring, I was still happy to see my friends.

해석 ______________________________

2. Although it is very cold outside, he wants to go out.

해석 ______________________________

3. Even though he's gone, I'm still loving him.

해석 ______________________________

DAY 181 목적의 부사절

목적의 접속사

목적을 나타내는 부사절들은 '~하기 위해서'의 의미를 나타냅니다.

1. so that + 주어 + may/can: ~하기 위하여, ~하도록

We studied very hard so that we might not fail in the exam.
우리는 시험에 떨어지지 않기 위해서 열심히 공부했다.

So that she could keep her job, she didn't complain at all.
그녀의 일을 유지하기 위해서 그녀는 전혀 불평하지 않았다.

He finished his work as fast as possible so that he could leave early.
그는 일찍 떠나기 위해서 일을 가능한 한 빨리 마쳤다.

2. in order that + 주어 + may/can: ~하기 위하여, ~하도록

Speak clearly in order that they may understand you.
그들이 너의 말을 이해하도록 명확하게 말해라.

Q 다음 문장을 해석하세요.

1. Would you turn down the volume so that I can study?

해석 ______________________________

2. I took some pictures on my vacation so that you could see.

해석 ______________________________

3. If you see an ambulance behind you, always pull over so that it can get through.

해석 ______________________________

DAY 182

기타접속사

1. in that: ~라는 점에서

The stage setting was excellent in that it really caught the eye.

무대 장치는 시선을 사로잡았다는 점에서 훌륭했다.

This essay is a good one in that it has a good plot.

이 에세이는 좋은 플롯을 가지고 있다는 점에서 좋다.

2. as long as: ~하는 한

I'll be happy as long as you remember my name.

네가 내 이름을 기억하는 한, 나는 행복할 것이다.

I'll be with you as long as you want. 네가 원하는 한, 나는 너와 함께 할 것이다.

3. as soon as: ~하자마자

As soon as you're all packed, we'll put everything in the car and go.

네가 짐을 다 싸자마자, 우리는 차에 모든 것을 넣고 갈 것이다.

As soon as we got out of the car, it started raining.

우리가 차에서 밖으로 나오자마자, 비가 오기 시작했다.

Q 다음 문장을 해석하세요.

1. We thought about going to the park now that the weather is nice.

해석 ______________________________

2. Can you let me know as soon as you're done with the assignment?

해석 ______________________________

3. I don't care what you did as long as you love me.

해석 ______________________________

DAY 183

필수영문법

not only A but also B

이 구문을 한 번쯤 접했을 겁니다. 접속사 중에서 (등위)상관접속사라고 불리는 것입니다. A, B라는 두 대상을 '상관' 있도록 연결하기 때문에 '상관접속사'라고 부릅니다.

not only A but also B: A뿐만 아니라 B도

I like not only pizza but also chicken. 나는 피자뿐 아니라 치킨도 좋아한다.

He is not only handsome but also intelligent. 그는 잘생겼을 뿐 아니라 똑똑하다.

He is not only poor but also unemployed. 그는 가난할 뿐 아니라 직장도 없다.

He speaks English not only naturally but also fluently.

그는 영어를 자연스럽게 말할 뿐 아니라 유창하게 말한다.

She's not only beautiful, but also very smart. 그녀는 아름다울 뿐만 아니라 매우 똑똑하다.

She's not only a model, but also a singer. 그녀는 모델일 뿐만 아니라 가수이다.

Lily eats not only string beans but also broccoli. Lily는 완두뿐만 아니라 브로콜리도 먹는다.

The car not only is economical but also feels good to drive.

그 차는 경제적일 뿐만 아니라 운전할 때의 느낌도 좋다.

not only A but also B는 'B as well as A'와 바꾸어 쓸 수 있는 구문입니다. B의 위치가 달라지는 이유는 이 구문이 A보다 B가 더 강조되는 구문이기 때문입니다.

Helen gave us not only clothes but also foods.

= Helen gave us foods as well as clothes.

Helen은 우리에게 옷뿐만 아니라 음식도 가져다주었다.

오늘의 영화

Whomever I choose will not only bring peace to the valley but also to you. [쿵푸팬더]

내가 선택하는 누구든지 계곡에 평화를 가져다줄 뿐만 아니라 너에게도 그럴 거야.

Q 다음 문장의 빈칸을 채우세요.

I was not only happy ______________________ excited.

나는 행복할 뿐만 아니라 신이 나기도 했다.

DAY 184 both A and B

상관접속사 both A and B는 'A와 B 둘 다'라는 의미입니다. A와 B는 명사, 형용사, 부사, 동사 등 다양한 성분이 가능합니다.

both A and B: A와 B 둘 다

We'll have both the cheesecake and the chocolate cake.
우리는 치즈 케이크와 초콜릿 케이크 둘 다 먹을 것이다.

The game is suitable for both children and adults. 그 게임은 아이와 어른 모두에게 적합하다.

The directors wanted both to win and to receive recognition for their work.
감독들은 그들의 작품에 대해서 인정을 얻고 받기를 원했다.

The actor was both engaging and skillful in his performances.
그 배우는 매력적이었고, 연기에 능숙했다.

I used to play both football and basketball when I was young.
나는 어렸을 때 축구와 농구를 모두 하곤 했다.

both A and B가 주어로 쓰일 때는 복수 주어로 취급합니다. 그래서 동사도 복수 주어에 맞는 동사를 사용합니다.

Both Sarah and Tom were watching her. Sarah와 Tom은 둘 다 그녀를 지켜보고 있었다.

Q 다음 문장을 해석하세요.

1. Both he and his mother seemed to be nervous.

해석 ______________________________

2. Both Britain and France agree on the treaty.

해석 ______________________________

3. She played both hockey and basketball when she was in college.

해석 ______________________________

DAY 185 either A or B, neither A nor B

1. either A or B: A, B 둘 중 하나

I can either drive to the airport or get a taxi. 나는 공항까지 운전하거나 택시를 탈 수 있어.

You can choose either tea or coffee. 너는 차, 커피 중 하나를 선택할 수 있어.

I'll either write to you or phone you. 나는 너에게 편지를 쓰거나 또는 전화할 거야.

You can choose either red or yellow. 너는 빨강, 노랑 중 하나를 선택할 수 있다.

You can stay either with me or with Sarah. 너는 나와 머물거나, Sarah와 머물 수 있어.

2. neither A nor B: A도 아니고 B도 아니다

neither 자체에 부정의 의미가 있기 때문에 문장은 반드시 부정의 의미로 해석해야 합니다.

Neither I nor my friends have the book. 나도, 내 친구들도 그 책을 갖고 있지 않다.

Neither I nor my mom is tall. 나도, 우리 엄마도 키가 크지 않다.

My dad neither smoke nor drink. 우리 아빠는 흡연도 음주도 하지 않는다.

Neither Sarah nor her friends are going to go to the party tonight.

Sarah와 그녀의 친구들 모두 오늘밤 파티에 가지 않을 것이다.

Neither my father nor my mother went to university. 우리 아빠도, 엄마도 대학을 다니지 않으셨다.

 오늘의 영화

I mean either he's in trouble, or he's going to be. [인크레더블]

내 말은 그가 문제 상황에 놓여 있거나 아니면 그럴 거라는 거야.

Q 다음 문장을 해석하세요.

1. Neither Brian nor his wife mentioned anything about it.

해석 ______________________________

2. Neither Italy nor France got to the quarter finals last year.

해석 ______________________________

DAY 186 가정법 과거

가정법은 일어날 수 없는 일을 가정해보는 문법입니다. 가정법 과거는 동사의 과거를 이용해서 현재 일어날 수 없는 일을 가정합니다. 가정법은 공식대로 사용해야 합니다.

가정법 과거

공식: If + 주어 + 동사의 과거형, 주어 + would/should/could/might + 동사원형
의미: (현재) ~하다면 …할 텐데
If I had enough time, I would not eat fast foods.
내게 충분한 시간이 있다면, 나는 패스트푸드를 먹지 않을 텐데.
= (현실) 시간이 충분히 없어서 나는 패스트푸드를 먹는다.

be동사의 경우는 가정법 과거를 만들 때 주어와 상관없이 were를 사용합니다. 최근에는 was도 사용하는 추세라는 것도 참고하세요.
If she were smart, she could solve the problem.
그녀가 똑똑하다면, 그녀는 그 문제를 해결할 수 있을 텐데.
If I had money, I would buy a new car. 내가 돈이 있으면, 새 차를 살 수 있을 텐데.
If I knew the answer, I could tell you. 내가 답을 알면, 너에게 답을 말해줄 수 있을 텐데.

Q 다음 문장을 해석하세요.

1. If I were you, I would want to be a doctor.

해석 ________________________________

2. If It didn't rain, we would go on a picnic.

해석 ________________________________

3. If she weren't ill, she would go to the school.

해석 ________________________________

DAY 187

가정법 과거완료

가정법 과거완료는 과거완료 동사를 이용해서 과거에 이미 지나가버린 일들에 대해서 반대 상황을 가정해보면서 후회를 할 때 주로 사용합니다.

가정법 과거완료

공식: If + 주어 + had + 과거분사, 주어 + would/should/could/might + have + 과거분사
의미: (과거에) ~했다면 …했을 텐데

If I had studied hard, I could have passed the test.
내가 열심히 공부했더라면, 나는 시험을 통과할 수 있었을 텐데.
= (현실) 열심히 공부하지 않아서 시험을 통과하지 못했다.

If she had studied, she would have passed the exam.
그녀가 공부했다면, 그녀는 시험을 통과할 수 있었을 텐데.

If we had arrived earlier, we would have seen John.
만약 우리가 더 일찍 도착했더라면, 우리는 John을 봤을 텐데.

If they had gone to bed early, they wouldn't have woken up late.
그들이 일찍 잠자리에 들었다면, 그들은 늦게 깨지 않았을 텐데.

Q 다음 문장을 해석하세요.

1. If he had become a musician, he would have recorded a CD.

해석 ______________________________

2. If she had gone to art school, she would have become a painter.

해석 ______________________________

3. If she had gone to university, she would have studied French.

해석 ______________________________

DAY 188 혼합가정법

혼합가정법이라는 문법은 이름에서 느껴지듯이 앞서 배운 2개의 가정법이 '혼합'된 것입니다. 과거에 발생한 일이 현재까지 영향을 미치는 경우가 있습니다. 이때 사용하는 것이 '혼합가정법'입니다. 가정법 과거와 가정법 과거완료의 공식을 절반씩 이용하는 문법입니다.

혼합가정법

공식: If + 주어 + had + 과거분사 (가정법 과거완료), 주어 + would/should/could/might + 동사원형 (가정법 과거)

의미: (과거에)~했다면, (현재)…할 텐데

If he had taken the doctor's advice, he might still be alive.
만약 그가 의사의 충고를 들었더라면, 그는 지금 살아 있을 텐데.

If she had passed the exam, she wouldn't have to study now.
그녀가 시험에 통과했더라면, 그녀는 지금 공부를 할 필요가 없을 텐데.

If the passenger had hurried, he would catch the train now.
승객이 서둘렀더라면, 그는 지금 기차를 탔을 텐데.

If Billy had called me, I would talk to him now.
Billy가 나에게 전화했더라면, 나는 지금 그와 이야기할 텐데.

If I had been born in England, I could speak English very well.
내가 영국에서 태어났더라면, 나는 영어를 굉장히 잘할 텐데.

Q 다음 문장을 해석하세요.

1. If she had stayed with her mother, she would not feel so lonely.

 해석 ______________________________

2. If we hadn't sold our house, we wouldn't have to sit in a rental house now.

해석 ______________________________

DAY 189 if를 생략하는 가정법

가정법에서 if를 생략하는 경우가 있습니다. 이때는 문장의 순서에 변화가 일어납니다.

if의 생략

1. If it were not for~: ~이 없다면 (현재)
→ (if 생략) Were it not for~
If it were not for your advice, I would fail.
= Were it not for your advice, I would fail. 너의 충고가 없으면, 나는 실패할 거야.

2. If it had not been for~: ~이 없었더라면 (과거)
→ (if 생략) Had it not been for~
If it had not been for my son, I wouldn't have been happy.
= Had it not been for my son, I wouldn't have been happy.
나의 아들이 없었다면, 나는 행복하지 않았을 것이다.

If I were the President, I would lower taxes.
= Were I the president, I would lower taxes. 내가 대통령이라면, 나는 세금을 낮출 것이다.
If I were a carpenter, I would build my own house.
= Were I a carpenter, I would build my own house. 내가 목수라면, 나는 내 자신의 집을 지을 텐데.

Q 다음 밑줄 친 부분을 if를 생략하고 다시 쓰세요.

1. If I were you, I wouldn't get involved.
→ ______________________________
2. If I had known, I would have said something.
→ ______________________________
3. If you should see him again, walk the other way!
→ ______________________________

DAY 190 I wish

가정법과 I wish를 합치면 소망을 표현하는 문장을 만들 수 있습니다.

I wish 가정법

1. I wish + 주어 + would (미래에 바라는 내용)
동사 과거 (현재에 대한 바람)
could 동사원형 (현재에 대한 바람)

I wish I were rich. **내가 부자라면 좋을 텐데.**

I wish I had more time. **시간이 더 많으면 좋을 텐데.**

I wish I could remember why. **내가 이유를 기억할 수 있으면 좋을 텐데.**

I wish that the neighbors would be quiet. **나의 이웃들이 조용히 하면 좋을 텐데.**

2. I wish + 주어 + had p.p. (과거에 대한 바람)
could have p.p.(과거에 대한 바람)

I wish I had been rich. **내가 부자였다면 좋았을 텐데.**

I wish you had called me. **네가 나한테 전화를 했더라면 좋았을 텐데.**

I wish that I had studied harder at school. **학창 시절에 더 열심히 공부했더라면 좋았을 텐데.**

I wish that I hadn't eaten so much yesterday. **어제 그렇게 많이 안 먹었으면 좋았을 텐데.**

오늘의 영화

I wish I knew how to describe it to you. [그린북]

그것을 너에게 어떻게 묘사할지 알면 좋을 텐데.

Q 다음 문장을 해석하세요.

1. I wish that I had a big house.

해석 ______________________

2. I wish that you lived close by.

해석 ______________________

3. I wish that I could drive.

해석 ______________________

4. I wished that the train had been on time.

해석 ______________________

DAY 191 as if

as if를 이용한 가정법 문장도 빈번히 사용됩니다. as if는 '마치 ~인 것처럼'이라는 의미입니다.

as if 가정법

1. as if + 가정법 과거: 가정하는 내용이 주절과 동일 시점

He talks as if he were rich. **그는 자신이 부자인 것처럼(현재) 말한다.(현재)**

He talked as if he were rich. **그는 자신이 부자였던 것처럼(과거) 말했다.(과거)**

2. as if + 가정법 과거완료: 가정하는 내용이 주절보다 하나 더 과거 시점

He talks as if he had been rich. **그는 자신이 부자였던 것처럼(과거) 말한다.(현재)**

He talked as if he had been rich. **그는 자신이 부자였던 것처럼(과거) 말했다.(과거)**

He looked as if he knew the answer. **그는 정답을 아는 것처럼 보였다.**

He seems as if he hadn't slept for days. **그는 며칠을 안 잔 것처럼 보인다.**

He treats me as if I were his sister. **그는 내가 그의 여동생인 것처럼 나를 대한다.**

 **다음 문장을 해석하세요.**

1. She felt as if all her worries had gone.

 해석 ______________________________

2. He looks as if he had not slept for days.

해석 ______________________________

DAY 192 도치

영어에서 도치는 문장 뒤에 있던 성분이 주로 강조를 위해서 앞으로 나오면서 원래 문장의 '주어-동사'의 순서가 '동사-주어'의 순서로 바뀌는 것을 말합니다.

도치 구문의 형태

(강조된 성분) + be동사 + 주어
+ 조동사 + 주어 + 동사원형
+ has/have/had + 주어 + p.p.
+ do/does/did + 주어 + 동사원형

대표적인 도치 구문

1. 부정어구 + 동사 + 주어
(no, not, never, only, little, hardly, seldom, scarcely, not only, not until, no sooner)
Not a single word **did he say. 그는 한마디도 하지 않았다.**

2. Only 부사(구/절) + 동사 + 주어
Only with great difficulty **can she carry these books.**
큰 어려움과 함께 그녀는 이 책들을 옮길 수 있다. (책 옮기기가 어렵다.)

3. 장소, 방향의 부사구 + 자동사 + 주어
At our feet **lies the valley. 우리의 발에 계곡이 놓여 있다.**

Q 다음 문장을 해석하세요.
Little did they know about me.
해석 ______________________________

DAY 193

동사의 강조

동사를 강조하는 do

조동사 do를 이용해서 동사를 강조할 수 있습니다. 이때 조동사는 do/does/did 중에서 주어와 시제에 맞추어서 적절하게 사용해야 합니다.

- 동사를 강조하기 위해서 조동사 do, does, did를 사용
- 'do, does, did + 동사원형'의 형태로 사용
- 주어의 인칭과 시제에 맞추어 강조의 조동사를 선택

I went swimming last weekend. 나는 지난 주말에 수영하러 갔다.
[강조] I did go swimming last weekend.

He studies English very hard. 그는 영어를 매우 열심히 공부한다.
[강조] He does study English very hard.

You do look nice in that hat. 너 그 모자 쓰니까 정말 멋져 보인다.
I did tell you about the problems. 나는 그 문제에 대해서 너에게 분명 말했다.
He does have a plan. 그는 분명 계획을 가지고 있다.
We do have opinions. 우리는 분명 의견을 가지고 있다.

Q 다음 괄호 안의 동사를 강조하는 문장을 쓰세요.

1. Amy [looks] like her mother.

→

2. I [attended] the meeting last week.

→

3. He [has] symptoms like a loss of appetite.

→

DAY 194 it-that 강조

강조 구문은 이름 그대로 특정한 내용을 강조하기 위해서 특별한 문법을 사용하는 겁니다. it-that 사이에 강조하고 싶은 성분을 집어넣으면 됩니다. 그리고 문장의 나머지 내용들은 차례대로 that 다음에 나열하면 됩니다.

it-that 강조 구문

I saw Sarah at school. 나는 학교에서 Sarah를 봤다.

이 문장에서 다양한 내용을 강조해보겠습니다. 강조하고 싶은 말을 it-that 사이에 집어넣고, 나머지 부분들은 that 이하에 차례대로 적습니다.

It was I that saw Sarah at school. (Sarah를 학교에서 본 사람은 바로 '나'였다.)
It was Sarah that I saw at school. (내가 학교에서 본 사람은 바로 'Sarah'였다.)
It was at school that I saw Sarah. (내가 Sarah를 본 장소는 바로 '학교'였다.)

다양한 강조 패턴

강조 구문에는 that 말고도 강조되는 말의 성격에 따라서 다양한 패턴을 이용할 수 있습니다.

it is 사람 who
it is 사물 which
it is 시간, 때 when
it is 장소 where

Q 다음 중 어법상 어색한 문장을 고르세요.

① It was Bill that made this cake.
② It is happiness that we all seek.
③ It is money that John needs.
④ It was yesterday that Ann had a car accident.
⑤ It was bought that John this book yesterday.

DAY 195 직접화법 vs. 간접화법

화법이란 A가 B에게 말을 전달하는 방식을 말합니다. 크게 2가지 화법이 있습니다.

직접화법(Directed Speech)

- A가 한 말을 그대로 전달하는 방법을 말합니다.
- 큰 따옴표를 이용해서 상대방이 한 말을 그대로 옮깁니다.

My mom said, "I'll buy you a bike." **엄마는 "너에게 자전거를 사줄게"라고 말하셨다.**

간접화법(Reported Speech)

- A와 B의 대화 내용을 C에게 알려줄 때
- 큰 따옴표가 없고 하나의 문장으로 전달합니다.

My mom told me that she would buy me a bike.

엄마는 나에게 자전거를 사주실 거라고 말씀하셨다.

직접화법→간접화법 변환 시 바뀌는 부사구

직접화법	간접화법	직접화법	간접화법
now	then	tomorrow	the next day the following day
today	that day	ago	before
tonight	that night	next	the following
yesterday	the day before the previous day	last	the previous
here	there	this(these)	that(those)

Q 다음 문장은 직접화법인가요, 간접화법인가요? 알맞은 것을 고르세요.

1. He said, "I'll go to Jeju Island tomorrow." [직접화법 / 간접화법]
2. She told me that she liked ice cream. [직접화법 / 간접화법]

DAY 196

평서문의 화법 전환

평서문은 마침표로 끝나는 가장 기본적인 문장을 말합니다.

평서문의 화법 전환

아래 직접화법으로 적힌 문장을 간접화법으로 바꾸어보겠습니다.
He said to me, "I have some money today."

1단계〉 say →say, said →said, say to →tell, said to →told로 바꿉니다.
*say는 단순히 말을 하는 것이고, say to는 누군가에게 이야기를 하는 것이기 때문에 tell로 바꿉니다
He told me, "I have some money today."

2단계〉 콤마, 따옴표 없애고 두 문장을 that을 이용해서 연결합니다.
He told me that I have some money today.

3단계〉 that절 안에서 인칭대명사는 전달하는 사람 기준으로 바꿉니다.
He told me that he have some money today.

4단계〉 that절 안의 시제는 문장 전체의 동사에 맞춥니다.
He told me that he had some money today.

5단계〉 지시대명사, 부사구는 전달하는 사람의 입장에 맞게 바꿉니다.
He told me that he had some money that day.

Q 아래 문장을 간접화법으로 바꾸세요.

She said, "I can leave now."

→

DAY 197

의문문의 화법 전환

의문사가 없는 의문문의 화법 전환

She said to me, "Do you like it?"

1단계〉 say, say to →ask로 바꿉니다. 물어보는 내용이기 때문에 ask를 사용해야 합니다.
She asked me, "Do you like it?"

2단계〉 콤마, 따옴표를 삭제하고, if/whether로 문장을 연결합니다. '~인지 아닌지'를 물어보는 문장을 작성하기 때문에 if/whether을 사용합니다.
She asked me if(whether) do you like it.

3단계〉 if/whether 다음에는 '주어+동사'순으로 순서를 바꿉니다. 이때 인칭대명사는 전달하는 사람에게 맞추고, 시제는 문장의 본동사에 맞춥니다.
She asked me if I liked it.

의문사가 있는 의문문의 화법 전환

My mom said to me, "Where are you going?"

1단계〉 say, say to →ask로 바꿉니다.
My mom asked me, "Where are you going?"

2단계〉 콤마, 따옴표를 삭제하고, 의문사로 두 문장을 연결합니다. 이때 순서는 '의문사 + 주어 + 동사'로 바꿉니다. 바꾸면서 인칭대명사, 시제는 아래와 같이 바꿉니다.
My mom asked me where I was going.

Q 아래 문장을 간접화법으로 바꾸세요.

1. He said to me, "Does my sister study hard?"

→

2. He said to me, "What time do you want to go?"

→

DAY 198 명령문의 화법 전환

명령문의 화법 전환

She said to me, "Go home."

1단계〉 said to와 같은 동사는 상황에 따라서 tell, ask, advise, order 중 적절한 것으로 바꿉니다.
She told me, "Go home."

2단계〉 콤마, 따옴표를 없애고, 명령문의 동사는 to부정사로 바꿔서 문장에 합칩니다.
*부정의 명령문일 경우 to부정사 앞에 not, never을 붙여서 부정합니다.
She told me to go home.

He said to me, "Don't waste any money."
→ He told me not to waste any money.
그는 돈을 낭비하지 말라고 말했다.

The doctor said to me, "Don't eat too many sweets."
→ The doctor advised me not to eat too many sweets.
의사는 나에게 단 것을 너무 많이 먹지 말라고 조언했다.

Q 아래 문장을 간접화법으로 바꾸세요.

1. Dad said to me, "Come back by 7."
→

2. My teacher said to me, " Solve the question on the blackboard."
→

DAY 199 부가의문문

부가의문문은 일반 문장 뒷부분에 상대방에게 자신의 생각을 확인하거나, 의견에 동의를 구할 때 사용하며, '그렇지?' 또는 '그렇지 않니?'의 뜻을 가지고 있습니다.

부가의문문 만들기

1. 앞 문장이 긍정문일 때: be/do/조동사의 부정 축약형 + 인칭대명사?

Sam likes Jenny, doesn't he? Sam은 Jenny를 좋아해, 그렇지 않니?

You can go there, can't you? 너는 거기에 갈 수 있어, 그렇지 않니?

2. 앞 문장이 부정문일 때: be/do/조동사의 긍정형 + 인칭대명사?

You didn't like the idea, did you? 너는 그 생각을 좋아하지 않았어, 그렇지?

He shouldn't drive that fast, should he? 그는 그렇게 빨리 운전하면 안 돼, 그렇지?

3. 문장이 Let's로 시작할 때는 shall we를 붙입니다.

Let's go home, shall we? 집에 가자, 그럴래?

4. 문장이 명령문일 때는 will you를 붙입니다.

Don't bother me, will you? 나를 방해하지 마, 그래 줄래?

Q 다음 빈칸에 알맞은 단어를 쓰세요.

1. This soup isn't delicious, __________?
2. The bus isn't coming, __________?
3. You will stay here tonight, ________________?
4. Let's call it a day, __________?

DATE . . . COMPLETE ☐☐

필수영문법

DAY 200 수능빈출어법 – 진짜 동사 ①

필수개념

문장에는 주어와 동사가 한 개씩 있습니다. 문장의 진짜 동사 자리에는 to V, Ving와 같은 형태를 사용할 수 없다는 성격을 이용한 문제가 수능에서 가장 자주 출제됩니다.

해결의 TIP

문장 전체 구조를 파악해서 보기의 자리가 진짜 동사 자리인지 아닌지를 파악해야 합니다.

Q 어법상 알맞은 것을 고르거나, 밑줄 친 표현이 어법상 적절하면 O, 틀리면 X 표시하세요.

1. (A) [Adopt / Adopting] this mind–set, and you will be dead sooner and the quality of that life will be worse. [2018 3월 고3]

2. An individual neuron ③ <u>sends</u> a signal in the brain uses as much energy as a leg muscle cell running a marathon. [2019 10월 고3] [O / X]

3. Thus, the use of vibrations in communication ③ <u>depending</u> on the ability of the sender to make a substance vibrate. [2016 7월 고3] [O / X]

4. Those who give small amounts to many charities are not so interested in whether what they are ③ <u>doing</u> helps others. [2018 수능] [O / X]

5. Unfortunately, most of the productivity measurement schemes I have encountered ⑤ <u>measuring</u> effort or apparent activity. [2014 3월 고3] [O / X]

voca

1. adopt 채택하다, **mind–set** 사고방식
2. individual 개별적인, **signal** 신호
3. vibration 진동, **substance** 물질
4. charity 자선단체
5. productivity 생산성, **measurement** 측정, **scheme** 계획, 제도

DAY 201 수능빈출어법 – 진짜 동사 ②

Q 어법상 알맞은 것을 고르거나, 밑줄 친 표현이 어법상 적절하면 O, 틀리면 X 표시하세요.

1. During its first half century, games were not played at night, which meant that baseball games, like the traditional work day, (C) [ending / ended] when the sun set. [2016 9월 고3]

2. A measurement system is objective to the extent that two observers (A) [evaluate / evaluating] the same performance arrive at the same (or very similar) measurements. [2014 9월 고3]

3. To make the choice to express a feeling by carving a specific form from a rock, without the use of high technology or colors, ③ <u>restricting</u> the artist significantly. [2015 6월 고3] [O / X]

4. But what people don't know is that the carbon dioxide level some 80 million years ago — back when our mammalian ancestors were evolving — ③ <u>to be</u> at least 1,000 parts per million. [2014 7월 고3] [O / X]

5. Letters were normally carried overland, but a system of transporting letters and newspapers, as well as people, by canal boat ② <u>developed</u> in the Dutch Republic in the seventeenth century. [2017 4월 고3] [O / X]

voca

1. **century** 세기
2. **objective** 객관적인, **to the extent that** ~하는 한
3. **carve** 조각하다, **restrict** 제약하다
4. **carbon dioxide** 이산화탄소, **mammalian ancestors** 포유류 조상들
5. **overland** 육로의, **transport** 운송하다

DATE . . . COMPLETE □□

필수영문법

DAY 202 수능빈출어법 - 수 일치 ①

필수개념

문장에서는 주어에 맞는 동사를 사용해야 합니다. 주어가 He이면 have가 아닌 has를 사용해야 하죠. 간단한 원리같이 보이지만, 실제 문제에서는 문장이 길고 복잡하기 때문에 주어와 동사를 찾아서 연결하는 것이 어렵습니다.

해결의 TIP

보기의 자리가 진짜 동사 자리라면, 문장의 주어를 찾아서 연결합니다. 주어와 동사의 수 일치를 살펴서 문제를 해결합니다.

Q 어법상 알맞은 것을 고르거나, 밑줄 친 표현이 어법상 적절하면 O, 틀리면 X 표시하세요.

1. In fact, it might actually be people's beliefs in the power of hypnosis that ③ <u>leads</u> them to recall more things. [2019 7월 고3] [O / X]

2. Those who made to-do lists before bed ③ <u>were</u> able to fall asleep nine minutes faster than those who wrote about past events. [2019 3월 고3] [O / X]

3. For example, the only difference between grapes and raisins (B) [is / are] that grapes have about 6 times as much water in them. [2016 3월 고3]

4. This, in addition to other methods that decrease the overall amount of uneaten food, ⑤ <u>has</u> helped aquaculture to clean up its act. [2015 수능] [O / X]

5. There is a deep cavern on the island, containing the bones and arms of the Indians, who, it is supposed, (B) [was / were] buried there. [2012 6월 고3]

voca

1. beliefs 믿음, **hypnosis** 최면
2. fall asleep 잠들다
3. raisin 건포도
4. aquaculture 수산양식
5. cavern 동굴, **bury** 묻다

DAY 203

수능빈출어법 – 수 일치 ②

Q 밑줄 친 표현이 어법상 적절하면 O, 틀리면 X 표시하세요. 1. Adapting novels ① <u>is</u> one of the most respectable of movie projects, while a book that calls itself the novelization of a film is considered barbarous. [2013 수능] [O / X]

2. It was only in 1837, with the invention of the electric telegraph, that the traditional link between transport and the communication of messages ⑤ <u>were</u> broken. [2017 4월 고3] [O / X]

3. So now the prospect of medical decisions ⑤ <u>has</u> become everyone's worst nightmare of a term paper assignment, with stakes infinitely higher than a grade in a course. [2018 7월 고3] [O / X]

4. That's because the amount of carbon dioxide in the atmosphere ② <u>has</u> increased substantially over the past one hundred years, from about 280 parts per million to 380. [2014 7월 고3] [O / X]

5. Restraint in speech was valued by these students and their families, whereas speaking in class ⑤ <u>is</u> taken as intellectual engagement and meaning-making in U.S. classrooms. [2012 7월 고3] [O / X]

voca

1. **adapt** 각색하다, **respectable** 훌륭한
2. **electric telegraph** 전기 전신
3. **nightmare** 악몽, **stake** 걸려 있는 것
4. **atmosphere** 대기, **substantially** 상당히
5. **restraint** 제약, **engagement** 참여

DAY 204 수능빈출어법 – 형용사, 부사 ①

필수개념

형용사와 부사는 문법 문제에서 자주 비교됩니다. 형용사는 명사 수식, 보어 역할을 하고, 부사는 그런 역할을 하지 못하고 명사를 제외한 형용사, 부사, 동사, 문장 등을 수식하는 역할을 합니다.

해결의 TIP

보기가 형용사, 부사이면 그 자리가 형용사, 부사 중 어떤 역할을 하고 있는지를 살펴야 합니다.

Q 밑줄 친 표현이 어법상 적절하면 O, 틀리면 X 표시하세요.

1. It is no accident that fish have bodies which are streamlined and ② smooth, with fins and a powerful tail. [2016 6월 고3] [O / X]

2. This data can often be of dubious reliability; it can be false; or it can be true but deeply ④ humiliated. [2018 10월 고3] [O / X]

3. The average speed of the boats was a little over four miles an hour, ③ slow compared to a rider on horseback. [2017 4월 고3] [O / X]

4. Rather, the individual fish or bird is reacting ② almost instantly to the movements of its neighbors in the school or flock. [2012 6월 고3] [O / X]

5. Given that music appears to enhance physical and mental skills, are there circumstances where music is ① damaging to performance? [2013 6월 고3] [O / X]

voca

1. **streamlined** 유선형의, **smooth** 매끄러운
2. **dubious** 의심스러운
3. **average** 평균적인
4. **react** 반응하다, **instantly** 즉시
5. **given that** ~을 감안하면, **circumstance** 상황

DAY 205 수능빈출어법 – 형용사, 부사 ②

Q 어법상 알맞은 것을 고르거나, 밑줄 친 표현이 어법상 적절하면 O, 틀리면 X 표시하세요.

1. In some communities, music and performance have successfully transformed whole neighborhoods as ① profoundly as The Guggenheim Museum did in Bilbao. [2014 4월 고3] [O / X]

2. The negative impact on local wildlife inhabiting areas ② close to the fish farms continues to be an ongoing public relations problem for the industry. [2015 수능] [O / X]

3. In both cases the focus is ③ exclusively on the object, with no attention paid to the possibility that some force outside the object might be relevant. [2016 수능] [O / X]

4. At well-established campsites, however, a big group need not be a problem, as long as activities are ⑤ confined within the boundaries of the existing site. [2014 10월 고3] [O / X]

5. If you push yourself to dream more expansively and to make your goals at least a step beyond what makes you (C) [comfortable / comfortably], you will be forced to grow. [2013 4월 고3]

voca

1. **community** 지역사회, **transform** 바꾸다
2. **negative** 부정적인, **impact** 영향
3. **exclusively** 오로지, **relevant** 관련 있는
4. **well-established** 정착된, **confine** 한정하다
5. **expansively** 확장적으로

DAY 206

수능빈출어법 – 수동태

필수개념

동사의 수동태 형태는 어법 문제에서 능동태 형태와 비교됩니다.

해결의 TIP

보기가 동사의 수동태 형태라면, 해당 부분이 능동태가 아닌지를 고민해야 합니다. 보통의 경우, 뒤에 명사가 나오면 목적어 역할을 하기 때문에 능동태를 사용해야 합니다.

Q 어법상 알맞은 것을 고르거나, 밑줄 친 표현이 어법상 적절하면 O, 틀리면 X 표시하세요.

1. In addition, pets are ③ <u>used</u> to great advantage with the institutionalized aged. [2017 수능] [O / X]

2. The extent to which biological clues are ④ <u>finding</u> varies from animal to animal and from activity to activity. [2016 6월 고3] [O / X]

3. If a colleague around you doesn't understand your idea, or its potential, you are ② <u>being given</u> an important message. [2013 6월 고3] [O / X]

4. Advertising dollars have simply been (C) [followed / following] the migration trail across to these new technologies. [2013 수능]

5. This is a key point, because it suggests that the standard you may be struggling to (B) [meet / be met] may not actually be your own. [2016 10월 고3]

voca

1. **to great advantage** 매우 유익하게, **institutionalized** 시설에 수용된
2. **extent** 정도
3. **colleague** 동료, **potential** 가능성
4. **migration** 이동, **trail** 경로
5. **struggle** 투쟁하다, 노력하다

DAY 207 수능빈출어법 – 병렬

필수개념

건전지의 병렬 연결처럼 문장 안에서 대등한 성분들이 병렬 관계로 연결되어 있는 경우가 있습니다. 이때 병렬 관계인 성분들의 형태가 동일해야 합니다.

해결의 TIP

보기 왼쪽에 and, or이 보인다면 병렬 문제입니다. 문장 전체 구조를 파악해서, 어떤 성분과 병렬 관계인지를 파악해서 형태를 동일하게 맞춰 줘야 합니다.

어법상 알맞은 것을 고르거나, 밑줄 친 표현이 어법상 적절하면 O, 틀리면 X 표시하세요.

1. He can take what's offered or ④ refused to take anything. [2018 6월 고3] [O / X]

2. Get rid of your belongings and (B) [buy / buying] the condominium. [2013 9월 고3]

3. It's not just a matter of listening to your doctor lay out the options and ④ making a choice. [2018 7월 고3] [O / X]

4. For example, we might hear a song on the radio for the first time that catches our interest and ② decide we like it. [2019 6월 고3] [O / X]

5. A stylist can just do the cut, take the money and (A) [tell / telling] the customer that she got exactly what she wanted. [2013 3월 고3]

voca

1. **offer** 제공하다, **refuse** 거절하다
2. **get rid of** 처분하다, **belonging** 소유물
3. **lay out** 제시하다
4. **interest** 흥미
5. **customer** 고객

DAY 208 수능빈출어법 – 대명사, 대동사 ①

필수개념

대명사는 명사를, 대동사는 동사를 대신합니다. 대명사, 대동사 문제는 가리키는 원래 대상을 찾아서 문제를 해결해야 합니다.

해결의 TIP

대명사, 대동사가 보기라면, 앞에서 무엇을 가리키는지를 찾아야 합니다. 대명사는 단수, 복수를 파악해야 하고, 대동사는 be동사, 일반동사 여부를 파악해서 알맞은 형태를 사용해야 합니다.

Q 밑줄 친 표현이 어법상 적절하면 O, 틀리면 X 표시하세요.

1. These contacts normally were not only violent but brief, and ② <u>they</u> occurred only occasionally. [2017 7월 고3] [O / X]

2. Knowing that they are giving makes ④ <u>them</u> feel good, regardless of the impact of their donation. [2018 수능] [O / X]

3. Never before and never since has the quality of monumentality been achieved as fully as it ② <u>did</u> in Egypt. [2018 수능] [O / X]

4. In other words, it feels as though time flows, in the sense that the present is constantly updating ② <u>itself</u>. [2019 4월 고3] [O / X]

5. The brain' s running costs are about eight to ten times as high, per unit mass, as ① <u>those</u> of the body' s muscles. [2019 10월 고3] [O / X]

voca

1. **contact** 접촉, **brief** 짧은
2. **regardless of** ~와 관계없이
3. **monumentality** 기념비성
4. **constantly** 지속적으로
5. **running cost** 유지비용

DAY 209 수능빈출어법 – 대명사, 대동사 ②

Q 어법상 알맞은 것을 고르거나, 밑줄 친 표현이 어법상 적절하면 O, 틀리면 X 표시하세요.

1. Similarly, if you found a dead bird or mosquito, you could guess by looking at ③ its wings that flying was its normal mode of transport. [2016 6월 고3] [O / X]

2. Sadly, human beings are in fact the only species that will deliberately deprive (B) [them / themselves] of sleep without legitimate gain. [2018 3월 고3]

3. People under hypnosis generate more "memories" than they ② do in a normal state, but these recollections are as likely to be false as true. [2019 7월 고3] [O / X]

4. Both major breakthroughs, like understanding the genetic structure of life, and smaller ② ones, such as advances in mathematics or basic chemistry.
[2012 9월 고3] [O / X]

5. Adrian Hewitt became a celebrity in the small world of local council planning, and Merton council started winning awards for ⑤ its environmental leadership.
[2013 3월 고3] [O / X]

voca

1. **mosquito** 모기
2. **species** 종, **deliberately** 의도적으로
3. **generate** 생성하다, **recollection** 기억
4. **breakthrough** 중대한 발견, **advance** 진보
5. **celebrity** 유명 인사, **council** 의회

DAY 210 수능빈출어법 – 부정사, 동명사 ①

필수개념

부정사, 동명사는 문법 문제에 자주 출제됩니다. 기본적으로 해당 문법들에 대한 지식을 갖추고 있어야 하고, 다양한 기출 문제를 풀면서 기출 포인트를 익혀야 합니다.

해결의 TIP

to부정사, 동명사가 보기라면 상당히 다양한 문법 포인트에서 문제가 출제될 수 있습니다. 기출 문제들을 풀면서 기출 어법 포인트를 익혀야 합니다.

Q 어법상 알맞은 것을 고르거나, 밑줄 친 표현이 어법상 적절하면 O, 틀리면 X 표시하세요.

1. If you want to suck the liquid out of the inner parts of the phone, try ① using a vacuum cleaner. [2012 10월 고3] [O / X]

2. (C) [Live / Living] your life in pursuit of someone else's expectations is a difficult way to live. [2016 10월 고3]

3. The best way, of course, is ⑤ to bring your phone to the customer service center as soon as possible. [2012 10월 고3] [O / X]

4. "Monumental" is a word that comes very close to ① expressing the basic characteristic of Egyptian art. [2018 수능] [O / X]

5. In professional sports these days, it is not unusual ① to hear players and coaches talking about process. [2015 10월 고3] [O / X]

voca

1. **suck** 빨아내다, **liquid** 액체
2. **pursuit** 추구
3. **customer service center** 고객 서비스 센터
4. **characteristic** 특징
5. **unusual** 특이한

DAY 211 수능빈출어법 – 부정사, 동명사 ②

Q 밑줄 친 표현이 어법상 적절하면 O, 틀리면 X 표시하세요.

1. Because of this, large animals such as elephants are more likely than small animals ④ <u>to use</u> vibrations in the soil for communication. [2016 7월 고3] [O / X]

2. What they mean by focusing on the process is that they focus on the actions they need to ③ <u>be taken</u> in order to achieve their desired result. [2015 10월 고3] [O / X]

3. People no longer have to spend most of their time and energy ④ <u>gathering</u> berries and seeds and hoping that a hunting party will return with meat. [2013 10월 고3] [O / X]

4. For example, when the body mobilizes ③ <u>to fight</u> off infectious agents, it generates a burst of free radicals to destroy the invaders very efficiently. [2014 수능] [O / X]

5. But ④ <u>filming</u> plays did not encourage the evolution of what truly was distinctive about a movie: the intervention of the camera — its mobility of vision. [2013 수능] [O / X]

voca

1. **soil** 흙
2. **process** 과정, **desired** 바라는
3. **hunting party** 사냥나간 무리
4. **mobilize** 동원되다, **infectious agent** 감염원, **free radical** 활성산소
5. **encourage** 조장하다, **distinctive** 독특한, **intervention** 개입

DATE . . . COMPLETE □□

DAY 212 수능빈출어법 - 분사, 분사구문 ①

필수영문법

필수개념

분사는 현재분사, 과거분사를 구분하는 것이 핵심입니다. 분사구문도 현재분사, 과거분사 중 어느 것을 사용할지가 핵심 출제 포인트입니다.

해결의 TIP

현재분사가 보기라면 과거분사를, 과거분사가 보기라면 현재분사를 의심해봐야 합니다. 현재분사는 능동, 진행의 의미, 과거분사는 수동, 완료의 의미입니다. 해당 의미에 맞게 제대로 쓰였는지를 확인하세요.

Q 어법상 알맞은 것을 고르거나, 밑줄 친 표현이 어법상 적절하면 O, 틀리면 X 표시하세요.

1. In most wilderness, the majority of groups ① <u>visiting</u> the area are small — usually between two and four people. [2014 10월 고3] [O / X]

2. Adolescents have been quick to immerse themselves in technology with most ① <u>using</u> the Internet to communicate. [2015 9월 고3] [O / X]

3. People pay attention to information that supports their viewpoints, while ③ <u>ignoring</u> evidence to the contrary. [2016 4월 고3] [O / X]

4. The information ⑤ <u>presented</u> often takes the form of Frequently Asked Questions, fact sheets and suggested links. [2015 9월 고3] [O / X]

5. You'll get a great feeling (C) [known / knowing] you're helping support the formation of future leaders in the profession. [2012 9월 고3]

voca

1. wilderness 황무지
2. adolescent 청소년, **immerse** 몰두하다
3. viewpoint 견해, **ignore** 무시하다, **evidence** 증거
4. fact sheet 자료표
5. formation 형성, 양성

DAY 213 수능빈출어법 - 분사, 분사구문 ②

Q 어법상 알맞은 것을 고르거나, 밑줄 친 표현이 어법상 적절하면 O, 틀리면 X 표시하세요.

1. Remove all residual moisture by drawing it away, with a vacuum cleaner ② <u>holding</u> over the affected areas for up to twenty minutes. [2012 10월 고3] [O / X]

2. A similar phenomenon takes place when we watch someone (B) [experiencing / experienced] an emotion and feel the same emotion in response. [2012 7월 고3]

3. Because individuals can see, or sense, the wave ④ <u>coming</u> toward them, they are ready to react more quickly than they would without such advance notice. [2012 6월 고3] [O / X]

4. Regardless of the type of information ③ <u>disclosed</u>, clients must be certain that it will not be used against them in a court of law, by the authorities or by any other party. [2017 10월 고3] [O / X]

5. We will be forced to live with a detailed record ③ <u>beginning</u> with childhood that will stay with us for life wherever we go, searchable and accessible from anywhere in the world. [2018 10월 고3] [O / X]

voca

1. **remove** 제거하다, **residual** 남은
2. **phenomenon** 현상
3. **advance notice** 사전 감지
4. **disclose** 털어놓다, **client** 의뢰인
5. **childhood** 어린 시절, **accessible** 접근할 수 있는

DAY 214 수능빈출어법 – 관계사, 의문사, 접속사 ①

필수개념

관계사는 가장 어려운 문법입니다. 기본적으로 완전, 불완전의 개념을 익혀야 합니다.

해결의 TIP

완전, 불완전의 개념을 익혀서 관계사, 의문사, 접속사 다음에 완전/불완전 중 어떤 문장이 와야 하는지를 판별해서 문제를 해결해야 합니다.

1. 완전한 문장
- 1~5형식까지의 문장
- 4, 5형식을 제외한 수동태 문장

2. 불완전한 문장
- 주어/목적어/보어/전치사의 목적어가 없는 문장

Q 어법상 알맞은 것을 고르거나, 밑줄 친 표현이 어법상 적절하면 O, 틀리면 X 표시하세요.

1. The notion ⑤ <u>that</u> events always occur in a field of forces would have been completely intuitive to the Chinese. [2016 수능] [O / X]

2. The reason for the observation is (B) [that / what] in the past, making uniformly flat glass was almost impossible. [2012 3월 고3]

3. In Candeal, ② <u>where</u> Brown was born, local kids were encouraged to join drum groups, sing, and stage performances. [2014 4월 고3] [O / X]

voca

1. notion 개념, **intutive** 직관적인

2, observation 관찰

3. stage 무대에 올리다

DAY 215 수능빈출어법 – 관계사, 의문사, 접속사 ②

Q 어법상 알맞은 것을 고르거나, 밑줄 친 표현이 어법상 적절하면 O, 틀리면 X 표시하세요.

1. ⑤ That appears to us as simultaneous is actually a kind of "follow your neighbor" behavior moving faster than the eye can see. [2012 6월 고3] [O / X]

2. One domain ② which this is of considerable significance is music's potentially damaging effects on the ability to drive safely. [2013 6월 고3] [O / X]

3. Humans are so averse to feeling that they're being cheated ① that they often respond in ways that seemingly make little sense. [2018 6월 고3] [O / X]

4. Confirmation bias is not the same as being stubborn, and is not constrained to issues ④ about which people have strong opinions. [2016 4월 고3] [O / X]

5. When Einstein was ten, his family enrolled him in the Luitpold Gymnasium, (B) [there / where] he developed a suspicion of authority. [2012 10월 고3]

6. In addition, the speed ⑤ at which sound travels depends on the density of the medium which it is traveling through. [2016 7월 고3] [O / X]

7. On each of those little grooves you can see, there are dozens more (B) [that / what] are not visible to the naked eye. [2013 7월 고3]

voca

1. **simultaneous** 동시에 일어나는, **behavior** 행동
2. **considerable** 상당한, **significance** 중요성
3. **averse** 혐오하는, **respond** 반응하다
4. **confirmation bias** 확증 편향, **stubborn** 고집 있는
5. **enroll in** 등록시키다, **suspicion** 의심
6. **depend on** 달려 있다, **medium** 매질
7. **groove** 주름, **visible** 눈에 보이는

DAY 216 수능빈출어법 – 도치, 강조, 기타 ①

필수영문법

필수개념

도치는 주어와 동사의 위치가 바뀐 것을 말합니다. 동사를 강조할 때는 조동사 do/does/did 중 적절한 하나를 사용합니다. 그 외 다양한 문법들을 만나보세요.

해결의 TIP

기출을 해결하면서 문법 문제에 활용되는 문법들을 익히세요.

Q 어법상 알맞은 것을 고르거나, 밑줄 친 표현이 어법상 적절하면 O, 틀리면 X 표시하세요.

1. The present moment does not exist in them, and therefore neither ⑤ <u>does</u> the flow of time. [2019 4월 고3] [O / X]

2. In fact, humans who do not have numbers have no choice but ① <u>to see</u> the world in this way. [2018 4월 고3] [O / X]

3. But it is not (A) [why / because] they have great suction — as a matter of fact, they are not really using suction at all. [2013 7월 고3] [O / X]

4. When children are young, much of the work is demonstrating to them that they ① <u>do</u> have control. [2020 3월 고3] [O / X]

5. His habit of skepticism made (C) [him / it] easy to question many long-standing scientific assumptions. [2012 10월 고3] [O / X]

voca

1. exist 존재하다, **flow** 흐름
2. have no choice but to ~할 수밖에 없다
3. suction 흡착력
4. demonstrate 보여주다
5. skepticism 회의론, **long-standing** 오래 지속되는

DAY 217 수능빈출어법 – 도치, 강조, 기타 ②

Q 밑줄 친 표현이 어법상 적절하면 O, 틀리면 X 표시하세요.

1. Interestingly enough, many of the technological advances in bread making have sparked a reaction among bakers and consumers ③ alike. [2014 6월 고3] [O / X]

2. So not only ⑤ is carbon dioxide plainly not poisonous, but changes in carbon dioxide levels don't necessarily mirror human activity. [2014 7월 고3] [O / X]

3. If you've ever gone snorkeling, you may ① have seen an amazing sight: an entire school of fish suddenly changes direction as one unit. [2012 6월 고3] [O / X]

4. We might find ⑤ it harder to engage in self-exploration if every false step and foolish act is preserved forever in a permanent record. [2018 10월 고3] [O / X]

5. A serve is a complex maneuver with many different components, but ③ the better we become at it, the less we think of each individual step. [2012 4월 고3] [O / X]

voca

1. **technological advance** 기술적 발전, **spark** 촉발하다
2. **poisonous** 독성 있는, **mirror** 반영하다
3. **sight** 장면, **school** (물고기)떼
4. **engage in** 참여하다, 관여하다, **self-exploration** 자기 탐색
5. **maneuver** 기술, **component** 구성 요소

영어를 잘하기 위해서는 문법과 단어의 기초를 쌓아야 합니다. 단어 중에서도 문장 해석의 핵심이 되는 것은 동사입니다. 동사에 따라서 문장의 주제, 성격이 결정되기 때문입니다. 오늘부터 중등에서 고등까지 필요한 동사 1200개를 공부합니다. 단어를 공부할 때 지켜야 할 원칙은 다음의 2가지입니다.

1. 예문과 함께 익힌다.
단어의 한글 의미만 공부하는 것은 의미가 없습니다. 단어는 철저하게 '기억'을 해야 합니다. 기억을 하기 위해서는 의미 있게 외워야 합니다. 단순하게 반복하면서 머리에 집어넣으면 시간이 조금만 지나면 외운 내용을 거의 모두 잊어버립니다. 따라서 단어를 의미 있게 기억하기 위해서는 예문과 함께 공부해야 합니다. 단어가 어떻게 활용되는지를 살펴보면 훨씬 더 재미있게 공부할 수 있고, 기억도 오래 지속됩니다. 이 책에서는 단어와 잘 어울려 쓰이는 표현들을 실었습니다. 단어를 반드시 표현 속에서 기억해주세요.

2. 시험을 보면 기억이 오래 간다.
공부와 기억에 대한 흥미로운 연구 결과가 있습니다. 무언가를 암기하기 위한 가장 효과적인 방법 중 하나가 바로 '시험'이라는 겁니다. 영단어를 암기하기 위해서는 간단하게 스스로 시험을 보면 좋습니다. 단어의 의미를 스스로 먼저 생각해보고, 배운 단어와 활용된 표현의 의미를 시험 보는 것을 통해서 훨씬 더 단어를 오래 기억할 수 있습니다. 이 책에서는 그런 시험이 가능하도록 내용을 구성했습니다. 다소 귀찮을 수 있지만, 간단하게 시험을 보면서 단어를 더 의미 있게 기억해주세요.

공부의 원리는 생각보다 간단합니다. 편하게 공부하면 남들보다 나아질 수 없습니다. 남들보다 조금 더 귀찮게, 불편하게 공부하면 앞서갈 수 있습니다.

PART

2

필수동사 1200

DAY 218 필수동사 1200

다음 단어와 뜻을 공부하세요.

1	accept	(기꺼이) 받아들이다	11	affect	영향을 미치다
2	accomplish	완수하다, 성취하다	12	agree	동의하다
3	achieve	달성하다, 성취하다	13	aid	돕다
4	acknowledge	인정하다	14	aim	목표하다, 겨누다
5	act	행동하다	15	allow	허락(허용)하다, 용납하다
6	adapt	맞추다, 조정하다	16	alter	변하다, 바꾸다
7	add	첨가하다, 추가하다	17	amaze	놀라게 하다
8	adopt	입양하다, 채택하다	18	amuse	즐겁게 하다
9	advertise	광고하다	19	analyze	분석하다, 분석적으로 검토하다
10	advise	조언하다, 충고하다	20	announce	발표하다, 알리다

위의 단어와 뜻을 가리고, 아래 표현의 뜻을 써보세요.

1	accept the proposal	
2	accomplish the mission	
3	achieve the goal	
4	acknowledge my mistake	
5	act quickly	
6	adapt to the new school	
7	add the number	
8	adopt an idea	
9	advertise the product	
10	advise her to get up early	
11	affect the environment	
12	agree with his idea	
13	aid digestion	
14	aim for success	
15	allow smoking	
16	alter the plan	
17	amaze people	
18	amuse the crowd	
19	analyze the data	
20	announce the winner	

DAY 219 필수동사 1200

다음 단어와 뜻을 공부하세요.

21	annoy	짜증나게 하다	31	astonish	깜짝 놀라게 하다
22	answer	대답하다, 대응하다	32	attach	붙이다, 첨부하다
23	appear	~인 것 같다, 나타나다	33	attack	공격하다
24	apply	신청하다, 지원하다	34	attend	참석하다
25	appreciate	인정하다, 고마워하다	35	attract	마음을 끌다, 끌어들이다
26	approach	다가가다, 접촉하다	36	avoid	피하다, 막다
27	arrange	처리(주선)하다, 정하다	37	await	기다리다
28	arrest	체포하다, 막다	38	award	수여하다
29	arrive	도착하다	39	bang	쾅(탕)하고 치다
30	assist	돕다	40	bark	짖다

위의 단어와 뜻을 가리고, 아래 표현의 뜻을 써보세요.

21	annoy my sister	
22	answer my question	
23	suddenly appear	
24	apply for a job	
25	appreciate your help	
26	approach from behind	
27	arrange a meeting	
28	arrest the killer	
29	arrive at the airport	
30	assist people in need	
31	astonish the world	
32	attach a photo	
33	attack the town	
34	attend the class	
35	attract the audience	
36	avoid traffic jams	
37	await your call	
38	be awarded the first prize	
39	bang my fist	
40	bark excessively	

DAY 220 필수동사 1200

다음 단어와 뜻을 공부하세요.

41	bear	참다, 견디다	51	blend	섞이다
42	beat	이기다, 통제하다	52	bless	축복을 빌다
43	become	~이 되다	53	blink	눈을 깜박이다
44	beg	간청하다, 구걸하다	54	bloom	꽃을 피우다, 꽃이 피다
45	begin	시작하다	55	board	승선·승차·탑승하다
46	believe	믿다	56	bond	접착시키다, 유대감을 형성하다
47	bend	굽히다, 숙이다	57	bore	지루하게 만들다
48	bind	묶다	58	borrow	빌리다
49	bite	물다	59	bother	신경 쓰다, 괴롭히다
50	blame	비난하다, ~을 탓하다	60	bounce	튀다, 깡총깡총 뛰다

위의 단어와 뜻을 가리고, 아래 표현의 뜻을 써보세요.

41	bear the silence
42	beat the other team
43	become a father
44	beg for mercy
45	begin all over again
46	firmly believe
47	bend your knees
48	bind everything together
49	bite your fingernails
50	blame myself
51	blend with water
52	bless their marriage
53	blink one's eyes
54	bloom in the spring
55	board a plane
56	bond with their children
57	bore the audience
58	borrow money
59	bother her with my problem
60	bounce up and down

DAY 221 필수동사 1200

다음 단어와 뜻을 공부하세요.

61	break	깨다, 부수다	71	can	~할 수 있다
62	breathe	호흡하다	72	cancel	취소하다, 무효하다
63	breed	(동물이 새끼를) 낳다, 사육하다	73	care	상관하다, 관심을 가지다
64	bring	가져오다, 제공해주다	74	carry	들고 있다, 운반하다
65	broadcast	방송하다, 널리 알리다	75	catch	잡다, 받다
66	brush	솔질(칫솔질)을 하다	76	cause	~을 야기하다(초래하다)
67	build	만들어내다, 짓다	77	celebrate	기념하다, 축하하다
68	burn	타오르다, 불에 타다	78	challenge	도전하다
69	buy	사다	79	change	변하다, 바꾸다
70	calculate	계산하다, 추정하다	80	chase	뒤쫓다, 추적하다

위의 단어와 뜻을 가리고, 아래 표현의 뜻을 써보세요.

61	break the glass
62	breathe deeply
63	breed an animal
64	bring the book
65	broadcast live on the internet
66	brush my teeth
67	build a career
68	burn easily
69	buy new clothes
70	calculate the total cost
71	can handle
72	cancel a business trip
73	care about you
74	carry your bag
75	catch a ball
76	cause a traffic accident
77	celebrate my birthday
78	challenge myself
79	change the world
80	chase a thief

DAY 222 필수동사 1200

다음 단어와 뜻을 공부하세요.

81	chat	수다를 떨다, (인터넷으로) 채팅하다	91	collect	모으다, 수집하다
82	check	살피다, 알아보다, 확인하다	92	color	~에 색칠하다
83	cheer	환호하다, 응원하다	93	combine	결합하다
84	chew	씹다, 물어뜯다	94	commence	시작되다(하다)
85	chip	잘게 썰다, 깎다	95	communicate	연락을 주고받다, 의사소통하다
86	choose	선택하다, 고르다	96	compare	비교하다
87	clean	닦다, 청소하다	97	compete	경쟁하다
88	clear	치우다	98	complete	완료하다
89	climb	오르다, 움직이다	99	conceal	감추다, 숨기다
90	coach	코치하다, 지도하다	100	concentrate	집중하다

위의 단어와 뜻을 가리고, 아래 표현의 뜻을 써보세요.

81	chat to my friends
82	check my answer
83	cheer her up
84	chew the food
85	chip bits of rock
86	choose between two jobs
87	clean the house thoroughly
88	clear the papers off the desk
89	climb a high mountain
90	coach students
91	collect evidence
92	color it red
93	combine work with pleasure
94	commence soon
95	communicate with each other
96	compare myself to my friend
97	compete with my friend
98	complete the task
99	conceal the truth
100	concentrate on my work

DAY 223 필수동사 1200

다음 단어와 뜻을 공부하세요.

101	concern	영향을 미치다, 관련되다	111	continue	계속하다
102	conduct	(특정한 활동을) 하다, 지휘하다	112	control	지배(통제)하다, (감정 등을) 억제하다
103	confuse	혼란시키다	113	convey	(생각·감정 등을) 전달하다, 운반하다
104	congratulate	축하하다	114	cool	식히다
105	connect	잇다, 연결하다	115	copy	복사하다, 베끼다
106	consider	고려하다, 여기다	116	correct	바로잡다, 정정하다
107	construct	건설하다, 구성하다	117	cough	기침하다, 토하다
108	consume	(특히 연료·에너지·시간을) 소모하다	118	could	can의 과거형, 정중하게 부탁할때
109	contact	연락하다	119	counsel	(전문적인) 상담을 하다
110	contest	경쟁을 벌이다	120	couple	연결하다, 결합하다

위의 단어와 뜻을 가리고, 아래 표현의 뜻을 써보세요.

101	be concerned with health
102	conduct an experiment
103	be confused about life
104	congratulate her on winning the award
105	connect two wires
106	consider his options
107	construct a building
108	consume a lot of electricity
109	contact him at his office
110	contest a seat in the election
111	continue a conversation
112	control one's temper
113	convey the meaning exactly
114	cool the air
115	copy a paper
116	correct grammar mistakes
117	cough all night long
118	could call him
119	counsel married couples
120	be coupled together

DAY 224 필수동사 1200

다음 단어와 뜻을 공부하세요.

121	cover	씌우다, 가리다	131	decide	결정하다
122	crawl	(엎드려) 기다, (곤충이) 기어가다	132	decorate	장식하다, 꾸미다
123	create	창조하다	133	decrease	줄다(감소하다), 줄이다(감소시키다)
124	creep	살금살금 움직이다	134	delete	삭제하다
125	cross	건너다, 횡단하다	135	delight	많은 기쁨을 주다, 아주 즐겁게 하다
126	crush	으스러뜨리다, 밀어넣다	136	deliver	배달하다, 데리고 가다
127	cure	치유하다	137	demand	요구하다, 따지다
128	curl	곱슬곱슬하게 만들다, (동그랗게) 웅크리다	138	depend	의존하다, 믿다, ~에 달려 있다
129	dare	감히 ~하다	139	describe	(~이 어떠한지) 말하다, 묘사하다
130	date	날짜를 적다, ~와 데이트를 하다	140	design	설계하다, 디자인하다

위의 단어와 뜻을 가리고, 아래 표현의 뜻을 써보세요.

121	cover my eyes	
122	crawl before you walk	
123	create a new character	
124	creep quietly into bed	
125	cross the street	
126	crush the box	
127	cure the pain	
128	curl into a ball	
129	dare tell him the secret	
130	date a famous actor	
131	decide to go home	
132	decorate my room with balloons	
133	decrease the number of buses	
134	delete a computer file	
135	delight her fans	
136	deliver the package by Monday	
137	demand an immediate explanation	
138	depend on the situation	
139	describe her to me	
140	design a dress	

DAY 225 필수동사 1200

다음 단어와 뜻을 공부하세요.

141	desire	바라다, 원하다	151	distinguish	구별하다, 차이를 보이다
142	determine	알아내다, 결정하다	152	dive	뛰어들다, 잠수하다
143	develop	발달시키다, 개발하다	153	divide	나뉘다, 나누다
144	dig	(구멍 등을) 파다	154	doubt	의심하다
145	dine	식사를 하다	155	drag	끌다(끌고 가다)
146	disagree	의견이 다르다, 동의하지 않다	156	draw	그리다, 끌어당기다
147	disappear	사라지다	157	dream	(자면서) 꿈을 꾸다, (바라는 일을) 꿈꾸다
148	disappoint	실망시키다	158	drink	마시다
149	discount	무시하다, 할인하다	159	drive	몰다, 운전하다
150	discover	발견하다	160	drop	떨어지다, 떨어뜨리다

위의 단어와 뜻을 가리고, 아래 표현의 뜻을 써보세요.

141	desire a healthy life
142	determine my own future
143	develop his talent
144	dig a hole
145	dine with us
146	disagree with you
147	disappear into the crowd
148	disappoint you
149	discount the price
150	discover a new planet
151	distinguish between red and green
152	dive into the pool
153	divide them into two groups
154	doubt whether it is true or not
155	drag the chair over here
156	draw a face
157	dream about you last night
158	drink water
159	drive a car
160	drop the cup

DAY 226

필수동사 1200

다음 단어와 뜻을 공부하세요.

161	dry	마르다, 닦다	171	escape	달아나다, 탈출하다
162	earn	벌다, 얻다	172	excite	흥분시키다
163	edit	(글을) 수정하다, 편집하다	173	exercise	운동하다, 행사하다
164	educate	교육하다	174	exit	떠나다, 퇴장하다
165	effect	(어떤 결과를) 가져오다	175	expect	예상하다, 기대하다
166	encourage	격려하다, 권장하다	176	experience	겪다, 경험하다
167	enjoy	즐기다	177	explain	설명하다
168	enter	들어가다	178	explore	답사하다, 탐험하다
169	entertain	즐겁게 해주다, 접대하다	179	express	나타내다, 표현하다
170	envy	시기하다	180	face	직면하다, 받아들이다

위의 단어와 뜻을 가리고, 아래 표현의 뜻을 써보세요.

161	dry the clothes
162	earn a lot of money
163	edit his manuscript
164	educate a child
165	effect a change
166	encourage me to write a book
167	enjoy travelling the world
168	enter the building
169	entertain the audience
170	envy her wealth
171	escape from the building
172	excite the audience
173	exercise in the morning
174	exit the theatre
175	expect to see you
176	experience a difficulty
177	explain the meaning of culture
178	explore the space
179	express my feelings
180	face the truth

DAY 227 필수동사 1200

다음 단어와 뜻을 공부하세요.

181	fail	실패하다, (시험에) 떨어지다	191	find	찾다, 발견하다
182	fall	떨어지다, 넘어지다	192	finish	끝내다
183	fan	부채질하다	193	fit	(~에) 잘 맞다
184	fear	두려워하다, 무서워하다	194	fix	수리하다, 고정시키다
185	feed	밥을 먹이다, 먹이를 주다	195	flame	활활 타오르다
186	feel	느끼다	196	flavor	풍미를 더하다, 맛을 내다
187	fight	싸우다	197	flee	달아나다, 도망하다
188	file	(문서 등을 정리해서) 보관하다	198	flip	홱 뒤집다, 가볍게 치다
189	fill	채우다	199	float	뜨다, 떠 가다
190	filter	여과하다, 거르다	200	flood	물에 잠기다(잠기게 하다), 침수되다

위의 단어와 뜻을 가리고, 아래 표현의 뜻을 써보세요.

181	fail the exam	
182	fall down the stairs	
183	fan myself with my notebook	
184	fear the unknown future	
185	feed the cat	
186	feel safe	
187	fight the enemy	
188	file the reports	
189	fill in the blank	
190	be filtered to remove impurities	
191	find a key	
192	finish the project	
193	fit you perfectly	
194	fix a computer	
195	the trees flame up	
196	be flavored with garlic	
197	flee to the mountain	
198	flip a coin	
199	float on the surface of the water	
200	flood the kitchen	

DAY 228 필수동사 1200

다음 단어와 뜻을 공부하세요.

201	flow	흐르다	211	free	석방하다, 풀어주다
202	flower	(꽃을) 피우다, (능력이) 꽃을 피우다, 번성하게 되다	212	freeze	얼다, 얼리다
203	focus	집중하다, 초점을 맞추다	213	frustrate	좌절감을 주다
204	fog	수증기가 서리다, 헷갈리게 만들다	214	fry	튀기다
205	fold	접다	215	gain	얻다
206	follow	따라가다	216	garden	정원 가꾸기를 하다
207	fool	속이다	217	gather	(사람들이) 모이다, (여기저기의 것을) 모으다
208	forecast	예측하다, 예보하다	218	glow	빛나다, 타다
209	forget	잊다, 잊어버리다	219	glue	붙이다
210	forgive	용서하다	220	grab	붙잡다, 잡으려고 하다

위의 단어와 뜻을 가리고, 아래 표현의 뜻을 써보세요.

201	flow into the sea
202	her musical talent flowers
203	focus on the important things
204	fog the issue
205	fold the paper in half
206	follow him into the forest
207	fool a lot of people
208	forecast a growth rate of 3%
209	forget her birthday
210	forgive me for what I did
211	free the prisoners
212	freeze the food
213	be frustrated about the news
214	fry an egg
215	gain a lot of support
216	garden in the backyard
217	gather information
218	glow in the dark
219	glue the wood together
220	grab my hand

DATE . . . COMPLETE ☐☐

DAY 229

필수동사 1200

다음 단어와 뜻을 공부하세요.

221	graduate	졸업하다, 학위를 받다	231	hang	걸다, 매달다
222	grasp	꽉 잡다, 완전히 이해하다	232	happen	있다, 발생하다, 일어나다
223	greet	환영하다	233	have	가지다, 있다
224	grip	꽉 잡다, 움켜잡다	234	heal	치유하다, 낫게 하다
225	group	(무리 지어) 모이다, 그룹으로 나누다	235	hear	듣다
226	grow	커지다, 자라다	236	heat	따뜻하게 만들다, 뜨거워지다
227	guess	추측하다	237	help	돕다
228	guide	안내하여 데려가다, 지도하다, 설명하다	238	hide	숨다, 감추다
229	hand	건네주다	239	hire	고용하다
230	handle	다루다, 처리하다	240	hit	때리다, 치다

위의 단어와 뜻을 가리고, 아래 표현의 뜻을 써보세요.

221	graduate from high school
222	grasp the idea
223	greet the new neighbors
224	grip my finger
225	group themselves around their teacher
226	grow so quickly
227	guess a number
228	guide you through the process
229	hand me the menu
230	handle my problem
231	hang your coat
232	happen suddenly
233	have potential
234	heal the broken leg
235	hear a noise
236	heat water
237	help the elders
238	hide my secret
239	hire him for the job
240	hit a tree

DAY 230 필수동사 1200

다음 단어와 뜻을 공부하세요.

241	hold	잡고(들고, 받치고) 있다, 쥐다	251	increase	증가하다
242	hope	바라다	252	indicate	나타내다, 보여주다
243	hug	껴안다, 포옹하다	253	influence	영향을 주다
244	hunt	사냥하다, 뒤지다	254	inform	알리다, 통지하다
245	hurry	서두르다, 급히 가다	255	injure	부상을 입히다
246	hurt	다치게 하다, 아프다	256	insert	끼우다, 삽입하다
247	imagine	상상하다	257	install	설치하다
248	impress	깊은 인상을 주다, 감동을 주다	258	interact	소통하다, 상호작용을 하다
249	improve	개선하다, 향상시키다	259	introduce	소개하다
250	include	포함하다	260	invent	발명하다

위의 단어와 뜻을 가리고, 아래 표현의 뜻을 써보세요.

241	hold a flower
242	hope to see you
243	hug each other
244	hunt animals
245	hurry to the living room
246	hurt my feelings
247	imagine what will happen tomorrow
248	impress my boss at work
249	improve your English
250	include all the information you need
251	increase taxes
252	indicate a drop in temperature
253	influence your behavior
254	inform you of our policy
255	injure one's shoulder
256	insert a coin
257	install the software
258	interact with each other
259	introduce myself
260	invent a machine

DAY 231 필수동사 1200

다음 단어와 뜻을 공부하세요.

261	invite	초대하다	271	land	착륙하다
262	irritate	짜증나게 하다	272	last	지속되다
263	jog	조깅하다	273	laugh	웃다
264	join	연결하다, 가입하다, 함께하다	274	lay	놓다, 두다
265	keep	유지하다	275	lead	이끌다, 안내하다
266	kick	발로 차다	276	leak	(액체·기체가) 새다
267	kill	죽이다, 없애다	277	lean	기울다, ~에 기대다
268	knock	두드리다, 노크하다	278	leap	뛰다, 뛰어오르다
269	knot	매듭을 묶다(매다)	279	learn	배우다, 학습하다
270	know	알다	280	leave	떠나다, 출발하다

위의 단어와 뜻을 가리고, 아래 표현의 뜻을 써보세요.

261	invite him to the party	
262	irritate me	
263	jog every morning	
264	join the discussion group	
265	keep trying	
266	kick a ball	
267	kill the wild predators	
268	knock on the door	
269	knot his tie	
270	know the situation	
271	land on the moon	
272	last for a long time	
273	laugh at her jokes	
274	lay the baby on the bed	
275	lead to bigger problems	
276	leak from the pipe	
277	lean against the wall	
278	leap out of the water	
279	learn a new language	
280	leave one's hometown	

DAY 232 필수동사 1200

다음 단어와 뜻을 공부하세요.

281	lend	빌려주다	291	load	(짐·사람을) 싣다
282	let	놓아두다, 허락하다, ~하게 하다	292	locate	위치를 찾아내다, (특정 위치에) 두다
283	license	허가하다	293	lock	잠그다
284	lie	눕다, 놓여 있다, 거짓말하다	294	look	보다, 찾다
285	lift	들어올리다, 올라가다	295	lose	잃어버리다, (사고, 사망 등으로) 잃다
286	light	불을 붙이다, 켜다	296	love	사랑하다
287	link	연결하다, 관련짓다	297	lunch	점심 식사를 하다
288	list	열거하다, 목록을 작성하다	298	mail	(우편으로) 보내다, 우편물을 발송하다
289	listen	듣다, 귀 기울이다	299	make	만들다, ~하게 하다
290	live	살다	300	mark	흔적을 내다, 표시하다

위의 단어와 뜻을 가리고, 아래 표현의 뜻을 써보세요.

281	lend him some money
282	let him know
283	be licensed to teach
284	lie on the floor
285	lift a chair
286	light a candle
287	be linked to pollution
288	list your strengths
289	listen to me
290	live a happy life
291	load the boxes into the car
292	be located in Seoul
293	lock the door
294	look at me
295	lose a wallet
296	love her so much
297	lunch with my friend
298	mail the letter
299	make me laugh
300	mark the walls

DAY 233 필수동사 1200

다음 단어와 뜻을 공부하세요.

301	marry	결혼하다	311	move	움직이다, 이사하다
302	match	어울리다, (서로) 맞다	312	name	이름을 지어주다, 명명하다
303	mean	~라는 의미이다, ~을 뜻하다	313	near	가까워지다, 다가오다
304	measure	측정하다	314	need	필요로 하다, ~해야 하다
305	meet	만나다	315	neighbor	이웃하다, 인접하다
306	melt	녹다, 녹이다	316	nod	끄덕이다
307	mind	상관하다, 언짢아하다	317	notice	의식하다, 주목하다
308	miss	놓치다, 그리워하다	318	number	번호를 매기다
309	mistake	오해하다, 잘못 판단하다	319	nurse	간호하다
310	mix	혼합하다, 섞이다, 섞다	320	observe	~을 발견하다, 관찰하다

위의 단어와 뜻을 가리고, 아래 표현의 뜻을 써보세요.

301	marry her
302	match the shirt
303	mean that they are friends
304	measure the temperature
305	meet my friend
306	melt the chocolate
307	mind opening the window
308	miss my friend
309	mistake my intentions
310	mix the flour with salt
311	move to a new city
312	name a baby
313	near the airport
314	need a vacation
315	neighbor the building
316	nod one's head
317	notice the difference
318	number the pages
319	nurse his mother
320	observe wildlife

DAY 234 필수동사 1200

다음 단어와 뜻을 공부하세요.

321	offer	제안하다, 권하다	331	participate	참가하다
322	oil	기름을 치다	332	pass	지나가다, 통과하다
323	open	열다	333	pat	쓰다듬다, 토닥거리다
324	overcome	극복하다	334	pattern	무늬를 만들다
325	pack	싸다, 포장하다	335	pause	잠시 멈추다
326	paint	페인트를 칠하다	336	pay	지불하다, 내다
327	pair	짝을 짓다	337	peel	껍질을 벗기다, 벗겨지다
328	pale	창백해지다	338	perform	수행하다, 다하다, 공연하다
329	pardon	~를 용서하다	339	photograph	사진을 찍다
330	park	주차하다	340	pick	고르다, 선택하다

위의 단어와 뜻을 가리고, 아래 표현의 뜻을 써보세요.

321	offer her a chocolate
322	oil the bike
323	open the door
324	overcome difficulties
325	pack a suitcase
326	paint a wall
327	be paired with a new student
328	pale visibly
329	pardon my ignorance
330	park a car
331	participate in the discussion
332	pass a market
333	pat a dog on the head
334	pattern a dress
335	pause for a moment
336	pay the electricity bill
337	peel an orange
338	perform one's duty
339	photograph people
340	pick a good place

DAY 235 필수동사 1200

다음 단어와 뜻을 공부하세요.

341	picture	상상하다	351	pot	(나무를) 화분에 심다
342	pin	꽂다, 고정시키다	352	pour	붓다, 마구 쏟아지다
343	pinch	꼬집다, 꼭 집다	353	practice	연습하다, 실행하다
344	plan	계획하다	354	pray	빌다, 기도하다
345	plant	(나무·씨앗 등을) 심다	355	prefer	~을 더 좋아하다, 선호하다
346	play	놀다, 경기를 하다	356	prepare	준비하다
347	please	기쁘게 하다, 기분을 맞추다	357	present	주다, 보여주다
348	point	가리키다	358	preserve	지키다, 보존하다
349	pop	펑하는 소리가 나다, 불쑥 나타나다	359	press	누르다, 눌리다
350	post	(우편물을) 발송하다, 배치하다	360	prevent	막다, 예방하다

위의 단어와 뜻을 가리고, 아래 표현의 뜻을 써보세요.

341	picture yourself in a desert
342	pin a notice on the board
343	pinch my cheek
344	plan a trip
345	plant a flower
346	play with my toys
347	please my parents
348	point at her
349	pop a balloon
350	post the parcel
351	pot the seeds
352	pour the sauce
353	practice the piano
354	pray for the victims
355	prefer milk to juice
356	prepare dinner
357	present the report to the client
358	preserve the environment
359	press the button
360	prevent an accident

DAY 236

필수동사 1200

다음 단어와 뜻을 공부하세요.

361	price	값을 매기다	371	punch	주먹으로 치다, 구멍을 뚫다
362	print	인쇄하다, 출간하다	372	purchase	구매하다
363	produce	생산하다	373	pursue	추구하다
364	promise	약속하다	374	push	밀다
365	pronounce	발음하다	375	put	(특정한 장소·위치에) 놓다, 넣다, 두다
366	propose	제안하다, 청혼하다	376	quarter	4등분하다
367	protect	보호하다	377	question	(특히 공식적으로) 질문하다, 심문하다
368	provide	제공하다	378	quit	(직장·학교 등을) 그만두다, 그만하다
369	pull	끌다, 당기다	379	race	경주하다, (경주 시합에) 참가하다, 경주에 내보내다
370	pump	퍼올리다	380	rain	비가 오다

위의 단어와 뜻을 가리고, 아래 표현의 뜻을 써보세요.

361	be priced at $100	
362	print a document	
363	produce wheat	
364	promise (that) I will call him	
365	pronounce your name	
366	propose a new plan	
367	protect your skin	
368	provide useful information	
369	pull the chair	
370	pump water	
371	punch him in the face	
372	purchase a train ticket	
373	pursue your dreams	
374	push the button	
375	put her bag on the table	
376	quarter a tomato	
377	be questioned by police	
378	quit smoking	
379	race a horse	
380	rain heavily	

DAY 237

필수동사 1200

다음 단어와 뜻을 공부하세요.

381	raise	들어 올리다, 기르다	391	record	기록하다, 녹음하다
382	rank	(등급·등위·순위를) 평가하다, 늘어서게 하다	392	recycle	재활용하다
383	reach	~에 이르다, 도달하다	393	reduce	줄이다, 축소하다
384	react	반응을 보이다	394	regard	~을 ~으로 여기다
385	read	읽다	395	register	등록하다, (출생·혼인·사망) 신고하다
386	ready	준비시키다	396	regret	후회하다
387	recall	기억해내다, 생각나게 하다	397	relate	관련시키다
388	receive	받다, 받아들이다	398	relax	휴식을 취하다, 안심하다
389	recognize	알아보다, 인식하다	399	relieve	덜어주다, 완화하다
390	recommend	추천하다, 권고하다	400	rely	의지하다, 신뢰하다

위의 단어와 뜻을 가리고, 아래 표현의 뜻을 써보세요.

381 raise your hand
382 be ranked the first
383 reach the top
384 react calmly
385 read a book
386 ready themselves for the challenge
387 recall talking to him
388 receive a present
389 recognize her immediately
390 recommend a good movie
391 record the sound
392 recycle the paper
393 reduce the speed
394 regard him as a genius
395 register a birth
396 regret eating too much
397 relate the two experiences
398 relax with a cup of tea
399 relieve the pain
400 rely on her

DAY 238 필수동사 1200

다음 단어와 뜻을 공부하세요.

401	remain	계속 ~이다, 남다, 여전히 ~이다	411	resemble	닮다, 비슷하다
402	remember	기억하다	412	reserve	예약하다
403	remind	상기시키다	413	respect	존경하다, 존중하다
404	repair	수리하다, 바로잡다	414	respond	대답하다, 반응을 보이다
405	repeat	반복하다	415	rest	쉬다
406	reply	대답하다, 대응하다	416	result	발생하다
407	report	알리다, 발표하다, 보도하다	417	return	돌아가다, 반납하다
408	request	요청하다	418	review	검토하다, 복습하다
409	require	요구하다, 필요로 하다	419	reward	보상하다
410	research	연구하다, 조사하다	420	ride	타다

위의 단어와 뜻을 가리고, 아래 표현의 뜻을 써보세요.

401	remain silent
402	remember her name
403	remind me of my life in Korea
404	repair the car
405	repeat a song
406	reply to a question
407	report the story
408	request permission
409	require a lot of help
410	research the background
411	resemble your mother
412	reserve a table at a restaurant
413	respect the opinion of others
414	respond to the news
415	rest for a few days
416	result from the change
417	return the book
418	review the vocabulary
419	reward him for his good behavior
420	ride a bike

DAY 239

필수동사 1200

다음 단어와 뜻을 공부하세요.

421	rise	오르다, 뜨다	431	run	달리다, 작동하다, 운영하다
422	roar	으르렁거리다	432	rush	돌진하다, 급히 ~하다
423	roast	굽다	433	sail	항해하다, 출범하다
424	rob	도둑질하다	434	save	구하다, 아끼다
425	rock	흔들리다, 뒤흔들다	435	say	~을 말하다, 이야기하다
426	roll	굴리다, 동그랗게 말다	436	scare	겁주다, 놀라게 하다
427	round	(모퉁이 등을) 돌다, 둥글게 만들다	437	scold	꾸짖다, 잔소리하다
428	rub	문지르다, 비비다	438	score	득점을 올리다, (시험 등에서) 점수를 받다
429	ruin	망치다, 몰락시키다	439	scramble	기어오르다, 서로 빼앗다(다투다)
430	rule	다스리다, 지배하다	440	scratch	긁다(긁힌 자국을 내다), 할퀴다

위의 단어와 뜻을 가리고, 아래 표현의 뜻을 써보세요.

421	the sun rises
422	the lion roars
423	roast the chicken
424	rob a bank
425	rock the cradle
426	roll a dice
427	round the corner
428	rub her eyes
429	ruin my life
430	rule the country
431	run a hotel
432	rush toward me
433	sail north to Hawaii
434	save many lives
435	say that she is gone
436	scare the baby
437	scold his son
438	score 8 out of 10
439	scramble for a seat
440	scratch the wall

DAY 240 필수동사 1200

다음 단어와 뜻을 공부하세요.

441	scream	소리치다	451	send	보내다
442	screen	가리다, 보호하다	452	sense	느끼다, 감지하다
443	scrub	문질러 씻다	453	sew	바느질하다, (바느질로) 만들다
444	search	찾다, 뒤지다	454	shake	흔들다, 악수하다
445	secure	보호하다, (힘들게) 얻어내다	455	shall	제의·제안·조언 등
446	see	(눈으로) 보다, 목격하다	456	shame	창피하게 하다, 망신시키다
447	seek	찾다, 추구하다	457	shape	~모양으로 만들다, (중요한 영향을 미쳐서) 형성하다
448	seem	~처럼 보이다, ~인 것 같다	458	shave	깎다, 면도하다
449	select	선택하다	459	shift	바뀌다, 이동하다
450	sell	팔다	460	shine	빛나다, 비추다

위의 단어와 뜻을 가리고, 아래 표현의 뜻을 써보세요.

441	scream at her	
442	screen the eyes from the sun	
443	scrub the floor	
444	search the house	
445	secure a contract	
446	see the children playing together	
447	seek a job	
448	seem tired	
449	select a flavor	
450	sell the concert tickets	
451	send an email	
452	sense her feelings	
453	sew their clothes	
454	shake their hands	
455	shall we dance?	
456	shame your family	
457	shape the attitude	
458	shave his beard	
459	shift over the past 5 years	
460	the sun shines brightly	

DAY 241 필수동사 1200

다음 단어와 뜻을 공부하세요.

461	ship	수송하다, 싣다	471	sigh	한숨 쉬다
462	shock	~에 충격을 주다	472	sign	서명하다, ~에 표시를 하다
463	shoot	쏘다, 던지다	473	sink	가라앉다, 침몰하다
464	shop	물건을 사다	474	sit	앉다
465	should	~해야 한다, ~일 것이다	475	skip	깡충깡충 뛰다, 거르다(빼먹다)
466	shout	소리치다	476	sleep	잠자다
467	show	보여주다, 제시하다	477	slide	미끄러지다, 슬며시 넣다
468	shower	샤워를 하다, 소나기처럼 쏟아져 내리다	478	slip	미끄러지다, 발을 헛디디다
469	shrink	줄어들다, 움츠러들다	479	slow	속력을 늦추다, 늦어지다
470	shut	닫다	480	smash	때려 부수다, 격파하다

위의 단어와 뜻을 가리고, 아래 표현의 뜻을 써보세요.

461	ship the goods around the world
462	be shocked by the news
463	shoot an arrow
464	shop for food
465	should tell him
466	shout at him
467	show me your new dress
468	shower every morning
469	my sweater shrank
470	shut the door
471	sigh deeply
472	sign the contract
473	the ship sank
474	sit on a chair
475	skip breakfast
476	sleep at night
477	slide the note into his pocket
478	slip on the ice
479	the car slowed down
480	smash a window

DAY 242 필수동사 1200

다음 단어와 뜻을 공부하세요.

481	smell	냄새(향)가 나다	491	spark	불꽃을 일으키다, 유발하다
482	smile	(소리를 내지 않고) 웃다, 미소 짓다	492	speak	이야기하다, 말하다
483	smoke	흡연하다	493	spell	철자를 말하다(쓰다)
484	sneak	살금살금 가다	494	spend	돈을 쓰다, 시간을 보내다
485	sniff	코를 훌쩍이다, 냄새를 맡다	495	spill	흐르다, 흘리다, 쏟다
486	snow	눈이 오다	496	spin	돌다
487	soak	담그다, 흠뻑 적시다	497	spit	뱉다
488	solve	풀다, 해결하다	498	splash	철벅 떨어지다, (물·흙탕물 등을) 끼얹다, 튀기다
489	sort	분류하다, 구분하다	499	split	분열되다, 나뉘다(나누다)
490	sound	~처럼 들리다, 소리를 내다	500	spoil	망치다

위의 단어와 뜻을 가리고, 아래 표현의 뜻을 써보세요.

481	smell good
482	smile at me
483	smoke a cigarette
484	sneak out of the house
485	a dog sniffs
486	snow heavily
487	soak a carpet
488	solve a problem
489	be sorted into two categories
490	sound strange
491	spark a debate
492	speak to her
493	spell a word
494	spend time with my friend
495	spill milk
496	spin round and round
497	spit the meat out
498	splash water on his face
499	split the children into three groups
500	spoil the evening

DAY 243 필수동사 1200

다음 단어와 뜻을 공부하세요.

501	spread	펼치다, 퍼뜨리다	511	steal	훔치다, 도둑질하다
502	square	네모지게 만들다, 제곱하다	512	steam	김을 내뿜다, 음식을 찌다
503	squeeze	짜다(짜내다), 쥐다	513	step	움직이다(서다/디디다)
504	stage	(연극·공연 등을) 개최하다, 무대에 올리다	514	stick	붙이다, 달라붙다
505	stain	얼룩지게 하다, 더럽히다, 얼룩지다	515	stir	젓다, 섞다
506	stamp	(도장·스탬프 등을) 찍다, 발을 구르다	516	stop	멈추다, 서다
507	stand	서다, 일어서다	517	store	저장하다, 보관하다
508	stare	빤히 쳐다보다	518	stream	줄줄 흐르다
509	start	시작하다	519	stretch	늘어나다, 뻗다
510	stay	머무르다, 유지되다	520	strike	치다, 때리다

위의 단어와 뜻을 가리고, 아래 표현의 뜻을 써보세요.

501	spread out quickly
502	square the building stone
503	squeeze a lemon
504	stage a musical
505	stain a shirt
506	stamp a passport
507	stand still
508	stare at people
509	start work
510	stay at home
511	steal a wallet
512	steam a fish
513	step on the bus
514	stick a note
515	stir the tomato sauce
516	stop laughing
517	store food in the fridge
518	tears stream down her face
519	stretch your arm
520	strike a ball

DAY 244 필수동사 1200

다음 단어와 뜻을 공부하세요.

521	study	공부하다, 배우다	531	sweep	쓸다, 털다
522	succeed	성공하다	532	swim	수영하다
523	supply	공급하다, 제공하다	533	swing	흔들다, 휘두르다
524	support	지지하다, 지원하다	534	switch	전환하다, 바꾸다
525	surprise	놀라게 하다	535	tackle	(힘든 문제·상황과) 씨름하다
526	surround	둘러싸다, 에워싸다	536	take	가지고 가다
527	survey	조사하다, 점검하다(살피다)	537	talk	말하다, 이야기하다
528	survive	살아남다, 견뎌 내다	538	tap	가볍게 두드리다
529	swallow	삼키다	539	tape	테이프로 묶다, 녹화하다
530	sweat	땀을 흘리다	540	taste	맛이 ~하다, 맛보다

위의 단어와 뜻을 가리고, 아래 표현의 뜻을 써보세요.

521	study history	
522	succeed in business	
523	supply food to children	
524	support the plan	
525	surprise everyone	
526	surround the house	
527	survey the damage	
528	survive the accident	
529	swallow a grape	
530	sweat heavily	
531	sweep the floor	
532	swim two miles	
533	swing a bat	
534	switch the seats	
535	tackle the problem	
536	take your umbrella	
537	talk to you for a minute	
538	tap the fingers	
539	tape a moving box	
540	taste sweet	

DAY 245 필수동사 1200

다음 단어와 뜻을 공부하세요.

541	tax	세금을 부과하다	551	think	~라고 생각하다
542	teach	가르치다	552	thrill	정말 신나게 만들다
543	tear	찢다	553	throw	던지다
544	tease	놀리다, 괴롭히다	554	tick	째깍거리다
545	telephone	전화하다	555	tie	묶다
546	tell	말하다	556	time	시간을 맞추다
547	tense	긴장시키다, 긴장하다	557	tire	피곤하게 만들다
548	test	시험하다, 검사하다	558	touch	만지다
549	text	문자를 보내다	559	tour	관광하다, 순회하다
550	thank	감사하다, 고마워하다	560	train	교육시키다, 훈련받다

위의 단어와 뜻을 가리고, 아래 표현의 뜻을 써보세요.

541	tax imports
542	teach English
543	tear a piece of paper
544	tease him about his red hair
545	telephone my doctor
546	tell me about the weekend
547	my shoulders tense up
548	test the new product
549	text my girlfriend
550	thank her for coming today
551	think about him
552	thrill the audience
553	throw a ball
554	the clock ticks
555	tie a ribbon
556	time the departure carefully
557	tire me all the time
558	touch the exhibits
559	tour the city
560	train my dog

DAY 246 필수동사 1200

다음 단어와 뜻을 공부하세요.

561	travel	여행하다	571	use	쓰다, 사용하다
562	treat	대하다, 치료하다	572	view	보다, (~라고) 여기다, 둘러보다
563	trick	속이다	573	visit	방문하다, 찾아가다
564	trust	신뢰하다	574	voice	(말로) 나타내다
565	try	해보다, 노력하다	575	vote	투표하다
566	turn	돌리다	576	wait	기다리다
567	twist	구부리다, 비틀다	577	wake	잠이 깨다, 깨우다
568	understand	이해하다	578	walk	걷다, 산책하다
569	update	갱신하다, 가장 최근의 정보를 알려주다	579	want	원하다
570	upset	속상하게 만들다	580	warm	따뜻하게 하다, 데우다

위의 단어와 뜻을 가리고, 아래 표현의 뜻을 써보세요.

561	travel around the world
562	treat people with respect
563	trick all the people
564	trust my instincts
565	try my best
566	turn the door knob
567	twist my arm
568	understand other people
569	update her on the news
570	upset my parents
571	use your phone
572	view an exhibit
573	visit my grandparents
574	voice concern
575	vote in the election
576	wait for the bus
577	wake me early tomorrow
578	walk two miles
579	want some coffee
580	warm her hands by the fire

DAY 247 필수동사 1200

다음 단어와 뜻을 공부하세요.

581	watch	보다	591	wind	~을 불다, 감다
582	water	(화초 등에) 물을 주다	592	wipe	닦다
583	wave	흔들다	593	wish	바라다, ~이면 좋겠다
584	wear	입고 있다, 닳다	594	wonder	궁금하다(궁금해하다), ~일까 생각하다
585	welcome	맞이하다, 환영하다	595	word	말로 나타내다, 말로 표현하다
586	whip	휘젓다, 휙 빼내다	596	work	일하다
587	whisper	속삭이다, 귓속말을 하다	597	worry	걱정하다, 불안하게 만들다
588	whistle	휘파람을 불다	598	would	will의 과거형
589	will	~일 것이다	599	wrap	싸다, 포장하다
590	win	이기다	600	write	쓰다, 작성하다

위의 단어와 뜻을 가리고, 아래 표현의 뜻을 써보세요.

581	watch TV
582	water the plants
583	wave my hand
584	wear a shirt
585	welcome us with a wide smile
586	whip the cream
587	whisper something to me
588	whistle a tune
589	will rain tomorrow
590	win the election
591	wind a wool
592	wipe the tears
593	wish I were a cat
594	wonder who he is
595	word a contract
596	work at a bank
597	worry about me
598	would be here on time
599	wrap a present
600	write your name

DAY 248 필수동사 1200

다음 단어와 뜻을 공부하세요.

601	abandon	버리다, 떠나다	611	acquaint	익히다, 숙지하다
602	absorb	흡수하다	612	acquire	습득하다(얻다)
603	abuse	남용(오용)하다	613	activate	작동시키다, 활성화시키다
604	accelerate	가속화되다, 가속화하다	614	address	연설하다, 보내다
605	access	접속하다	615	adjust	조정하다, 조절하다
606	accommodate	공간을 제공하다, 수용하다	616	administer	관리하다, 운영하다
607	accord	부합하다, 부여하다	617	admire	존경하다, 칭찬하다
608	account	간주하다, 여기다	618	admit	인정하다, 시인하다
609	accumulate	모으다, 축적하다	619	advocate	지지하다, 옹호하다
610	accuse	고발(기소·비난), 의심하다	620	affiliate	제휴하다, 가입하다, 연계하다

위의 단어와 뜻을 가리고, 아래 표현의 뜻을 써보세요.

601	abandon the ship
602	absorb the sound
603	abuse the power
604	accelerate the growth
605	access the internet
606	accommodate 500 students
607	accord importance to the agriculture
608	be accounted a genius
609	accumulate more wealth
610	accuse me of lying
611	acquaint me with the city
612	acquire a reputation
613	activate the alarm
614	address an audience
615	adjust the speed of the car
616	be administered by the government
617	admire his enthusiasm
618	admit her mistake
619	advocate the policy of peace
620	be affiliated with the university

DAY 249 필수동사 1200

다음 단어와 뜻을 공부하세요.

621	afford	여유(형편)가 되다	631	assemble	조립하다, 모으다
622	alert	(위험 등을) 알리다, 경보를 발하다	632	assert	주장하다
623	allocate	할당하다	633	assess	평가하다, 재다
624	amplify	증폭시키다, 더 자세히 진술하다	634	assign	맡기다, 부과하다
625	anticipate	예상하다, 예측하다	635	associate	연상하다, 연관 짓다
626	appoint	임명하다, 정하다	636	assume	추정하다, 맡다
627	approve	찬성하다, 승인하다	637	assure	장담하다, 확인하다
628	argue	언쟁을 하다, 논증하다	638	attain	얻다, 이르다
629	arise	생기다, 발생하다	639	attempt	시도하다
630	aspire	열망하다	640	attribute	(~을…의) 결과로 보다

위의 단어와 뜻을 가리고, 아래 표현의 뜻을 써보세요.

621	afford a new car	
622	alert the world	
623	allocate time for working	
624	amplify a signal	
625	anticipate difficulties	
626	appoint a new teacher	
627	approve the plan	
628	argue with each other	
629	health problems arise	
630	aspire to become a doctor	
631	assemble all the ideas	
632	assert that he is innocent	
633	assess a student's ability	
634	assign the task	
635	associate the word with food	
636	assume that he will come	
637	assure you that I will be okay	
638	attain the highest grade	
639	attempt to cook	
640	attribute success to hard work	

DAY 250 필수동사 1200

다음 단어와 뜻을 공부하세요.

641	average	평균이 되다	651	bias	편견을 갖게 하다
642	balance	균형을 유지하다, 반듯이 놓다	652	block	막다, 차단하다
643	ban	금하다	653	blossom	꽃이 피다, 꽃을 피우다
644	bankrupt	파산시키다	654	boom	쾅(탕)하는 소리를 내다
645	base	~에 근거지(본부·본사)를 두다	655	boost	신장시키다, 북돋우다
646	behave	처신하다, 행동하다	656	bow	절하다
647	belong	제자리에 있다, 소속감을 느끼다, ~의 것이다	657	branch	갈라지다, 나뉘다
648	benefit	유익하다	658	brand	낙인을 찍다
649	bet	돈을 걸다, 틀림없다	659	brew	양조하다, (커피·차를) 끓이다
650	betray	배신하다	660	bump	(~에) 부딪치다

위의 단어와 뜻을 가리고, 아래 표현의 뜻을 써보세요.

641	average 50 hours' work a week
642	balance work and life
643	be banned from driving
644	be bankrupted by the war
645	base the company in New York
646	behave strangely
647	belong to me
648	benefit the rich
649	bet that we are late
650	betray me
651	bias the jury
652	block the road
653	trees blossom in March
654	thunder boomed
655	boost the industry
656	bow to the Queen
657	the road branches
658	be branded as liars
659	brew some coffee
660	bump into a car

DAY 251 필수동사 1200

다음 단어와 뜻을 공부하세요.

661	burden	부담(짐)을 지우다	671	cease	중지하다, 중단되다
662	burst	터지다, 불쑥 가다(오다)	672	censor	검열하다, 삭제하다
663	bury	묻다, 매장하다	673	charge	청구하다
664	cap	~으로 덮다	674	charm	매혹하다
665	caption	캡션을 쓰다, 설명을 붙이다	675	chill	아주 춥게 만들다
666	capture	포로로 잡다, 억류하다	676	chop	썰다(다지다), 삭감하다
667	carve	조각하다, 깎아서 만들다	677	circulate	순환하다
668	cast	(시선·미소 등을) 던지다, (빛을) 발하다, (그림자를) 드리우다	678	cite	들다(끌어대다), 인용하다
669	cater	(사업으로 행사에) 음식을 공급하다	679	claim	주장하다
670	caution	~하지 말라고 주의를 주다	680	clarify	명확하게 하다

위의 단어와 뜻을 가리고, 아래 표현의 뜻을 써보세요.

661	burden you with my problems
662	burst into the room
663	be buried in the cemetery
664	be capped with snow
665	the picture is captioned
666	capture the soldiers
667	carve the wood
668	cast a smile
669	cater a party
670	caution children not to walk alone
671	cease the attack
672	censor the internet
673	charge $20 for dinner
674	be charmed by her talent
675	chill the wine
676	chop an onion
677	circulate through the pipes
678	cite one example
679	claim that it was a mistake
680	clarify a situation

DAY 252 필수동사 1200

다음 단어와 뜻을 공부하세요.

681	clash	맞붙다, 충돌하다	691	combat	방지하다, 싸우다
682	classify	분류하다, 구분하다	692	comfort	위로하다
683	cling	매달리다, 달라붙다	693	command	명령하다, 지시하다
684	cloud	(기억력·판단력 등을) 흐리다	694	comment	논평하다, 견해를 밝히다
685	cluster	무리를 이루다	695	commit	저지르다, 범하다
686	code	부호로 처리하다	696	compel	강요하다, ~하게 만들다
687	coin	(새로운 낱말·어구를) 만들다	697	compensate	보상하다
688	coincide	동시에 일어나다, 일치하다	698	compile	엮다, 편집하다
689	collaborate	협력하다	699	complain	불평하다, 항의하다
690	collapse	붕괴되다, 무너지다	700	compose	구성하다, 작곡하다

위의 단어와 뜻을 가리고, 아래 표현의 뜻을 써보세요.

681	clash with the protesters	
682	classify animals and plants	
683	cling to her mother	
684	cloud his memory	
685	cluster together in the universe	
686	code the information	
687	coin a term	
688	coincide with mine	
689	collaborate on the project	
690	collapse in the earthquake	
691	combat disease	
692	comfort her crying baby	
693	command silence	
694	comment on the matter	
695	commit a crime	
696	compel him to give up	
697	compensate for the lost time	
698	compile a list of the restaurants	
699	complain about the noise	
700	compose a song	

DATE . . . COMPLETE □□

DAY 253

필수동사 1200

다음 단어와 뜻을 공부하세요.

701	comprise	~으로 구성되다	711	conform	따르다, 순응하다
702	compromise	타협하다	712	confront	닥치다, 맞서다
703	conceive	상상하다, (계획 등을) 생각해내다	713	consent	동의하다, 허락하다
704	conclude	결론을 내리다	714	conserve	아끼다, 보존하다
705	condemn	규탄하다, 비난하다	715	consist	이루어져 있다
706	confer	상의하다, 수여하다	716	constitute	~이 되는 것으로 여겨지다, ~을 구성하다
707	confess	자백하다, 고백하다	717	constrain	강요하다, ~하지 못하게 만들다(제약하다)
708	confine	국한시키다, 가두다	718	consult	상담하다, 상의하다
709	confirm	사실임을 보여주다, 확인하다	719	contain	~이 들어 있다
710	conflict	다투다, 상충하다	720	contend	주장하다, 다투다

위의 단어와 뜻을 가리고, 아래 표현의 뜻을 써보세요.

701	be comprised of 10 members
702	compromise with her parents
703	conceive a plan
704	conclude that he is telling the truth
705	condemn the decision
706	confer with my lawyer
707	confess one's crime
708	confine the discussion to cars
709	confirm the reservation at the hotel
710	conflict with a coworker
711	conform to the law
712	confront the fear
713	consent to her marriage
714	conserve energy
715	consist of 12 chapters
716	constitute a family
717	be constrained by the law
718	consult your doctor
719	contain a lot of fat
720	contend that he is innocent

DAY 254 필수동사 1200

다음 단어와 뜻을 공부하세요.

721	contract	줄어들다, (병에) 걸리다	731	correspond	일치하다, 부합하다
722	contradict	부정하다, 모순되다	732	cost	(값·비용이) ~이다(들다)
723	contrast	대조하다, 대비시키다	733	count	세다, 중요하다
724	contribute	기부하다, 기여하다	734	counter	반박하다
725	convert	전환시키다, 개조하다	735	crack	갈라지다, 금이 가다, 깨다, 깨지다
726	convict	유죄를 선고하다	736	craft	공예품을 만들다, 공들여 만들다
727	convince	납득시키다, 확신시키다	737	crash	충돌하다, 추락하다
728	cooperate	협력하다	738	criticize	비판(비난)하다, 비평하다
729	coordinate	조직화하다, 조정하다	739	cultivate	경작하다, 재배하다
730	cope	대항하다, 대처하다	740	curve	곡선을 이루다

위의 단어와 뜻을 가리고, 아래 표현의 뜻을 써보세요.

721	contract influenza
722	contradict the theory
723	contrast his early novels with his later work
724	contribute to the success of the company
725	convert pounds to kilograms
726	be convicted of a crime
727	convince the jury
728	cooperate with the company
729	coordinate the schedule
730	cope with the illness
731	correspond with the information
732	cost $3
733	count money
734	counter the argument
735	crack the glass
736	be crafted by an expert
737	the plane crashed
738	criticize his work
739	cultivate rice
740	curve around a lake

DAY 255 필수동사 1200

다음 단어와 뜻을 공부하세요.

741	damage	손상을 주다, 훼손하다	751	degrade	비하하다, ~의 가치를 떨어뜨리다
742	deal	나누다, 거래하다	752	delay	미루다, 연기하다
743	debate	논의하다, 토론하다	753	delegate	위임하다, 대표를 뽑다
744	decay	부패하다, 썩다	754	deliberate	신중히 생각하다
745	declare	선언하다	755	demonstrate	증명하다, 설명하다
746	decline	감소하다, 하락하다	756	deny	사실이 아니라고 말하다, 부인하다
747	dedicate	바치다, 헌신하다	757	depict	그리다, 묘사하다
748	defeat	패배시키다, 물리치다	758	deposit	두다, 예금하다
749	defend	방어하다, 옹호하다	759	depress	우울하게 만들다, 침체시키다
750	define	정의하다	760	deprive	빼앗다, 허용해주지 않다

위의 단어와 뜻을 가리고, 아래 표현의 뜻을 써보세요.

741	damage the environment
742	deal with the company
743	debate the bill
744	the teeth decay
745	declare independence
746	the popularity declined
747	dedicate his life to helping others
748	defeat the champion
749	defend myself
750	define the term
751	degrade the quality
752	delay the show
753	delegate the task to me
754	deliberate the decision
755	demonstrate how to use the new system
756	deny the rumor
757	depict the lives of ordinary people
758	deposit the extra cash
759	depress the housing market
760	be deprived of his freedom

DAY 256

필수동사 1200

다음 단어와 뜻을 공부하세요.

761	derive	끌어내다(얻다), ~에서 비롯되다	771	devote	바치다, 기울이다
762	descend	내려가다, 경사지다	772	dictate	받아쓰게 하다, 지시하다
763	deserve	~을 받을 만하다, ~할 자격이 있다	773	diminish	줄이다, (중요성을) 깎아내리다
764	designate	지정하다, 지명하다	774	direct	~로 향하다, 지휘하다
765	despair	절망하다	775	discharge	떠나는 것을 허락하다, 해고하다, 배출하다
766	destroy	파괴하다	776	discipline	벌하다, 훈육하다
767	detach	분리하다	777	disclose	밝히다(폭로하다), 드러내다
768	detail	상세히 알리다	778	discriminate	식별하다, 차별하다
769	detect	발견하다, 감지하다(탐지하다)	779	discuss	상의하다, 논하다
770	devise	창안하다, 고안하다	780	disgust	혐오감을 유발하다, 역겹게 만들다

위의 단어와 뜻을 가리고, 아래 표현의 뜻을 써보세요.

761	derive the profit	
762	descend the stairs	
763	deserve the holiday	
764	designate the successor	
765	despair at the failure	
766	destroy the forest	
767	detach the hood	
768	detail the plan	
769	detect the smell	
770	devise a computer program	
771	devote her life to justice	
772	dictate a rule	
773	diminish his achievement	
774	direct the project	
775	discharge polluted water	
776	discipline my child	
777	disclose the opinion	
778	discriminate against race	
779	discuss the problem	
780	be disgusted by the violence	

DAY 257 필수동사 1200

다음 단어와 뜻을 공부하세요.

781	dismiss	묵살하다, 떨쳐버리다	791	divorce	이혼하다
782	displace	대신(대체)하다, 쫓겨나다	792	document	기록하다
783	display	드러내다, 전시하다	793	donate	기부하다
784	dispose	배치하다	794	dose	약을 ~에게 투여하다
785	dispute	반박하다, 이의를 제기하다	795	double	두 배로 되다(만들다)
786	disrupt	방해하다, 붕괴시키다	796	draft	초안을 작성하다
787	distort	비틀다, 왜곡하다	797	drain	(물을) 빼내다, 흘러 나가다
788	distract	집중이 안 되게 하다, 딴 데로 돌리다	798	dread	몹시 무서워하다, 두려워하다
789	distribute	나누어주다, 분배하다	799	drown	익사하다, 잠기게 하다
790	disturb	방해하다, 건드리다	800	dump	버리다, 떠넘기다

위의 단어와 뜻을 가리고, 아래 표현의 뜻을 써보세요.

781	dismiss new ideas	
782	be displaced by a machine	
783	display goods	
784	dispose troops	
785	dispute the notion	
786	disrupt the economy	
787	distort the truth	
788	distract me from studying	
789	distribute the books	
790	be disturbed by the noise	
791	divorce her husband	
792	be documented well	
793	donate to the charity	
794	dose oneself with vitamin	
795	double one's income	
796	draft a bill	
797	drain the water	
798	dread the exam	
799	drown in the river	
800	dump the garbage	

DAY 258 필수동사 1200

다음 단어와 뜻을 공부하세요.

801	dwell	~에 살다	811	enclose	에워싸다, 동봉하다
802	ease	편해지다, 덜해지다	812	encounter	직면하다, ~와 우연히 만나다
803	elaborate	더 자세히 말하다	813	endure	견디다, 지속하다
804	elect	선출하다	814	enforce	집행하다, 강요하다
805	eliminate	없애다, 제거하다	815	engage	사로잡다, 관계를 맺다
806	embarrass	당황스럽게 만들다	816	enhance	높이다, 향상시키다
807	embrace	받아들이다, 포옹하다	817	enroll	등록하다, 명부에 올리다
808	emerge	나오다, 드러나다	818	ensure	반드시 ~하게 하다, 보장하다
809	emit	내뿜다, 내다	819	entitle	자격을 주다, 제목을 붙이다
810	employ	쓰다, 고용하다	820	equate	동일시하다

위의 단어와 뜻을 가리고, 아래 표현의 뜻을 써보세요.

801	dwell in Europe	
802	ease the pain	
803	elaborate on one's reasons	
804	elect him as president	
805	eliminate the possibility	
806	embarrass me in front of my friends	
807	embrace the technology	
808	principles emerge	
809	emit a sound	
810	employ him as an assistant	
811	enclose a garden	
812	encounter severe problems	
813	endure a long delay at the airport	
814	enforce the law	
815	engage the client	
816	enhance the creativity	
817	enroll in this course	
818	ensure customer satisfaction	
819	be entitled to a discount	
820	equate success with wealth	

DATE . . COMPLETE ☐☐

DAY 259

필수동사 1200

다음 단어와 뜻을 공부하세요.

821	erect	세우다, 건설(건립)하다	831	exchange	교환하다
822	escort	호위하다, 에스코트하다	832	exclude	제외하다
823	establish	설립하다, 수립하다	833	excuse	용서하다
824	estimate	추정하다	834	exhaust	기진맥진하게 만들다, 고갈시키다
825	evacuate	대피시키다	835	exhibit	전시하다, 보이다
826	evaluate	평가하다(감정하다)	836	exist	존재하다
827	evolve	발달하다, 진화하다	837	expand	확대되다, 확장되다(시키다)
828	exaggerate	과장하다	838	experiment	실험을 하다
829	examine	조사하다, 검토하다	839	explode	터지다, 폭발하다
830	exceed	넘다, 초과하다	840	export	수출하다

위의 단어와 뜻을 가리고, 아래 표현의 뜻을 써보세요.

821	erect a bridge	
822	escort the queen	
823	be established in 2010	
824	estimate the time	
825	be evacuated from the building	
826	evaluate the result	
827	evolve from apes	
828	exaggerate the issue	
829	examine a proposal	
830	exceed the speed limit	
831	exchange information	
832	be excluded from the project	
833	excuse me for being so late	
834	exhaust the children	
835	exhibit his paintings	
836	ghosts exist	
837	expand the knowledge	
838	experiment on animals	
839	stars explode	
840	export coffee to other countries	

DAY 260 필수동사 1200

다음 단어와 뜻을 공부하세요.

841	expose	드러내다, 폭로하다	851	favor	호의를 보이다, 찬성하다
842	extend	확장하다, 연장하다	852	feature	특징으로 삼다, 특색으로 하다
843	extract	뽑다, 추출하다	853	figure	생각하다, 판단하다, 중요하다
844	facilitate	가능하게(수월하게) 하다, 촉진하다	854	fine	벌금을 물리다
845	fade	희미해지다, 사라지다	855	firm	단단하게 하다(다지다), 안정되다
846	faint	실신하다	856	flash	번쩍이다, 비추다
847	farm	농사를 짓다(경작하다)	857	flock	모이다, 떼 지어 가다
848	fascinate	마음을 사로잡다, 매혹하다	858	flourish	번창하다(번성하다), 잘 자라다, (문화가) 꽃피다
849	fasten	매다, 채워지다	859	flush	확 붉어지다, 왈칵 흘러나오다
850	fault	나무라다, 흠잡다	860	forbid	금하다, 못하게 하다

위의 단어와 뜻을 가리고, 아래 표현의 뜻을 써보세요.

841	be exposed to the public
842	extend our house
843	extract oil from plants
844	facilitate learning
845	her memory fades
846	faint in the heat
847	farm this land
848	be fascinated by the music
849	fasten your seatbelt
850	fault the way they handle the situation
851	favor a proposal
852	feature the famous actor
853	figure that it is important
854	be fined for speeding
855	firm the soil
856	flash a light
857	people flocked to the beach
858	the art flourishes
859	flush one's face
860	forbid him to leave town

DAY 261 필수동사 1200

다음 단어와 뜻을 공부하세요.

861	force	~를 강요하다	871	furnish	가구를 비치하다, 제공하다
862	form	형성하다, 구성하다	872	gaze	응시하다, 바라보다
863	foster	조성하다, 발전시키다, 아이를 맡아 기르다	873	generate	발생시키다, 만들어내다
864	frame	틀을 잡다, 죄를 뒤집어씌우다, 표현하다	874	glare	노려보다, 눈부시다
865	front	향하다, 앞면이 ~로 되어 있다	875	glimpse	언뜻 보다
866	frost	성에가 끼다	876	govern	통치하다, 다스리다
867	frown	얼굴을 찌푸리다	877	grade	나누다, 분류하다
868	fuel	연료를 공급하다, 부채질하다	878	grant	승인하다, 인정하다
869	fulfil	실현하다, 이행하다	879	guarantee	보장하다, 약속하다
870	fund	자금을 대다	880	handicap	불리하게 만들다

위의 단어와 뜻을 가리고, 아래 표현의 뜻을 써보세요.

861	force her to make a decision	
862	a plan formed	
863	foster a child	
864	be framed by the police	
865	front the sea	
866	windows frosted up	
867	frown at me	
868	be fueled by gas	
869	fulfil your dream	
870	be funded by the government	
871	the room is furnished	
872	gaze at her	
873	generate power	
874	glare at its prey	
875	glimpse her briefly	
876	be governed by the president	
877	be graded by size	
878	grant us permission to use the data	
879	guarantee the best service	
880	be handicapped by bad weather	

DAY 262 필수동사 1200

다음 단어와 뜻을 공부하세요.

881	harm	해치다, 해를 끼치다, 손상시키다	891	imitate	모방하다, 흉내내다
882	harvest	수확하다, 거둬들이다	892	immigrate	이주해(이민을) 오다
883	haunt	귀신이 나타나다, (나쁜 생각이) 계속 떠오르다	893	impact	영향(충격)을 주다
884	hazard	틀릴 셈치고 제안(추측)하다, ~을 위태롭게 하다	894	implement	시행하다
885	head	향하다, ~을 이끌다	895	imply	넌지시 나타내다, 암시하다
886	hesitate	망설이다, 주저하다	896	import	수입하다
887	host	주최하다	897	impose	도입하다, 부과하다
888	identify	확인하다, 알아보다	898	incline	(마음이) ~쪽으로 기울다
889	ignore	무시하다	899	incorporate	통합하다, (법인체를) 설립하다
890	illustrate	삽화를 쓰다, (실례, 도해 등을 이용하여) 분명히 보여주다	900	induce	유도하다, 설득하다

위의 단어와 뜻을 가리고, 아래 표현의 뜻을 써보세요.

881	harm the animals	
882	harvest wheat	
883	haunt him every night	
884	hazard a guess	
885	head toward the station	
886	hesitate to call me	
887	host the next Olympics	
888	identify the suspect	
889	ignore the warning sign	
890	illustrate one's point	
891	imitate the accent	
892	immigrate to the United States	
893	impact on her life	
894	implement a policy	
895	imply that I am wrong	
896	import cars	
897	be imposed on cigarettes	
898	be inclined toward innovation	
899	incorporate their ideas	
900	induce me to take the job	

DAY 263 필수동사 1200

다음 단어와 뜻을 공부하세요.

901	infect	감염시키다	911	insist	고집하다, 주장하다
902	infer	추론하다	912	inspect	점검하다
903	inflate	부풀리다	913	inspire	격려(고무)하다, 영감을 주다
904	inhabit	살다(거주/서식하다)	914	institute	도입하다, 시작하다
905	inhibit	억제하다, ~하지 못하게 하다	915	instruct	지시하다, 가르치다
906	initiate	개시하다, 시작하다	916	insure	보험에 들다
907	inject	주사하다, 주입하다	917	integrate	통합시키다, 통합되다
908	innovate	혁신하다	918	intend	의도하다, ~하려고 생각하다
909	input	투입하다, (컴퓨터 등에) 입력하다	919	interfere	간섭하다
910	inquire	묻다, 알아보다	920	interpret	설명하다, 해석하다

위의 단어와 뜻을 가리고, 아래 표현의 뜻을 써보세요.

901	be infected with a virus
902	infer from her expression that she is angry
903	inflate the balloon
904	inhabit the island
905	inhibit communication
906	initiate a negotiation
907	inject medicine
908	innovate the future of education
909	input text
910	inquire about our products
911	insist that he didn't do anything
912	inspect the car
913	inspire the students
914	institute new guidelines
915	be instructed to follow the rules
916	be insured for one million dollars
917	integrate learning with play
918	intend to go to Europe
919	interfere in her work
920	interpret the statistics

DAY 264 필수동사 1200

다음 단어와 뜻을 공부하세요.

921	interrupt	(말·행동을) 방해하다	931	justify	타당함을 보여주다, 정당화시키다
922	intervene	개입하다, 중재하다	932	label	상표를 붙이다, (부당하게) 꼬리표를 붙이다
923	intimate	넌지시 알리다	933	labor	노동하다, 애쓰다
924	intrigue	강한 흥미를 불러일으키다	934	lack	~이 없다, 부족하다
925	invade	침입하다, 난입하다	935	lease	임대하다
926	invest	투자하다	936	legislate	법률을 제정하다
927	investigate	조사하다, 살피다	937	level	평평하게 만들다, 비슷하게 만들다
928	involve	포함하다, 관련시키다	938	limit	제한하다
929	isolate	고립시키다	939	line	~을 따라 줄을 서다
930	judge	판단하다	940	loan	(돈을) 빌려주다, 대출하다

위의 단어와 뜻을 가리고, 아래 표현의 뜻을 써보세요.

921	interrupt me during the speech	
922	intervene in a dispute	
923	intimate that he will resign	
924	be intrigued by the question	
925	invade our country	
926	invest a lot of money	
927	investigate the fraud	
928	involve hard work	
929	be isolated from the others	
930	judge your own work	
931	justify her behavior	
932	be labeled as lazy	
933	labor all day	
934	lack confidence	
935	lease the house	
936	legislate against discrimination	
937	level the floor	
938	limit the environmental damage	
939	line the streets	
940	loan you the money	

DAY 265 필수동사 1200

다음 단어와 뜻을 공부하세요.

941	log	일지에 기록하다	951	mediate	중재하다, 조정하다
942	long	간절히 바라다	952	mention	말하다, 언급하다
943	loose	~을 마구 늘어놓다, 풀어주다, 풀다	953	merge	합병하다, 합치다
944	maintain	유지하다	954	mess	엉망으로 만들다
945	manage	간신히 해내다, 처리하다, 관리하다	955	might	may의 과거, 가능성·정중히 제안·허락을 구할 때 등
946	manifest	나타내다, 분명해지다	956	migrate	이주하다, 이동하다
947	manipulate	조종하다, 조작하다	957	mirror	잘 보여주다, 반영하다
948	marvel	경이로워하다	958	mock	놀리다(조롱하다), 무시하다
949	master	~을 완전히 익히다	959	moderate	누그러지다, 조정하다, 완화하다
950	may	~일지도 모른다	960	modify	(더 알맞도록) 수정하다, (정도가 덜 하도록) 바꾸다

위의 단어와 뜻을 가리고, 아래 표현의 뜻을 써보세요.

941	log the result
942	long to see her
943	loose a horse
944	maintain the relationship
945	manage the problem
946	manifest their dissatisfaction
947	manipulate the truth
948	marvel at the view
949	master the language
950	may be true
951	mediate a conflict
952	mention nothing to me
953	merge the two companies
954	mess my hair
955	might happen to me
956	migrate south for the winter
957	mirror the opinion
958	mock his friends
959	moderate the demand
960	modify the behavior

DAY 266 필수동사 1200

다음 단어와 뜻을 공부하세요.

961	monitor	감시하다, (긴 시간을 두고 과정을) 관찰하다	971	note	~에 주목하다, 주의하다(명심하다)
962	motion	(손머리로) 동작을 해보이다	972	obey	순종하다, (명령·법 등을) 따르다
963	mount	시작하다, 서서히 증가하다	973	object	반대하다
964	multiply	곱하다, 크게 증가시키다	974	oblige	의무적으로 ~하게 하다
965	narrate	이야기를 하다, 내레이션을 하다	975	obsess	사로잡다, 강박감을 갖다
966	narrow	좁히다	976	obtain	얻다
967	neglect	방치하다, 등한시하다	977	occupy	차지하다
968	negotiate	협상하다	978	offend	기분 상하게 하다
969	network	통신망을 연결하다, 인적 네트워크를 형성하다	979	operate	작동되다, (기계를) 가동·조작하다
970	nominate	임명하다, 추천하다	980	oppose	반대하다

위의 단어와 뜻을 가리고, 아래 표현의 뜻을 써보세요.

961	monitor the process	
962	motion me to sit down	
963	mount an exhibition	
964	multiply the two numbers	
965	be narrated by the actors	
966	narrow the possibilities	
967	neglect his duty	
968	negotiate with the workers	
969	network with the experts	
970	be nominated by the president	
971	note that this is essential	
972	obey the rules	
973	object to the proposal	
974	be obliged to accept the offer	
975	be obsessed with the idea	
976	obtain the permission	
977	occupy most of the space	
978	be offended by his words	
979	operate the machine	
980	oppose her suggestion	

DAY 267 필수동사 1200

다음 단어와 뜻을 공부하세요.

981	orbit	궤도를 돌다	991	owe	빚지고 있다
982	organize	준비하다, 조직하다	992	own	소유하다
983	orient	지향하게 하다, (새로운 상황에) 적응하다	993	pace	(초조해서) 서성거리다, 속도를 유지하다
984	ought	~해야 하다	994	pain	고통스럽게 하다
985	outline	개요를 설명하다	995	parallel	~와 유사하다(필적하다), 평행하다
986	output	출력해내다	996	part	헤어지다, 갈라놓다, 갈라지다
987	outrage	격분하게 만들다	997	patent	특허를 받다
988	overlap	겹치다	998	patrol	순찰을 돌다, 돌아다니다
989	overlook	간과하다	999	pave	포장하다
990	overwhelm	압도하다	1000	peak	정점에 달하다

위의 단어와 뜻을 가리고, 아래 표현의 뜻을 써보세요.

981	orbit the sun
982	organize a meeting
983	orient himself in his new school
984	ought to apologize
985	outline the plan
986	output the document
987	be outraged by the attack
988	overlap each other
989	overlook the important fact
990	be overwhelmed by grief
991	owe you $50
992	own a house
993	pace the room
994	be pained by the news
995	parallel our story
996	be parted from each other
997	patent the invention
998	patrol the coast
999	be paved with bricks
1000	unemployment peaked

DAY 268

필수동사 1200

다음 단어와 뜻을 공부하세요.

1001	peer	눈여겨보다, 응시하다	1011	pity	유감스러워하다, 불쌍해하다
1002	perceive	감지(인지)하다, ~을 ~로 여기다	1012	place	놓다, 설치하다
1003	permit	허락하다	1013	plot	음모를 꾸미다, 구성을 짜다
1004	persist	집요하게 계속하다, 계속되다	1014	poison	독을 넣다, 독살하다, 나쁜 영향을 주다
1005	persuade	설득하다	1015	polish	(윤이 나도록) 닦다, 윤을 내다
1006	phase	단계적으로 실행하다	1016	pool	(공동으로 이용할 자금·정보 등을) 모으다
1007	phrase	(말 또는 글을 특정한 방식으로) 표현하다	1017	portion	나누다
1008	pile	(물건을 차곡차곡) 쌓다, 포개다	1018	pose	제기하다
1009	pioneer	개척하다	1019	possess	소유하다, 지니다
1010	pitch	던지다, (야구에서) 투구하다	1020	power	동력을 공급하다, 나아가게 하다

위의 단어와 뜻을 가리고, 아래 표현의 뜻을 써보세요.

1001	peer through the window
1002	be perceived as a problem
1003	be permitted in the theatre
1004	the pain persists
1005	persuade her to come
1006	be phased over the next six months
1007	be carefully phrased
1008	pile your homework on the table
1009	pioneer the new method
1010	pitch a ball
1011	pity you for wasting your time
1012	place the book on the desk
1013	plot against his father
1014	be poisoned at the hotel
1015	polish the shoes
1016	pool their ideas
1017	portion his meals
1018	pose a threat
1019	possess wisdom
1020	be powered by electricity

DAY 269 필수동사 1200

다음 단어와 뜻을 공부하세요.

1021	praise	칭찬하다	1031	privilege	특권을 주다
1022	preach	설교하다	1032	proceed	진행하다, 계속해서 ~을 하다
1023	precede	~에 앞서다	1033	process	가공하다, 처리하다
1024	predict	예측하다	1034	progress	진전을 보이다, 향상하다
1025	prejudice	편견을 갖게 하다	1035	prohibit	금하다(금지하다)
1026	prescribe	처방하다, 지시하다	1036	promote	촉진하다, 홍보하다
1027	presume	추정하다, 여기다	1037	prompt	촉발하다, 유도하다
1028	pretend	~인 척하다	1038	prosper	번영하다
1029	prevail	만연하다, 이기다(승리하다)	1039	protest	항의하다, 반대하다
1030	prime	대비시키다, 준비시키다	1040	prove	입증(증명)하다

위의 단어와 뜻을 가리고, 아래 표현의 뜻을 써보세요.

1021	praise his cooking	
1022	preach about forgiveness	
1023	be preceded by an introduction	
1024	predict the exact time	
1025	prejudice the outcome	
1026	prescribe the medicine	
1027	presume that she didn't know	
1028	pretend to be interested	
1029	justice prevails	
1030	be primed for the test	
1031	privilege me to lead	
1032	proceed smoothly	
1033	process data	
1034	progress in his career	
1035	be prohibited in the building	
1036	promote digestion	
1037	prompt me to say something	
1038	the company prospers	
1039	protest low wages	
1040	prove her innocence	

DAY 270 필수동사 1200

다음 단어와 뜻을 공부하세요.

1041	provoke	유발하다, 도발하다	1051	recruit	모집하다
1042	punish	처벌하다	1052	refine	정제하다, 개선하다
1043	puzzle	어리둥절하게 만들다	1053	reflect	비추다, 반영하다
1044	qualify	자격을 얻다	1054	reform	개혁하다, 개선하다
1045	rage	몹시 화를 내다	1055	regulate	규제하다, 조절하다
1046	range	(범위가 ~에서 ~에) 이르다, A에서 B까지 다양하다	1056	reinforce	강화하다
1047	rate	평가하다, 순위를 매기다	1057	reject	거부하다
1048	realize	깨닫다, 알아차리다	1058	release	풀어주다, 공개하다, 석방하다
1049	rebel	반란을 일으키다, 저항하다	1059	remark	언급하다, 발언하다
1050	recover	회복되다	1060	remove	치우다, 제거하다

위의 단어와 뜻을 가리고, 아래 표현의 뜻을 써보세요.

1041	provoke an angry response
1042	be severely punished
1043	puzzle me why she said that
1044	qualify as a teacher
1045	rage at him
1046	range from $50 to $100
1047	rate him as an actor
1048	realize one's mistake
1049	rebel against the plan
1050	recover from the shock
1051	recruit volunteers
1052	be refined before use
1053	reflect a change
1054	reform the education system
1055	regulate industry
1056	reinforce the law
1057	reject the suggestion
1058	be released from prison
1059	remark that she wanted to see them
1060	remove the stain

DATE . . COMPLETE □□

필수동사 1200

DAY 271 필수동사 1200

다음 단어와 뜻을 공부하세요.

1061	replace	대신하다, 대체하다	1071	retain	유지하다, 보유하다
1062	represent	대표하다, 대신하다	1072	retire	은퇴하다
1063	rescue	구하다, 구조하다	1073	retreat	후퇴하다, 멀어져 가다
1064	reside	살다, 거주하다	1074	reverse	뒤바꾸다, 뒤집다
1065	resign	사임하다, 물러나다	1075	revise	변경하다, 수정하다
1066	resolve	해결하다, 결심하다	1076	revive	활기를 되찾다, 회복시키다
1067	restore	회복시키다, 되찾게 하다	1077	satisfy	만족시키다
1068	restrain	억누르다, 제지하다	1078	scan	유심히 살피다, 훑어보다
1069	restrict	제한하다	1079	scatter	흩뿌리다, (사람·동물들이) 황급히 흩어지다
1070	retail	소매하다, (특정 가격에) 팔리다	1080	scheme	계획하다, 모의하다

위의 단어와 뜻을 가리고, 아래 표현의 뜻을 써보세요.

1061	replace the system
1062	represent their countries at the Olympics
1063	rescue the sailors
1064	reside in Seoul
1065	resign from the company
1066	resolve the crisis
1067	be restored to health
1068	restrain her sadness
1069	restrict the opportunity
1070	retail at $10
1071	retain his right
1072	retire from the business
1073	retreat from the city
1074	reverse the decision
1075	revise the rule
1076	revive the hope
1077	satisfy everyone
1078	scan her face
1079	scatter the crowd
1080	scheme against her

DAY 272 필수동사 1200

다음 단어와 뜻을 공부하세요.

1081	sculpt	조각하다	1091	source	(특정한 곳에서 무엇을) 얻다, 공급하다
1082	seize	꽉 붙잡다, 장악하다	1092	span	(얼마의 기간에) 걸치다
1083	sentence	(형을) 선고하다	1093	spare	(시간·돈 등을) 내어주다
1084	separate	분리하다	1094	spot	발견하다, 찾아내다
1085	sequence	차례로 나열하다	1095	spring	휙 움직이다, 불쑥 하다
1086	serve	복무하다, ~을 위해 일하다, (음식을) 차려내다	1096	starve	굶주리다
1087	settle	해결하다, 정착하다	1097	state	말하다(표명하다), 진술하다
1088	shelter	(비·바람·위험으로부터) 막아주다, 피하다	1098	stem	(흐름을) 막다
1089	shield	보호하다, 가리다	1099	stimulate	자극하다
1090	simulate	~인 체 하다(가장하다), 모의 실험하다	1100	stock	(판매할 상품을 갖춰 두고) 있다, 채우다

위의 단어와 뜻을 가리고, 아래 표현의 뜻을 써보세요.

1081	be sculpted in ice
1082	seize his arm
1083	be sentenced to three years
1084	separate people from their families
1085	sequence the story
1086	serve dessert with coffee
1087	settle a dispute
1088	shelter from the rain
1089	shield her eyes from the sun
1090	simulate happiness
1091	be sourced from a farm
1092	span 20 years
1093	spare the time
1094	spot my friend
1095	spring out of bed
1096	starve to death
1097	state his intention
1098	stem the bleeding
1099	stimulate the economy
1100	stock apples

DAY 273 필수동사 1200

다음 단어와 뜻을 공부하세요.

1101	strain	혹사하다, 안간힘을 쓰다	1111	suggest	제안하다, 암시하다
1102	stress	강조하다	1112	suit	(~에게) 편리하다, 맞다
1103	stroke	쓰다듬다	1113	supervise	감독하다, 관리하다
1104	struggle	투쟁하다, 힘겹게 나아가다 (몸부림치다)	1114	suspect	의심하다
1105	subject	지배하에 두다, 종속시키다	1115	suspend	중단하다, 매달다
1106	submit	제출하다	1116	sustain	지속시키다
1107	subscribe	구독하다, 가입하다	1117	tag	꼬리표를 붙이다
1108	substitute	대신하다, 대체하다	1118	tail	미행하다
1109	suck	빨아 먹다, 마시다	1119	target	목표로 삼다, 겨냥하다
1110	suffer	고통 받다, 겪다	1120	tempt	유혹하다, 유도하다(부추기다)

위의 단어와 뜻을 가리고, 아래 표현의 뜻을 써보세요.

1101	strain a muscle	
1102	stress the importance of voting	
1103	stroke a dog	
1104	struggle for survival	
1105	subject a nation	
1106	submit the application	
1107	subscribe to an online magazine	
1108	substitute oil for butter	
1109	suck the juice out of the fresh mangoes	
1110	suffer from allergy symptoms	
1111	suggest a plan	
1112	suit your need	
1113	supervise children	
1114	suspect his motives	
1115	be suspended for a month	
1116	sustain the economic growth	
1117	be tagged with a number	
1118	tail the suspect	
1119	target young people	
1120	tempt her to join the company	

DAY 274 필수동사 1200

다음 단어와 뜻을 공부하세요.

1121	term	(특정한 이름·용어로) 칭하다, 일컫다	1131	trigger	유발하다, 방아쇠를 당기다
1122	terminate	끝나다	1132	trim	(끝부분을) 다듬다
1123	testify	증언하다, 증명하다	1133	trip	헛디디다
1124	torture	고문하다	1134	trouble	괴롭히다, 귀찮게 하다, (질병 등이) 애 먹이다
1125	trail	끌리다, 뒤처지다	1135	tune	조율하다
1126	transact	거래하다	1136	undergo	겪다
1127	transfer	옮기다, 이동하다	1137	underlie	기저를 이루다, ~의 기초가 되다
1128	transform	변형시키다	1138	undermine	약화시키다
1129	transmit	전송하다, 전염시키다	1139	undertake	착수하다
1130	trap	가두다, 함정에 빠뜨리다, 속이다	1140	unify	통합하다

위의 단어와 뜻을 가리고, 아래 표현의 뜻을 써보세요.

1121	be termed a 'success'
1122	terminate the contract
1123	testify that she doesn't know
1124	torture a man
1125	trail on the ground
1126	transact business with them
1127	be transfered to another company
1128	transform the area into a park
1129	be transmitted to human
1130	be trapped in the building
1131	trigger the headache
1132	trim my hair
1133	trip over the floor
1134	trouble me recently
1135	tune her violin
1136	undergo a medical examination
1137	underlie a claim
1138	undermine the power
1139	undertake a program
1140	unify the country

DAY 275 필수동사 1200

다음 단어와 뜻을 공부하세요.

1141	unite	연합하다, 통합시키다	1151	weave	짜다, 엮다
1142	urge	충고하다(설득하려 하다), 촉구하다	1152	withdraw	빼내다(철수시키다), 중단하다, 철회하다
1143	utilize	활용하다, 이용하다	1153	witness	목격하다
1144	utter	(소리를) 내다, (말을) 하다	1154	worship	예배하다, 숭배하다
1145	value	소중하게 생각하다, (가치·가격을) 평가하다	1155	wound	상처(부상)를 입히다
1146	vanish	사라지다	1156	wreck	엉망으로 파괴하다, 난파시키다
1147	vary	(크기·모양 등에서) 서로 다르다, 달라지다	1157	yield	산출하다(내다), 넘겨주다, 양보하다
1148	venture	(위험을 무릅쓰고·모험하듯) 가다	1158	accompany	동반하다, 동행하다
1149	warrant	정당하게 만들다	1159	launch	시작하다, 출시하다
1150	waste	낭비하다	1160	manufacture	제조하다

위의 단어와 뜻을 가리고, 아래 표현의 뜻을 써보세요.

1141	the two countries unite	
1142	urge him to tell the police	
1143	utilize a strategy	
1144	utter a cry	
1145	value her opinion	
1146	vanish into thin air	
1147	vary in quality	
1148	venture into the unknown	
1149	warrant an investigation	
1150	waste a lot of time	
1151	weave wool into fabric	
1152	withdraw an offer	
1153	witness an incident	
1154	worship God	
1155	be wounded in a leg	
1156	be wrecked by the explosion	
1157	yield an unexpected result	
1158	accompany her on a trip	
1159	launch a new service	
1160	manufacture car parts	

DAY 276 필수동사 1200

다음 단어와 뜻을 공부하세요.

1161	matter	중요하다, 문제되다	1171	refer	알아보도록 하다, 참조하게 하다
1162	occur	일어나다, 발생하다	1172	refuse	거절하다
1163	order	명령하다, 주문하다	1173	rent	세내다, (사용료를 내고 단기간) 빌리다
1164	pollute	오염시키다	1174	resist	저항하다, 반대하다
1165	profile	개요를 작성하다, (인물·작품 등의) 소개를 쓰다	1175	resume	다시 시작하다, 돌아가다
1166	profit	이익을 얻다	1176	reveal	드러내다, 밝히다
1167	prove	입증하다, 증명하다, 판명되다	1177	sacrifice	희생하다
1168	publish	출판하다, 게재하다	1178	scale	(아주 높고 가파른 곳을) 오르다, 크기를 조정하다
1169	quote	인용하다	1179	snap	딱 부러뜨리다, 한 순간에 무너지다
1170	reason	판단하다, 추론하다	1180	strip	벗기다, 없애다

위의 단어와 뜻을 가리고, 아래 표현의 뜻을 써보세요.

1161	matter to me
1162	the accident occurred
1163	order a pizza
1164	pollute the air
1165	profile an author
1166	profit greatly from the project
1167	prove my innocence
1168	publish a novel
1169	quote a line from the speech
1170	reason that there must be a scientific way
1171	refer me to the doctor
1172	refuse my help
1173	rent a car
1174	resist arrest
1175	resume a negotiation
1176	reveal the secret
1177	sacrifice everything for their children
1178	scale a high wall
1179	snap the wood pieces
1180	strip off the paint

DAY 277

필수동사 1200

다음 단어와 뜻을 공부하세요.

1181	structure	조직하다, 구조화하다	1191	trace	추적하다, (추적하여) 찾아내다
1182	sun	햇볕을 쬐다	1192	trade	거래하다, 무역하다
1183	suppose	생각하다, 가정하다	1193	translate	통역하다, 번역하다
1184	surrender	항복하다, 포기하다	1194	transport	수송하다, 운반하다
1185	swear	맹세하다	1195	triumph	승리를 거두다
1186	swell	붓다, 부풀어 오르다	1196	type	타자 치다, (유형별로) 분류하다
1187	telegraph	전보를 보내다	1197	voyage	여행하다, 항해하다
1188	tend	~하는 경향이 있다, ~하기 쉽다	1198	wander	돌아다니다, 헤매다
1189	thread	(실 등을) 꿰다	1199	warn	경고하다, 주의를 주다
1190	tip	기울어지다, 젖히다	1200	weigh	무게가 ~이다, 영향을 주다

위의 단어와 뜻을 가리고, 아래 표현의 뜻을 써보세요.

1181	structure the problem
1182	sun myself
1183	suppose that he is guilty
1184	the soldiers surrender
1185	swear (that) I don't know
1186	my arm swelled up
1187	telegraph a message
1188	lions tend to live in a group
1189	thread a needle
1190	tip the chair
1191	trace a call
1192	be traded throughout Asia
1193	translate the document
1194	be transported by plane
1195	our team triumphed over the away team
1196	type the report
1197	voyage to distant lands
1198	wander around the city
1199	warn you not to trust strangers
1200	weigh 10kg

1DAY
1PAGE
ENGLISH
365

수능영어에서는 총 45문제 중 듣기 문제가 17문제나 포함되어 있습니다. 고득점을 하기 위해서는 듣기를 무조건 다 맞혀야 합니다. 하지만 현실에서는 많은 고등학생들이 듣기에서 2~3개, 또는 그 이상을 틀리면서 원하는 점수를 받지 못합니다. 듣기에 대한 몇 가지 오해를 이 책을 통해서 풀고 갑니다.

오해 1. 듣기는 속도의 문제이다?

영어 듣기를 못하는 이유는 속도의 문제가 아닙니다. 수능영어 듣기의 속도는 실생활보다 매우 느립니다. 어색하게 들릴 정도로 천천히 말합니다. 생각해보면, 어떤 부분은 들리고, 어떤 부분은 안 들립니다. 안 들리는 부분은 속도가 갑자기 빨라져서 안 들리는 것이 아닙니다. 속도는 일정합니다. 그렇다면 왜 안 들릴까요? 바로 단어와 표현을 모르기 때문입니다. 내가 눈으로 봐도 모르는 단어나 표현을 귀로 들으면 당연히 이해가 안 됩니다. 내가 모르는 단어가 들리는 순간, 그 부분이 이해가 안 되고 관련된 내용들이 이해가 안 되면서 문제를 틀리는 겁니다.

오해 2. 자주 들으면 점수가 오른다?

등하굣길이나 쉬는 시간에 영어 듣기를 공부하는 학생들이 있습니다. 효과가 있을까요? 상위권 학생의 경우 도움이 됩니다. 듣기는 눈으로만 공부할 수 없습니다. 단어의 발음을 익혀야 하고, 전체적인 억양에도 익숙해져야 잘 들립니다. 상위권 학생들은 주기적으로 영어를 듣는 것이 확실한 도움이 됩니다. 하지만 중하위권 학생들의 경우는 다릅니다. 중하위권 학생들은 모르는 단어와 표현들이 많기 때문에 눈으로 봐도 모르는 내용을 듣는 것은 도움이 되지 않습니다. 억양에는 다소 익숙해지겠지만, 결정적인 단어와 표현들을 놓치기 때문에 나중에 문제를 풀면 결국 틀립니다. 예를 들어서 gift packaging이라는 표현을 모르는 학생이 '기프트 패키징'이라고 귀로 듣는다고 해서 이것을 이해할 수 있는 것이 아닙니다. 선물 포장이라는 의미를 공부하는 것이 먼저 필요합니다.

이 책에서는 영어 듣기를 시작하는 학생을 위해서 수능영어의 듣기 유형을 소개하고, 주로 활용되는 표현들을 정리했습니다. 듣기 자료들은 www.ebsi.co.kr 에서 모두 얻을 수 있으니, 먼저 눈으로 보면서 모르는 단어와 표현들을 정리해 익히기 바랍니다.

PART

3

듣기

DAY 278 적절한 응답 고르기 ①

유형 분석

이 유형은 남녀가 짧은 대화를 주고 받습니다. 대화가 굉장히 짧기 때문에 듣기를 할 때 긴장을 하고 들어야 하며, 특히 남녀의 마지막 질문에 자주 등장하는 패턴을 익히면 유리합니다.

[2020 고1 9월]

Q. 대화를 듣고, 여자의 마지막 말에 대한 남자의 응답으로 가장 적절한 것을 고르시오.

W: Did you hear that Golden Bookstore will hold a book signing event for Lora Johnson?

M: Oh, she is one of my favorite writers. I've read all of her novels. When is it?

W: This Sunday afternoon. Do you want to come with me?

M: ______________________________

① Really? I should have seen her.

② No way. I'm going to miss you a lot.

③ No. I didn't go to the bookstore that day.

④ I'm sorry. I'm not interested in her writing.

⑤ Yes. I can't believe I'm going to see her in person.

기출 PATTERN

1. Do you want to~: ~하고 싶니?

Do you want to come with me? 나랑 같이 가고 싶니?

2. Can you~: ~할 수 있나요?

Can you recommend anything? 추천해줄 수 있나요?

3. Why don't you + 동사원형: ~하는 게 어때요?

Why don't you join me? 나와 함께 하지 않을래?

4. 의문사로 시작: 의문사에 맞는 답을 해야 함

How can I contact you? 어떻게 연락할 수 있나요?

DAY 279

적절한 응답 고르기 ②

유형 분석

남녀가 짧은 대화를 주고받는 유형은 수능에서 2문항이 연속으로 출제됩니다. 문항 번호로는 1번, 2번입니다. 굉장히 짧은 대화를 주의 깊게 듣고, 마지막 말에 집중해야 합니다. 특히 마지막에 질문하는 다양한 패턴을 익혀두면 적절한 응답을 찾는 데 도움이 됩니다.

[2020 고1 6월]

Q. 대화를 듣고, 여자의 마지막 말에 대한 남자의 응답으로 가장 적절한 것을 고르시오.

W: Jimmy, what are you looking for?

M: My cellphone. I forgot where I left it.

W: Why don't you look for it in your room first?

M: ______________________________

① I already did, but I couldn't find it.

② Okay, I'll wait in the living room.

③ You need to fix the cellphone.

④ I called the Lost and Found.

⑤ Wi-Fi is not available here.

기출 PATTERN

1. 의문사로 시작: 의문사에 맞는 답을 해야 함

What are you looking for? 뭘 찾고 있어?

What do you recommend? 넌 무엇을 추천하니?

2. Why don't you + 동사원형: ~하는 게 어때요?

Why don't you look for it in your room first? 네 방을 먼저 찾아보지 않을래?

3. 또 다른 표현

Do you have any kind in mind? 생각 중인 게 있어?

DAY 280 담화의 목적 추론하기

유형 분석

이 유형은 한 사람이 특정한 주제에 대해 이야기합니다. 무엇에 대해서, 어떤 목적으로 말하는지 잘 듣는 것이 중요합니다.

[2020 고1 9월]

Q. 다음을 듣고, 여자가 하는 말의 목적으로 가장 적절한 것을 고르시오.

W: Hello, everyone. Thank you for visiting Dream Amusement Park. To celebrate our 20th anniversary, we have a special musical performance for children, The Winter Princess, all through this week. It was awarded the Best Children's Musical last year and features many famous musical artists that you love. Today, the performance will start at 4 p.m. at the Rainbow Theater. If you'd like to join the show, you need to make a reservation at any information center nearby. We hope you all have a wonderful time with us. Thank you.

① 놀이공원의 개장을 홍보하려고
② 어린이 뮤지컬 배우를 모집하려고
③ 뮤지컬 시상식 일정을 공지하려고
④ 어린이 안전사고 예방을 당부하려고
⑤ 어린이 뮤지컬 특별 공연을 안내하려고

기출 PATTERN

1. would like('d like) to + 동사원형: ~하고 싶다

If you'd like to join the show, you need to make a reservation at any information center nearby. 만약 공연을 보고 싶다면 가까운 안내 센터에서 예약을 하셔야 합니다.

I'd like to make a reservation. 예약을 하고 싶어요.

I'd like to ask you to work in the place where you are supposed to be. 저는 여러분이 정해진 장소에서 활동하기를 요청합니다.

2. let me + 동사원형: 내가 ~하게 해 주세요

Let me share some tips to keep your skin healthy in the winter. 겨울에 피부를 건강하게 유지할 수 있는 팁을 공유하려고 합니다.

DAY 281 의견 추론하기

유형 분석

대화 중에서 여자의 의견을 묻고 있으므로 '여자'의 목소리에 좀 더 집중할 필요가 있습니다. 의견을 묻는 문제의 경우, 보통은 중후반에서 답을 찾을 수 있습니다.

[2020 고1 3월]

Q. 대화를 듣고, 여자의 의견으로 가장 적절한 것을 고르시오.

W: Look at all the shiny paper and ribbons! What are you doing, Tom?

M: I'm wrapping a birthday present for my friend Laura.

W: What are you going to give her?

M: A key chain. I hope she likes it.

W: That's a pretty big box for a key chain, isn't it?

M: Yes, I filled it with paper flowers. Now I'm going to wrap the box with shiny paper and decorate it with ribbons.

W: I think it's a little too much. Most of the paper and ribbons will end up in the trash can.

M: Hmm…. You're right. My packaging will produce a lot of trash.

W: Yeah. We need to make gift packaging simple for the environment.

M: I agree. I'll try to reduce the packaging then.

W: Good thinking.

① 받는 사람에게 필요한 것을 선물해야 한다.

② 정성 어린 선물 포장은 선물의 가치를 높인다.

③ 선물 포장을 위해 다양한 재료를 활용해야 한다.

④ 선물을 받으면 적절한 감사 인사를 하는 것이 좋다.

⑤ 환경을 위해 선물 포장을 간소하게 할 필요가 있다.

기출 PATTERN

I think (that) + S + V: 내 생각에는 ~인 것 같아

I think it's a little too much. 내 생각에는 그건 조금 과한 것 같아.

I think you'd better not drink too many of them.

나는 네가 그걸 너무 많이 마시지 않는 게 낫다고 생각해.

DAY 282 화자의 관계 추론하기

유형 분석

이 유형은 전체적으로 대화를 들으면서 두 사람이 어떤 '관계'인지 찾아내는 것이 중요합니다. 관계를 나타내는 단어나 어구를 메모하며 들으면 답을 찾을 수 있습니다.

[2020 고1 6월]

Q. 대화를 듣고, 두 사람의 관계를 가장 잘 나타낸 것을 고르시오.

(Telephone rings.)

M: Hello, this is Daniel Johnson.

W: Hello, Mr. Johnson. It's Elena Roberts. Have you thought about my proposal?

M: Yes. You said you wanted to turn my novel into a movie, right?

W: That's right. I loved your novel, and it would make a great movie.

M: I'm glad to hear that. And if you directed the movie, it would be a great honor for me.

W: Thank you for accepting my offer. I'd like us to speak about the details of the story in person.

M: Then, shall I go to your office?

W: That would be great. Can you come tomorrow?

M: Sure. I'll be there by 10 a.m.

① 구직자 – 채용 담당 직원 ② 소설가 – 영화감독
③ 배우 – 방송 작가 ④ 서점 직원 – 출판업자 ⑤ 뮤지컬 배우 – 무대 감독

기출 PATTERN

1. 출판사 직원 – 번역가

Which book will I translate this time? 이번에는 제가 어떤 책을 번역하게 되나요?

So, is it possible to get the first draft by the end of October?

그래서 10월 말까지 초안을 받을 수 있을까요?

2. 박람회장 안내원 – 방문객

I made an online reservation. 온라인으로 예약했어요.

Enjoy your time in our camping expo. 우리 캠핑 엑스포에서 좋은 시간 보내세요.

DAY 283

그림 세부 내용 파악하기

유형 분석

이 유형은 그림을 함께 보면서 들어야 합니다. 대화를 들을 때, 내용과 그림이 일치하는 것은 제거하면서 들으면 답을 찾을 수 있습니다. 특히 그림의 위치, 개수, 모양 등을 표현하는 단어를 잘 듣는 것이 중요합니다.

[2020 고1 9월]

Q. 대화를 듣고, 그림에서 대화의 내용과 일치하지 않는 것을 고르시오.

M: Lisa, how's the poster for our magic show going?

W: I have changed a few things. Take a look.

M: Oh, I like the two birds at the top.

W: And I wrote the date and the time under the title, Magic Show.

M: Nice choice. It's more eye-catching.

W: What do you think of the rabbit in the hat?

M: I really like it. It's so cute. And you put the round table instead of the square one.

W: Yes, but I'm still not sure about the shape of the table.

M: I think the round one looks much better.

W: Okay. And as you suggested, I drew a magician holding a magic stick.

M: Nice. I think it's perfect now.

W: Yeah, finally. Thanks for your help.

기출 PATTERN

I like the two birds at the top. 위쪽의 두 마리 새가 좋네요.

I placed the floor lamp between the sofa and the flower pot.

제가 플로어 램프(바닥에 놓을 수 있는 등)를 소파와 꽃병 사이에 놓았어요.

I also love the star-shaped rug in front of the drums.

저는 또한 드럼 앞에 있는 별 모양의 깔개가 아주 좋네요.

DAY 284 언급하지 않은 내용 파악하기

유형 분석

이 유형은 특정한 주제에 대해 언급되지 '않은' 것을 찾아야 하므로 보기를 먼저 빠르게 훑어보고 듣는 것이 필요합니다. 대화에서 제시된 것은 소거하면서 들으면 답을 찾을 수 있습니다.

[2020 고1 6월]

Q. 대화를 듣고, Rock Music Festival에 관해 언급되지 않은 것을 고르시오.

W: Mike, did you see the poster for the Rock Music Festival in our town?

M: No, I didn't. Please give me some details. When will it be?

W: On June 13th at 8 p.m. Can you come with me?

M: Sure, I'd love to. How much are the tickets for the festival?

W: They're only ten dollars for teens like us.

M: Wonderful! Where is the event taking place?

W: It'll be held nearby, at Central Stadium.

M: That's good. We can get there on foot. Who will be playing?

W: World famous musicians Garcia and Martin will perform.

M: Wow! I can't wait to see them.

① 개최 일시 ② 입장료 ③ 개최 장소 ④ 주차 요금 ⑤ 참여 음악가

기출 PATTERN

1. Have you heard about + 명사?: ~에 대해 들어봤니?

Have you heard about the MindUp Program? MindUp Program에 대해 들어봤나요?

2. 의문사로 시작: 의문사에 맞는 답을 해야 함

How can we apply for the competition? 우리가 어떻게 대회 신청을 할 수 있나요?

Where is it going to be held? 어디서 열리나요?

3. How much~?: ~는 얼마인가요?

How much is the admission fee? 입장료는 얼마인가요?

DAY 285 담화 세부 내용 파악하기

유형 분석

이 유형은 먼저 보기를 읽고 핵심 내용을 파악하는 것이 중요합니다. 보기에 대해서 순서대로 내용이 나오기 때문에 듣기를 하면서 일치하는 내용을 제거하면 답을 찾을 수 있습니다.

[2020 고1 6월]

Q. Westbank High School Science Fair에 관한 다음 내용을 듣고, 일치하지 않는 것을 고르시오.

M: Hello, students. This is Kyle Evans, your physics teacher. I'm very glad to tell you about the Westbank High School Science Fair. It'll be held on July 21st in the school auditorium. You'll present your projects in front of judges and visitors. The judges will be professors and teachers from other schools. They'll all provide feedback and comments to each team. Awards will be given in three areas: Physics, Chemistry, and Biology. Also, the first 100 visitors will get T-shirts for free. Spread the word and please invite your friends and parents to come. I hope you enjoy the fair.

① 7월 21일에 열린다.
② 평가자와 방문객 앞에서 과제 발표가 이루어진다.
③ 각 팀에게 피드백이 주어진다.
④ 세 분야에 상이 주어진다.
⑤ 모든 방문객에게 무료로 티셔츠를 준다.

기출 PATTERN

1. ~will be held + 전치사 + 날짜, 장소, 시간: (날짜, 시간)에, (장소)에서 열릴 것이다

It'll be held on March 28 and 29 at Green City Park. 그것은 3월 28일과 29일에 Green City Park에서 열릴 거예요.

2. It is an annual event~: 이것은 매년 열리는 행사이다.

This contest is annual event which has been held every October since 2004.
이 대회는 2004년부터 10월마다 매년 열립니다.
It's an annual tea festival held at City Hall. 이것은 시청에서 매년 열리는 (마시는) 차축제입니다.

DAY 286 화자의 선택 파악하기

유형 분석

이 유형은 보통 표가 제시되기 때문에 표를 먼저 이해하는 것이 중요합니다. 대화를 들을 때에는 표의 왼쪽부터 알맞은 항목을 고르며 들으면 답을 찾을 수 있습니다.

[2020 고1 3월]

Q. 다음 표를 보면서 대화를 듣고, 두 사람이 예약할 방을 고르시오.

Wayne Island Hotel Rooms

	Room	View	Breakfast	Price
①	A	City	X	$70
②	B	Mountain	X	$80
③	C	Mountain	O	$95
④	D	Ocean	X	$105
⑤	E	Ocean	O	$120

M: Honey, what are you doing on your computer?

W: I'm trying to book a room at Wayne Island Hotel for our summer vacation.

M: Our summer vacation? Isn't it a bit early?

W: We can get a room much cheaper if we book early.

M: I see. Which room do you have in mind?

W: I was thinking a room with a city view. What do you think?

M: Well, a room with a mountain view or an ocean view would be better.

W: I agree. Shall we have breakfast in the hotel?

M: I don't think we need to. I heard there are some good restaurants near the hotel.

W: Okay. Then we have two options left. I'd like to go with the cheaper one.

M: Sounds good. Let's book this room then.

기출 PATTERN

I'm trying to book a room at Wayne Island Hotel for our summer vacation.

여름 휴가 때 묵을 Wayne Island 호텔에서 방을 예약하려고 해.

It looks good, but I don't want to spend more than $30.

좋아 보이는데 나는 30달러 넘게 쓰고 싶지 않아.

I recommend the foldable one. **나는 접을 수 있는 것을 추천해.**

DAY 287 적절한 응답 고르기

유형 분석

이 유형은 긴 대화를 주고받습니다. 앞 부분에서 대화의 소재를 파악한 후, 뒷부분을 집중하며 들으면 답을 찾을 수 있습니다.

[2020 고1 9월]

Q. 대화를 듣고, 여자의 마지막 말에 대한 남자의 응답으로 가장 적절한 것을 고르시오.

W: Hi, Andrew. I heard that your tennis club is competing in the City Tennis Tournament.

M: Yes. We've been practicing a lot these days.

W: I'm sure you'll do well.

M: Thanks. But our school tennis court is going to be under construction starting next week, so we won't have a place to practice.

W: What about the community center? It has several tennis courts.

M: We already checked. But all the courts are fully booked.

W: That's too bad. Oh, wait! My sister told me her school tennis courts would be open to the public starting this Saturday.

M: Really? That's great news. Do I need a reservation?

W: Yes. I remember she said that reservations would start at 9 a.m. tomorrow.

M: ____

① Your sister had difficulty booking them.

② I'm sure the construction will be done soon.

③ The community center will be available tomorrow.

④ I hope I can reserve a court to continue practicing.

⑤ I don't think they'll allow us to practice in the gym.

기출 PATTERN

1. What about + 명사: ~는 어때?

What about the community center? **주민센터는 어때?**

2. How about + ~ing(동명사): ~하는 건 어때?

How about checking the school's volunteer center? **학교 자원봉사 센터를 확인해보는 건 어때?**

DAY 288 상황에 적절한 표현 고르기

유형 분석

이 유형은 특정한 상황에 대해 설명을 합니다. 실제 듣기를 할 때 어떤 상황인지 이해한 후 후반부에서 대상이 겪는 문제나 제안이 무엇인지 파악하면 답을 찾을 수 있습니다.

[2020 고1 6월]

Q. 다음 상황 설명을 듣고, Olivia가 온라인 쇼핑몰 고객센터 직원에게 할 말로 가장 적절한 것을 고르시오.

W: Olivia likes to shop online. She ordered a pair of blue pants from a famous online shopping mall a few days ago. When they are delivered, she finds out that the pants are not blue, but black. So she calls the customer service center. When she explains her situation, the employee who answers her call apologizes for their mistake and tells her that the blue pants are sold out. So, Olivia wants to return the black pants and get her money back. In this situation what would Olivia most likely say to the customer service employee?

Olivia: ______________________________

① I'd like to send the pants back and get a refund.

② Could you deliver the pants by tomorrow?

③ Let me know when you have blue pants.

④ Can I exchange them for blue pants?

⑤ I want to check the delivery status.

기출 PATTERN

1. 주어 + want to + 동사원형: ~는 ~하기를 원한다

So, Olivia wants to return the black pants and get her money back.

그래서 Olivia는 검정색 바지를 돌려주고 돈을 환불받기를 원합니다.

So she wants to tell Billy that he must give them to her.

그래서 그녀는 Billy가 그녀에게 꼭 그것들을 줘야 한다고 말하고 싶어요.

2. 마지막 질문

In this situation what would Olivia most likely say to the customer service employee?

이 상황에서 Olivia가 고객 센터 점원에게 할 가장 적절한 말은 무엇인가요?

DAY 289 긴 담화 듣기

유형 분석

이 유형은 한 사람이 어떤 주제에 대해 설명을 합니다. 호흡이 긴 듣기이기 때문에 말하는 목적과 문제에서 요구하는 세부 사항을 메모하며 듣는 것이 중요합니다.

[2020 고1 9월]

Q. 다음을 듣고, 물음에 답하시오.

W: Hello, class! Last time we learned about LED technology. I hope all of you have a clear idea of what an LED is now. Today, I'll talk about how LEDs make our lives better. First, one of the advantages of LEDs is the long lifespan. LED bulbs are used in lamps and last for over 17 years before you need to change them. Second, LEDs use very low amounts of power. For example, a television using LEDs in its backlight saves a lot of energy. Next, LEDs are brighter than traditional bulbs. So, they make traffic lights more visible in foggy conditions. Finally, thanks to their small size, LEDs can be used in various small devices. Any light you see on a computer keyboard is an LED light. Now, let's think about other products that use LEDs.

1. 여자가 하는 말의 주제로 가장 적절한 것은?

① benefits of using LEDs

② how the LED was invented

③ misunderstandings about LEDs

④ competition in the LED market

⑤ ways to advance LED technology

2. 언급된 물건이 아닌 것은?

① lamps ② clocks ③ a television ④ traffic lights ⑤ a computer keyboard

기출 PATTERN

Today, I'll talk about how LEDs make our lives better.

오늘은 LED가 어떻게 우리의 삶을 더 좋게 만드는지에 대해 이야기해볼 거예요.

So, today, I'll share some useful types of exercise to help reduce your own back pain.

그래서 오늘은 제가 여러분의 요통을 줄이기 위해 유용한 몇 가지 운동 방법을 공유할 거예요.

Have you ever wondered where milk comes from?

혹시 우유가 어디서 오는지 궁금해 한 적이 있나요?

1DAY
1PAGE
ENGLISH
365

구문은 문법을 이용해서 문장을 정확하게 해석하는 것을 말합니다. 문법을 안다고 해서 해당 문법이 활용된 문장들을 모두 해석할 수 있는 것이 아닙니다. 세상의 문장들은 무한히 많고 각각 구조가 다양하기 때문에 문법을 제대로 활용하기 위해서는 경험을 쌓아야 합니다. 오늘부터는 파트 1에서 배운 문법들이 활용된 문장들을 해석하는 연습을 합니다. 고등 수준을 간접 경험하기 위해서 난도가 높은 문장들을 인용했습니다. 구문 파트를 공부하면서 다음의 2가지를 생각해주세요.

1. 고등 수준의 단어를 익히세요.

중학교 영어 교과서 수준보다 고등학교에서 배우는 영어가 훨씬 더 어렵습니다. 단어의 난이도가 굉장히 높아집니다. 고등 수준의 문장들을 익히면서 단어도 더불어 공부하세요. 모든 단어를 외우기보다는 단어의 난이도를 느껴보면서 공부의 동기부여를 받으면 좋겠습니다.

2. 문장을 정확하게 해석하세요.

중학 수준의 문장들은 짧고, 구조가 간단합니다. 문법을 잘 몰라도 단어의 의미를 연결하면 해석이 되는 경우가 많습니다. 이것을 끼워 맞추기식 해석이라고 하죠. 이런 식의 해석법은 고등학교 과정에서는 통하지 않습니다. 문장이 길고 구조가 복잡하기 때문에 단어의 의미를 모두 알아도 문법을 모르면 해석이 안 됩니다. 지금부터 문장을 정확하게 해석하는 연습을 해야 합니다. 이 연습을 계속하면 나중에는 알아서 문장의 의미가 정확하게 머릿속에 들어옵니다. 영어를 한국어로 옮기는 번역가, 통역사가 되었다고 생각하고 영어 문장들을 우리말로 정확하게 바꾸기 바랍니다.

단어의 의미를 알고도 문장이 해석되지 않는다면, 이것은 문법에 대한 이해가 부족한 것입니다. 파트 1으로 돌아가서 문법을 한 번 복습하고 다시 문장 해석에 도전하세요. '문법개념 + 문장 해석'의 경험이 합쳐지면 영어를 완전히 정복할 수 있습니다.

PART

4

매일구문 200

DAY 290

매일구문 200 – 1형식 문장

다음 문장들을 해석하세요.

1. Reciprocity with a rival works in much the same way. [2016 고3 4월 37번]

해석 ______________________________

2. These evergreens often live for thousands of years. [2011 수능 37번]

해석 ______________________________

3. They just put their heads on their desks and slept. [2015 수능 42번]

해석 ______________________________

4. Therefore, these criteria vary in space and in time. [2015 고3 4월 36번]

해석 ______________________________

5. There is no single measure of environmental quality. [2018 고3 7월 32번]

해석 ______________________________

6. All kinds of dreadful things could happen today or tomorrow. [2015 고3 7월 18번]

해석 ______________________________

7. They grow very slowly and range from 15 to 40 feet in height. [2011 수능 37번]

해석 ______________________________

8. However, there is not a limited supply of resources out there. [2011 수능 40번]

해석 ______________________________

9. There is twenty-four-hour repair and round-the-clock shopping. [2010 수능 24번]

해석 ______________________________

10. The event will take place for one week from September 10th to 16th. [2018 고3 9월 18번]

해석 ______________________________

1.
reciprocity 상호 호혜

2.
evergreen 상록수

3.
heads 머리

4.
criteria 기준

5.
measure 측정 기준
environmental 환경의

6.
dreadful 무시무시한

7.
range from A to B A에서 B 사이이다
height 높이

8.
supply 공급량
resource 자원

9.
repair 수리점
round-the-clock 24시간

10.
take place 개최되다, 열리다

DAY 291 매일구문 200 – 2형식 문장

Q 다음 문장들을 해석하세요.

1. This is a normal parental instinct, and it's an appropriate behavior. [2019 고3 7월 20번]

해석 ______

2. The possibilities are endless, so you can constantly vary your diet. [2015 수능 37번]

해석 ______

3. So the costs are relatively low and the benefits are relatively high. [2011 수능 24번]

해석 ______

4. From the chemical point of view magma is an extremely complex system. [2018 고3 10월 38번]

해석 ______

5. His final film was an adaptation of George Orwell's famous novel, 1984. [2018 고3 6월 25번]

해석 ______

6. The show remains the longest-running one-man show in Broadway history. [2018 고3 9월 26번]

해석 ______

7. Eating was the original science, the original study of the environment. [2019 고3 10월 33번]

해석 ______

8. Your birding experiences become part of your life, part of who you are. [2020 고3 3월 36번]

해석 ______

9. Biology is not destiny, so gene expression is not necessarily inevitable. [2015 고3 3월 34번]

해석 ______

10. Her hands were so wrinkled, and there were so many bruises on her hands. [2018 고3 4월 43~45번]

해석 ______

1.
parental 부모의
appropriate 적절한
behavior 행동

2.
possibility 가능성
endless 무한한
constantly 끊임없이
vary 다양화하다

3.
relatively 비교적

4.
chemical 화학적인
complex 복잡한

5.
adaptation 각색

6.
remain 남아 있다
running 공연된

7.
original 원초적인

8.
birding 조류 관찰

9.
biology 생물학(적 기질)
gene expression 유전자 발현
necessarily 반드시
inevitable 불가피한 것

10.
wrinkled 주름진
bruise 멍

DAY 292

매일구문 200 – 3형식 문장

다음 문장들을 해석하세요.

1. He recalled his strong conviction during the interview.
[2015 고3 9월 43~45번]
해석 ____________________

2. This requires a particular shift in the use of language.
[2017 고3 9월 33번]
해석 ____________________

3. Increased size affects group life in a number of ways. [2015 수능 41번]
해석 ____________________

4. At one extreme, within limits, votes have equal weight.
[2018 고3 10월 32번]
해석 ____________________

5. Pets changed the people's social identity for the better.
[2016 고3 10월 23번]
해석 ____________________

6. Today, the richest 1 percent own half the world's wealth.
[2019 고3 10월 41~42번]
해석 ____________________

7. He developed a healthy, positive outlook towards the future.
[2014 고3 10월 43~45번]
해석 ____________________

8. The student only has the information in a transportable form.
[2018 고3 3월 23번]
해석 ____________________

9. Rome left an enduring legacy in many areas and multiple ways.
[2018 고3 10월 39번]
해석 ____________________

10. True understanding inevitably requires a knowledge of context.
[2015 고3 9월 41~42번]
해석 ____________________

1.
recall 떠올리다
conviction 신념

2.
shift 전환

3.
affect 영향을 미치다

4.
extreme 극단
weight 영향력

5.
identity 정체성

6.
wealth 부

7.
outlook 전망

8.
transportable
운반 가능한

9.
enduring
오래 지속되는
legacy 유산

10.
inevitably
불가피하게
context 상황

DAY 293 매일구문 200 – 4형식 문장

Q 다음 문장들을 해석하세요.

1. Mouth knowledge taught us the boundaries of our bodies. [2019 고3 10월 33번]

해석 ______

2. But by writing, we can give someone our heart on a page. [2016 고3 9월 20번]

해석 ______

3. She also gave Betty two months' salary as severance pay. [2012 수능 19번]

해석 ______

4. His mathematical theory of heat conduction earned him lasting fame. [2014 수능 30번]

해석 ______

5. My grandpa taught me that living a simple life isn't about self-deprivation. [2014 수능 43~45번]

해석 ______

6. Her smile was breathtaking and gave the college student a completely new sense of life. [2016 고3 4월 30번]

해석 ______

7. You can show someone you are angry by shouting at her or refusing to talk to her at all. [2015 고3 7월 41~42번]

해석 ______

8. I'm sure it would give him the perfect birthday. [2016 고3 9월 18번]

해석 ______

9. The hospital nutritionist taught him better eating habits and he lost his unwanted weight. [2014 고3 10월 43~45번]

해석 ______

10. Searching for a way to reduce anxiety, researchers gave some of the participants an escape. [2018 고3 7월 37번]

해석 ______

1.
knowledge 지식
boundary 경계

2.
give 전하다

3.
severance 해직, 해고

4.
mathematical 수학적
heat conduction 열전도
lasting 지속적인
fame 명성

5.
self-deprivation 스스로 궁핍해지는 것, 자기 제어, 자율 박탈

6.
breathtaking 숨이 멎는 듯한
sense 의미, 느낌

7.
refuse 거부하다

8.
give 제공하다

9.
nutritionist 영양사
eating habit 식습관
unwanted 불필요한

10.
reduce 줄이다
researcher 연구자
participant 참가자
escape 도피, 벗어나는 수단

DAY 294 매일구문 200 – 5형식 문장 ①

Q 다음 문장들을 해석하세요.

1. Mary held my hand and made me follow her. [2019 고3 10월 19번]

해석 ______

2. We encourage you to take advantage of this. [2017 수능 18번]

해석 ______

3. That makes the thermometer hotter than the air. [2017 고3 3월 37번]

해석 ______

4. The director asked the youth to show his hands. [2018 고3 4월 43~45번]

해석 ______

5. I slowed and allowed her to turn in front of me. [2015 고3 3월 28번]

해석 ______

6. Please allow us to try to keep a valued employee. [2018 고3 10월 18번]

해석 ______

7. Then I saw something approaching me in the water. [2012 수능 23번]

해석 ______

8. We believe this view to be thoroughly misguided. [2015 수능 35번]

해석 ______

9. He asked Faraday to accompany him as his assistant. [2017 고3 7월 30번]

해석 ______

10. As a result, it can cause us to use the wrong tool. [2018 고3 4월 36번]

해석 ______

1.
follow 따라가다

2.
encourage 권장하다
take advantage of ~을 활용하다

3.
thermometer 온도계

4.
youth 젊은이

5.
slow 속도를 줄이다
allow 허락하다

6.
valued 소중한
employee 직원

7.
approach 다가오다

8.
thoroughly 철저하게
misguided 오도된

9.
accompany 동반하다, 동행하다
assistant 조수, 보조원

10.
cause 원인, 야기하다

DAY 295 매일구문 200 – 5형식 문장 ②

Q 다음 문장들을 해석하세요.

1. We hope this information makes your donation easier.
[2018 고3 9월 18번]
해석 ____________________

2. Transportation enables us to carry out all these activities.
[2016 고3 3월 20번]
해석 ____________________

3. A charitable lady helped him attend a local military school.
[2014 수능 30번]
해석 ____________________

4. They found the falls spilling out in various layers of rock.
[2020 수능 43~45번]
해석 ____________________

5. Make understanding people a fun game, the solving of puzzles.
[2019 고3 4월 20번]
해석 ____________________

6. As he struggled to get up, he saw something fall from his bag.
[2015 고3 9월 43~45번]
해석 ____________________

7. I knew any slight movement might make the deadly snake strike.
[2017 고3 3월 19번]
해석 ____________________

8. That evening, the youth asked his mother to let him clean her hands. [2018 고3 4월 43~45번]
해석 ____________________

9. Unfortunately, deforestation left the soil exposed to harsh weather. [2012 수능 28번]
해석 ____________________

10. So she told the human resources department to find Amy's replacement. [2017 고3 3월 43~45번]
해석 ____________________

1.
donation 기부

2.
transportation 수송
enable
가능하게 하다

3.
charitable 자비로운
attend 다니다,
참여하다

4.
fall 폭포
spill 쏟아지다

5.
understanding
이해하는 것

6.
struggle 애쓰다

7.
slight 약간의, 경미한
deadly 치명적인
strike 공격

8.
youth 젊은이

9.
deforestation
산림 벌채
harsh 거친

10.
human resources
department 인사과
replacement 대체

DAY 296 매일구문 200 - 시제 ①

다음 문장들을 해석하세요.

1. For the last three years Angela had worked as a legal analyst at a company. [2016 고3 4월 43~45번]

해석 ______

2. They had already lost one son, and now their other son was to lose his legs. [2015 고3 7월 43~45번]

해석 ______

3. Satellites are collecting a great deal of imagery as you read this sentence. [2017 수능 32번]

해석 ______

4. The absence of an audience has affected performers of all types and traditions. [2016 고3 10월 41~42번]

해석 ______

5. Governments and the nuclear industry have tried to find acceptable solutions. [2018 고3 9월 24번]

해석 ______

6. Have you ever watched children in a toy store with a gift certificate in hand? [2016 고3 4월 31번]

해석 ______

7. Comfort, contentment and satisfaction have never been the elixir of happiness. [2019 고3 6월 38번]

해석 ______

8. In many countries, the loss of soil is decreasing the productivity of the land. [2015 고3 3월 20번]

해석 ______

9. Adrian had had a few narrow escapes when he had ventured too close to the edge. [2016 고3 3월 43~45번]

해석 ______

10. The director asked, "Have you ever helped your mother wash the clothes before?" [2018 고3 4월 43~45번]

해석 ______

1.
analyst 분석가

2.
already 이미

3.
satellite 위성

4.
absence 부재
performer 연주자
tradition 전통

5.
government 정부
nuclear 원자력

6.
gift certificate 상품권
in hand 손에

7.
contentment 만족감
satisfaction 충족감
elixir 특효약

8.
loss 손실
productivity 생산성

9.
venture 가다

10.
director 이사

DAY 297

매일구문 200 – 시제 ②

다음 문장들을 해석하세요.

1. Authors will be speaking at the main hall on the 2nd floor from 2 p.m. to 4 p.m. [2016 고3 06월 27번]

해석 ______

2. She turned to see a woman she had met only briefly, a friend of her mother-in-law. [2016 고3 7월 43~45번]

해석 ______

3. Infants were not simply copying the actions but rather repeating the intended goal. [2014 고3 10월 21번]

해석 ______

4. The truth is that the economics of storage have made forgetting brutally expensive. [2016 고3 4월 41~42번]

해석 ______

5. This has also greatly influenced immigrant practices of socialization with children. [2015 고3 10월 35번]

해석 ______

6. She'd long since gotten roasting pans in larger sizes and hadn't cut an end off since. [2013 수능 19번]

해석 ______

7. Indeed you will still be seeing doctors, but the relationship will be radically altered. [2017 고3 3월 40번]

해석 ______

8. Internet entrepreneurs are creating job-search products and bringing them online regularly. [2018 고3 6월 21번]

해석 ______

9. The line of distant mountains and shapes of houses were gradually emerging through the mist. [2013 수능 22번]

해석 ______

10. After dinner he built a fire, going out into the weather for wood he had piled against the garage. [2010 수능 29번]

해석 ______

1.
author 저자, 작가

2.
briefly 잠깐
mother-in-law 시어머니

3.
infant 아기, 신생아
intended 의도된
goal 목적, 목표

4.
storage 저장
forgetting 잊어버리기
brutally 너무, 지나치게

5.
socialization 사회화

6.
roasting 구이용의

7.
indeed 사실
radically 근본적으로
alter 바꾸다

8.
entrepreneur 사업가

9.
distant 멀리, 먼
gradually 점차
emerge 모습을 드러내다
mist 안개

10.
pile 쌓아두다

DAY 298

매일구문 200 – 수동태 ①

다음 문장들을 해석하세요.

1. The movie industry is obviously affected by personal recommendations. [2017 고3 3월 38번]

해석 ______

2. I tried to paddle back to shore but my arms and legs were paralyzed. [2012 수능 23번]

해석 ______

3. A number of 'youth friendly' mental health websites have been developed. [2015 고3 9월 28번]

해석 ______

4. He was considered to be more successful as an architect than a painter. [2012 수능 38번]

해석 ______

5. Others may be disgusted by even glamorous representations of violence. [2015 수능 40번]

해석 ______

6. Data, the basic element, is gathered daily from different input sources. [2019 고3 6월 22번]

해석 ______

7. For most of European history, artists were considered primarily craftsmen. [2015 고3 10월 30번]

해석 ______

8. Jacqueline Cochran was raised by foster parents in a poor town in Florida. [2018 고3 3월 25번]

해석 ______

9. Similarly, the letter V was remembered as B 56 times but as X only 5 times. [2016 고3 9월 33번]

해석 ______

10. Most often this is achieved through the imposition of monetary consequences. [2019 고3 4월 37번]

해석 ______

1.
industry 산업
recommendation 추천

2.
paddle 물장구를 치다
shore 물가
paralyze 마비시키다

3.
friendly 친화적인

4.
be considered to ~로 여겨지다
architect 건축가

5.
be disgusted by ~에 혐오감을 느끼다
glamorous 매력적인
representation 표현
violence 폭력

6.
input 입력
source 출처

7.
primarily 주로
craftsman 장인

8.
raise 키우다, 기르다
foster 위탁

9.
similarly 마찬가지로

10.
imposition 부여
monetary 금전적인
consequence 결과(물)

DAY 299 매일구문 200 - 수동태 ②

다음 문장들을 해석하세요.

1. So some cultural changes may be adopted quite quickly by a whole population. [2015 고3 6월 36번]

해석 ____________________

2. He was assigned to a small school in a poor rural county in North Carolina. [2015 수능 42번]

해석 ____________________

3. In some cases, performance is decreased, even to the point of non-existence. [2017 수능 36번]

해석 ____________________

4. The same kind of results were observed in another study, by Randall Lockwood. [2016 고3 10월 23번]

해석 ____________________

5. Thus the natural world is conceptualized in terms of human social relations. [2020 수능 29번]

해석 ____________________

6. In a classic experiment from 1972, participants were divided into two groups. [2017 고3 7월 31번]

해석 ____________________

7. Their writing is usually embedded in a context of others' ideas and opinions. [2011 수능 34번]

해석 ____________________

8. The disabling neurological symptoms were subsequently called Minamata disease. [2018 수능 39번]

해석 ____________________

9. This destruction was driven by the needs of a fast growing mat-making industry. [2016 수능 29번]

해석 ____________________

10. Suddenly, baby locusts are born with bright colors and a preference for company. [2015 고3 6월 29번]

해석 ____________________

1.
adopt 채택하다

2.
assign 배정하다
rural 시골의
county 군

3.
non-existence 비존재, 부재

4.
result 결과

5.
conceptualize 개념화하다
in terms of ~의 측면에서

6.
classic 고전적인
participant 참가자

7.
embed 끼워넣다

8.
disabling 장애를 초래하는
neurological 신경학적
symptom 증상
subsequently 나중에

9.
destruction 파괴

10.
locust 메뚜기

DAY 300 매일구문 200 – 조동사

Q 다음 문장들을 해석하세요.

1. Rings may also indicate personal interests, taste, and subculture. [2018 고3 4월 32번]

해석 ______

2. It must have been 1975 or 1976, as I think I was twelve or thirteen. [2015 고3 10월 41~42번]

해석 ______

3. Essays must be between 1,500 and 2,000 words. [2015 고3 6월 26번]

해석 ______

4. Because you can feel it so strongly, you must somehow have caused it. [2017 고3 7월 23번]

해석 ______

5. You must truly own this idea and incorporate it into your daily life. [2011 수능 46~47번]

해석 ______

6. Urban planners might require imagery at monthly or annual resolution. [2017 수능 32번]

해석 ______

7. In this modern world, people are not used to living with discomfort. [2010 수능 24번]

해석 ______

8. With that kind of involvement, the republic might survive and prosper. [2016 고3 9월 29번]

해석 ______

9. You may not agree with everything you hear, but at least you listened. [2018 고3 4월 20번]

해석 ______

10. With your donation, we can preserve fragile coral reefs around the world. [2015 고3 9월 18번]

해석 ______

1.
indicate 나타내다
subculture
하위문화

2.
as ~이므로

3.
essay
에세이, 과제물

4.
somehow 어쨌든

5.
own 소유하다
incorporate 짜넣다

6.
urban 도시
annual
연례의, 일 년에 한 번
resolution 해상도

7.
discomfort 불편

8.
involvement 참여
republic 공화국
prosper 번영하다

9.
at least
적어도, 최소한

10.
preserve 보호하다
fragile
손상되기 쉬운
coral reef 산호초

DAY 301 매일구문 200 - 부정사 ①

다음 문장들을 해석하세요.

1. The band teacher agreed to let Jessica try a saxophone.
[2016 고3 10월 43~45번]
해석 ____________________

2. It helps to give your child practice in making decisions.
[2019 고3 7월 20번]
해석 ____________________

3. To make things worse, the price of cotton dropped in 1930.
[2015 고3 6월 43~45번]
해석 ____________________

4. More importantly, I learned to play and enjoy life again.
[2012 수능 46~48번]
해석 ____________________

5. She then continued to cry for help and struggle to get out.
[2018 고3 6월 43~45번]
해석 ____________________

6. That's why the ability to recover quickly is so important.
[2015 수능 18번]
해석 ____________________

7. They have no ability to estimate how long a task will take.
[2015 고3 9월 23번]
해석 ____________________

8. Ellen Langer learned from her mother how to prepare a roast.
[2013 수능 19번]
해석 ____________________

9. 'Fine' can be used to express satisfaction or disappointment.
[2015 고3 4월 19번]
해석 ____________________

10. He quickly learned to respect the mighty waters of the ocean.
[2016 고3 3월 43~45번]
해석 ____________________

1.
saxophone 색소폰

2.
give (기회를) 주다

3.
to make things worse 설상가상으로
cotton 면화

4.
play 향유하다

5.
get out 나가다

6.
ability 능력
recover 회복하다

7.
estimate 추정하다

8.
roast 구이

9.
express 표현하다
disappointment 실망

10.
mighty 강력한
waters 파도

DAY 302 매일구문 200 – 부정사 ②

다음 문장들을 해석하세요.

1. She couldn't wait to get to the beach to start making friends.
[2017 고3 4월 23번]
해석 ______

2. He also taught his customer how to make shapes with the cream.
[2016 고3 06월 43~45번]
해석 ______

3. Sometimes the best decision is just to give up and to move on.
[2016 고3 7월 20번]
해석 ______

4. Carol opened the door to find that same stranger on her porch.
[2016 고3 7월 43~45번]
해석 ______

5. Most of the time, the media fail to perform this crucial role.
[2014 수능 39번]
해석 ______

6. People no longer know how to wait, or even what waiting means.
[2010 수능 24번]
해석 ______

7. The human brain wants to stay where it is, in the comfort zone.
[2019 고3 4월 24번]
해석 ______

8. I waited for my father to calculate the severity of punishment.
[2019 고3 7월 19번]
해석 ______

9. I was full of great plans to find success in this unknown land.
[2013 수능 22번]
해석 ______

10. Moreover, the desire to make money can challenge and inspire us. [2016 수능 38번]
해석 ______

1.
beach 해변

2.
customer 고객

3.
move on 넘어가다

4.
porch 현관

5.
media 언론 매체
crucial 중대한

6.
no longer
더 이상 ~이 아닌

7.
comfort zone 안락한 영역(안전지대)

8.
calculate 계산하다
severity 엄격함

9.
unknown 미지의

10.
challenge 도전하다
inspire 영감을 주다

DATE . . . COMPLETE ☐☐

DAY 303

매일구문 200 - 부정사 ③

다음 문장들을 해석하세요.

1. We are, after all, frequently told to look out for and care about others. [2019 고3 3월 34번]

해석 ______

2. She tried not to think about her terrible performance in class. [2016 고3 9월 19번]

해석 ______

3. Capitalism needs to be saved by elevating the quality of demand. [2019 고3 7월 33번]

해석 ______

4. You had to be more creative just to make everything work harder. [2018 고3 7월 20번]

해석 ______

5. To travel overseas was the second biggest motive for US students. [2015 고3 3월 25번]

해석 ______

6. Scientists should be careful to reduce bias in their experiments. [2013 수능 38번]

해석 ______

7. For my son and me, it was a lovely gift to start of the new year. [2016 고3 10월 20번]

해석 ______

8. For instance, a salesperson's aim is to conclude a sale profitably. [2015 고3 9월 20번]

해석 ______

9. Obviously lethal genes will tend to be removed from the gene pool. [2017 고3 7월 38번]

해석 ______

10. The promise may be to do something or to stop from doing something. [2010 수능 18번]

해석 ______

1.
after all 결국에는, 어쨌든
frequently 자주
look out for ~를 보살피다

2.
performance 실행, 수행

3.
capitalism 자본주의
elevate 높이다
demand 수요

4.
creative 창의적인

5.
overseas 해외의, 해외로
motive 동기

6.
reduce 줄이다

7.
lovely 멋진, 사랑스러운

8.
for instance 예를 들어
salesperson 판매원
aim 목표
conclude 끝내다
profitably 수익성 있게

9.
lethal 치명적인, 치사의
gene 유전자
tend to ~하는 경향이 있다

10.
promise 약속

DAY 304 매일구문 200 – 동명사 ①

Q 다음 문장들을 해석하세요.

1. Faraday had to resign his job before going on the tour.
[2017 고3 7월 30번]
해석 ______

2. So, being full and feeling sated are separate matters. [2018 수능 22번]
해석 ______

3. I began listening to my own feelings and inner wisdom.
[2012 수능 46~48번]
해석 ______

4. Grasping requires that fingers hold an object securely.
[2016 고3 06월 31번]
해석 ______

5. You can be kind by saying something or by saying nothing.
[2015 고3 7월 41~42번]
해석 ______

6. They focus on a single task instead of trying to multitask.
[2015 고3 9월 23번]
해석 ______

7. Evidence of using food to heal dates back thousands of years.
[2014 고3 10월 38번]
해석 ______

8. Getting enough sleep topped the list for both men and women.
[2016 고3 3월 23번]
해석 ______

9. This learning by doing is essential in many of the sciences.
[2015 수능 20번]
해석 ______

10. Imagine cooking a very large pot of chicken soup on the stove.
[2015 고3 6월 38번]
해석 ______

1.
resign
(일을) 그만두다

2.
sated 충분히 만족한
matter 문제

3.
inner 내면의
wisdom 지혜

4.
grasp 붙잡다
securely 안전하게

5.
kind 친절한

6.
focus 초점을 맞추다
multitask
다중 작업을 하다

7.
evidence 증거
heal 치료하다
date back
거슬러 올라가다

8.
top 1위를 차지하다

9.
essential 필수적인

10.
pot 솥
stove 난로

DAY 305 매일구문 200 – 동명사 ②

다음 문장들을 해석하세요.

1. The secret lies in knowing when to stop and sharpen the blade. [2016 고3 10월 25번]

해석 ______

2. My wife and I have enjoyed receiving your publication for years. [2011 수능 18번]

해석 ______

3. Discovering how people are affected by jokes is often difficult. [2019 고3 10월 30번]

해석 ______

4. Looking through the camera lens made him detached from the scene. [2011 수능 32번]

해석 ______

5. Our senses are not geared toward detecting the underlying dangers. [2018 고3 10월 23번]

해석 ______

6. I end up inferring intention from what was essentially just chance. [2015 고3 4월 33번]

해석 ______

7. After correcting the picture the painter arranged a second preview. [2011 수능 36번]

해석 ______

8. Surrounding ourselves with a wall of fear, however, is not the answer. [2012 수능 43번]

해석 ______

9. Overgrazing of livestock resulted in further deterioration of the soil. [2012 수능 28번]

해석 ______

10. We are accustomed to thinking of light as always going in straight lines. [2018 고3 4월 41~42번]

해석 ______

1.
lie 있다, 위치해 있다
sharpen 날카롭게 하다
blade 날

2.
receive 받다
publication 간행물

3.
be affected by ~에 영향을 받다

4.
detach 분리하다

5.
gear something toward something ~에 ~을 맞추다
underlying 잠재적인

6.
infer 추론하다
intention 의도
essentially 본질적으로

7.
arrange 마련하다
preview 시연

8.
surround 둘러싸다

9.
overgraze 지나치게 방목하다
livestock 가축
deterioration 악화
soil 토양

10.
be accustomed to ~에 익숙하다

DAY 306 매일구문 200 – 동명사 ③

Q 다음 문장들을 해석하세요.

1. He was not alone in describing the depth of despair as the end of history. [2014 수능 36번]

해석 ______

2. Not knowing who wrote, or created, some artwork is often very frustrating. [2020 고3 3월 33번]

해석 ______

3. They also earn additional income by performing folk dances and fire walking. [2015 고3 6월 23번]

해석 ______

4. Thus, a key factor in high achievement is bouncing back from the low points. [2015 수능 18번]

해석 ______

5. The boy did not like being on the boat, and the smell of fish made him sick. [2017 고3 9월 43~45번]

해석 ______

6. For example, a person may derive intrinsic satisfaction from helping others. [2018 고3 3월 33번]

해석 ______

7. Interestingly, being observed has two quite distinct effects on performance. [2017 수능 36번]

해석 ______

8. Work with what they give you, instead of resisting and trying to change them. [2019 고3 4월 20번]

해석 ______

9. This is the main motive for gossiping about well-known figures and superiors. [2019 고3 9월 29번]

해석 ______

10. Rumors published on the Internet now have a way of immediately becoming facts. [2013 수능 36번]

해석 ______

1.
depth 깊이
despair 절망감

2.
frustrating 좌절감

3.
income 소득
folk 민속

4.
key factor 중요한 요인
achievement 성공
bounce back 회복하다
low point 최악의 상태

5.
sick 구역질을 일으키다

6.
derive 얻다
intrinsic 내적인

7.
distinct 뚜렷한

8.
resist 거부하다

9.
motive 동기
gossip 험담하다
figure 잘 알려진 인물
superior 우월한 사람

10.
rumor 소문
have a way of ~하게 되어가다

DAY 307 매일구문 200 - 분사 ①

Q 다음 문장들을 해석하세요.

1. Steve could still see the disappointment burning in his eyes. [2018 수능 43~45]

해석 ______

2. They are satisfied with grasping the meaning of what they see. [2017 고3 9월 29번]

해석 ______

3. The typical experiment uses a task called the ultimatum game. [2018 고3 6월 28번]

해석 ______

4. The only things giving off light were the moon and the stars. [2019 고3 10월 19번]

해석 ______

5. The figure holding the flashlight kept climbing silently upward. [2016 고3 7월 19번]

해석 ______

6. Some seemed excited, walking like racing cars between passersby. [2016 고3 06월 43~45번]

해석 ______

7. One of the unique animals living in the area is the Kermode bear. [2019 고3 6월 26번]

해석 ______

8. Linda was very depressed at that time, and she got more depressed. [2015 고3 7월 41~42번]

해석 ______

9. Moreover, they are not plagued by the fragility and tensions found in groups of two or three. [2015 수능 41번]

해석 ______

10. A psychologist named Richard Warren demonstrated this particularly well. [2010 수능 27번]

해석 ______

1.
disappointment 실망감

2.
be satisfied with ~에 만족하다
grasp 이해하다

3.
typical 대표적인
ultimatum 최후통첩

4.
give off (빛 등을) 내다

5.
figure 형체
flashlight 손전등
upward 위쪽을 향한

6.
passersby 행인들

7.
unique 독특한

8.
depressed 우울한

9.
be plagued by ~에 시달리다, 괴로워하다
fragility 취약함
tension 긴장

10.
demonstrate 입증하다

DAY 308 매일구문 200 - 분사 ②

Q 다음 문장들을 해석하세요.

1. He breathed heavily and felt the dreadful cold sweat running down his back. [2016 고3 4월 19번]

해석 ______

2. It is a rare kind of bear known to be the official mammal of British Columbia. [2019 고3 6월 26번]

해석 ______

3. They ignore the improvisatory instincts drilled into us for millions of years. [2020 수능 21번]

해석 ______

4. The surprised and disappointed Canadian tried to understand what had gone wrong. [2015 고3 9월 29번]

해석 ______

5. Richard called over a waiter wearing a blue shirt and asked him for whipped cream. [2016 고3 06월 43~45번]

해석 ______

6. In the Caroline Islands in the South Pacific, there's an island named Yap (or Uap). [2016 고3 7월 38번]

해석 ______

7. Peter Anderson was exhausted when he finally opened the front door of his apartment. [2015 고3 9월 43~45번]

해석 ______

8. On January 10, 1992, a ship traveling through rough seas lost 12 cargo containers, one of which held 28,800 floating bath toys. [2012 수능 20번]

해석 ______

9. These clothes are effective because there are two thermal processes happening at once. [2015 고3 4월 30번]

해석 ______

10. Experience in the field taught me to respect the sensation triggered by these moments. [2018 고3 10월 19번]

해석 ______

1.
dreadful 두려움의
run 흐르다

2.
mammal 포유류

3.
improvisatory 즉흥적인
instinct 직감
drill 주입하다

4.
surprised 놀란

6.
whipped 거품을 일게 한

6.
Pacific 태평양

7.
exhausted 지친

8.
cargo 화물
floating 물에 뜨는

9.
effective 효과적인
thermal 열처리

10.
experience 경험
field 현장
sensation 흥분
trigger 촉발하다

DAY 309 매일구문 200 - 분사 ③

Q 다음 문장들을 해석하세요.

1. Researchers studied two mobile phone companies trying to solve a technological problem. [2012 수능 21번]

해석 ______

2. A challenge unique to environmental science lies in the dilemmas raised by subjectivity. [2018 고3 7월 32번]

해석 ______

3. The !Kung San, also known as the Bushmen, live in the Kalahari Desert in southern Africa. [2016 고3 9월 25번]

해석 ______

4. An ice cube from the freezer placed on a table does not flow, it just sits there and melts. [2018 고3 10월 36번]

해석 ______

5. Without the context provided by cells, organisms, social groups, and culture, DNA is inert. [2020 수능 23번]

해석 ______

6. The tables above show statistics on animals used in research in New Zealand in 2014 and 2015. [2019 고3 4월 25번]

해석 ______

7. They walk dozens of miles every day; lunch is a series of cold snacks eaten on the move. [2015 수능 37번]

해석 ______

8. Ideas expressed imprecisely may be more intellectually stimulating for listeners or readers than simple facts. [2017수능 22번]

해석 ______

9. The total number of animals used in research in 2015 was lower than that of animals used in 2014. [2019 고3 4월 25번]

해석 ______

10. But the examination of the accuracy of information obtained in this manner is not a simple matter. [2017 고3 9월 38번]

해석 ______

1.
researcher 연구원
technological 기술적인

2.
dilemma 딜레마
subjectivity 주관성

3.
southern 남부의

4.
flow 흐르다
sit 위치하다, 있다

5.
context 맥락, 문맥
organism 유기체
inert 비활성의

6.
statistics 통계

7.
dozens of 수십의, 많은

8.
intellectually 지적으로

9.
research 연구

10.
examination 검사
accuracy 정확성
manner 문제

DAY 310 매일구문 200 – 분사구문 ①

Q 다음 문장들을 해석하세요.

1. Amy was in the classroom staring out of the window beside her. [2016 고3 9월 19번]

해석 ______

2. Then, reaching under his pillow, he pulled out some more bills. [2018 고3 7월 43~45번]

해석 ______

3. When done correctly, reciprocity is like getting the pump ready. [2016 고3 4월 37번]

해석 ______

4. Following his instructions, Richard made a flower with the cream. [2016 고3 06월 43~45번]

해석 ______

5. Apgar tried something new, focusing her efforts on anesthesiology. [2020 고3 3월 26번]

해석 ______

6. Looking back, once they know the answer, the solution seems obvious. [2019 고3 7월 29번]

해석 ______

7. He began walking faster, forcing Marvin to jog to keep up with him. [2018 고3 7월 19번]

해석 ______

8. Feeling frustrated, she began to think about giving up on the race. [2018 고3 9월 19번]

해석 ______

9. Surrounded by cheering friends, she enjoyed her victory full of joy. [2018 고3 9월 19번]

해석 ______

10. Seeing that vulnerability, cruel Travis began circling for the kill. [2017 고3 7월 43~45번]

해석 ______

1.
stare 응시하다

2.
bill 지폐

3.
reciprocity
상호 의존 관계

4.
instruction 설명

5.
anesthesiology
마취학

6.
look back
되돌아보다
solution 해답
obvious 명확한

7.
force someone to
~를 ~하도록 강제하다
keep up 따라잡다

8.
give up 포기하다

9.
surrounded by
~에 둘러싸인
joy 기쁨

10.
vulnerability 유약함
circle 빙빙 돌다

DAY 311 매일구문 200 – 분사구문 ②

다음 문장들을 해석하세요.

1. Carefully holding onto the railing, he started down into the blackness. [2016 고3 7월 19번]

해석 ____________________

2. Colonization is a slow process, taking place over years or even decades. [2017 고3 9월 41~42번]

해석 ____________________

3. Looking at Steve, Dave felt the need to apologize to him later that day. [2018 수능 43~45]

해석 ____________________

4. While she was performing CPR, I immediately notified the nearby hospital. [2015 고3 9월 19번]

해석 ____________________

5. Having returned to France, Fourier began his research on heat conduction. [2014 수능 30번]

해석 ____________________

6. Timothy, not knowing what to do, stayed very still just watching them fight. [2019 고3 4월 19번]

해석 ____________________

7. Given a sufficient vocabulary, the empty spaces can be filled in one by one. [2015 고3 6월 34번]

해석 ____________________

8. The man, seeing that the boy already had money, started to get angry again. [2018 고3 7월 43~45번]

해석 ____________________

9. He gathered logs, shaking off their soft white caps and carrying them inside. [2010 수능 29번]

해석 ____________________

10. Individuals were asked to evaluate two people based on two lists of adjectives. [2015 고3 4월 39번]

해석 ____________________

1.
blackness 어둠

2.
colonization 군체 형성
take place (일이) 일어나다
decade 10년

3.
apologize 사과하다

4.
notify 알리다
nearby 가까운

5.
heat conduction 열전도

6.
still 가만히 있는, 정지한

7.
sufficient 충분한

8.
already 이미

9.
gather 모으다
log 땔감
cap 눈

10.
evaluate 평가하다
adjective 형용사

DAY 312 매일구문 200 – 분사구문 ③

다음 문장들을 해석하세요.

1. Starting in the early silent period, plays were regularly "turned into" films. [2013 수능 21번]

해석 ______

2. Individuals and teams, competing with each other, stopped sharing information. [2012 수능 21번]

해석 ______

3. With Bob acting as interpreter, Paul offered 300 and his opponent proposed 450. [2017 수능 30번]

해석 ______

4. I breathed in the clean smell of her hair, feeling blonde curls tickle my chin. [2015 고3 7월 19번]

해석 ______

5. Waking up at 7 a.m., my little sisters and I raced for the fireplace downstairs. [2016 고3 9월 42~45번]

해석 ______

6. Consequently, they use up their commons, leaving themselves with very little food. [2017 고3 4월 38번]

해석 ______

7. This will set up a fundamental power shift, putting the individual at center stage. [2017 고3 3월 40번]

해석 ______

8. Searching the thrift shops in our area, my mom finally found a used sewing machine. [2018 고3 4월 30번]

해석 ______

9. Concerned about Jean idling around, Ms. Baker decided to change her teaching method. [2018 고3 6월 19번]

해석 ______

10. When talking among friends, you might say, "Luce is the world's finest restaurant." [2012 수능 29번]

해석 ______

1.
period 기간
turn into 전환하다

2.
compete 경쟁하다

3.
interpreter 통역사
offer 제안하다
opponent 상대

4.
curl 곱슬머리
tickle 간질이다

5.
fireplace 난로

6.
common 공유지

7.
fundamental 근본적인
shift 이동
stage 무대

8.
thrift shop 중고 매장
sewing machine 재봉틀

9.
concern about ~에 대한 걱정
idle 빈둥거리다
method 방법

10.
among 사이에서

DAY 313 매일구문 200 – 명사절 ①

다음 문장들을 해석하세요.

1. Food plays a large part in how much you enjoy the outdoors. [2015 수능 37번]

해석 ____________________

2. The problem was that she didn't have much of a passion for law. [2016 고3 4월 43~45번]

해석 ____________________

3. I believed that it meant that I would get a pony for Christmas. [2016 고3 9월 42~45번]

해석 ____________________

4. Julia asked her if there were any fun things she would like to do. [2016 고3 4월 43~45번]

해석 ____________________

5. You believe that there is no way that everyone can have everything. [2011 수능 40번]

해석 ____________________

6. One difference between winners and losers is how they handle losing. [2015 수능 18번]

해석 ____________________

7. He knew instantly that a hole spells home, and he dashed inside. [2013 수능 48~50번]

해석 ____________________

8. She thought how her gloomy face in the window reflected her mistake. [2016 고3 9월 19번]

해석 ____________________

9. We can see from this that health is not linearly related to control. [2016 고3 9월 32번]

해석 ____________________

10. As I was sitting there stewing, I realized how ridiculous I was being. [2015 고3 3월 28번]

해석 ____________________

1.
play 역할을 하다

2.
passion 열정

3.
pony 조랑말

4.
thing 일

5.
way 방법

6.
difference 차이
handle 다루다

7.
instantly 곧
spell ~이다
dash 돌진하다

8.
gloomy 침울한
reflect 비추다

9.
linearly 곧장
control 통제

10.
stew 마음을 졸이다
ridiculous 어리석은

DAY 314 매일구문 200 – 명사절 ②

Q 다음 문장들을 해석하세요.

1. Figures A and B demonstrate how dew point is measured by a dew point hygrometer. [2010 수능 30번]

해석 ____________________

2. He was wondering if it was better to put the cream on now, or wait till she arrived. [2016 고3 06월 43~45번]

해석 ____________________

3. The reality of the situation is that nothing significant has been accomplished yet. [2018 고3 3월 23번]

해석 ____________________

4. So people expected that the egalitarian process would continue and even accelerate. [2019 고3 10월 41~42번]

해석 ____________________

5. They used this time to instill in Glenn the belief that he would someday walk again. [2015 고3 7월 43~45번]

해석 ____________________

6. And at sea, if you can't tell the time, you don't know how far east or west you are. [2018 고3 7월 41~42번]

해석 ____________________

7. They assert that color photographs are more "real" than black and white photographs. [2019 고3 10월 40번]

해석 ____________________

8. Developmental biologists now know that it is really both, or nature through nurture. [2020 수능 23번]

해석 ____________________

9. The problem however is that many organizations are poor in information and knowledge. [2019 고3 6월 22번]

해석 ____________________

10. In the 1890s, some sellers in Paris felt that refrigeration would spoil their produce. [2018 고3 4월 37번]

해석 ____________________

1.
dew point 이슬점
hygrometer 습도계

2.
till ~까지

3.
significant 중요한
accomplish 성취하다

4.
egalitarian 평등주의의
accelerate 가속화되다

5.
instill 불어넣다

6.
tell the time 시계를 보다

7.
assert 역설하다

8.
biologist 생물학자

9.
organization 조직
poor in ~이 부족하다

10.
spoil 상하게 하다

DATE . . . COMPLETE ☐☐

DAY 315

매일구문 200 – 명사절 ③

Q 다음 문장들을 해석하세요.

1. On any particular day we find that all products have a specific price ticket on them. [2018 고3 6월 31번]

해석 ______

2. She knew she would regret it later, but it seemed like there was nothing she could do. [2018 고3 9월 19번]

해석 ______

3. The heart of the problem is that people do not anticipate their own capacity to adapt. [2018 고3 10월 41~42번]

해석 ______

4. How well an employee can focus might now be more important than how knowledgeable he is. [2016 고3 7월 21번]

해석 ______

5. In other words, the destiny of a community depends on how well it nourishes its members. [2018 고3 9월 33번]

해석 ______

6. Ms. Baker was convinced by Jean's improvement that her new teaching method was a success. [2018 고3 6월 19번]

해석 ______

7. I estimate that 50 students and teachers from our school would like to participate in it. [2018 수능 18번]

해석 ______

8. The idea that artists have a unique message to communicate is only a few hundred years old. [2015 고3 10월 30번]

해석 ______

9. He asserted that there was no scientific difference between the blood of blacks and whites. [2017 고3 7월 25번]

해석 ______

10. The disadvantage is that the extra grazing contributes to the deterioration of the pasture. [2013 수능 28번]

해석 ______

1.
specific 명확한

2.
regret 후회하다

3.
heart 핵심
anticipate 예상하다
capacity 능력
adapt 적응하다

4.
employee 직원
knowledgeable 지식이 있는

5.
nourish 기르다, 키우다

6.
be convinced 확신하다
improvement 향상

7.
participate in ~에 참여하다

8.
unique 특이한

9.
assert 주장하다

10.
disadvantage 단점
grazing 방목
deterioration 악화
pasture 목초지

DAY 316 매일구문 200 - 부사절 ①

다음 문장들을 해석하세요.

1. If we stay in our comfort zone, we don't have to struggle to survive. [2019 고3 4월 24번]

해석 ____________________

2. The two senses are so unrelated that no one is likely to confuse them. [2015 고3 3월 38번]

해석 ____________________

3. When the transmitted light hits the dew drops, it becomes scattered. [2010 수능 30번]

해석 ____________________

4. Hikers take more risks when they think a rescuer can access them easily. [2013 수능 45번]

해석 ____________________

5. Jeremy became so stressed that he even dreaded going into his classroom. [2015 수능 42번]

해석 ____________________

6. As you are well aware, a great tragedy took place in our city last week. [2013 수능 18번]

해석 ____________________

7. The low performers usually voted unanimously, with little open debate. [2011 수능 22번]

해석 ____________________

8. Once we find a belief and connected story, we need no further processing. [2016 고3 06월 22번]

해석 ____________________

9. I watched the beautiful stretch of the shoreline as it floated into view. [2013 수능 22번]

해석 ____________________

10. When the light from an object hits a person, only some of it bounces off. [2010 수능 34번]

해석 ____________________

1.
struggle to ~하려고 노력하다, 고군분투하다

2.
unrelated 관련이 없는

3.
transmitted 전달된
scatter 흩어지다

4.
rescuer 구조자

5.
dread 두려워하다

6.
aware 알고 있는

7.
unanimously 만장일치로

8.
belief 신념

9.
stretch 뻗은 지역, 구간
shoreline 해안선

10.
object 물체
bounce off 튕기다

DAY 317

매일구문 200 – 부사절 ②

다음 문장들을 해석하세요.

1. Keep working on the relationship, even if it feels uncomfortable at times. [2018 고3 10월 20번]

해석 ______

2. This sensitivity is still there to this day, even though it is seldom used. [2016 고3 9월 31번]

해석 ______

3. If we do more as a result of better managing our time, we just become busier. [2016 고3 7월 31번]

해석 ______

4. Once they'd sealed an envelope, they could no longer see what was inside it. [2018 고3 7월 39번]

해석 ______

5. When other people fail, you feel there's a better chance for you to succeed. [2011 수능 40번]

해석 ______

6. A scientific truth has little standing until it becomes a collective product. [2018 고3 6월 23번]

해석 ______

7. Perhaps because you expected a different critical scrutiny in the two groups. [2012 수능 29번]

해석 ______

8. As real estate prices rose, many of their neighbors sold their homes and lots. [2014 수능 43~45번]

해석 ______

9. In this case, if information has been transferred, it is most definitely false. [2011 수능 42번]

해석 ______

10. Professional swimmers don't have perfect bodies because they train extensively. [2016 고3 7월 34번]

해석 ______

1.
relationship 관계
at times 가끔은, 때때로

2.
sensitivity 민감성
seldom 거의 ~않는

3.
manage 관리하다

4.
seal 밀봉하다

5.
succeed 성공하다

6.
standing 설 자리
collective 집단의

7.
critical 비판적인
scrutiny 면밀한 검토

8.
real estate 부동산
lot 땅

9.
transfer 전달하다

10.
extensively
엄청나게

DAY 318 매일구문 200 - 부사절 ③

다음 문장들을 해석하세요.

1. If you follow your affections, you will write well and will engage your readers. [2016 고3 03월 22번]

해석 ______

2. If a coworker has a personal problem, she knows Amy will find the silver lining. [2017 고3 3월 43~45번]

해석 ______

3. This is manifest when you view a mirage on a long straight highway on a hot day. [2018 고3 4월 41~42번]

해석 ______

4. While the eye sees at the surface, the ear tends to penetrate below the surface. [2015 수능 30번]

해석 ______

5. "Biography of Marie Curie," Rob said absently as he was typing on his computer. [2010 수능 19번]

해석 ______

6. But if inflation gets up to eight percent, prices roughly double every nine years. [2015 고3 6월 22번]

해석 ______

7. When he finally did leave the position, Eliot still didn't strike out on his own. [2018 고3 7월 33번]

해석 ______

8. The mangrove forest alongside the canal thrilled me as we entered its cool shade. [2018 수능 19번]

해석 ______

9. If the itches, however, do not disappear, stop scratching and take the medicine. [2010 수능 23번]

해석 ______

10. As more health care providers entered the market, competition increased among them. [2017 고3 6월 30번]

해석 ______

1.
affection 애착
engage 사로잡다

2.
coworker 동료
silver lining 밝은 면

3.
manifest 분명한
mirage 신기루

4.
penetrate 침투하다

5.
absently 멍하니

6.
inflation 물가 상승

7.
strike out 독립하다

8.
alongside ~을 따라
canal 운하

9.
itch 가려움

10.
competition 경쟁

DAY 319 매일구문 200 – 관계대명사 ①

Q 다음 문장들을 해석하세요.

1. Distinct from the timing of interaction is the way in which time is compressed on television. [2020 고3 3월 37번]

해석 ______

2. The extent to which they are found varies from animal to animal and from activity to activity. [2016 고3 06월 28번]

해석 ______

3. Mediation is a process that has much in common with advocacy but is also crucially different. [2012 수능 45번]

해석 ______

4. Interestingly, the garden in which he painted the Satyr was in the middle of the enemy's camp. [2016 수능 25번]

해석 ______

5. Eating healthy food was the second most common measure for women, which was true also for men. [2016 고3 3월 23번]

해석 ______

6. A career change came next which led to teaching underprivileged young children in Los Angeles. [2012 수능 46~48번]

해석 ______

7. Energy necessarily depends on a pre-existing polarity, without which there could be no energy. [2011 수능 29번]

해석 ______

8. When he looked at our door, he just passed by, which caused me to break into a flood of tears. [2016 고3 9월 42~45번]

해석 ______

9. What each of them will remember is selective and coloured by their family's constructs system. [2018 고3 9월 41~42번]

해석 ______

10. There is nothing inherent in knowledge that dictates any specific social or moral application. [2015 수능 33번]

해석 ______

1.
distinct 분명히 다른
interaction 상호작용
be compressed 압축되다

2.
extent 정도

3.
mediation 중재
advocacy 옹호
crucially 결정적으로

4.
enemy 적
camp 막사, 진영

5.
measure 조치

6.
underprivileged 소외된, 혜택을 받지 못하는

7.
polarity 극성

8.
pass by 지나치다
flood 홍수

9.
selective 선택적인
constructs system 구성 개념 체계

10.
inherent 내재적인
dictate 좌우하다
application 적용

DAY 320 매일구문 200 – 관계대명사 ②

다음 문장들을 해석하세요.

1. The "!K" in the name "!Kung" is like the sound that occurs when a cork is pulled from a bottle. [2016 고3 9월 25번]

해석 ______

2. Your donations will help support children in our community who may not be able to afford books. [2018 고3 9월 18번]

해석 ______

3. The visiting-team room was painted a blue-green, which had a calming effect on the team members. [2015 수능 36번]

해석 ______

4. The most normal and competent child encounters what seem like insurmountable problems in living. [2015 수능 21번]

해석 ______

5. Positive rights reflect the vital interests that human beings have in receiving certain benefits. [2016 고3 10월 39번]

해석 ______

6. Because Weir didn't try to cater to everyone, he wrote something that delighted his core audience. [2019 고3 4월 21번]

해석 ______

7. In order to succeed at change, resistance and the people who resist should be viewed differently. [2019 고3 7월 22번]

해석 ______

8. This trend was started by government policies that encouraged subdivision of commonly held lands. [2018 고3 4월 39번]

해석 ______

9. Children who wear protective gear during their games have a tendency to take more physical risks. [2013 수능 45번]

해석 ______

10. Introspective reflections which are liable to stall are helped along by the flow of the landscape. [2011 수능 28번]

해석 ______

1.
occur 발생하다

2.
afford 여유가 되다

3.
calming effect
진정효과

4.
competent 유능한
encounter 마주하다
insurmountable
극복할 수 없는

5.
right 권리
vital 중요한

6.
cater 구미를 맞추다
core 핵심

7.
resistance 저항

8.
subdivision 분할
commonly 공동으로

9.
take risk
위험을 감수하다

10.
introspective
자아 성찰적
be liable to
흔히 ~하다
stall 미루다

DAY 321 매일구문 200 – 관계대명사 ③

Q 다음 문장들을 해석하세요.

1. This data is forwarded online to the manufacturer, whose production technologies ensure an exact fit. [2015 고3 3월 37번]

해석 ______

2. Water has no calories, but it takes up a space in your stomach, which creates a feeling of fullness. [2016 고3 3월 28번]

해석 ______

3. Theoretically, a person who mentally stretches the duration of time should experience a slower tempo. [2017 수능 41~42번]

해석 ______

4. Andrew, whom nobody had noticed before the tournament this year, came to progress to the final match. [2017 고3 6월 43~45번]

해석 ______

5. Through our ears we gain access to vibration, which underlies everything around us. [2015 수능 30번]

해석 ______

6. This is one of the bonding factors that has been forgotten because of the way in which we live today. [2016 고3 9월 31번]

해석 ______

7. Consumers buy produce and other goods from local farmers, who buy farm supplies from local businesses. [2017 고3 3월 22번]

해석 ______

8. Even those of us who claim not to be materialistic can't help but form attachments to certain clothes. [2012 수능 33번]

해석 ______

9. One avenue that has been explored is the reprocessing of spent fuel to remove the active ingredients. [2018 고3 9월 24번]

해석 ______

10. After a few days they are released back into the tank, which by then looks quite different from before. [2015 고3 10월 32번]

해석 ______

1.
be forwarded
발송되다

2.
fullness 포만감

3.
theoretically
이론적으로
tempo 템포, 빠르기

4.
tournament 진출전

5.
vibration 진동
underlie
근저에 있다

6.
bonding 유대감

7.
local 지역의

8.
materialistic
물질 중심적인
attachment 애착

9.
avenue 방안

10.
release 풀어놓다

DAY 322 매일구문 200 – 관계부사 ①

다음 문장들을 해석하세요.

1. That is why people experience jet lag when traveling across time zones. [2016 고3 06월 38번]

해석 ______

2. Bargain hunting represents one of the significant reasons why people shop. [2015 고3 10월 24번]

해석 ______

3. The way a conversation begins can be a major determinant of where it goes. [2016 고3 10월 29번]

해석 ______

4. They provide even less guidance in situations where we must make decisions. [2020 수능 35번]

해석 ______

5. Concrete crosses marked the spots where these people had been swept into the sea. [2016 고3 3월 43~45번]

해석 ______

6. But the wheat was given to them on the beach, where it quickly became mixed with sand. [2016 고3 06월 37번]

해석 ______

7. Growth is always at the edges, just outside the boundaries of where you are right now. [2018 수능 20번]

해석 ______

8. That night, the advisor visited a little hut where Jeremy lived happily with his family. [2017 고3 4월 43~45번]

해석 ______

9. That's why one prominent scholar said, "Anything can look like a failure in the middle." [2015 수능 18번]

해석 ______

10. You see the world as one big contest, where everyone is competing against everybody else. [2011 수능 40번]

해석 ______

1.
jet lag 시차

2.
bargain 염가, 싸게 사는 물건
represent 대표하다

3.
determinant 결정 요인

4.
guidance 지침

5.
be swept into ~에 휩쓸리다

6.
wheat 밀

7.
boundary 한계

8.
advisor 조언자

9.
prominent 저명한
scholar 학자

10.
compete 경쟁하다

DAY 323 매일구문 200 – 관계부사 ②

Q 다음 문장들을 해석하세요.

1. That's when he decided to focus more on building positive attitudes within the classroom. [2015 수능 42번]

해석 ______

2. The dominance of conclusions over arguments is most pronounced where emotions are involved. [2015 고3 7월 30번]

해석 ______

3. We are currently seeing important changes in the way agriculture is carried out in Britain. [2017 고3 9월 41~42번]

해석 ______

4. There is a reason that prey animals form foraging groups, and that is increased vigilance. [2017 고3 7월 28번]

해석 ______

5. Rather, happiness is often found in those moments we are most vulnerable, alone or in pain. [2019 고3 6월 38번]

해석 ______

6. Those are the places where there are opportunities to improve, innovate, experiment, and grow. [2018 수능 20번]

해석 ______

7. As a result, most spent fuel has been stored in the nuclear power plants where it was produced. [2018 고3 9월 24번]

해석 ______

8. Confirmation bias is a term for the way the mind systematically avoids confronting contradiction. [2014 수능 36번]

해석 ______

9. Later, he traveled to Germany, where he enrolled at the University of Berlin and studied philosophy for three years. [2019 고3 4월 26번]

해석 ______

10. In 1897, Maeterlinck went to Paris, where he met many of the leading symbolist writers of the day. [2018 고3 4월 25번]

해석 ______

1.
focus 집중하다
attitude 태도

2.
dominance 우위
pronounce 두드러지다

3.
be carried out 실행되다

4.
prey 먹잇감
forage 먹이를 찾다
vigilance 경계

5.
vulnerable 약한

6.
innovate 혁신하다

7.
power plant 발전소

8.
confirmation 확증
contradiction 모순

9.
enroll 등록하다

10.
symbolist 상징주의자

DAY 324 매일구문 200 - 관계부사 ③

Q 다음 문장들을 해석하세요.

1. And at seventeen, she opened her very own school for girls, where she taught them science and math. [2016 고3 3월 24번]

해석 ______

2. Grandpa got most of the materials for his little house from the Oakland docks, where he was working. [2014 수능 43~45번]

해석 ______

3. Two neighbors brought an extension ladder out to the lake and pushed it to where Denise and Josh were. [2015 고3 10월 43~45번]

해석 ______

4. One reason apologies fail is that the "offender" and the "victim" usually see the event differently. [2013 수능 41번]

해석 ______

5. Most mammals are biologically programmed to put their digestive waste away from where they eat and sleep. [2016 고3 6월 36번]

해석 ______

6. After an hour, my frustration reached its climax, when I saw a man riding a pony with a brand-new saddle. [2016 고3 9월 42~45번]

해석 ______

7. Half the participants tested the scissors in a room where there weren't any recycling facilities, only a trash can. [2017 고3 3월 41~42번]

해석 ______

8. But in countries where popular opinion is taken into consideration, no mutually acceptable solution has been found. [2018 고3 9월 24번]

해석 ______

9. It was held in a seminar room where Anderson met the principal for the first time three years ago. [2015 고3 9월 43~45번]

해석 ______

10. One reason most dogs are much happier than most people is that dogs aren't affected by external circumstances the way we are. [2013수능 24번]

해석 ______

1.
open 열다

2.
dock 부두

3.
extension 신축

4.
offender
잘못한 사람

5.
mammal 포유동물
digestive 소화의

6.
frustration 좌절감
saddle 안장

7.
facility 시설

8.
consideration 고려
mutually 서로, 상호간에

9.
principal
교장 선생님

10.
affect 영향을 주다
external 외부의

DAY 325 매일구문 200 – 복합관계사

다음 문장들을 해석하세요.

1. However much you may remember the past or anticipate the future, you live in the present. [2019 고3 4월 29번]

해석 ______

2. But, no matter how powerful your engine is, you won't get very far if you don't have any wheels. [2017 고3 7월 20번]

해석 ______

3. Sometimes perfectionists find that they are troubled because whatever they do it never seems god enough. [2016 고3 10월 28번]

해석 ______

4. One afternoon, however, she was practicing and could not play a few of the notes no mater how hard she tried. [2016 고3 10월 43~45번]

해석 ______

5. However, no matter how long visitors spend in front of that cage, they will never truly understand the beast. [2015 고3 9월 41~42번]

해석 ______

6. Whenever you feel stuck, spiritually dry, or just plain gloomy, take time to remind yourself that change is on its way. [2016 고3 10월 33번]

해석 ______

7. Whatever the hardship a person may experience, the indicators of satisfaction quickly return to their initial levels. [2018 고3 10월 41~42번]

해석 ______

8. Whatever else one might conclude about self-government, it's at risk when citizens don't know what they're talking about. [2018 고3 9월 37번]

해석 ______

9. During this lengthy process, whenever he feels threatened, he turns back toward the safety of his parents' love and authority. [2014 수능 24번]

해석 ______

1.
anticipate 예상하다

2.
no matter how
아무리 ~하더라도

3.
perfectionist
완벽주의자

4.
note 음

5.
cage 우리

6.
spiritually
정신적으로
plain 명료한, 전적인

7.
hardship 어려움
indicator 지표
initial 초기의

8.
conclude
결론을 짓다
self-government
자치

9.
lengthy 긴
authority 권위

DAY 326

매일구문 200 – 가목적어

다음 문장들을 해석하세요.

1. It makes it difficult for households to plan ahead. [2015 고3 6월 22번]

해석 ______

2. He has to make it clear, through his words and deeds, that he is not weak. [2016 고3 7월 36번]

해석 ______

3. The added expense of cleaning the paper makes it too expensive to use for some purposes. [2016 고3 4월 34번]

해석 ______

4. We make it easy for teachers to participate in CPR training at a time to suit your school's schedule. [2017 고3 9월 18번]

해석 ______

5. Furthermore, grasses have hard materials in their cell walls that make it difficult for animals to crush the cell walls and digest them. [2019 고3 7월 39번]

해석 ______

6. Prolonged positive (or negative) emotions might have psychological costs, making it difficult to concentrate and to notice new emotional information. [2015 고3 3월 41~42번]

해석 ______

7. These countries had suffered from negative public and media image which made it challenging for them to compete over tourists with countries with strong and familiar brands. [2018 고3 3월 22번]

해석 ______

8. Engaging in acts that would be considered inconsequential in ordinary life also liberates us a bit, making it possible to explore our capabilities in a protected environment. [2018 고3 6월 34번]

해석 ______

1.
household 가정
plan 계획(하다)

2.
deed 행동

3.
expense 비용

4.
participate 참여하다

5.
digest 소화시키다

6.
prolonged 연장된
concentrate 집중하다

7.
suffer 어려움을 겪다
challenging 어렵게 하다

8.
engage 참여하다
inconsequential 중요하지 않은
liberate 자유롭게 하다

DAY 327 매일구문 200 – 가주어

다음 문장들을 해석하세요.

1. Along the coast of British Columbia lies a land of forest green and sparkling blue. [2019 고3 6월 26번]

해석 ______

2. Individualism is a strong element of American society, and so is the need to belong. [2017 고3 7월 40번]

해석 ______

3. In neither case was it necessary to enumerate every enemy or every fruit individually. [2018 고3 4월 28번]

해석 ______

4. The present moment does not exist in them, and therefore neither does the flow of time. [2019 고3 4월 29번]

해석 ______

5. Only in terms of the physics of image formation do the eye and camera have anything in common. [2013 수능 26번]

해석 ______

6. Right in front of his eyes were rows of delicious-looking chocolate bars waiting to be touched. [2017 수능 19번]

해석 ______

7. Russian poets whose work circulates in privately copied typescripts do that, as did Emily Dickinson. [2019 고3 7월 38번]

해석 ______

8. Rarely do they talk about scoring a goal, a touchdown, a home run, a point, or achieving a good shot. [2015 고3 10월 20번]

해석 ______

9. No longer are they restricted to their immediate locale and to objects that others place before them. [2017 고3 6월 21번]

해석 ______

10. Notable is the near absence of obvious dark markings on the underside of the flight and tail feathers. [2016 고3 10월 27번]

해석 ______

1.
lie 위치하다

2.
individualism 개인주의
element 요소

3.
enumerate 일일이 세다

4.
flow 흐름

5.
formation 형성

6.
row 줄

7.
circulate 유통하다/되다
typescript 원고, 인쇄물

8.
achieve 명중시키다

9.
be restricted to ~로 제한되다
locale 장소, 현장

10.
notable 두드러진

DAY 328 매일구문 200 – 강조

다음 문장들을 해석하세요.

1. It was observations like these that launched the Gestalt school of thought. [2017 고3 4월 35번]

해석 ______

2. If they do consult recipes, they happily play fast and loose with quantities. [2017 고3 7월 39번]

해석 ______

3. Yet as both research and real life show, many others do make important changes. [2016 수능 35번]

해석 ______

4. It is these differences from place to place that generate the demand for transportation. [2016 고3 3월 20번]

해석 ______

5. No doubt it is this utopian aspect of movies that accounts for why we enjoy them so much. [2020 수능 36번]

해석 ______

6. Experts' tastes did move in the proper direction: they favored finer, more expensive wines. [2018 고3 9월 22번]

해석 ______

7. Thus, though poets do depend on printers and publishers, one can produce poetry without them. [2019 고3 7월 38번]

해석 ______

8. It is the statement that is in bold print or the boxed insert in newspaper and magazine articles. [2020 고3 3월 37번]

해석 ______

9. Collectively, it is we, the consumers, who opt for certain kinds of ease and excitement over others. [2019 고3 7월 33번]

해석 ______

10. It was over those last few weeks that the owner realized Amy was a great encourager for her employees. [2017 고3 3월 43~45번]

해석 ______

1.
launch 출범시키다
school of thought 학파

2.
consult 참고하다
play fast and loose 아무렇게나 대하다

3.
research 연구

4.
generate 발생시키다

5.
no doubt ~이 틀림없다
utopian 이상적인
aspect 측면
account for 설명하다

6.
expert 전문가
proper 적절한

7.
publisher 출판업자

8.
statement 말
insert 삽입란

9.
opt 선택하다

10.
encourager 격려자

DAY 329 매일구문 200 - 비교

Q 다음 문장들을 해석하세요.

1. Traits, on the other hand, are more stable characteristics that endure across time. [2014 고3 10월 39번]

해석 ______

2. Certain species are more crucial to the maintenance of their ecosystem than others. [2015 고3 9월 40번]

해석 ______

3. This drop is one of the longest stretches of continuous downhill road in the world. [2016 고3 4월 25번]

해석 ______

4. We're talking about the most precious part of life-one's health-not buying a book. [2017 고3 3월 40번]

해석 ______

5. Leonardo da Vinci was one of the most learned and well-rounded persons ever to live. [2015 고3 4월 28번]

해석 ______

6. The task can be as paralyzing as having to tell a joke or mimic an accent on demand. [2011 수능 28번]

해석 ______

7. Baseball, in particular, is one of the most popular sports frequently broadcast on TV. [2015 고3 6월 35번]

해석 ______

8. The bigger the flock of birds, the less time an individual bird devotes to vigilance. [2017 고3 7월 28번]

해석 ______

9. Just one of these gold coins was more than he could have ever hoped to see in his life. [2017 고3 4월 43~45번]

해석 ______

10. The most famous example is that of the macaque monkeys on the island of Koshima in Japan. [2016 고3 06월 37번]

해석 ______

1.
trait 특성
stable 영속적인

2.
crucial 결정적인
maintenance 유지

3.
drop 내리막길
contiunous 지속되는

4.
precious 소중한

5.
well-rounded 다재다능한

6.
paralyze 무력화하다
mimic 따라하다

7.
in particular 특히

8.
flock 무리, 떼
devote to ~에 바치다
vigilance 경계

9.
hope 기대하다, 희망하다

10.
example 예시

1DAY
1PAGE
ENGLISH
365

수능영어는 결국 독해입니다. 10문장 내외로 이루어진 지문의 주제, 흐름을 파악할 수 있어야 합니다. 이것을 위해서 지금까지 단어를 외우고, 문법을 공부하고, 구문 연습을 했습니다. 수능영어를 정복하기 위해서는 문장들을 무작정 해석해서는 안 되고, 지문에서 제일 중요한 내용, 주제를 파악하는 연습을 해야 합니다. 대부분의 수능영어 지문은 주제가 있습니다. 그리고 그 주제를 효과적으로 뒷받침하기 위한 문장들이 뒤따릅니다. 다양한 글감들을 읽으면서 주제를 찾는 연습을 먼저 하세요.

수능영어의 문제들은 유형이 정해져 있습니다. 그리고 그 유형들을 바탕으로 내신 문제도 출제가 되기 때문에 수능영어의 문제 유형들은 반드시 익혀야 합니다.

오늘부터는 주제를 찾는 연습, 수능영어의 독해 유형들을 만나보겠습니다. 여러분들과 하는 마지막 연습이 될 것이고, 이 과정 이후에는 기출 문제를 ebsi에서 다운받아 문제를 풀면서 단어, 문장해석 연습, 유형에 대한 훈련을 하시면 됩니다.

PART

5

매일독해

DAY 330 매일독해 – 주제파악 연습

다음 문장들을 해석하고, 주제를 정리하세요.

[2020 고1 9월]

Any goal you set is going to be difficult to achieve, and you will certainly be disappointed at some points along the way.

해석 ______________________________

So why not set your goals much higher than you consider worthy from the beginning?

해석 ______________________________

If they are going to require work, effort, and energy, then why not exert 10 times as much of each?

해석 ______________________________

What if you are underestimating your capabilities?

해석 ______________________________

You might be protesting, saying, "What of the disappointment that comes from setting unrealistic goals?"

해석 ______________________________

However, take just a few moments to look back over your life.

해석 ______________________________

Chances are that you have more often been disappointed by setting targets that are too low and achieving them – only to be shocked that you still didn't get what you wanted.

해석 ______________________________

____

여러분이 생각하는 주제를 우리말로 정리해보세요.

주제:

DAY 331

매일독해 – 주제파악 연습

다음 문장들을 해석하고, 주제를 정리하세요.

[2020 고1 9월]

Animals as well as humans engage in play activities.

해석 ______

In animals, play has long been seen as a way of learning and practicing skills and behaviors that are necessary for future survival.

해석 ______

In children, too, play has important functions during development.

해석 ______

From its earliest beginnings in infancy, play is a way in which children learn about the world and their place in it.

해석 ______

Children's play serves as a training ground for developing physical abilities – skills like walking, running, and jumping that are necessary for everyday living.

해석 ______

______

Play also allows children to try out and learn social behaviors and to acquire values and personality traits that will be important in adulthood.

해석 ______

For example, they learn how to compete and cooperate with others, how to lead and follow, how to make decisions, and so on.

해석 ______

여러분이 생각하는 주제를 우리말로 정리해보세요.

주제:

DAY 332 매일독해 – 주제파악 연습

다음 문장들을 해석하고, 주제를 정리하세요.

[2020 고1 6월]

The dish you start with serves as an anchor food for your entire meal.

해석 ____

Experiments show that people eat nearly 50 percent greater quantity of the food they eat first.

해석 ____

If you start with a dinner roll, you will eat more starches, less protein, and fewer vegetables. Eat the healthiest food on your plate first.

해석 ____

____

As age-old wisdom suggests, this usually means starting with your vegetables or salad.

해석 ____

If you are going to eat something unhealthy, at least save it for last.

해석 ____

This will give your body the opportunity to fill up on better options before you move on to starches or sugary desserts.

해석 ____

여러분이 생각하는 주제를 우리말로 정리해보세요.

주제:

DAY 333 매일독해 – 주제파악 연습

다음 문장들을 해석하고, 주제를 정리하세요.

[2020 고1 3월]

Keeping good ideas floating around in your head is a great way to ensure that they won't happen.

해석 ______________________________

Take a tip from writers, who know that the only good ideas that come to life are the ones that get written down.

해석 ______________________________

Take out a piece of paper and record everything you'd love to do someday — aim to hit one hundred dreams.

해석 ______________________________

You'll have a reminder and motivator to get going on those things that are calling you,

해석 ______________________________

and you also won't have the burden of remembering all of them.

해석 ______________________________

When you put your dreams into words you begin putting them into action.

해석 ______________________________

여러분이 생각하는 주제를 우리말로 정리해보세요.

주제:

DAY 334 매일독해 – 주제파악 연습

다음 문장들을 해석하고, 주제를 정리하세요.

[2020 고1 3월]

In life, they say that too much of anything is not good for you. In fact, too much of certain things in life can kill you.

해석 ______

For example, they say that water has no enemy, because water is essential to all life. But if you take in too much water, like one who is drowning, it could kill you.

해석 ______

______

Education is the exception to this rule. You can never have too much education or knowledge.

해석 ______

The reality is that most people will never have enough education in their lifetime.

해석 ______

I am yet to find that one person who has been hurt in life by too much education.

해석 ______

Rather, we see lots of casualties every day, worldwide, resulting from the lack of education.

해석 ______

You must keep in mind that education is a longterm investment of time, money, and effort into humans.

해석 ______

여러분이 생각하는 주제를 우리말로 정리해보세요.
주제:

DAY 335 매일독해 – 주제파악 연습

다음 문장들을 해석하고, 주제를 정리하세요.

[2019 고1 11월]

How many of you have a hard time saying no?

해석 ______

No matter what anyone asks of you, no matter how much of an inconvenience it poses for you, you do what they request.

해석 ______

This is not a healthy way of living because by saying yes all the time you are building up emotions of inconvenience.

해석 ______

You know what will happen in time?

해석 ______

You will resent the person who you feel you cannot say no to because you no longer have control of your life and of what makes you happy.

해석 ______

______

You are allowing someone else to have control over your life.

해석 ______

When you are suppressed emotionally and constantly do things against your own will, your stress will eat you up faster than you can count to three.

해석 ______

______

여러분이 생각하는 주제를 우리말로 정리해보세요.

주제:

DAY 336 매일독해 – 주제파악 연습

다음 문장들을 해석하고, 주제를 정리하세요.

[2019 고1 9월]

Twenty–three percent of people admit to having shared a fake news story on a popular social networking site, either accidentally or on purpose, according to a 2016 Pew Research Center survey.

해석 ______________________________

____

It's tempting for me to attribute it to people being willfully ignorant.

해석 ______________________________

Yet the news ecosystem has become so overcrowded and complicated that I can understand why navigating it is challenging.

해석 ______________________________

When in doubt, we need to crosscheck story lines ourselves.

해석 ______________________________

The simple act of factchecking prevents misinformation from shaping our thoughts.

해석 ______________________________

We can consult websites such as FactCheck.org to gain a better understanding of what's true or false, fact or opinion.

해석 ______________________________

여러분이 생각하는 주제를 우리말로 정리해보세요.

주제:

DAY 337

매일독해 – 주제파악 연습

다음 문장들을 해석하고, 주제를 정리하세요.

[2019 고1 9월]

Attaining the life a person wants is simple. However, most people settle for less than their best because they fail to start the day off right.

해석 ______________________________

If a person starts the day with a positive mindset, that person is more likely to have a positive day.

해석 ______________________________

Moreover, how a person approaches the day impacts everything else in that person's life.

해석 ______________________________

If a person begins their day in a good mood, they will likely continue to be happy at work and that will often lead to a more productive day in the office.

해석 ______________________________

____

This increased productivity unsurprisingly leads to better work rewards, such as promotions or raises.

해석 ______________________________

Consequently, if people want to live the life of their dreams, they need to realize that how they start their day not only impacts that day, but every aspect of their lives.

해석 ______________________________

____

여러분이 생각하는 주제를 우리말로 정리해보세요.

주제:

DAY 338 매일독해 – 주제파악 연습

다음 문장들을 해석하고, 주제를 정리하세요.

[2018 고1 6월]

Too many companies advertise their new products as if their competitors did not exist.

해석 ____________________

They advertise their products in a vacuum and are disappointed when their messages fail to get through.

해석 ____________________

Introducing a new product category is difficult, especially if the new category is not contrasted against the old one.

해석 ____________________

____

Consumers do not usually pay attention to what's new and different unless it's related to the old.

해석 ____________________

That's why if you have a truly new product, it's often better to say what the product is not, rather than what it is.

해석 ____________________

For example, the first automobile was called a "horseless" carriage, a name which allowed the public to understand the concept against the existing mode of transportation.

해석 ____________________

____

여러분이 생각하는 주제를 우리말로 정리해보세요.

주제:

DAY 339 매일독해 – 주제파악 연습

다음 문장들을 해석하고, 주제를 정리하세요.

[2019 고1 6월]

If you've ever seen a tree stump, you probably noticed that the top of the stump had a series of rings.

해석 ______________________________

These rings can tell us how old the tree is, and what the weather was like during each year of the tree's life.

해석 ______________________________

Because trees are sensitive to local climate conditions, such as rain and temperature, they give scientists some information about that area's local climate in the past.

해석 ______________________________

____

For example, tree rings usually grow wider in warm, wet years and are thinner in years when it is cold and dry.

해석 ______________________________

If the tree has experienced stressful conditions, such as a drought, the tree might hardly grow at all during that time.

해석 ______________________________

Very old trees in particular can offer clues about what the climate was like long before measurements were recorded.

해석 ______________________________

여러분이 생각하는 주제를 우리말로 정리해보세요.
주제:

DAY 340 매일독해 – 주제파악 연습

다음 문장들을 해석하고, 주제를 정리하세요.

[2018 고1 9월]

It might seem that praising your child's intelligence or talent would boost his self-esteem and motivate him. But it turns out that this sort of praise backfires.

해석 ______________________________

____

Carol Dweck and her colleagues have demonstrated the effect in a series of experimental studies:

해석 ______________________________

"When we praise kids for their ability, kids become more cautious. They avoid challenges."

해석 ______________________________

It's as if they are afraid to do anything that might make them fail and lose your high appraisal.

해석 ______________________________

Kids might also get the message that intelligence or talent is something that people either have or don't have.

해석 ______________________________

This leaves kids feeling helpless when they make mistakes.

해석 ______________________________

What's the point of trying to improve if your mistakes indicate that you lack intelligence?

해석 ______________________________

여러분이 생각하는 주제를 우리말로 정리해보세요.

주제:

DAY 341

매일독해 – 주제파악 연습

다음 문장들을 해석하고, 주제를 정리하세요.

[2020 고1 3월]

Practically anything of value requires that we take a risk of failure or being rejected.

해석 ______________________________

This is the price we all must pay for achieving the greater rewards lying ahead of us.

해석 ______________________________

To take risks means you will succeed sometime but never to take a risk means that you will never succeed.

해석 ______________________________

Life is filled with a lot of risks and challenges and if you want to get away from all these, you will be left behind in the race of life.

해석 ______________________________

____

A person who can never take a risk can't learn anything.

해석 ______________________________

For example, if you never take the risk to drive a car, you can never learn to drive.

해석 ______________________________

If you never take the risk of being rejected, you can never have a friend or partner.

해석 ______________________________

Similarly, by not taking the risk of attending an interview, you will never get a job.

해석 ______________________________

여러분이 생각하는 주제를 우리말로 정리해보세요.

주제:

DAY 342 매일독해 – 주제파악 연습

다음 문장들을 해석하고, 주제를 정리하세요.

[2019 고1 3월]

According to professor Jacqueline Olds, there is one sure way for lonely patients to make a friend — to join a group that has a shared purpose.

해석 ______________________

____

This may be difficult for people who are lonely, but research shows that it can help.

해석 ______________________

Studies reveal that people who are engaged in service to others, such as volunteering, tend to be happier.

해석 ______________________

Volunteers report a sense of satisfaction at enriching their social network in the service of others.

해석 ______________________

Volunteering helps to reduce loneliness in two ways.

해석 ______________________

First, someone who is lonely might benefit from helping others.

해석 ______________________

Also, they might benefit from being involved in a voluntary program where they receive support and help to build their own social network.

해석 ______________________

____

여러분이 생각하는 주제를 우리말로 정리해보세요.

주제:

DAY 343 매일독해 – 주제파악 연습

다음 문장들을 해석하고, 주제를 정리하세요.

[2019 고1 3월]

It can be tough to settle down to study when there are so many distractions.

해석 ____________________

Most young people like to combine a bit of homework with quite a lot of instant messaging, chatting on the phone, updating profiles on socialnetworking sites, and checking emails.

해석 ____________________

____

While it may be true that you can multitask and can focus on all these things at once, try to be honest with yourself.

해석 ____________________

____

It is most likely that you will be able to work best if you concentrate on your studies but allow yourself regular breaks — every 30 minutes or so — to catch up on those other pastimes.

해석 ____________________

____

여러분이 생각하는 주제를 우리말로 정리해보세요.

주제:

DAY 344 매일독해 – 주제파악 연습

다음 문장들을 해석하고, 주제를 정리하세요.

[2018 고1 6월]

Something comes over most people when they start writing.

해석 ______

They write in a language different from the one they would use if they were talking to a friend.

해석 ______

If, however, you want people to read and understand what you write, write it in spoken language.

해석 ______

Written language is more complex, which makes it more work to read. It's also more formal and distant, which makes the readers lose attention.

해석 ______

______

You don't need complex sentences to express ideas.

해석 ______

Even when specialists in some complicated field express their ideas, they don't use sentences any more complex than they do when talking about what to have for lunch.

해석 ______

______

If you simply manage to write in spoken language, you have a good start as a writer.

해석 ______

여러분이 생각하는 주제를 우리말로 정리해보세요.

주제:

DAY 345 매일독해 – 목적

다음 문제를 풀어보세요.

[2020 고1 6월] 다음 글의 목적으로 가장 적절한 것은?

Dear Mr. Anderson

On behalf of Jeperson High School, I am writing this letter to request permission to conduct an industrial field trip in your factory. We hope to give some practical education to our students in regard to industrial procedures. With this purpose in mind, we believe your firm is ideal to carry out such a project. But of course, we need your blessing and support. 35 students would be accompanied by two teachers. And we would just need a day for the trip. I would really appreciate your cooperation.

Sincerely,
Mr. Ray Feynman

① 공장 견학 허가를 요청하려고
② 단체 연수 계획을 공지하려고
③ 입사 방법을 문의하려고
④ 출장 신청 절차를 확인하려고
⑤ 공장 안전 점검 계획을 통지하려고

voca

on behalf of ~을 대표하여 **request** 요청하다 **permission** 허락
conduct 시행하다 **industrial** 산업의 **field trip** 현장견학
practical 현실성 있는 **in regard to** ~에 관해서 **carry out** 시행하다
be accompanied by ~을 동반하다 **appreciate** 감사하다 **cooperation** 협력

유형분석

글의 목적은 목적이 드러난 부분을 정확하게 찾아서 해석하는 것이 핵심입니다. 문장들 중에서 목적이 가장 확실하게 드러난 부분을 찾아서 해석하면 답을 찾을 수 있습니다. 이 지문에서는 첫 번째 문장(to request permission to conduct an industrial field trip in your factory)에 글의 목적이 잘 드러나 있습니다.

DAY 346 매일독해 – 분위기, 심경

다음 문제를 풀어보세요.

[2020 고1 9월] 다음 글에 드러난 Salva의 심경 변화로 가장 적절한 것은?

Salva had to raise money for a project to help southern Sudan. It was the first time that Salva spoke in front of an audience. There were more than a hundred people. Salva's knees were shaking as he walked to the microphone. "H–h–hello," he said. His hands trembling, he looked out at the audience. Everyone was looking at him. At that moment, he noticed that every face looked interested in what he had to say. People were smiling and seemed friendly. That made him feel a little better, so he spoke into the microphone again. "Hello," he repeated. He smiled, feeling at ease, and went on. "I am here to talk to you about a project for southern Sudan."

① nervous → relieved
② indifferent → excited
③ worried → disappointed
④ satisfied → frustrated
⑤ confident → embarrassed

voca

raise money 모금하다　**southern** 남쪽(남부)에 위치한　**tremble** 떨리다, 흔들리다
audience 관중　**notice** 알아차리다　**at ease** 걱정 없이
relieved 안도하는　**indifferent** 무관심한　**satisfied** 만족하는
frustrated 좌절감을 느끼는　**confident** 자신감 있는　**embarrassed** 쑥스러운

유형분석

분위기나 심경은 지문에 나오는 글의 분위기나 인물의 감정에 변화가 일어나는 경계 부분을 파악하는 것이 핵심입니다. 특히 분위기, 감정 등과 관련된 단어에 주목해서 해석하면 답을 찾을 수 있습니다. 이 지문에서는 처음 부분에 'Salve의 다리가 후들거린다는 것(Salva's knees were shaking)'과 마지막 부분에서 '안심하며 웃는 부분(He smiled, feeling at ease.)'을 참고하면 답을 찾을 수 있습니다.

DAY 347 매일독해 – 주장

다음 문제를 풀어보세요.

[2019 고1 11월] 다음 글에서 필자가 주장하는 바로 가장 적절한 것은?

We tend to go long periods of time without reaching out to the people we know. Then, we suddenly take notice of the distance that has formed and we scramble to make repairs. We call people we haven't spoken to in ages, hoping that one small effort will erase the months and years of distance we've created. However, this rarely works: relationships aren't kept up with big one-time fixes. They're kept up with regular maintenance, like a car. In our relationships, we have to make sure that not too much time goes by between oil changes, so to speak. This isn't to say that you shouldn't bother calling someone just because it's been a while since you've spoken; just that it's more ideal not to let yourself fall out of touch in the first place. Consistency always brings better results.

① 가까운 사이일수록 적당한 거리를 유지해야 한다.
② 사교성을 기르려면 개방적인 태도를 가져야 한다.
③ 대화를 할 때 상대방의 의견을 먼저 경청해야 한다.
④ 인간관계를 지속하려면 일관된 노력을 기울여야 한다.
⑤ 원활한 의사소통을 위해 솔직하게 감정을 표현해야 한다.

voca

tend to ~하는 경향이 있다 **reach out** 연락을 취하려 하다 **take notice** 알아차리다
scramble 허둥지둥 해내다 **in ages** 오랫동안 **rarely** 드물게
maintenance 정비 **so to speak** 말하자면 **ideal** 이상적인
out of touch ~와 더 이상 연락하지 않다 **consistency** 일관성

유형분석

글의 주장은 필자가 확실하게 전하려고 하는 메시지에 주목해서 읽는 것이 핵심입니다. 글의 초반, 후반에 주장이 명확하게 드러난 부분을 찾아서 정확하게 해석하면 답을 찾을 수 있습니다. 이 지문에서는 초반에 '작은 노력이 사람 사이의 거리를 지우는 데 효과가 없다(We call people we haven't spoken to in ages, hoping that one small effort will erase the months and years of distance we've created. However, this rarely works.)'고 했고, 후반부에 '관계에 대해서 일관성이 항상 더 나은 결과를 가져온다(Consistency always brings better results)'고 한 것에 주목해 정답을 찾을 수 있습니다.

DAY 348 매일독해 – 요지

다음 문제를 풀어보세요.

[2020 고1 6월] 다음 글의 요지로 가장 적절한 것은?

A goal-oriented mind-set can create a "yo-yo" effect. Many runners work hard for months, but as soon as they cross the finish line, they stop training. The race is no longer there to motivate them. When all of your hard work is focused on a particular goal, what is left to push you forward after you achieve it? This is why many people find themselves returning to their old habits after accomplishing a goal. The purpose of setting goals is to win the game. The purpose of building systems is to continue playing the game. True long-term thinking is goal-less thinking. It's not about any single accomplishment. It is about the cycle of endless refinement and continuous improvement. Ultimately, it is your commitment to the process that will determine your progress.

① 발전은 한 번의 목표 성취가 아닌 지속적인 개선 과정에 의해 결정된다.
② 결승선을 통과하기 위해 장시간 노력해야 원하는 바를 얻을 수 있다.
③ 성공을 위해서는 구체적인 목표를 설정하는 것이 중요하다.
④ 지난 과정을 끊임없이 반복하는 것이 성공의 지름길이다.
⑤ 목표 지향적 성향이 강할수록 발전이 빠르게 이루어진다.

voca

goal-oriented 목표 지향적인 **mind-set** 사고방식 **effect** 효과 **motivate** 동기를 주다
particular 특정한 **achieve** 성취하다 **accomplish** 성취하다 **long-term** 장기적인
accomplishment 성취 **cycle** 순환 **endless** 끝없는 **refinement** 정제
continuous 지속적인 **improvement** 개선, 향상 **ultimately** 궁극적으로
commitment 전념 **determine** 결정하다 **progress** 진전, 발달

유형분석

글의 요지는 주장과 비슷한 유형으로 처음 또는 마지막에 요지가 명확하게 드러납니다. 글의 전체적인 내용에서 필자가 핵심적으로 말하려는 주제가 담긴 문장을 한국어 보기로 찾아내는 것이 필요합니다. 후반부에 '진정한 장기적 사고는 목표 지향적이지 않은 사고(True long-term thinking is goal-less thinking.)'라고 한 부분과 마지막 문장의 '당신의 발전을 결정짓는 것은 그 과정에 당신이 전념하는 것이다(Ultimately, it is your commitment to the process that will determine your progress.)'라고 한 부분을 이용해 정답을 찾을 수 있습니다.

DAY 349

매일독해 – 주제

다음 문제를 풀어보세요.

[2018 고1 11월] 다음 글의 주제로 가장 적절한 것은?

When we read a number, we are more influenced by the leftmost digit than by the rightmost, since that is the order in which we read, and process, them. The number 799 feels significantly less than 800 because we see the former as 7-something and the latter as 8-something, whereas 798 feels pretty much like 799. Since the nineteenth century, shopkeepers have taken advantage of this trick by choosing prices ending in a 9, to give the impression that a product is cheaper than it is. Surveys show that around a third to two-thirds of all retail prices now end in a 9. Though we are all experienced shoppers, we are still fooled. In 2008, researchers at the University of Southern Brittany monitored a local pizza restaurant that was serving five types of pizza at €8.00 each. When one of the pizzas was reduced in price to €7.99, its share of sales rose from a third of the total to a half.

① pricing strategy using the way people read numbers
② consumption patterns reflecting local economic trends
③ adding numbers to strengthen the credibility of sellers
④ causal relationship between market sizes and product prices
⑤ sales tricks to fool customers by changing store environments

voca

influence 영향을 주다 **leftmost** 가장 왼쪽의 **digit** 숫자 **rightmost** 가장 오른쪽의
process 처리하다 **take advantage of** 이용하다 **survey** 연구 **retail price** 소매가격
fool 속이다 **reduce** (가격 등을) 낮추다 **monitor** 추적 관찰하다
share of sale 판매점유율 **consumption** 소비 **reflect** 반영하다 **strengthen** 강화하다
credibility 신뢰성 **casual relationship** 인과 관계 **trick** 속임수

유형분석

글의 주제는 다소 어려운 유형입니다. 글에서 반복되는 어구, 표현 등에 집중해 글의 소재를 찾은 후, 이를 바탕으로 주제를 정리해야 합니다. 내용이 어렵다면, 글의 초반부와 후반부에 집중하거나, 주제를 나타내는 신호에 주목해야 합니다. 보기도 영어로 제시되기 때문에 난이도가 높습니다.

DAY 350

매일독해 – 주제

다음 문제를 풀어보세요.

[2018 고1 9월] 다음 글의 주제로 가장 적절한 것은?

Fast fashion refers to trendy clothes designed, created, and sold to consumers as quickly as possible at extremely low prices. Fast fashion items may not cost you much at the cash register, but they come with a serious price: tens of millions of people in developing countries, some just children, work long hours in dangerous conditions to make them, in the kinds of factories often labeled sweatshops. Most garment workers are paid barely enough to survive. Fast fashion also hurts the environment. Garments are manufactured using toxic chemicals and then transported around the globe, making the fashion industry the world's secondlargest polluter, after the oil industry. And millions of tons of discarded clothing piles up in landfills each year.

① problems behind the fast fashion industry
② positive impacts of fast fashion on lifestyle
③ reasons why the fashion industry is growing
④ the need for improving working environment
⑤ the seriousness of air pollution in developing countries

voca

refer to ~을 나타내다　**cash register** 금전 등록기　**garment** 의류
manufacture 제조(생산)하다　**toxic** 유독한　**transport** 운반시키다
polluter 오염 유발자　**discard** 버리다　**landfill** 매립지

해설

글에서 반복적으로 나오는 어구, 표현 등에 집중해 글의 소재를 찾은 후, 이를 바탕으로 주제를 정리해야 합니다. 'Fast fashion items may not cost you much at the cash register, but they come with a serious price.(패스트 패션 상품은 계산대에서 당신에게 많은 비용을 들게 하지 않을지는 모르지만, 그러나 그것들은 심각한 대가를 수반한다.)'라는 문장에서 알 수 있듯이 이 지문은 패스트 패션 산업의 문제를 말하고 있습니다. 그 뒤에 아동 노동이나 임금, 환경 오염 등의 문제점을 언급하고 있습니다. 이를 활용해 정답을 찾을 수 있습니다.

DAY 351 매일독해 – 제목

다음 문제를 풀어보세요.

[2019 고1 11월] 다음 글의 제목으로 가장 적절한 것은?

It is said that among the Bantu peoples of Central Africa, when an individual from one tribe meets someone from a different group, they ask, "What do you dance?" Throughout time, communities have forged their identities through dance rituals that mark major events in the life of individuals, including birth, marriage, and death—as well as religious festivals and important points in the seasons. The social structure of many communities, from African tribes to Spanish gypsies, and to Scottish clans, gains much cohesion from the group activity of dancing. Historically, dance has been a strong, binding influence on community life, a means of expressing the social identity of the group, and participation allows individuals to demonstrate a belonging. As a consequence, in many regions of the world there are as many types of dances as there are communities with distinct identities.

① What Makes Traditional Dance Hard to Learn?
② Dance: A Distinct Sign of Social Identity
③ The More Varieties, the Better Dances
④ Feeling Down? Enjoy Dancing!
⑤ The Origin of Tribal Dances

voca

individual 개인	**tribe** 부족	**forge** 구축하다	**identity** 정체성
mark 기념하다	**cohesion** 결속	**participation** 참여	**demonstrate** 보여주다
distinct 뚜렷한	**variety** 다양성	**feel down** 기분이 울적하다	

유형분석

기본적으로 난이도가 높은 유형입니다. 글의 제목은 글의 주제를 함축적으로 표현한 것으로 글의 소재와 함께 내용이 요약되어 있는 것이 답입니다. 글의 초반부와 후반부에 주목하는 것이 좋습니다. 글의 주제를 찾는 방법 중 하나는 전체적인 글을 해석한 후, 내용과 관련 없는 제목, 글의 소재를 다른 방향으로 말한 제목 등을 보기에서 먼저 제거하는 것입니다. 이 지문에서는 첫 번째 문장에서 '당신은 어떤 춤을 추나요?'라고 말하며 '춤'이라는 주제를 꺼냈습니다. 글의 후반부에 춤이 '그 집단의 사회적 정체성을 표현하는 수단'이라고 한 것을 활용해 정답을 찾을 수 있습니다.

DAY 352 매일독해 – 도표

다음 문제를 풀어보세요.

[2020 고1 9월] 다음 도표의 내용과 일치하지 않는 것은?

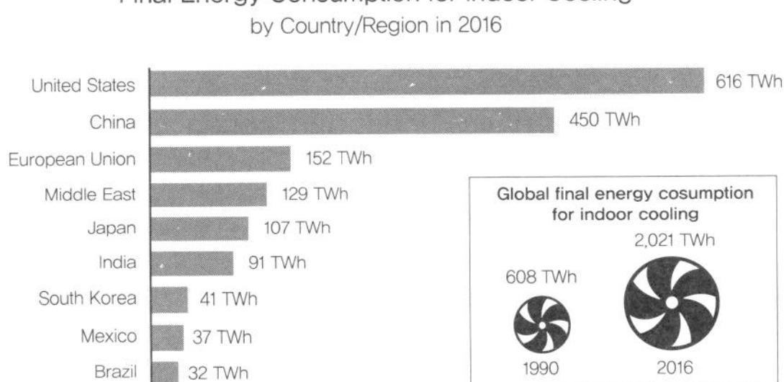

The graph above shows the final energy consumption for indoor cooling by country/region in 2016. ① The global final energy consumption for indoor cooling was over three times larger in 2016 than in 1990. ② It was the United States that had the largest final energy consumption, which amounted to 616 TWh. ③ The combined amount of the final energy consumption of the European Union, the Middle East, and Japan was less than the amount of China's final energy consumption. ④ The difference in amount between India's and South Korea's final energy consumption was more than 60 TWh. ⑤ Indonesia's final energy consumption was the smallest among the countries/regions above, totaling 25 TWh.

*TWh: Terawatt-hour

voca

consumption 소비	**indoor** 실내의	**amount to** 총계가 ~에 이르다
combined 결합된	**difference** 차이	**total** 합계가 ~이 되다

유형분석

도표 문제는 도표를 정확하게 분석하는 분석력을 요구하는 문제가 아닙니다. 이 책의 파트1에서 배운 비교, 최상급의 표현, 분수, 배수 등의 표현들을 묻는 문제입니다. 기출 문제들을 풀어보면서 모르는 표현들이 없도록 대비하면 해결할 수 있는 유형입니다. 이 지문에서는 도표에서 인도(91TWh)와 한국(41TWh)의 최종 에너지 소비의 양의 차이는 50TWh임을 활용해 정답을 찾을 수 있습니다.

DAY 353

매일독해 – 어법

다음 문제를 풀어보세요.

[2020 고1 3월] 다음 글의 밑줄 친 부분 중, 어법상 틀린 것은?

"You are what you eat." That phrase is often used to ① show the relationship between the foods you eat and your physical health. But do you really know what you are eating when you buy processed foods, canned foods, and packaged goods? Many of the manufactured products made today contain so many chemicals and artificial ingredients ② which it is sometimes difficult to know exactly what is inside them. Fortunately, now there are food labels. Food labels are a good way ③ to find the information about the foods you eat. Labels on food are ④ like the table of contents found in books. The main purpose of food labels ⑤ is to inform you what is inside the food you are purchasing.

voca

processed food 가공식품 **canned food** 통조림 식품 **chemical** 화학 물질
artificial 인공적인 **ingredient** 재료 **food label** 식품 (영양 성분) 라벨
manufactured (공장에서) 제조된 **table of contents** (책 등의) 목차 **inform** 알리다

유형분석

어법 문제는 파트 1에서 살짝 경험했습니다. 가장 어려운 유형 중 하나입니다. 수능영어 어법 문제에서 자주 출제되는 문법 포인트는 10개 정도가 있습니다. 기출 문법 포인트를 문제와 함께 익히면 충분히 대비할 수 있습니다. 이 지문에서는 '너무 ~해서 …하다'라는 의미의 'so ~ that …' 구문을 이용해 정답을 찾을 수 있습니다.

수능빈출어법 포인트

– 진짜동사 – 수일치 – 도치 – 병렬
– 대명사/대동사 – 수동태 – 현재분사/과거분사
– to부정사/동명사 – 관계사/의문사/접속사 – 형용사/부사

DAY 354 매일독해 – 어법

다음 문제를 풀어보세요.

[2020 고1 6월] 다음 글의 밑줄 친 부분 중, 어법상 틀린 것은?

Positively or negatively, our parents and families are powerful influences on us. But even ① stronger, especially when we're young, are our friends. We often choose friends as a way of ② expanding our sense of identity beyond our families. As a result, the pressure to conform to the standards and expectations of friends and other social groups ③ is likely to be intense. Judith Rich Harris, who is a developmental psychologist, ④ arguing that three main forces shape our development: personal temperament, our parents, and our peers. The influence of peers, she argues, is much stronger than that of parents. "The world ⑤ that children share with their peers," she says, "is what shapes their behavior and modifies the characteristics they were born with, and hence determines the sort of people they will be when they grow up."

voca

positively 긍정적으로 **negatively** 부정적으로 **influence** 영향
expand 확장시키다 **identity** 정체성 **beyond** ~넘어서
as a result 결과적으로 **pressure** 압력, 압박 **conform** 부합하다
standard 기준 **expectation** 기대 **intense** 강렬한, 극심한
psychologist 심리학자 **shape** 형성하다 **personal** 개인적인
temperament 기질 **peer** 또래 **argue** 주장하다
modify 수정하다 **characteristics** 특질, 특징 **hence** 따라서
determine 결정하다 **sort** 종류, 유형

해설

이 지문에서는 문장에서 주어와 동사를 잘 찾으면 됩니다. 관계사절로 인해 주어와 동사가 멀어진 것에 주목하면 답을 찾을 수 있습니다.

DAY 355

매일독해 – 어휘

다음 문제를 풀어보세요.

[2020 고1 6월] (A), (B), (C)의 각 네모 안에서 문맥에 맞는 낱말로 가장 적절한 것은?

The brain makes up just two percent of our body weight but uses 20 percent of our energy. In newborns, it's no less than 65 percent. That's partly why babies sleep all the time — their growing brains (A) [warn / exhaust] them — and have a lot of body fat, to use as an energy reserve when needed. Our muscles use even more of our energy, about a quarter of the total, but we have a lot of muscle. Actually, per unit of matter, the brain uses by far (B) [more / less] energy than our other organs. That means that the brain is the most expensive of our organs. But it is also marvelously (C) [creative / efficient]. Our brains require only about four hundred calories of energy a day — about the same as we get from a blueberry muffin. Try running your laptop for twenty-four hours on a muffin and see how far you get.

	(A)		(B)		(C)
①	warn	……	less	……	efficient
②	warn	……	more	……	efficient
③	exhaust	……	more	……	efficient
④	exhaust	……	more	……	creative
⑤	exhaust	……	less	……	creative

voca

make up ~을 이루다　**newborn** 신생아　**energy reserve** 에너지 비축량
quarter 4분의 1　**organ** 장기　**marvelously** 놀랍게도

유형분석

어휘 유형은 난이도가 높습니다. 밑줄형, 박스형의 2가지 유형이 있는데 푸는 법은 동일합니다. 일단 글의 주제를 파악해야 하고, 주제를 바탕으로 글을 읽어 나가면서 흐름상 적절한 단어를 선택해야 합니다. 당연하지만, 보기의 어휘들의 의미를 정확하게 알고 있어야 합니다. 지문의 내용을 60~70% 정도는 해석을 제대로 해야 문제를 풀 수 있기 때문에 난이도가 높습니다. 이 문제에서는 '(A) warn(경고하다), exhaust(소진시키다), (B) more(더 많은), less(더 적은), (C) creative(창의적인), efficient(효율적인)'이라는 단어의 뜻을 활용해 정답을 찾을 수 있습니다.

DAY 356 매일독해 – 빈칸

다음 문제를 풀어보세요.

[2020 고1 9월] 다음 빈칸에 들어갈 말로 가장 적절한 것을 고르시오.

Here's the unpleasant truth: we are all biased. Every human being is affected by unconscious biases that lead us to make incorrect assumptions about other people. Everyone. To a certain extent, bias is a(n) ______________________. If you're an early human, perhaps Homo Erectus, walking around the jungles, you may see an animal approaching. You have to make very fast assumptions about whether that animal is safe or not, based solely on its appearance. The same is true of other humans. You make split–second decisions about threats in order to have plenty of time to escape, if necessary. This could be one root of our tendency to categorize and label others based on their looks and their clothes.

① necessary survival skill ② origin of imaginationl ③ undesirable mental capacity
④ barrier to relationshipsl ⑤ challenge to moral judgment

voca

unpleasant 불편한 **bias** 편견(을 갖게 하다) **unconscious** 무의식적인
assumption 추측 **extent** 정도 **approach** 다가오다
solely 오로지 **appearance** 외모 **split–second** 순간적인
tendency 성향 **categorize** 범주화하다 **label** 분류하다
necessary 필수적인 **survival skill** 생존 기술 **undesirable** 바람직하지 않은
mental capacity 지능 **barrier** 장벽 **moral** 도덕적인

유형분석

빈칸은 가장 어려운 유형의 문제입니다. 기본적으로 다른 유형들보다 글의 내용이 어렵습니다. 우리말로 봐도 이해가 쉽지 않은 글에서 어느 부분에 빈칸이 뚫려 있습니다. 이 빈칸을 채우기 위해서는 글의 주제를 파악하고, 빈칸에 들어갈 내용에 대한 근거를 찾아야 합니다. 빈칸에 대한 근거는 반드시 빈칸 근처에 있습니다. 주제를 참고해서 빈칸 앞뒤 내용을 정확하게 해석하면서 답을 찾아야 합니다. 가장 오답률이 높은 유형의 문제이기 때문에 영어 실력이 상급으로 올랐을 때 도전하면 좋습니다. 이 지문에서는 빈칸 뒤쪽에 나오는 문장에서 초기 인류가 생존을 위해 외양에 기초해서 안전한 동물인지 아닌지 빨리 추측해야 한다고 말합니다. 이것은 '생존'을 위한 기술이라는 것에 주목해 정답을 찾을 수 있습니다.

DAY 357 매일독해 – 빈칸

다음 문제를 풀어보세요.

[2020 고1 6월] 다음 빈칸에 들어갈 말로 가장 적절한 것을 고르시오.

Humans are champion long-distance runners. As soon as a person and a chimp start running they both get hot. Chimps quickly overheat; humans do not, because they are much better at shedding body heat. According to one leading theory, ancestral humans lost their hair over successive generations because less hair meant cooler, more effective long-distance running. That ability let our ancestors outmaneuver and outrun prey. Try wearing a couple of extra jackets — or better yet, fur coats — on a hot humid day and run a mile. Now, take those jackets off and try it again. You'll see what a difference ____________________ makes.

① hot weather
② a lack of fur
③ muscle strength
④ excessive exercise
⑤ a diversity of species

voca

overheat 과열되다	**shed** 떨어뜨리다	**according to** ~에 따르면
leading 가장 중요한, 선두의	**ancestral** 선조의	**successive** 잇따른
generation 세대	**outmaneuver** ~에게 이기다	**outrun** 앞지르다
prey 먹잇감	**humid** 습한	**a lack of** ~의 부족
excessive 과도한	**diversity** 다양성	**species** 종(생물 분류의 기초 단위)

해설

이 지문은 털의 유무가 장거리 달리기의 효율성에 어떤 영향을 미치는지 설명하고 있습니다. 그러면서 중간에 '유력한 한 이론에 따르면, 털이 더 적으면 더 시원하고 장거리 달리기에 더 효과적인 것을 의미하기 때문에 선조들은 잇따른 세대에 걸쳐서 털을 잃었다.'라고 설명하고 있으므로 털이 적은 것이 장거리 달리기에 더 효율적임을 알 수 있습니다. 빈칸이 있는 문장 앞에서 덥고 습한 날 재킷 여러 개를 입고 1마일을 뛰는 것과 재킷을 벗고 뛰는 것을 비교하라고 합니다. 재킷을 벗고 뛰는 것이 뭘 의미하는지 찾으면 정답을 알 수 있습니다.

DAY 358 매일독해 – 빈칸

다음 문제를 풀어보세요.

[2020 고1 3월] 다음 빈칸에 들어갈 말로 가장 적절한 것을 고르시오.

Remember that ____________ is always of the essence. If an apology is not accepted, thank the individual for hearing you out and leave the door open for if and when he wishes to reconcile. Be conscious of the fact that just because someone accepts your apology does not mean she has fully forgiven you. It can take time, maybe a long time, before the injured party can completely let go and fully trust you again. There is little you can do to speed this process up. If the person is truly important to you, it is worthwhile to give him or her the time and space needed to heal. Do not expect the person to go right back to acting normally immediately.

① curiosity
② independence
③ patience
④ creativity
⑤ honesty

voca

be of the essence 가장 중요하다 **apology** 사과 **hear ~ out** ~의 말을 끝까지 듣다
reconcile 화해하다 **conscious** 알고 있는 **injured** 상처받은
party 당사자 **completely** 완전히 **let go** (걱정, 근심 등을) 떨쳐 버리다
be worthwhile to do ~하는 것이 가치가 있다 **normally** 평상시처럼 **immediately** 즉시

해설

빈칸이 있는 첫 번째 문장은 동사 remember(기억하다)로 시작되었으므로 글의 화자가 말하려고 하는 바를 명령문으로 나타낸 것입니다. 뒤에서 '상처받은 당사자가 완전히 떨쳐버리고 여러분을 온전히 다시 믿기까지 시간이 걸릴 수 있고, 어쩌면 오래 걸릴 수 있다.'라고 하면서 시간이 걸릴 수 있다고 말합니다. 또한 '그 사람이 여러분에게 진정으로 중요하다면, 그 사람에게 치유되는데 필요한 시간과 공간을 주는 것이 가치 있다'라고 하며 기다리는 것에 대해 말하고 있습니다. 이를 활용해 정답을 찾을 수 있습니다.

DAY 359 매일독해 – 빈칸

다음 문제를 풀어보세요.

[2020 고1 3월] 다음 빈칸에 들어갈 말로 가장 적절한 것을 고르시오.

Although many small businesses have excellent websites, they typically can't afford aggressive online campaigns. One way to get the word out is through an advertising exchange, in which advertisers place banners on each other's websites for free. For example, a company selling beauty products could place its banner on a site that sells women's shoes, and in turn, the shoe company could put a banner on the beauty product site. Neither company charges the other; they simply exchange ad space. Advertising exchanges are gaining in popularity, especially among marketers who do not have much money and who don't have a large sales team. By ________________, advertisers find new outlets that reach their target audiences that they would not otherwise be able to afford.

① trading space
② getting funded
③ sharing reviews
④ renting factory facilities
⑤ increasing TV commercials

voca

typically 보통, 일반적으로 **afford** ~할 여유가 있다 **aggressive** 매우 적극적인
get the word out 소문나게 하다 **exchange** 교환 **place** 게시하다
in turn 그 다음에는 **charge** 청구하다 **popularity** 인기
outlet 출구 **target audience** 광고 대상자 **otherwise** 그렇지 않으면

해설

이 글은 작은 사업체가 웹사이트를 통해 홍보하는 방법을 설명하고 있습니다. 두 번째 문장에서 '소문나게 하는 한 가지 방법은 광고주들이 서로의 웹사이트에 무료로 배너를 게시하는 광고교환을 통해서이다.'라고 말하며 'an advertising exchange(광고교환)'에 대해 설명합니다. 광고교환의 방법은 뒤에 나오는 것처럼 'they simply exchange ad space.(그들은 그저 광고공간을 교환하는 것이다.)'를 의미하는 것임을 알 수 있습니다. 이를 활용해 정답을 찾을 수 있습니다.

DAY 360 매일독해 – 순서

다음 문제를 풀어보세요.

[2020 고1 6월] 주어진 글 다음에 이어질 글의 순서로 가장 적절한 것을 고르시오.

Students work to get good grades even when they have no interest in their studies. People seek job advancement even when they are happy with the jobs they already have.

(A) It's like being in a crowded football stadium, watching the crucial play. A spectator several rows in front stands up to get a better view, and a chain reaction follows.
(B) And if someone refuses to stand, he might just as well not be at the game at all. When people pursue goods that are positional, they can't help being in the rat race. To choose not to run is to lose.
(C) Soon everyone is standing, just to be able to see as well as before. Everyone is on their feet rather than sitting, but no one's position has improved.

① (A) – (C) – (B) ② (B) – (A) – (C) ③ (B) – (C) – (A) ④ (C) – (A) – (B) ⑤ (C) – (B) – (A)

voca

interest 관심 **seek** 찾다, 추구하다 **advancement** 발전, 진보
crowded 붐비는 **crucial** 중요한 **spectator** 관중
row 줄 **chain reaction** 연쇄작용 **improve** 향상되다
pursue 추구하다 **positional** 위치와 관련된 **rat race** 치열하고 무의미한 경쟁

유형분석

이 유형은 주어진 글 다음에 이어질 A, B, C의 올바른 순서를 찾는 유형입니다. 단순하게 해석으로 접근하면 안 됩니다. 보기가 연결될 수 있는 근거들이 확실하게 있습니다. 흐름을 나타내는 근거들을 정확하게 파악하고 문제를 풀어야 합니다. 보기보다 오답률이 굉장히 높은 유형입니다. 많은 학생들이 내용을 대강 해석해서 연결하면서 정답을 찾지 못합니다. 접속사 또는 대명사 등 흐름을 나타내는 근거를 바탕으로 푸는 연습을 꾸준히 해야 하는 유형입니다.

DAY 361 매일독해 – 순서

다음 문제를 풀어보세요.

[2020 고1 9월] 주어진 글 다음에 이어질 글의 순서로 가장 적절한 것을 고르시오.

We make decisions based on what we think we know. It wasn't too long ago that the majority of people believed the world was flat.

(A) It wasn't until that minor detail was revealed — the world is round — that behaviors changed on a massive scale. Upon this discovery, societies began to travel across the planet. Trade routes were established; spices were traded.
(B) This perceived truth impacted behavior. During this period, there was very little exploration. People feared that if they traveled too far they might fall off the edge of the earth. So for the most part they didn't dare to travel.
(C) New ideas, like mathematics, were shared between societies which allowed for all kinds of innovations and advancements. The correction of a simple false assumption moved the human race forward.

① (A) – (C) – (B) ② (B) – (A) – (C)
③ (B) – (C) – (A) ④ (C) – (A) – (B)
⑤ (C) – (B) – (A)

voca

majority 대다수의 **flat** 편평한 **reveal** 드러내다 **massive** 거대한, 대규모의
establish 설립하다 **spice** 향신료 **perceive** 인식하다 **impact** 영향을 미치다
exploration 탐험 **dare** 감히 ~하다 **innovation** 혁신 **advancement** 진보
assumption 가정 **forward** 앞으로

해설

주어진 글에서 'the majority of people believed the world was flat.(대다수의 사람들이 세상이 편평하다고 믿었다.)'은 (B)의 this perceived truth(인지된 사실)를 의미합니다. (B)에서의 behavior, 즉 지구의 가장자리로 가면 떨어질까봐 두려워서 이동하지 않는 행동이 (A)의 behaviors로 연결됩니다. (A)에서는 세상이 둥글다는 발견으로 행동이 변화하기 시작했다는 것입니다. 사람들이 돌아다니기 시작하자, (C)에서 말한 것처럼 새로운 개념이 '공유'될 수밖에 없었습니다.

DAY 362 매일독해 – 삽입

다음 문제를 풀어보세요.

[2020 고1 3월] 글의 흐름으로 보아, 주어진 문장이 들어가기에 가장 적절한 곳을 고르시오.

Of course, within cultures individual attitudes can vary dramatically.

The natural world provides a rich source of symbols used in art and literature. (①) Plants and animals are central to mythology, dance, song, poetry, rituals, festivals, and holidays around the world. (②) Different cultures can exhibit opposite attitudes toward a given species. (③) Snakes, for example, are honored by some cultures and hated by others. (④) Rats are considered pests in much of Europe and North America and greatly respected in some parts of India. (⑤) For instance, in Britain many people dislike rodents, and yet there are several associations devoted to breeding them, including the National Mouse Club and the National Fancy Rat Club.

voca

vary 다르다 **dramatically** 극적으로 **symbol** 상징
literature 문학 **central** 중심인, 중심의 **mythology** 신화
ritual 의식, 의례 **exhibit** 보이다, 전시하다 **opposite** 상반되는, 정반대의
species 종 **honor** 존경하다 **consider** 여기다
pest 유해동물 **rodent** (쥐, 다람쥐 등이 속한) 설치류 **association** 협회
devoted to ~에 전념하는 **breed** 기르다 **include** 포함하다

유형분석

이 유형은 주어진 박스 안의 문장을 원래의 자리에 집어넣는 문제입니다. 오답률이 굉장히 높은 유형입니다. 내용을 대충 해석해서 집어넣으면 안 됩니다. 흐름을 나타내는 근거를 정확하게 잡아서 문제를 해결해야 합니다. 특히 주어진 문장이 전체적인 글에서 빠져나왔기 때문에 아래 본문에 어색한 부분이 있습니다. 정확하게 흐름을 느끼면서 해석하면, 어색한 부분이 느껴집니다. 해석과 더불어 흐름을 파악하는 능력을 바탕으로 답을 찾는 유형입니다. 이 문제에서 주어진 문장은 'Within cultures individual attitudes can vary dramatically(같은 문화 내에서 개인의 태도는 극적으로 다를 수 있다)'라고 말합니다. 그 뒤에는 한 문화 내에서 개인의 태도가 달라지는 예시를 보여줘야 합니다. 이를 활용해 정답을 찾을 수 있습니다.

DAY 363

매일독해 – 삽입

다음 문제를 풀어보세요.

[2020 고1 6월] 글의 흐름으로 보아, 주어진 문장이 들어가기에 가장 적절한 곳을 고르시오.

> Because of these obstacles, most research missions in space are accomplished through the use of spacecraft without crews aboard.

Currently, we cannot send humans to other planets. One obstacle is that such a trip would take years. (①) A spacecraft would need to carry enough air, water, and other supplies needed for survival on the long journey. (②) Another obstacle is the harsh conditions on other planets, such as extreme heat and cold. (③) Some planets do not even have surfaces to land on. (④) These explorations pose no risk to human life and are less expensive than ones involving astronauts. (⑤) The spacecraft carry instruments that test the compositions and characteristics of planets.

voca

obstacle 장애물 **accomplish** 완수하다 **spacecraft** 우주선
crew 승무원 **aboard** 탑승하여 **currently** 현재
planet 행성 **supply** 보급품, 물자 **harsh** 혹독한
surface 표면 **exploration** 탐험 **pose** 위험을 제기하다
instrument 기구 **composition** 구성 성분 **characteristics** 특징

해설

주어진 문장의 맨 앞에 Because of these obstacles(이러한 장애물들 때문에)라는 표현이 나왔기 때문에 앞에 장애물에 대한 설명이 나와야 합니다. ④번 바로 앞에서 착륙할 표면조차 가지고 있지 않은 행성이라는 장애물을 설명하고 있습니다. 또한 주어진 문장의 most research missions(대부분의 연구 임무)는 승무원이 탑승하지 않는다고 했습니다. 이 내용은 ④번 뒤에 나오는 these explorations(이런 탐험들)이 우주 비행사를 포함하지 않으므로 아무런 위험도 주지 않는다는 내용과 이어집니다. 이를 활용해 정답을 찾을 수 있습니다.

DAY 364 매일독해 – 무관

다음 문제를 풀어보세요.

[2020 고1 9월] 다음 글에서 전체 흐름과 관계 없는 문장은?

In a single week, the sun delivers more energy to our planet than humanity has used through the burning of coal, oil, and natural gas through all of human history. And the sun will keep shining on our planet for billions of years. ① Our challenge isn't that we're running out of energy. ② It's that we have been focused on the wrong source—the small, finite one that we're using up. ③ Indeed, all the coal, natural gas, and oil we use today is just solar energy from millions of years ago, a very tiny part of which was preserved deep underground. ④ Our efforts to develop technologies that use fossil fuels have shown meaningful results. ⑤ Our challenge, and our opportunity, is to learn to efficiently and cheaply use the much more abundant source that is the new energy striking our planet each day from the sun.

voca

humanity 인류, 인간	**coal** 석탄	**challenge** 당면 과제
run out of ~이 고갈되다	**source** 원천	**finite** 한정적인
use up ~을 다 쓰다	**preserve** 보존하다	**underground** 지하의
fossil 화석	**meaningful** 의미 있는	**efficiently** 효율적으로
cheaply 저렴하게	**abundant** 풍부한	**strike** 치다, (목표를 향해) 가다

유형분석

1~5번 보기 중에서 하나의 문장은 원래 글에는 없던 문장입니다. 흐름과 관계없는 하나의 문장을 찾는 문제입니다. 이 유형은 보기 문장이 나오기 전에 주어지는 앞부분의 2~3문장을 잘 해석하는 것이 중요합니다. 그 부분에서 필자가 말하려고 하는 주제를 파악한 후, 뒤에 보기를 읽으며 그와 관련이 없는 문장을 찾으면 됩니다. 이 지문에서 보기가 나오기 전의 앞부분을 보면 '태양'이 지구의 에너지원으로서 역할을 한다는 것을 알 수 있습니다. 이와 관계없는 내용을 찾으면 정답을 찾을 수 있습니다.

DAY 365 매일독해 – 문장 요약

다음 문제를 풀어보세요.

[2020 고1 9월] 다음 글의 내용을 한 문장으로 요약하고자 한다. 빈칸 (A), (B)에 들어갈 말로 가장 적절한 것은?

One way that music could express emotion is simply through a learned association. Perhaps there is nothing naturally sad about a piece of music in a minor key, or played slowly with low notes. Maybe we have just come to hear certain kinds of music as sad because we have learned to associate them in our culture with sad events like funerals. If this view is correct, we should have difficulty interpreting the emotions expressed in culturally unfamiliar music. Totally opposed to this view is the position that the link between music and emotion is one of resemblance. For example, when we feel sad we move slowly and speak slowly and in a lowpitched voice. Thus when we hear slow, low music, we hear it as sad. If this view is correct, we should have little difficulty understanding the emotion expressed in culturally unfamiliar music.

↓

It is believed that emotion expressed in music can be understood through a(n) ___(A)___ learned association or it can be understood due to the ___(B)___ between music and emotion.

	(A)	(B)
①	culturally	similarity
②	culturally	balance
③	socially	difference
④	incorrectly	connection
⑤	incorrectly	contrast

voca

association 연관 minor key 단조 interpret 이해하다 unfamiliar 친숙하지 않은
oppose 반대하다 resemblance 유사(성) low-pitched 낮은 음의 due to ~때문에
incorrectly 부정확하게 similarity 유사성 connection 관련성, 연결 contrast 대조

유형분석

최근 들어 지문의 내용이 어려워져, 아래 요약문을 먼저 읽어도 어려울 수 있습니다. 차분하게 위 지문의 주제를 정리하고, 이를 아래 박스의 요약문에 적용해보세요. 보기(A), (B)의 단어들을 모르면 문제해결이 어려우므로 평소에 어휘 학습을 꾸준히 해야 합니다.

1DAY
1PAGE
ENGLISH
365

해답

해답

DAY 2
1. I like basketball. 나는 농구를 좋아한다.
2. I stay up late at night. 나는 밤늦게까지 깨어 있다.
3. I play computer games every day. 나는 매일 컴퓨터 게임을 한다.
4. She likes making cookies. 그녀는 쿠키 만드는 것을 좋아한다.
5. I speak three languages. 나는 3개의 언어를 말한다.
6. He has two sons. 그는 2명의 아들이 있다.
7. We take a walk after dinner. 우리는 저녁 먹고 나서 산책을 한다.
8. They clean their house every day. 그들은 매일 집을 청소한다.
9. My mom eats breakfast at 7. 엄마는 아침을 7시에 드신다.
10. My father leaves for work at 8. 아빠는 8시에 일하러 가신다.

DAY 3
1. She
2. it
3. her

DAY 4
1. to respect my parents 구(부모님을 존중하는 것)
2. what she said to me 절(그녀가 나에게 말한 것)
3. because he had a wide experience 절(왜냐하면 그는 폭넓은 경험을 갖고 있기 때문에)
4. walking alone 구(혼자 걷는 것)
5. when it rains 절(비가 올 때)

DAY 5
and(접속사), 나머지는 전치사

DAY 6
friend(친구, 보통명사), money(돈, 물질명사), Tom(톰, 고유명사), Seoul(서울, 고유명사), truth(진실, 추상명사)

DAY 7
1. eggs
2. babies
3. children

DAY 8
1. Milk is good for health. 우유는 건강에 좋다.
2. Beauty is in the eye of the beholder. 아름다움은 보는 사람에 따라 다르다.

DAY 9
1. a sheet(piece) of paper
2. a bar of soap
3. two glasses of water

DAY 10
1. 일반동사
2. 조동사
3. be동사
4. be동사
5. 일반동사
6. 일반동사
7. 조동사
8. 조동사

DAY 11
④ (④번만 '~에 있다'라는 의미입니다.)
1. 그 남자는 훌륭한 가수이다.
2. Mr. Kim은 나의 체육 선생님이다.
3. Jimmy는 똑똑한 학생이다.
4. 내 여동생은 지금 학교에 있다.
5. 이것은 쉬운 영어책이다.

DAY 12
1. I was late for school. 나는 학교에 늦었다.
2. You were hungry. 너(희)는 배가 고팠다.
3. Tom was at school. Tom은 학교에 있었다.
4. My brother was sick yesterday. 내 남동생은 어제 아팠다.
5. He was fired. 그는 해고당했다.
6. I was a winner. 나는 우승자였다.
7. We were hungry. 우리는 배가 고팠다.
8. That was funny. 그것은 재밌었다.
9. The book was under the table. 그 책은 테이블 아래에 있었다.
10. I was happy then. 나는 그때 행복했다.
11. The game was interesting. 그 게임은 흥미로웠다.
12. They were great teachers. 그들은 훌륭한 선생님들이었다.

13. Her clothes were pretty. 그녀의 옷은 예뻤다.
14. Your dogs were very cute. 너의 개들은 매우 귀여웠다.

DAY 13
1. We are not sick. 우리는 아프지 않다.
2. Her name is not Sarah. 그녀의 이름은 Sarah가 아니다.
3. Children are not hungry. 아이들은 배고프지 않다.
4. He is not my best friend. 그는 나의 최고의 친구가 아니다.
5. I am not in the second grade. 나는 2학년이 아니다.
6. You are not tall and smart. 너는 키가 크지도 않고, 똑똑하지도 않다.
7. She is not a famous actress. 그녀는 유명한 여배우가 아니다.
8. They are not good students. 그들은 훌륭한 학생들이 아니다.
9. I am not in the drama club. 나는 드라마동아리가 아니다.
10. We are not happy today. 우리는 오늘 행복하지 않다.
11. He was not absent from the meeting. 그는 회의에 있지 않았다.
12. They're not kind to me. 그들은 나에게 친절하지 않다.
13. She's not my English teacher. 그녀는 나의 영어 선생님이 아니다.

DAY 14
1. Are we close friends? 우리는 친한 친구니?
2. Are they classmates? 그들은 급우니?
3. Is Nick smart? Nick은 똑똑하니?
4. Is this a new cellphone? 이것은 새 핸드폰이니?
5. Are vegetables good for health? 채소들은 건강에 좋니?

DAY 15
1. 더하다
2. 야기하다
3. 완료하다
4. 나누다
5. 고치다
6. 숨기다
7. 증가하다
8. 측정하다
9. 극복하다
10. 참가하다

DAY 16
1. She feels lonely. 그녀는 외롭다고 느낀다.
2. He looks very excited. 그는 매우 신나 보인다.
3. The pie tastes good. 이 파이는 맛이 좋다.
4. Jane likes music. Jane은 음악을 좋아한다.
5. He loves his friends very much. 그는 그의 친구들을 매우 좋아한다.

DAY 17
1. cried 울었다
2. stayed 머물렀다
3. enjoyed 즐겼다
4. rushed 돌진했다
5. kicked 찼다
6. delayed 지연했다
7. answered 답했다
8. watched 봤다
9. played 놀았다
10. married 결혼했다

DAY 21
1. I don't wear a school uniform. 나는 교복을 입지 않는다.
2. They don't drink milk. 그들은 우유를 마시지 않는다.
3. I don't walk to school. 나는 학교에 걸어가지 않는다.
4. I don't drink milk every morning. 나는 매일 아침 우유를 마시지 않는다.
5. My mom doesn't like chocolate. 엄마는 초콜릿을 좋아하지 않는다.

DAY 22
1. Does your dad work at a hospital? 너의 아버지는 병원에서 일하시니?
2. Did she have many books? 그녀는 책을 많이 가지고 있었니?

DAY 23
1. My father and I look alike. 아빠와 나는 닮았다.
2. The animal is still alive. 그 동물은 여전히 살아 있다.
3. She lives a lonely life. 그녀는 외로운 삶을 산다.

DAY 24
1. I was late for school yesterday. [형용사] 나는 어제 학교에 늦었다.
2. The test was hard for me. [형용사] 그 시험은 나에게는 어려웠다.

DAY 25
1. He is always happy about his life. 그는 항상 그의 삶에 만족한다.
2. I often read a novel. 나는 종종 소설을 읽는다.

DAY 26

1. and
2. When

DAY 27

1. at school 학교에서
2. on Monday 월요일에
3. in 2001 2001년에
4. in winter 겨울에
5. since 1990 1990년 이후로
6. from January 1월부터
7. until next Thursday 다음 목요일까지

DAY 28

1. on Sunday
2. in 1983
3. in summer
4. in the morning
5. on November 4th
6. in December

DAY 29

1. His shoes were in the box.
2. An apple is on the desk.
3. I met her at the airport.
4. My mom is at hospital.

DAY 30

an (이 상황에서는 동물원에서 내가 코끼리 한 마리를 봤다는 의미인데, 말하는 사람과 듣는 사람이 모두 알고 있는 코끼리를 가리키는 것이 아니기 때문에 the가 아닌 an을 사용합니다.)

DAY 31

1. a library
2. a uniform
3. an hour
4. a clock
5. a bike

DAY 32

1. the (사람들은 지구가 평평하다고 믿었다.)
2. a [너는 한 달에 한 번 (돈이) 지급될 것이다.]

DAY 33

1. An, 하루에 사과 한 개는 당신을 건강하게 합니다. (사과 1개를 의미해서 an이 정답)
2. X, 저녁 먹을 시간이야.(식사 앞에는 관사를 붙이지 않습니다.)

DAY 34

1. <u>He</u> is a kind man. 그는 친절한 사람이다.
2. <u>This house</u> was sold yesterday. 이 집은 어제 팔렸다.
3. <u>To study English</u> is interesting. 영어를 공부하는 것은 흥미롭다.
4. <u>Taking the subway</u> can save your time. 지하철을 타면 너의 시간을 절약할 수 있다.
5. <u>My dream</u> is to be a teacher. 내 꿈은 선생님이 되는 것이다.

DAY 35

1. I bought <u>a new book.</u> 나는 새 책을 샀다.
2. We reached <u>our destination.</u> 우리는 목적지에 도달했다.
3. My friend explained <u>the situation.</u> 내 친구는 상황을 설명했다.
4. Tom called <u>me</u> last night. *last night은 시간을 나타내는 '부사'입니다.
5. I answered <u>the question.</u> 나는 질문에 답했다.

DAY 36

1. He seemed <u>upset.</u> 그는 화나 보였다.
2. She became <u>a doctor.</u> 그녀는 의사가 되었다.
3. Life is <u>a marathon.</u> 인생은 마라톤이다.
4. The soup tasted <u>terrible.</u> 수프는 끔찍한 맛이 났다.
5. I made my mom <u>happy.</u> 나는 엄마를 행복하게 만들었다.

DAY 37

1. 자동사 (그녀는 학교 콘서트에서 노래했다.)
2. 타동사 (아빠는 작년에 보트를 사셨다.)
3. 타동사 (나는 나의 여동생에게 책을 전달했다.)

DAY 38

1. Let's study together.
2. Let's go jogging.

DAY 39

1. How smart she is!
2. How expensive this computer is!

DAY 40

1. Exercise regularly.
2. Study hard.

DAY 41

1. Who
2. Where
3. How

DAY 42

④ (④번의 it은 '그것'이라는 대상을 가리킵니다. 나머지는 모두 비인칭주어 it입니다.)

DAY 43

1. himself 그는 그 스스로 컴퓨터를 수리할 수 있었다.
2. myself 나는 내 스스로가 자랑스럽다.
3. herself 그녀는 스스로 머리카락을 잘랐다.

DAY 44

1형식 문장: S+V, 2형식 문장: S+V+C, 3형식 문장: S+V+O, 4형식 문장: S+V+O+O, 5형식 문장: S+V+O+C

DAY 45

1. go(가다)
2. come(오다)
3. stay(머무르다)
4. fly(날다)
5. fall(떨어지다)
6. leave(떠나다)
7. arrive(도착하다)
8. happen(일어나다)
9. rise(오르다)
10. cry(울다)
11. smile(웃다)
12. work(효과가 있다)
13. appear(나타나다)
14. disappear(사라지다)

DAY 46

④

1. There are some letters for you. 너를 위한 편지들이 있다.
2. There are seven days in a week. 한 주에는 7일이 있다.
3. Are there many trees in the park? 공원에 많은 나무들이 있니?
4. There is a mirror in my room. 나의 방에는 거울이 있다.
5. My brother and I are hungry. 나의 남동생과 나는 배가 고프다.

DAY 47

1. 그 결과는 놀랍다.
2. 그것은 아름다운 무지개였다.

DAY 48

1. 교육은 이 규칙에서 예외다.
2. 이는 종종 사실과 일치하지 않는다.

DAY 49

She looks happy. 그녀는 행복해 보인다.
보어 자리에는 형용사를 써야 합니다.

DAY 50

1. 기술은 의문의 여지가 있는 이점을 지니고 있다.
2. 우리는 항상 의견을 표현한다.

DAY 51

1. 그는 그의 핸드폰을 나에게 건네주었다.
2. 그는 노부인에게 그녀의 사진을 보여주었다.
3. 나는 그에게 약간의 돈을 주려 했지만, 그는 거절했다.

DAY 52

1. He made a cake for me. 그는 나를 위해서 케이크를 만들었다.
2. She gave a candy to her father. 그녀는 그녀의 아빠에게 캔디를 주었다.

DAY 53

1. 우리는 그를 Jay라고 부른다.
2. 나는 항상 내 방을 깨끗하게 유지한다.
3. 그는 그 책이 재미있다고 느꼈다. (find동사는 5형식 문장에서 '~라고 느끼다, 생각하다'라고 해석합니다.)
4. 그 영화는 그녀를 스타로 만들었다.

DAY 54

1. I made my dad angry. 나는 아버지를 화나게 만들었다.
2. I found the movie interesting. 나는 그 영화가 재미있다고 느꼈다.
3. You should keep your child quiet. 너는 네 아이를 조용히 하도록 만들어야 한다.

DAY 55

1. I felt the table shaking. 나는 테이블이 흔들리는 것을 느꼈다. (테이블이 흔들리고 있는 진행의 느낌을 담아서 shaking을 사용합니다.)
2. He required us to go back. 그는 우리가 돌아가기를 요구했다.
(동사 require은 목적격보어 자리에 to부정사가 필요합니다.)

DAY 56

1. I saw a man (talk) to her. 나는 어떤 남자가 그녀와 이야기하는 것을 보았다.
2. He felt someone (touch) his hand. 그는 누군가 그의 손을 만지는 것을 느꼈다.
3. I heard the children (cry). 나는 아이들이 우는 것을 들었다.
4. She saw me (crossing) the river. 그녀는 내가 강을 건너는 것을 보았다.

5. My mom heard me (sing) at night. 엄마는 내가 밤에 노래하는 것을 들었다.

DAY 57

1. My friend always makes me (laugh). 내 친구는 항상 나를 웃게 만든다.
2. I let you (go) when it is finished. 그것이 끝나면 내가 너를 보내줄게.
3. Sarah had me (stay) home. Sarah는 나를 집에 머물도록 만들었다.
4. She made me (brush) my teeth. 그녀는 내가 이를 닦도록 시켰다.
5. I can't make her (stop) crying. 나는 그녀가 울음을 멈추도록 만들 수 없다.

DAY 58

1 과거 시제 2 과거진행 시제 3 과거완료 시제 4 과거완료진행 시제 5 현재 시제 6 현재진행 시제 7 현재완료 시제 8 현재완료진행 시제 9 미래 시제 10 미래진행 시제 11 미래완료 시제 12 미래완료진행 시제

DAY 59

1. A friend in need is a friend indeed. 어려울 때 친구가 진짜 친구이다.
2. I teach English in high school. 나는 고등학교에서 영어를 가르친다.
3. My dad leaves for Seoul tomorrow morning. 아빠는 내일 아침 서울로 떠나실 것이다.

DAY 60

1. I am going to(will) visit my grandparents next week. 나는 다음 주에 조부모님댁을 방문할 계획이다.
2. I am going to(will) help you when you are needed. 네가 도움이 필요할 때 내가 도와줄게.

DAY 61

Is David watching TV now?

DAY 62

1. He was writing an e-mail when the phone rang.
전화가 울렸을 때 그는 이메일을 작성하고 있는 중이었다.
2. I was listening to the music, so I didn't hear the fire alarm.
나는 음악을 듣고 있어서, 화재경보를 듣지 못했다.
3. While John was sleeping last night, someone stole his car.
어젯밤 John이 자고 있는 동안에, 누군가 그의 차를 훔쳤다.

DAY 63

1. I will be waiting for her when her plane arrives tonight.
그녀의 비행기가 오늘밤 도착할 때, 나는 그녀를 기다리고 있는 중일 것이다.
2. I will be watching TV when she arrives tonight.
그녀가 오늘밤 도착할 때 나는 TV를 보고 있는 중일 것이다.
3. I will be waiting for you when your bus arrives.
네가 탄 버스가 도착할 때 나는 너를 기다리고 있는 중일 것이다.

DAY 64

has been (since yesterday는 '어제 이후로'라는 의미예요. 어제부터 지금까지 쭉 아팠던 것을 나타내야 하기 때문에 현재완료를 사용해야 합니다.)

DAY 65

1. 완료
2. 경험
3. 경험

DAY 66

had spent 나는 돈을 다 써버렸기 때문에 엄마의 생신 선물을 살 수 없었다.

DAY 67

1. By the time you read this letter, I will have left.
네가 이 편지를 읽을 때쯤, 나는 떠났을 것이다.
2. You will have finished your report by this time next week.
다음 주 이때쯤에는 너는 너의 보고서 작성을 끝마쳤을 것이다.
3. Will they have arrived by tomorrow?
그들은 내일까지는 도착을 완료하겠지?

DAY 68

I can speak a little Chinese.

DAY 69

Will you leave here tonight?

DAY 70

① (①번은 '허락'을 구할 때 사용하는 can이고, 나머지는 '능력'을 나타냅니다.)

DAY 71

1. 그녀는 차를 운전할 수 있었다.
2. 그는 8살 때 축구를 잘 했다.
3. 많은 범죄가 방지될 수 있었다.
4. 나는 언제라도 너에게 전화할 수 있었다.
5. 저에게 이 책을 빌려주실 수 있을까요?

DAY 72
1. 라디오를 켜도 될까요?
2. 나는 너랑 오늘밤에 수학을 공부할지도 몰라.
3. 내 일을 일찍 마치면 너랑 함께 할지도 몰라.
4. 잔돈은 가져도 됩니다.

DAY 73
1. 의무 (학생들은 입학시험을 통과해야만 한다.)
2. 확신 (그것은 실수임에 틀림없어.)

DAY 74
1. 내 생각에 그는 빨리 여기로 와야 해.
2. 너는 눈을 감아야만 해.
3. 너는 집에 가야만 해.
4. 너는 너의 가족에게 더 집중해야만 해.

DAY 75
Do I have to answer?

DAY 76
1. 너는 그를 일찍 깨우면 안 된다.
2. 너는 그를 일찍 깨우지 않아도 된다.

DAY 77
1. You should have listened to the teacher.
2. He must have been asleep.
3. She can't have left the house yet.

DAY 78
1. 그녀는 고기를 먹곤 했는데, 지금은 채식주의자이다.
2. 나는 파리에 살았었다.
3. Sam은 반에서 최고의 학생이었다.
4. 그는 항상 회의에 늦게 오곤 했다.

DAY 79
1. 나는 지금 집에 가는 편이 낫겠어.
2. 너는 네 부모님 말씀을 들어야만 해.
3. 너는 늦게 집에 가면 안 돼.
4. 너는 알람시계를 맞추는 것이 낫겠어.
5. 너는 너의 태도를 바꿔야 해.

DAY 80
1. You may as well go home now.
2. I would rather die than retreat.

DAY 81
1. My room is cleaned by me.
2. The flat tire was changed by my dad.
3. The entire house was painted by Tom.
4. The baby was carried by the kangaroo in her pouch.

DAY 82
행위자가 뻔하기 때문입니다. 그가 다시 선출되었다는 해석인데, 선거하면 누가 뽑나요? 당연히 선거권을 가진 사람들이 투표합니다. 당연한 행위자가 생략되면서 수동태가 만들어졌습니다.

DAY 83
1. Our TV was not broken by my brother. 우리의 TV는 내 남동생에 의해 부서지지 않았다.
2. Was the fish eaten by the bear? 그 물고기는 곰에 의해 먹어졌니?

DAY 84
1. The kitchen is being cleaned by my mom. 주방은 엄마에 의해 청소되고 있는 중이다.
2. The plants have been watered by Sam. 식물들은 Sam에 의해 물이 주어졌다.
3. The report has been finished by us. 보고서는 우리들에 의해 완성되어졌다.
4. The president has been killed by someone. 대통령은 누군가에게 살해당했다.
5. The email will be sent by my boss. 이메일은 내 상사에 의해 보내질 것이다.

DAY 85
The teacher is looked up to by all the students. 그 선생님은 모든 학생들에 의해서 존경받는다.

DAY 86
1. A pencil was lent to Graham by me.
Graham was lent a pencil by me.
2. An interesting book was bought for my sister by me. (동사 buy는 간접목적어를 주어로 사용하지 않습니다.)

DAY 87
1. I was kept waiting for half an hour by her.
2. He was seen to enter the building (by us).

DAY 88
1. He is known to have a humble attitude. 그는 겸손한 태도를 갖고 있다고 알려져 있다.
2. All rich men are supposed to be wicked. 모든 부자들은 악하다고 생각된다.
3. The war is considered to be over. 전쟁은 끝났다고 여겨진다.

DAY 89
1. with
2. in

DAY 90

1. great – greater – greatest
2. wise wiser – wisest
3. pretty – prettier – prettiest
4. busy – busier busiest
5. thin – thinner – thinnest
6. hot – hotter hottest
7. lazy – lazier laziest

DAY 91

1. expensive more expensive most expensive
2. slowly more slowly most slowly
3. fluently more fluently most fluently
4. easily more easily most easily
5. important – more important – most important

DAY 92

1. good – better best
2. well – better best
3. bad – worse – worst
4. ill – worse – worst
5. many – more most
6. few – fewer – fewest
7. little – less – least
8. old – older – oldest
9. old – elder eldest
10. late – later latest

DAY 93

1. Today is as cold as yesterday.
2. He goes shopping as often as you do.

DAY 94

1. Jill is faster than me. Jill은 나보다 더 빨라.
2. My brother is clumsier than me. 내 남동생은 나보다 더 덜렁대.
3. You might be tall, but I am taller. 너는 키가 크겠지만, 내가 더 커.
4. My new car is quieter than the old one. 내 새 차는 옛날 차보다 더 조용해.
5. This winter is colder than last winter. 올해 겨울이 지난겨울보다 더 추워.
6. My dad is fatter than me. 아빠는 나보다 더 뚱뚱해.
7. I like cats more than dogs. 나는 개보다 고양이를 더 좋아해.

DAY 95

1. least
2. best
3. most handsome
4. highest

DAY 96

1. China is much bigger than Korea. 중국은 한국보다 훨씬 더 크다.
2. My dog is a lot bigger than yours. 나의 개는 너의 개보다 훨씬 더 크다.
3. Mt. Everest is much higher than Mt. Halla. 에베레스트산은 한라산보다 훨씬 더 높다.
4. This question is much easier than I expected. 이 질문은 내가 예상한 것보다 훨씬 더 쉽다.
5. The skin of a shark is much rougher than that of a tuna fish. 상어의 피부는 참치의 피부보다 훨씬 더 거칠다.

DAY 97

1. The higher we climb, the colder it becomes.
2. The fresher the fruit is, the better it tastes.

DAY 98

1. This book is three times as big as that one.
2. This pencil is twice more expensive than that one.

DAY 99

1. I chose to help him. 나는 그를 도와주기로 선택했다.
2. They are learning to sing. 그들은 노래를 배우고 있는 중이다.
3. He tends to be a little shy. 그는 약간 부끄러워하는 경향이 있다.
4. He has no one to look after him. 그는 그를 돌봐줄 사람이 아무도 없다.
5. I hope to pass the exam. 나는 시험을 통과하기를 바란다.

DAY 100

1. 학생들을 가르치는 것
2. 새 카메라는 사는 것
3. 키 없이 문을 여는 것
4. 나의 부모님과 함께 머무르는 것
5. 엄마를 화나게 만드는 것

DAY 101

1. 목적어, 여러분은 과거를 잊고 놓아주기로 결심해야 한다.
2. 보어, 펭귄의 해결책은 대기 전술을 펼치는 것이다.

DAY 102

It is important to recognize your pet's particular needs and respect them. 여러분의 애완동물의 특별한 욕구를 인식하고 그것을 존중해 주는 것이 중요하다.

DAY 103
1. where
2. whom

DAY 104
1. This makes it nearly impossible to stick to the goal. 이것은 목표를 고수하는 것을 거의 불가능하게 만든다.
2. Technology makes it much easier to worsen a situation with a quick response. 기술로 인하여 성급한 반응으로 상황을 악화시키는 것이 더 쉬워졌다.

DAY 105
1. 모든 사람은 누구나 행복할 무언가를 가지고 있다.
2. 이것은 더 많은 반려동물을 데려와서 도울 수 있는 저희의 능력을 제한하게 됩니다.

DAY 106
1. 예정 (수상은 다음 달에 인도를 방문할 예정이다.)
2. 예정 (우리는 인플레이션에 맞추어 임금 인상을 받을 예정이다.)
3. 가능 (나는 네가 파티에 가는 것은 괜찮지만, 늦게 돌아오는 것은 안 돼.)
4. 가능 (너는 내 허락 없이 이 방을 떠나는 것이 불가능해.)

DAY 107
1. 독자들이 볼 수 있도록 해주기 위해 어휘를 사용하라.
2. 하나의 결정은 무시하기 쉽다.
3. 이것이 틀렸다는 것을 증명하기 위해, Newton은 그 과정을 거꾸로 실행하였다.
4. 그녀의 친구들 중 한 명이 그녀를 점심 식사에 초대하기 위해 전화를 했다.
5. 생각을 표현하기 위해 복잡한 문장이 필요하지는 않다.

DAY 108
1. for, 이 바지는 너무 길어서 내가 입을 수 없어.
2. for, 네가 열심히 공부하는 것은 언제나 옳아.
3. of, 엄마가 설거지 하는 것을 돕다니 너는 정말 친절하구나. *자연스러운 해석을 위해서 의역했습니다.

DAY 109
1. 부모님은 이기적으로 되지 말라고 말씀하셨다.
2. Sam선생님은 우리에게 시험에서 부정행위를 하지 말라고 가르치셨다.
3. 나는 남동생과 싸우지 말라고 이야기를 들었다.
4. 야, 웃지 않으려고 노력해봐!
5. 나는 소음을 듣지 않으려고 노력 중이다.

DAY 110
He seemed to have stolen my money. 그가 내 돈을 훔친 것처럼 보였다.

DAY 111
1. be elected
2. be helped
3. be chosen

DAY 112
1. 우리가 계획을 바꾸기에는 너무 늦었다.
2. 눈이 오기에는 충분히 춥지 않다.
3. 모든 사람들은 노래를 부를 만큼 충분히 행복하다.
4. 그 소녀는 너무 수줍어서 무대에서 공연을 할 수 없었다.

DAY 113
1. 주어 (영화에서 (관객의) 집중을 얻기는 쉽다.)
2. 전치사의 목적어 (아침에 잠이 깰 때면 늘 새로운 아이디어가 가득합니다.)
3. 주어 (단지 좋은 두뇌를 갖는 것이 항상 충분하지는 않다.)

DAY 114
1. 지지해 주는 것은 종종 지지를 받는 최선의 방법이다.
2. 그러나 그것들을 사고파는 것은 그것의 가치를 떨어뜨린다.

DAY 115
1. listening (그녀가 제일 좋아하는 일은 음악을 듣는 것이다.)
2. coaching (그녀에게 최고의 직업은 축구를 지도하는 것일지도 모른다.)
3. memorizing (영어를 배우는 것에 대해서 가장 힘든 것은 단어를 외우는 것이다.)

DAY 116
1. After taking a shower, I kept working. 샤워를 한 후에, 나는 계속 일했다.
2. She dreams of being a pop star. 그녀는 팝스타가 되는 것을 꿈꾼다.
3. She is proud of speaking English. 그녀는 영어를 말하는 것을 자랑스러워한다.
4. He always tells the joke without laughing. 그는 항상 웃지 않고 농담을 말한다.
5. I'm worried about making mistakes. 나는 실수하는 것에 대해서 걱정한다.

DAY 117
1. living (나는 한국에 사는 것을 즐겼다.)
2. staying (그는 집에 머물 것을 제안했다.)

DAY 118
1. to be (그는 약간 부끄러워하는 경향이 있다.)
2. to go (그는 감옥에 가야 마땅하다.)

DAY 119
to lock 아들, 나갈 때에는 문 잠그는 것을 잊지 말아라. (아직 문을 잠그지 않았고, 앞으로 나갈 때 문을 잠글 것이기 때문에 to부정사를 사용합니다.)

DAY 120
to inform 우리는 당신의 지원이 더 이상 고려 대상이 아님을 알리게 되어 유감입니다.

DAY 121
1. living (나는 룸메이트와 사는 것을 즐겼다.)
2. preparing (우리는 미팅을 준비하는 것을 마쳤다.)
3. living (나는 철길 근처에 사는 것을 신경 쓰지 않는다.)
4. waiting (그는 태풍이 끝날 때까지 기다릴 것을 제안했다.)
5. working (그는 어지러움을 느꼈지만, 계속 일했다.)
6. making (그녀는 실수하는 것을 피했다.)
7. to go (우리는 저녁에 외식하기로 결정했다.)
8. to clean (나는 주방을 청소하는 것을 계획했다.)
9. to adopt (그녀는 아이를 한 명 입양할 계획이다.)
10. to pass (나는 시험을 통과하기를 희망한다.)
11. to give (그녀는 즉각적인 답을 하는 것을 주저했다.)
12. to buy (나는 새 차를 살 여유가 없다.)
13. to get (나는 나의 차를 수리하기를 원한다.)
14. to survive (작은 개가 가까스로 화재에서 살아남았다.)

DAY 122
1. my (제가 여기 앉아도 될까요?.)
2. plane (비행기가 늦을 가능성은 거의 없다.)

DAY 123
1. having won
2. having stolen

DAY 124
1. having been touched
2. being asked
3. having

DAY 125
1. I couldn't help falling in love.
2. I am used to living alone.

DAY 126
1. 끓는 물 2. 구르는 돌 3. 깨어진 창문

DAY 127
1. a laughing man 웃고 있는 사람
2. a suffering man 고통 받고 있는 사람
3. a starving dog 굶주리는 개
4. a sleeping man 자고 있는 남자

DAY 128
1. 그는 길을 걸어가고 있는 젊은 여자를 가리켰다.
2. 당근 주스와 관련된 흥미로운 연구를 생각해 보라.
3. 그는 무책임한 아이를 다루는 책임감 있는 사람이었다.
4. 자전거를 탄 십 대 한 명이 내가 절망에 빠져 타이어를 차는 것을 보았다.
5. 이미지는 간단히 말해 생각과 경험을 보여주는 심상이다.

DAY 129
1. 동명사 (모든 사람들은 여행을 위해서 모자, 침낭을 가지고 와야 한다.)
2. 현재분사 (당신은 잠자는 강아지를 본 적이 있나요?)

DAY 130
1. 구운 콩들
2. 염색한 머리카락
3. 깨어진 기록

DAY 131
1. 그래서 이집트는 Royal Cubit이라고 불리는 표준 큐빗을 제정하였다.
2. addax는 사하라 사막의 일부 지역에서 발견되는 영양의 일종이다.
3. 그것은 멸종 위기에 처한 포유동물이며 야생에 대략 500마리만 남아 있다.
4. 물고기는 주변 물에서 모은 산소로 자신의 부레를 채운다.

DAY 132
1. stolen (나는 내 목걸이가 도난당한 것을 알았다.)
2. suggested (그에 의해서 제시된 아이디어는 굉장했다.)

DAY 135
Seeing him at the school, I asked him why he was late. 그를 학교에서 봤을 때, 나는 그에게 왜 늦었는지 물었다.

DAY 136
1. 이유 (그 도시에 대해서 거의 몰라서, 우리는 여행 가이드를 고용했다.)
2 조건 (이 프로젝트에 투자한다면, 너는 큰 돈을 벌 것이다.)

DAY 137
1. 돌을 집어서, 그는 그것을 호수에 던졌다.
2. 해가 떠서, 우리는 불을 껐다.
3. 그의 아버지가 돌아가셔서 그의 가족은 노숙자가 되었다.
4. Alice의 옆집에 살지만, 나는 그녀를 거의 보지 못한다.
5. 다른 것들이 똑같다면, 나는 이것을 선호한다.
6. 차가 전복되면서 승객은 갇혔다.

7. 그녀는 팔에 큰 인형을 안고, 집에 왔다.
8. 내 차를 주차하면서, 나는 다른 차에 부딪혔다.

DAY 138
Having finished their training, they will be fully qualified doctors.
그들의 훈련을 마친 뒤에, 그들은 완전히 자격을 갖춘 의사가 될 것이다.

DAY 139
(Being) unemployed, he has much money. 그는 실직했지만, 돈이 많다.

DAY 140
1. 내 여동생이 나를 따라오면서
2. 기술이 빠르게 발전하면서
3. 불이 켜진 채로
4. 우리 다리를 묶은 채로

DAY 141
1. Generally speaking
2. Considering

DAY 143
who (나는 어제 쇼핑몰에서 본 소년에게 이야기를 했다.) (선행사가 사람이고 뒤 문장에서 목적어 역할을 하게 때문에 목적격일 때 사용하는 who 또는 whom을 사용해야 합니다.)

DAY 144
1. 주격 (그는 금메달을 딴 최초의 한국인이다.)
2. 목적격 (네가 어젯밤에 만난 젊은 남자는 내 사촌이었다.)
3. 소유격 (나는 머리카락이 빨간색인 사람을 보았다.)

DAY 145
1. who (옛날에 함께 일하던 두 도둑이 있었다.)
2. who (그렇게 한 사람은 Clarence Birdseye라는 이름의 젊은이였다.)
3. who (이것은 교외에 사는 사람들에게는 해당하는 일이 아니다.)

DAY 146
1. which (그것은 Ester가 이제껏 처음 본 무지개였다.)
2. which (그들이 치루는 대가는 하루 동안 신체적 운동이 제한적이라는 것이다.)

DAY 147
1. 그래서 심장이 멎은 환자는 더 이상 사망한 것으로 간주될 수 없다.
2. 그녀는 전 세계의 기아를 끝내는 것을 목표로 하는 "The Hunger Project"를 위해 일하는 중이었다.
3. 두 해 사이에 사용이 증가한 3가지의 플랫폼 중, 휴대전화가 가장 작은 증가를 보였다.

DAY 148
I'm going to make him an offer (which / that) he can't refuse. [대부] 나는 그가 거절할 수 없는 제안을 할 거야. (목적격 관계대명사가 생략된 문장입니다.)

DAY 149
1. during which [그것은 (상영 중에) 내가 잠든 영화이다.]
2. of which (네가 모르는 것에 대해서는 이야기하지 마라.)
3. on which (이것들은 그의 새로운 이론에 기초를 둔 사실들이다.)

DAY 150
1. what 그녀 옆에 앉아 있었던 Linda는 사인하지 않고 종이를 넘겼다.
2. What 문어체는 더 복잡한데, 이것은 읽는 것을 더욱 수고롭게 만든다.

DAY 151
1. what 그게 우리가 자녀들에게 말하는 것이다.
2. What 이것이 우리에게 말해주는 것은 말이 중요하다는 것이다.

DAY 152
1. This is the city where I met her.
이곳은 내가 그녀를 만난 도시이다.

2. That's the reason why I apologized to him.
그것이 내가 그에게 사과한 이유이다.

DAY 153
1. where (약국은 당신이 약을 사는 곳이다.)
2. when (나는 우리가 다시 함께 하는 날을 기원한다.)

DAY 154
1. where (당신이 자란 도시에 대해서 말해주세요.)
2. where (이곳이 우리가 처음으로 만났던 카페이다.)

DAY 155
1. why (나는 그녀가 나를 떠난 이유를 이해 못한다.)
2. why (네가 늦은 이유를 말해줄래?)

DAY 156
That's the way I met her. / That's how I met her.
(그것이 내가 그녀를 만난 방식이야.)

DAY 157
1. when (그것이 그가 그것을 발견한 때이다.)

2. where (이곳은 그들이 서로 말을 했던 장소이다.)
3. when (그때가 그녀가 도착한 때였다.)

DAY 158
1. which (나의 아버지가 심은 나무가 하나 있다.)
2. where (이곳이 내가 태어난 도시이다.)
3. when (나는 많은 사람들이 휴가를 가는 여름을 좋아한다.)
4. how (이것이 그녀가 문제를 해결한 방법이다.)
5. whose (나는 Kitty라는 이름을 가진 고양이가 있다.)
6. when (12월은 사람들이 크리스마스를 기념하는 한 해의 마지막 달이다.)
7. why (나는 그녀가 나를 싫어하는 이유를 모르겠다.)

DAY 159
1. ②, She was in the bookstore where I met her. (the bookstore라는 선행사는 뒤 문장에서 장소를 나타내는 부사 역할을 합니다. 따라서 부사를 대신하는 관계부사 where을 사용해야 합니다.)
2. ③, I found the house which she wanted to buy. (선행사 the house는 관계대명사 뒤 문장에 있는 동사 buy의 목적어 역할을 합니다. 목적어는 명사입니다. 따라서 명사를 대신하는 관계대명사를 사용해야 합니다.)
3. ①, The time will come when Korea is unified. (선행사 the time은 시간을 나타내기 때문에 관계부사 when을 사용해야 합니다. 선행사는 관계사랑 거리가 떨어져 있어도 의미가 통하면 괜찮습니다.)

DAY 160
1. who(that), 이것은 교외에 사는 사람들에게는 해당하는 일이 아니다.
2. which(that), 창의력은 우리가 일반적으로 인간만이 유일하게 가지고 있다고 간주하는 능력이다.
3. who(that), 결코 위험을 무릅쓰지 못하는 사람은 아무것도 배울 수 없다.
4. which(that), 그들은 우리의 자원을 지속 가능하게 만드는 관행을 선호한다.
5. why, 그것이 스토리텔링이 그토록 설득력 있는 수단인 한 가지 이유이다.
6. which(that), 마찬가지로 지도는 혼란스럽게 할 세부 사항을 제거해야 한다.
7. who(that), 우선, 외로운 사람은 다른 사람을 도와주는 일로부터 혜택을 받을지도 모른다.

DAY 161
② Whatever (네가 무엇을 선택하더라도, 너는 만족할 것이다.)

DAY 162
1. 어떤 것을 당신이 사도, 6개월의 보증이 있습니다.
2. 네가 어떤 방식으로 그것을 해도 그것은 비쌀 거야.

DAY 163
1. 그가 누구였든, 그는 사자만큼 강했다.
2. 너는 너의 앞에 있는 사람이 누구든 좋아할 것이다.
3. 마지막에 오는 사람은 누구든지 게임에서 제거된다.

DAY 164
1. 그가 좌절할 때마다, 그는 심호흡을 했다.
2. 네가 배고플 때마다, 들러도 돼.
3. 나는 그녀를 볼 때마다 미소를 지었다.

DAY 165
1. 네가 어디를 가도, 나는 너를 따라갈 거야.
2. 어떤 사람들은 그들이 가는 어디든지 기쁨을 가져다준다.
3. 네가 어디를 가도, 너는 똑같은 종류의 사람들을 만날 거야.

DAY 166
1. However
2. Whenever

DAY 167
1. A와 B 둘 다
2.~임에도 불구하고

DAY 168
1. 오, 그거 알아요, 사람들은 내가 재밌다고 생각했었죠.
2. 난 그게 굉장한 아이디어라고 생각해.

DAY 169
1. 그는 바람이 불어서 창문이 열렸는지를 궁금해했다.
2. 나는 그녀에게 전화를 걸어도 되는지 아닌지가 궁금하다.
3. 나는 그가 계약에 사인을 했는지를 알고 싶다.

DAY 170
1. 우리는 그가 집에 있었는지 궁금했다.
2. 그녀가 부자인지 아닌지는 중요하지 않다.
3. 그녀가 너를 좋아하는지 아닌지는 확실하지 않다.

DAY 171
1. what
2. who

DAY 172
1. 그가 그 노인을 의심했다는 사실이 그의 마음을 아프게 했다.
2. 그녀가 알고 있었던 모든 것을 떠나야 한다는 사실이 자신의 마음을 아프게 했다.
3. 여러분의 휴대전화가 울리고 있다는 사실이 여러분이 전화를 받아야 한다는 것을 의미하지는 않는다.

DAY 173
1. when
2. although

DAY 174
1. 눈이 오기 시작할 때, 모두가 사진을 찍기 시작했다.
2. 네가 나에게 그렇게 소리칠 때, 나는 어떻게 반응할지 모르겠다.

DAY 175
1. 그는 똑똑하고 열심히 일했기 때문에 부자가 되었다.
2. 비가 많이 왔기 때문에 그들은 집을 짓는 것을 멈췄다.

DAY 176
1. 너는 지쳤기 때문에 쉬어야 한다.
2. 내가 설거지를 하고 있는 동안에 전화가 울렸다.
3. 내 여동생은 과학을 정말 좋아하지만, 나는 영어에 흥미가 있다.

DAY 177
1. 내가 말했듯이, 우리는 내년이 더 좋은 해가 되기를 기대한다.
2. 당신 발목이 아직 약하기 때문에 체육관 가는 것을 조심해야 한다.

DAY 178
1. If (만약 내일 비가 내리면, 나는 여기 머물 것이다.)
2. Unless (네가 먹는 것을 멈추지 않으면, 너는 뚱뚱해질 것이다.)
3. Unless (그녀에게 묻지 않는다면, 너는 절대 모를 것이다.)
4. If (무언가가 당신을 방해한다면, 주저 없이 나에게 말해주세요.)

DAY 179
1. 그는 너무 힘이 세서 그는 질 수가 없다.
2. 너무 어두워서, 우리는 거의 볼 수 없었다.
3. 너무 더워서 우리는 하루 종일 에어컨이 나오는 방을 떠나지 않았다.
4. 도로 표면이 너무 뜨거워서 녹기 시작했다.

DAY 180
1. 파티는 지루했지만, 나는 친구들을 볼 수 있어서 좋았다.
2. 바깥 날씨가 추운데도 불구하고, 그는 나가기를 원한다.
3. 그는 떠났지만, 나는 여전히 그를 사랑한다.

DAY 181
1. 내가 공부할 수 있도록 볼륨을 줄여줄래?
2. 네가 볼 수 있도록 방학 때 사진을 찍었다.
3. 만약 네 뒤에서 앰뷸런스가 보이면, 지나갈 수 있도록 항상 차를 한쪽으로 비켜라.

DAY 182
1. 날씨가 좋아서, 우리는 공원에 가는 것에 대해서 생각해 보았다.
2. 네가 그 임무를 끝내자마자 나에게 알려줄래?
3. 네가 나를 사랑하는 한, 나는 네가 무엇을 했는지 신경쓰지 않는다.

DAY 183
but also

DAY 184
1. 그와 그의 엄마 모두 불안해 보였다.
2. 영국과 프랑스는 모두 조약에 동의했다.
3. 그녀는 대학에 있을 때 하키와 농구를 둘 다 했다.

DAY 185
1. Brian도 그의 아내도 그것에 대해서 언급하지 않았다.
2. 이탈리아도 프랑스도 작년에 8강에 진출하지 못했다.

DAY 186
1. 내가 너라면, 나는 의사가 되기를 원할 텐데.
2. 비가 오지 않는다면, 우리는 소풍을 갈 텐데.
3. 그녀가 아프지 않다면, 그녀는 학교에 갈 텐데.

DAY 187
1. 그가 음악가였다면, 그는 CD를 녹음했을 텐데.
2. 그녀가 예술학교에 갔더라면, 그녀는 화가가 되었을 텐데.
3. 만약 그녀가 대학에 갔더라면, 그녀는 프랑스어를 배웠을 텐데.

DAY 188
1. 그녀가 그녀의 엄마와 머물렀다면, 그녀는 외로움을 느끼지 않을 텐데.
2. 우리가 집을 팔지 않았더라면, 우리는 지금 임대주택에 앉아 있지 않았을 텐데.

DAY 189
1. Were I you (내가 너라면, 나는 관여하지 않을 거야.)
2. Had I known (내가 알았다면, 나는 뭔가를 말했을 거야.)
3. Should you see him again (그를 다시 보려면, 다른 길로 걸어가라!)

DAY 190
1. 내가 큰 집이 있으면 좋을 텐데.
2. 네가 가까이 살면 좋을 텐데.
3. 내가 운전을 할 수 있으면 좋을 텐데.
4. 기차가 정시에 도착했으면 좋았을 텐데.

DAY 191
1. 그녀는 모든 걱정이 사라진 것처럼 느꼈다.

2. 그는 며칠 동안 잠을 안 잔 것처럼 보인다.

DAY 192
그들은 나에 대해서 아는 것이 거의 없었다.

DAY 193
1. Amy does look like her mother. Amy는 정말 그녀의 엄마를 닮았다.
2. I did attend the meeting last week. 나는 분명 지난주 회의에 참석했다.
3. He does have symptoms. 그는 식욕 상실처럼 분명 증상들을 가지고 있다.

DAY 194
⑤, bought과 같은 동사 부분은 강조할 수 없습니다.

DAY 195
1. 직접화법 (그는 "나는 내일 제주도에 갈 거야"라고 말했다.)
2. 간접화법 (그녀는 아이스크림을 좋아한다고 말했다.)

DAY 196
She said that she could leave then. 그녀는 그때 떠날 수 있다고 말했다.

DAY 197
1. He asked me if(whether) his sister studied hard. 그는 그의 여동생이 공부를 열심히 하냐고 내게 물어봤다.
2. He asked me what time I wanted to go. 그는 내가 몇 시에 가고 싶은지 내게 물어봤다.

DAY 198
1. Dad told me to come back by 7. 아빠는 나에게 7시까지 돌아오라고 말씀하셨다.
2. My teacher told me to solve the question on the blackboard.
선생님은 나에게 칠판에서 그 문제를 풀라고 말씀하셨다.

DAY 199
1. is it (이 수프는 맛이 없지, 그렇지?)
2. is it (버스는 오고 있지 않아, 그렇지?)
3. won't you (너는 오늘 밤 여기에 머무를 거야, 그렇지 않니?)
4. shall we (오늘은 이만 마치자, 그럴까?)

DAY 200
1. Adopt (이 문장은 명령문이 되어야 합니다. Adopting으로 시작하면, 동명사 주어 또는 분사구문이라는 의미인데, 둘 다 해당되지 않습니다.) (이런 사고방식을 가지면, 여러분은 더 빨리 죽게 될 것이고 그 삶의 질은 더 나빠질 것이다.)

2. X(→sending)
sends는 문장의 동사 형태입니다. 하지만 이 문장의 동사는 uses입니다. 따라서 sends는 동사가 되면 안 되고, sending이 되면서 현재분사가 되어야 합니다.
(뇌에서 신호를 보내고 있는 개개의 뉴런은 마라톤을 하고 있는 다리 근육 세포만큼의 에너지를 사용한다.)

3. X(→depends)
밑줄 친 자리는 문장의 진짜 동사 자리입니다. depending을 사용하면, 이 문장은 동사가 없는 문장이 됩니다. 주어인 the use에 맞는 동사 depends를 사용해야 합니다.
(따라서, 의사소통에서 진동을 사용하는 것은 물질이 진동하도록 만드는 발송자의 능력에 달려 있다.)

4. O
whether 다음에는 주어, 동사를 갖춘 문장이 필요합니다. whether 다음에 what they are doing까지가 주어입니다. 동사는 helps입니다. doing을 쓰면 현재진행 시제가 만들어지기 때문에 맞습니다.
(많은 자선 단체에 적은 액수를 내는 사람들은 그들이 하는 일이 다른 사람들을 돕는 지에는 그렇게 많은 관심을 두지 않는다.)

5. X(→measure)
밑줄 친 자리는 문장의 동사 자리입니다. 문장의 핵심 주어는 the productivity measurement schemes입니다. 이 주어에 맞는 동사 measure을 사용해야 합니다.
(불행하게도, 내가 접했던 생산성 측정 시책의 대부분은 노력이나 겉으로 보이는 활동을 측정한다.)

DAY 201
1. ended
접속사 that 이하에는 주어, 동사가 있어야 합니다. meant that 다음에 주어가 baseball games이고, (C)번 보기는 진짜 동사 자리입니다.
(그것(야구)의 첫 반세기 동안 경기가 밤에는 이루어지지 않았는데, 그것은 야구 경기가 전통적인 근무일처럼 해가 질 때 끝난다는 것을 의미했다.)

2. evaluating
to the extent that 다음에는 주어, 동사가 나와야 합니다. 주어는 two observers이고, 동사는 arrive입니다. 따라서 (A)보기는 동사가 아닌 현재분사가 되어서 주어를 수식해야 합니다.
(측정 시스템은 같은 동작을 평가하는 두 명의 관찰자가 같은(혹은 매우 비슷한) 측정치를 얻게 되는 한 객관적이다.)

3. restricts
이 문장의 주어는 To make the choice입니다. to 부정사가 주어로 쓰이면 '단수'로 취급합니다. 그리고 보기는 문장의 동사 자리입니다. 따라서 단수 주어에 맞는 동사인 restricts를 사용합니다.
(고도의 기술이나 색깔을 사용하지 않고 암석에서 특정한 형상을 깎아냄으로써 감정을 표현하는 선택을 하는 것은 예술가를 상당히 제약한다.)

4. was
that 다음에는 주어, 동사가 나와야 합니다. that 이하에 the carbon dioxide level이라는 주어가 있고 동사는 보기 자리입니다. 문장의 진짜 동사 자리이기 때문에 주어에 맞게 was를 사용합니다.
(그러나 사람들이 모르고 있는 것은 우리 포유류 조상들이 진화하고 있던 약 팔천만 년 전에 이산화탄소 수치가 적어도 입자 백만 개당 천 개였다는 것이다.)

5. X(→was developed)
but 이후에는 새로운 문장이 시작됩니다. 주어는 a system이고, 밑줄 친 부분이 진짜 동사 자리입니다. 단, 시스템은 발달을 하는 것이 아니라, 발달이 되는 대상이기 때문에 수동태를 사용해서 was developed를 사용해야 합니다.
(편지는 보통 육로로 운반되었지만 운하용 배를 통해 사람뿐만 아니라 편지와 신문을 운송하는 시스템이 17세기에 네덜란드 공화국에서 발달했다.)

DAY 202
1. X(→lead)
it-that 강조 구문입니다. leads 동사에 대한 주어는 people's beliefs이기 때문에 복수 주어입니다. 따라서 동사는 복수 주어에 맞는 lead로 바꿔야 합니다.
(사실, 사람들이 더 많은 것들을 회상하도록 이끄는 것은 최면의 힘에 대한 사람들의 믿음일지도 모른다.)

2. O
주어는 those입니다. those는 '사람들'이라는 의미를 가진 복수 주어이기 때문에 동사 were이 맞습니다.
(해야 할 일의 목록을 잠자리에 들기 전에 만드는 사람들은 지나간 일에 관해 쓰는 사람들보다 9분 더 빨리 잠들 수 있었다.)

3. is
문장의 진짜 주어는 the only difference입니다. 따라서 동사는 is를 사용해야 합니다.
(예를 들어, 포도와 건포도의 유일한 차이는 포도가 약 여섯 배 더 많은 수분을 함유하고 있다는 것이다.)

4. O
this가 주어인 문장입니다. 밑줄 친 has는 문장의 동사입니다. 주어-동사 사이가 떨어져 있지만 연결해 보면 맞습니다.
(이것은 섭취되지 않은 먹이의 전반적인 양을 줄이는 다른 방법들에 더하여, 수산 양식이 자신의 행위를 깨끗이 청소하는 데 도움이 되어왔다.)

5. were
주격관계대명사 다음에 괄호가 있습니다. 이 동사는 선행사와 연결해야 합니다. the Indians가 선행사이기 때문에 연결하면 복수에 어울리는 were을 사용해야 합니다.
(이 섬에는 인디언들의 뼈와 무기가 들어 있는 깊은 동굴이 있는데, 인디언들이 그곳에 매장되었다고 추정된다.)

DAY 203
1. O
문장의 주어는 Adapting novels입니다. 동명사로 이루어진 주어는 단수 취급을 하기 때문에 is를 사용합니다.
(소설을 각색하는 것은 가장 훌륭한 영화 프로젝트들 중 하나인 반면, 영화를 소설화했다고 하는 책은 상스럽게 여겨진다.)

2. X(→was)
it-that 강조구문이 쓰인 문장입니다. 실제 문장의 주어는 the traditional link이고, 밑줄 친 부분은 문장의 진짜 동사 자리입니다. 주어가 단수이기 때문에 were이 아닌 was로 고쳐야 합니다.
(운송과 메시지 연락 사이의 전통적인 관계가 깨진 것은 바로 1837년 전기 전신의 발명으로 인해서였다.)

3. O
문장의 주어는 the prospect입니다. 주어가 단수이기 때문에 has를 사용하면 됩니다.
(그래서 이제 의학적 결정의 가능성은 모든 이에게 기말 보고서 과제와 같은 최악의 악몽이 되었는데, 한 강좌에서의 성적보다 걸려있는 것이 훨씬 더 많다.)

4. O
the amount는 양을 나타냅니다. 다음에 단수 명사, 단수 동사를 이어서 사용합니다. 그래서 단수 동사인 has가 맞습니다.
(왜냐하면 대기 중의 이산화탄소의 양이 지난 백 년간에 걸쳐서 입자 백만 개당 약 280개에서 380개로 크게 상승했기 때문이다.)

5. O
whereas 다음에는 새로운 문장이 시작되므로 주어, 동사가 있어야 합니다. whereas 이후에 주어는 speaking in class이고, 동사는 이에 맞게 is를 사용해야 합니다.
(말하기에 있어서 절제는 이 학생들과 그들의 가족들에게 가치 있게 여겨진 반면에, 수업시간에 말을 하는 것은 미국의 교실에서 지적인 참여와 의미형성으로 여겨진다.)

DAY 204
1. O

are이라는 be동사 다음에 형용사를 써야 하는 자리입니다. smooth는 형용사이기 때문에 위치할 수 있습니다.
(물고기가 지느러미와 강력한 꼬리를 갖춘 유선형이고 매끄러운 몸을 가지고 있는 것은 우연이 아니다.)

2. X(→humiliating)
감정을 나타내는 형용사의 형태에 대한 문제입니다. p.p.의 형태는 연결된 대상이 그 감정을 실제 느끼는 것이고, 동사ing는 그 감정을 주변이 느끼도록 하는 것입니다. 보기와 연결된 주어는 it이고 이것은 this data입니다. data는 창피한 감정을 직접 느끼는 것이 아니라 주변에 느끼게 하기 때문에 동사ing의 형태를 사용해야 합니다.
(이러한 정보는 자주 신뢰성이 의심스러울 수 있거나, 틀릴 수 있거나, 혹은 사실이지만 매우 창피하게 할 수도 있다.)

3. O
형용사 slow 앞에 being 정도가 생략된 분사구문이라고 보면 됩니다. 부사는 올 수 없는 자리입니다.
(그 배들의 평균 속력은 시속 4마일이 약간 넘었는데 말을 타고 다니는 사람에 비해 느렸다.)

4. O
부사 almost가 부사 instantly를 꾸며주고 있습니다. 부사는 부사를 꾸며주는 기능을 합니다.
(오히려(실제로는), 개개의 물고기나 새가 (물고기) 떼나 (새) 무리에서 자신의 옆에 있는 동료들의 움직임에 거의 즉각적으로 반응하고 있는 것이다.)

5. O
damaging은 '해로운'이라는 형용사입니다. damaged와 자주 비교되는데, damaged는 손상을 입은 수동의 느낌이고, damaging은 해를 끼치는 능동의 의미입니다. 이 문장에서는 음악이 해를 끼치고 있는 상황이기 때문에 damaging이 맞습니다.
(음악이 신체적, 정신적 기술을 향상시키는 듯하다는 점을 감안할 때, 음악이 작업 수행에 해로운 상황이 있는가?)

DAY 205

1. O
부사 profoundly가 동사 transform을 수식하는 구조입니다. 그냥 바꾼 것이 아니라 완전히 바꾸었다는 의미입니다. 부사는 동사를 수식합니다.
(Bilbao의 Guggenheim 박물관이 그랬던 것만큼이나 완전히, 몇몇 지역사회에서 음악과 공연이 동네 전체를 성공적으로 바꾸어 놓았다.)

2. O
형용사 close(가까운)를 써야 하는 자리입니다. local wildlife inhabiting areas라는 명사를 close to the fish farms라는 형용사 덩어리가 수식하고 있습니다.
(양식장에 인접한 지역에 서식하고 있는 지역 야생 생물에 미치는 부정적 영향이 계속해서 그 산업에 대한 지속적인 대민 관계의 문제가 되고 있다.)

3. O
부사 exclusively가 문장 전체를 수식하고 있는 문장입니다. 헷갈릴 때는 부사가 아닌 형용사를 넣어 보면 구조적으로 말이 되지 않는 것을 쉽게 알 수 있습니다.
(그 물체 밖에 있는 어떤 힘이 관련 있을지도 모른다는 가능성에 주의를 기울이지 않고, 두 경우 모두 초점은 오로지 그 물체에 있다.)

4. O
confined는 '제한된, 사방이 막힌'이라는 형용사입니다. 활동이 제한된다는 의미이고, be동사 다음에 형용사가 오는 자리입니다.
(그러나 이미 정착된 야영지에서는 현재 사용되는 장소의 경계 안쪽으로 활동이 제한되는 한, 규모가 큰 무리가 문제가 되지는 않는다.)

5. comfortable
보기는 make라는 사역동사의 목적격보어 자리입니다. 목적격보어는 형용사가 올 수 있고, 부사는 문법상 올 수 없습니다. 따라서 정답은 형용사인 comfortable입니다.
(당신이 더 광대하게 꿈을 꾸고 당신을 편안하게 해주는 것보다 한 단계 위로 목표를 정하도록 당신을 밀고 나가게 하면, 당신은 성장할 수밖에 없을 것이다.)

DAY 206

1. O
pets는 이 맥락에서 이용되기 때문에 수동태를 사용해야 합니다.
(게다가, 애완동물은 시설에 수용된 노인들에게 매우 유익하게 이용된다.)

2. X(→found)
이 맥락에서 they는 생물학적인 단서입니다. 그것들은 발견하는 것이 아니라 발견이 되는 것이기 때문에 수동태를 사용해야 합니다.
(생물학적인 단서(they)가 발견되는 정도는 동물마다 다르고 행동마다 다르다.)

3. O
너는 중요한 메시지가 주어지고 있는 중, 즉 받고 있는 중이라는 맥락입니다. 수동태를 사용해야 하고, 현재진행형과 합쳐지면서 you are being given이라는 동사형태가 만들어졌습니다.
(만일 여러분 주변의 직장 동료가 여러분의 생각이나 그것의 가능성을 이해하지 못한다면 여러분은 중요한 메시지를 받고 있는 것이다.)

4. following
광고비가 코스를 능동적으로 따라가고 있기 때문에 능동태가 맞습니다. 동사 뒤에 명사가 보인다면 대부분 목적어입니다. 목적어를 취하기 위해서는 동사가 능동의 형태여야 합니다.
(광고비는 이러한 새로운 기술로 이동하는 코스를 단순히 따라가고 있다.)

5. meet
목적격 관계대명사 다음에 이어지는 절에서는 동사가 반드시 능동태여야 합니다. 목적어가 있다가 관계대명사가 되면서 빠졌기 때문에 목적어가 있었던 자리는 동사가 능동태입니다. 따라서 능동태인 meet를 써야 합니다.
(이것이 중요한 점인데, 왜냐하면 그것은 여러분이 충족시키려고 애쓰고 있을 기준이 실은 여러분 자신의 것이 아닐 수도 있다는 것을 시사하기 때문이다.)

DAY 207

1. X(→refuse)
can에 take와 refuse가 병렬 관계로 연결되어 있습니다. can 다음에 동사원형이 필요하기에 refuse로 고쳐야 합니다.
(그는 주어지는 것을 받거나, 아무것도 받지 않겠다고 거절할 수 있다.)

2. buy
get과 병렬 관계입니다. 명령문을 만들기 위한 동사원형이 필요하기 때문에 buy를 사용해야 합니다.
(살림살이들을 처분하고 공동 주택을 사라.)

3. O
of 다음에 listening과 making이 병렬 관계로 연결되어 있습니다.
(그것은 단지 여러분의 주치의가 선택 사항들을 제시하는 것을 듣고 선택을 하는 문제가 아니다.)

4. O
might다음에 hear과 decide가 병렬 관계로 연결되어 있습니다.
(예를 들어, 우리는 라디오에서 우리의 흥미를 끄는 노래를 처음 듣고, 그것을 좋아하기로 결심할지도 모른다.)

5. tell
do, take와 tell이 병렬 관계로 can에 연결되어 있습니다. 조동사 can 다음에 동사원형이 필요한 자리입니다.
(미용사는 그냥 머리를 자르고, 돈을 받고, 고객이 원하는 바대로 되었다고 말할 수 있다.)

DAY 208

1. O
they가 가리키는 것은 These contacts입니다. 복수 명사를 가리키기 때문에 they가 맞습니다.
(이러한 접촉은 보통 폭력적일 뿐만 아니라 기간이 짧았으며, 가끔씩만 발생했다.)

2. O
이 문제는 themselves가 답이라고 생각하여 많은 학생들이 틀렸던 문제입니다. 문장의 주어는 Knowing that they are giving입니다. 동명사가 주어이기 때문에 themselves가 될 수 없고, 단순히 그들을 가리키는 them이 정답입니다.
(그들이 내는 기부가 끼치는 영향과 관계없이 자신들이 기부하고 있다는 것을 아는 것이 그들을 기분 좋게 해준다.)

3. X(→was)
오답률이 정말 높았던 문제입니다. did는 대동사인데, 원래 문장은 it was achieved 정도입니다. 이것을 줄이면 it was가 되어야 합니다. 대강의 형태만 보면 앞에서 일반동사를 가지고 온 것 같지만, 원래의 문장을 생각해보고 풀어야 하는 문제입니다.
(그 전에도 그 이후에도, 기념비성이라는 특성이 이집트에서처럼 완전히 달성된 적은 한 번도 없었다.)

4. O
주어인 the present가 itself와 같은 대상입니다. 주어가 문장에서 다시 한번 나올 때는 재귀대명사를 사용합니다.
(다시 말해서 현재는 지속적으로 스스로를 업데이트하고 있다는 점에서 마치 시간이 흘러가는 것처럼 느껴진다.)

5. O
those는 복수명사를 받아주는 대명사입니다. 가리키는 것이 running costs이기 때문에 복수입니다. 따라서 복수명사를 받아주는 대명사 those는 맞습니다
(단위 질량당 뇌의 유지 비용은 신체 근육의 유지 비용의 8배에서 10배 정도이다.)

DAY 209

1. O
보기의 그것이 가리키는 것은 a dead bird or mosquito입니다. 이것은 단수로 받기 때문에 its가 맞습니다.
(마찬가지로, 여러분이 죽은 새나 모기를 발견한다면, 그 날개를 보고서 비행이 그 동물의 보편적인 이동 방식이라는 것을 추측할 수 있을 것이다.)

2. themselves
재귀대명사는 주어가 반복될 때 사용합니다.
themselves의 주어는 the only species입니다. 같은 대상을 가리키기 때문에 주어의 반복을 나타내기 위해서 재귀대명사 themselves를 사용합니다.
(안타깝게도, 인간은 사실 합당한 이익 없이 의도적으로 잠을 자제하는 유일한 종이다.)

3. O
대동사 do는 앞부분에서 generate라는 일반동사를 받

아줍니다. 일반동사를 받고, 주어가 they이기 때문에 대동사 do를 사용하면 맞습니다.
(최면에 걸린 사람들이 보통의 상태에서 기억을 해내는 것보다 더 많이 '기억'해내지만, 이 기억들은 사실일 만큼이나 거짓일 가능성이 있다.)

4. O
ones는 복수를 받아주는 대명사입니다. 앞에서 breakthroughs를 받아주는 대명사입니다. 복수인 명사를 받았기 때문에 ones가 맞습니다.
(생명체의 유전자 구조의 이해와 같은 중대한 발견과 수학이나 기초 화학에서의 진보와 같은 보다 작은 발견 두 경우 모두 다 그렇다.)

5. O
보기의 its가 의미상 가리키는 것은 Merton council입니다. 단수인 명사이기 때문에 its로 받아줄 수 있습니다.
(Adrian Hewitt은 지역 의회 기획이라는 작은 세계에서 유명 인사가 되었고, Merton 의회는 환경 리더십으로 상을 받기 시작했다.)

DAY 210
1. O
'try + 동사ing'는 '~시도해보다'라는 의미를 갖고 있습니다. 맥락상 맞습니다.
(전화기 속 부품에서 물을 빨아내고자 한다면, 진공청소기를 이용해 보라.)

2. Living
Live는 동사원형이라서 명령문을 만듭니다. 보기의 자리는 문장의 주어가 되어야 하기 때문에 Living이라는 동명사로 주어 역할을 해야 합니다.
(다른 누군가의 기대를 추구하며 여러분의 삶을 사는 것은 힘든 삶의 방식이다.)

3. O
to부정사가 명사적 용법으로 쓰여서 동사 is에 대한 보어 역할을 하고 있습니다.
(물론 최선의 방법은 전화기를 가능한 한 빨리 고객 서비스센터에 가져가는 것이다.)

4. O
보기 바로 왼쪽의 to는 전치사입니다. 전치사 다음에는 명사가 필요하기 때문에 동명사도 가능합니다. expressing이 동명사로서 전치사 다음에 위치했기에 맞습니다.
('기념비적'이라는 말은 이집트 예술의 기본적인 특징을 표현하는 데 매우 근접하는 단어이다.)

5. O
보기는 가주어 it에 대한 진주어 자리입니다. to부정사는 진주어 역할을 할 수 있기 때문에 맞습니다.
(요즘에는 프로 스포츠에서 선수와 코치가 과정에 대하여 말하는 것을 듣는 것이 특이한 일이 아니다.)

DAY 211
1. O
'be likely to 동사'는 '~할 가능성이 높다'라는 숙어입니다. 사이에 than small animals가 끼어 있긴 하지만, 숙어가 보이죠? 그래서 to use가 맞습니다.
(이 때문에 코끼리와 같은 큰 동물들이 작은 동물보다 의사소통을 위해 흙의 진동을 사용하는 경향이 더 크다.)

2. X(→take)
take the actions은 '행동을 취하다'라는 숙어입니다. to be taken은 문법적으로 앞에 있는 명사 the actions를 꾸며주고 있습니다. 이때 the actions는 to be taken의 목적어 역할을 하게 되는 구조입니다. 앞의 명사를 목적어로 취하기 위해서는 동사가 능동태 형태여야 합니다. 그래서 to take로 수정합니다. 어렵게 느껴진다면 something to be eaten이 아니라 something to eat이라고 써야 한다는 것을 참고하세요.
(그들이 과정에 집중한다고 말하는 의미는 그들은 자신이 바라는 결과를 달성하기 위하여 할 필요가 있는 행동에 집중한다는 것이다.)

3. O
[spend + 시간/돈 +동사ing]는 '~하는 데 시간/돈을 쓰다'라는 유명한 숙어입니다. spend부터 시작되는 숙어이기 때문에 동사ing형태인 gathering이 맞습니다.
(사람들은 더 이상 대부분의 시간과 에너지를 열매와 씨앗을 모으고, 사냥 나간 무리가 고기를 가지고 돌아오기를 바라면서 소비할 필요가 없다.)

4. O
to부정사의 부사적 용법입니다. '싸워 물리치기 위해서'라는 목적을 나타내고 있기 때문에 to fight로 사용하면 됩니다.
(예를 들어, 감염원과 싸워 물리치기 위해 신체가 동원될 때, 그것(신체)은 침입자들을 매우 효율적으로 파괴하기 위해 한바탕 활성 산소를 생산한다.)

5. O
filming plays가 주어로 쓰인 동명사 주어 자리입니다. 그래서 동명사 형태인 filming이 맞습니다.
(하지만 연극을 영화화하는 것은 영화의 진정한 독특함, 즉 카메라의 개입, 다시 말해 그것의 시각적 기동성의 발전을 조장하지 못했다.)

DAY 212
1. O
현재분사 visiting자리입니다. 실제 문장의 동사는 are이기 때문에 보기의 자리는 현재분사가 되어서 주어를 수식해야 합니다.
((야생의) 황무지 대부분에서 그 지역(황무지)을 방문하는 무리는 대부분 보통 2명에서 4명 사이로 규모가 작다.)

2. O
with 분사구문입니다. with 다음에 most는 대부분의 청소년들을 가리킵니다. 그들이 능동적으로 인터넷을 사용하는 상황이기 때문에 능동의 의미를 가진 using을 사용하면 됩니다.
(청소년들은 대부분 소통하기 위해 인터넷을 사용하면서 빠르게 과학기술에 몰두해 왔다.)

3. O
분사구문에 접속사 while이 남아 있습니다. 주어인 people이 능동적으로 무시를 하는 상황이기 때문에 현재분사 ignoring을 사용합니다.
(사람들은 자신들의 견해와 반대되는 증거는 무시하는 반면에, 자신들의 견해를 지지하는 정보에는 주의를 기울인다.)

4. O
정보는 제공되는 것입니다. present는 '제공하다'라는 능동의 의미이기 때문에 이것을 수동태로 바꾸어서 presented로 써야 합니다.
(제공되는 정보는 '자주 묻는 질문', 자료표, 추천 링크의 형태를 자주 띤다.)

5. knowing
분사구문 knowing 자리입니다. 주어인 you가 능동적으로 안다는 맥락이기 때문에 현재분사인 knowing을 사용하면 됩니다.
(당신이 이 분야에서 미래의 지도자 양성을 돕고 있다는 것을 아시면 정말 기분이 좋아질 것입니다.)

DAY 213
1. X(→held)
with 분사구문입니다. with 다음에 진공청소기라는 명사가 나오는데, 진공청소기는 hold라는 동작을 당하기 때문에 수동의 의미를 가진 held를 사용해야 합니다.
(이십 분 정도 물에 젖은 부분 위로 진공청소기를 든 채로 모든 남아 있는 습기를 끌어내어 제거하라.)

2. experiencing
지각동사 watch의 목적격 보어 자리에 현재분사를 적는 문장입니다. watch의 목적어인 someone이 능동적으로 경험을 하기 때문에 현재분사 experiencing을 써야 합니다.
(우리가 어떤 사람이 감정을 겪는 것을 보고 그에 반응해서 똑같은 감정을 느낄 때 비슷한 현상이 발생한다.)

3. O
the wave는 현재분사 coming의 수식을 받습니다. 사물과 현재분사가 잘 어울리지 않는다고 생각할 수 있는데, 어울리는 경우도 상당히 많습니다. 특히 주의해서 봐두어야 합니다.
((각) 개체들이 자신들에게 다가오는 파장을 보거나, 혹은 느낄 수 있기 때문에, 그것들은 그러한 사전감지가 없다면 그럴 것보다 더 빨리 반응할 준비가 되어 있다.)

4. O
정보는 disclose는 수동적으로 당합니다. disclose는 '폭로하다'라는 의미이기 때문에 정보는 폭로를 당하는 겁니다. 과거분사인 disclosed를 사용합니다.
(의뢰인이 털어놓은 정보의 종류와 관계없이, 의뢰인은 그것(정보)이 당국에 의해서나 어떤 다른 당사자에 의해 법정에서 자신에게 불리하게 사용되지 않을 것을 확신하고 있어야 한다.)

5. O
a detailed record는 어린 시절에 시작하는 겁니다. 그래서 현재분사 beginning의 수식을 받습니다.
(우리는 전 세계 어느 곳에서나 검색할 수 있고 접근할 수 있는, 우리가 어디에 가든 평생 우리와 함께할, 어린 시절부터 시작하는 상세한 기록을 지니고 살 수밖에 없을 것이다.)

DAY 214
1. O
동격 that 자리입니다. 왼쪽에는 개념이라는 명사가 있고, 오른쪽에는 events always occur in a field of forces라는 완전한 문장이 있습니다.
(사건은 언제나 여러 힘이 작용하는 장에서 발생한다는 개념은 중국인에게 전적으로 직관적이었을 것이다.)

2. that
접속사 that 자리입니다. 왼쪽에는 명사가 없고, 오른쪽에는 완전한 문장이 나옵니다.
(그렇게 보이는 이유는 과거에는 고르게 평평한 유리를 만드는 것이 거의 불가능했기 때문이다.)

3. O
관계부사 where 자리입니다. 왼쪽에는 Candeal이라는 장소가 나오고, 오른쪽 Brown was born은 완전합니다.
(Brown이 태어난 Candeal에서, 지역 아이들은 드럼 동호회에 가입하고, 노래를 부르고, 무대에서 공연하도록 권장되었다.)

DAY 215
1. X(→What)
주어로 that이 쓰이려면 접속사 that이고 다음에 완전한 문장이 와야 하는데, appears to us as simultaneous

는 주어가 없는 불완전한 문장입니다. 이때는 관계대명사 what을 사용해야 합니다.
(우리에게 동시에 일어나는 것처럼 보이는 것이 실제로는 눈이 볼 수 있는 것보다 더 빨리 움직이는, 일종의 "이웃을 따르라"라는 행동이다.)

2. X(→where)
which 다음에는 불완전한 문장이 나와야 하는데, this is of considerable significance는 완전한 문장입니다. 그래서 where을 사용해야 합니다.
(이것이 상당히 중요한 의미를 갖는 한 영역이 안전하게 운전하는 능력에 해로울 수 있는 음악의 영향이다.)

3. O
so-that 구문입니다. 서로 상당히 떨어져 있지만, '너무 ~해서 ~하다'라는 해석의 so-that 구문입니다. 그래서 자동적으로 that이 맞습니다.
(인간은 속고 있다고 느끼는 것을 매우 싫어해서 흔히 겉보기에는 거의 말이 되지 않는 방식으로 반응한다.)

4. O
[전치사+관계대명사] 다음에는 완전한 문장이 나옵니다. people have strong opinions가 완전한 문장이기 때문에 about which가 맞습니다.
(확증 편향은 고집이 있는 것과 똑같은 것은 아니며, 사람들이 강력한 의견을 갖고 있는 사안들에 국한되지 않는다.)

5. where
관계부사의 계속적 용법입니다. 콤마를 찍고 where을 써서 Luitpold 김나지움에 대한 추가설명을 하고 있습니다.
(Einstein이 열 살이 되었을 때, 그의 가족은 그를 Luitpold 김나지움에 등록시켰고, 그곳에서 그는 권위에 대해 의심을 품는 법을 연마하였다.)

6. O
at which 다음에는 완전한 문장이 나와야 합니다. sound travels라는 문장이 단순해 보이지만 완전한 문장입니다. 그래서 at which가 맞습니다.
(게다가 소리가 이동하는 속도는 그것이 이동하는 매질의 밀도에 달려있다.)

7. that
관계대명사 that 자리입니다. 왼쪽에는 dozens more이라는 선행사가 있고, 오른쪽은 주어가 없는 불완전한 문장이 있습니다.
(여러분이 볼 수 있는 각각의 그 작은 주름에는 육안으로 보이지 않는 수십 개의 주름이 더 있다.)

DAY 216

1. O
neither이 앞으로 나온 도치 구문입니다. 그리고 does는 대동사라고 해서 앞의 동사를 대신해서 받아줍니다. exist라는 일반동사를 받아주고, 주어는 the flow of time이기 때문에 does를 쓰면 됩니다.
(현재 순간은 그들에게 존재하지 않고, 따라서 시간의 흐름도 존재하지 않는다.)

2. O
[have no choice but to 동사원형]은 '~할 수밖에 없다'라는 숙어입니다.
(사실, 수를 가지고 있지 않은 사람들은 이런 방식으로 세상을 바라볼 수밖에 없다.)

3. because
that's why 다음에는 결과가 나오고, that's because 다음에는 이유가 나옵니다. 해석상 이유가 나오고 있기 때문에 because를 사용합니다.
(그러나 이것은 도마뱀이 엄청난 흡착력이 있어서가 아니다. 실제로 도마뱀은 흡착력을 전혀 사용하지 않는다.)

4. O
동사를 강조하는 do입니다. do, does, did 중에서 알맞은 것을 골라야 하는데, they에 대해서 현재 시제이기 때문에 do를 사용하면 됩니다.
(아이들이 어릴 때, 일의 많은 부분은 아이들이 정말로 통제권을 가지고 있음을 그들에게 보여주는 것이다.)

5. it
가목적어 it을 써야 하는 자리입니다. 뒤에 to question 이하가 진목적어이기 때문에 가목적어를 반드시 적어줘야 합니다.
(그의 회의론적인 습관은 오랫동안 지속되어 온 여러 가지 과학적 가설에 대해 쉽게 의문을 제시할 수 있게 해 주었다.)

DAY 217

1. O
A and B alike는 '둘다, 똑같이'라는 뜻입니다. 숙어로 알아두세요.
(아주 흥미롭게도 제빵에서의 많은 기술적 발전은 제빵사와 소비자들 사이에 똑같이 하나의 반응을 촉발했다.)

2. O
not only가 앞으로 나온 도치 구문입니다. is라는 동사의 주어는 carbon dioxide이기 때문에 수 일치가 맞습니다.
(그러므로 이산화탄소는 명백히 독성을 가지고 있지 않을 뿐만 아니라 이산화탄소 수치의 변화가 꼭 인간 활동을 반영 하는 것은 아니다.)

3. O
may have p.p.는 과거에 '~했을지도 모른다'라는 뜻입니다. 과거에 놀라운 장면을 봤을지도 모른다는 해석이기 때문에 맞습니다.
(스노클링을 가 본 적이 있다면, 여러분은 전체 물고기 떼가 하나의 단일체로 갑자기 방향을 바꾸는 놀라운 장면을 본 적이 있을지 모른다.)

4. O
가목적어 it이 들어가는 자리입니다. 뒤에 to engage로 시작하는 부분이 진목적어입니다.
(만약 모든 실수와 어리석은 행동이 영구적인 기록으로 영원히 보존된다면, 우리는 자기를 탐색하기가 더 어렵다는 것을 알게 될지도 모른다.)

5. O
the 비교급, the 비교급 구문입니다. '더~할수록 더~한다'라는 의미이고, the better을 잘 사용했기 때문에 맞습니다.
(서브는 많은 다른 구성 요소들이 결합된 복잡한 기술이지만, 우리가 그것을 더 잘할수록, 우리는 개별적인 각 단계에 대해서는 보다 덜 생각하게 된다.)

DAY 218

1
accept the proposal
제안을 받아들이다
2
accomplish the mission
임무를 완수하다
3
achieve the goal
목표를 성취하다
4
acknowledge my mistake
내 실수를 인정하다
5
act quickly
기민하게 행동하다
6
adapt to the new school
새로운 학교에 적응하다
7
add the number
숫자를 더하다
8
adopt an idea
생각을 받아들이다
9
advertise the product
제품을 광고하다
10
advise her to get up early
그녀에게 일찍 일어나라고 조언하다
11
affect the environment
환경에 영향을 미치다
12
agree with his idea
그의 의견에 동의하다
13
aid digestion
소화를 돕다
14
aim for success
성공을 목표로 하다
15
allow smoking
흡연을 허용하다
16
alter the plan
계획을 바꾸다
17
amaze people
사람들을 놀라게 하다
18
amuse the crowd
관중을 즐겁게 하다
19
analyze the data
데이터를 분석하다
20
announce the winner
우승자를 발표하다

DAY 219

21
annoy my sister
내 여동생을 짜증나게 하다
22
answer my question
내 질문에 대답하다
23
suddenly appear
갑자기 나타나다
24
apply for a job
입사 지원하다
25
appreciate your help
당신의 도움에 고마워하다
26
approach from behind
뒤에서 다가가다

27
arrange a meeting
회의를 잡다
28
arrest the killer
살인자를 체포하다
29
arrive at the airport
공항에 도착하다
30
assist people in need
어려움에 처한 사람들을 돕다
31
astonish the world
세계를 놀라게 하다
32
attach a photo
사진을 붙이다
33
attack the town
마을을 공격하다
34
attend the class
수업에 참석하다
35
attract the audience
청중의 마음을 끌다
36
avoid traffic jams
교통체증을 피하다
37
await your call
당신의 전화를 기다리다
38
be awarded the first prize
1등상을 받다
39
bang my fist
주먹으로 쾅 치다
40
bark excessively
과도하게 짖다

DAY 220
41
bear the silence
침묵을 견디다
42
beat the other team
상대팀을 이기다
43
become a father
아버지가 되다
44
beg for mercy
자비를 구하다
45
begin all over again
처음부터 다시 시작하다
46
firmly believe
굳게 믿다
47
bend your knees
네 무릎을 굽혀라
48
bind everything together
모든 것을 함께 묶다
49
bite your fingernails
손톱을 물어뜯다
50
blame myself
자책하다
51
blend with water
물과 섞이다
52
bless their marriage
그들의 결혼을 축복하다
53
blink one's eyes
~의 눈을 깜박이다
54
bloom in the spring
봄에 피다
55
board a plane
비행기에 탑승하다
56
bond with their children
그들의 자녀들과 유대감을 형성하다
57
bore the audience
관중을 지루하게 하다
58
borrow money
돈을 빌리다
59
bother her with my problem
내 문제로 그녀를 괴롭히다
60

bounce up and down
위아래로 뛰다

DAY 221
61
break the glass
유리를 깨다
62
breathe deeply
심호흡을 하다
63
breed an animal
동물이 새끼를 낳다
64
bring the book
책을 가져오다
65
broadcast live on the internet
인터넷으로 생방송하다
66
brush my teeth
이를 닦다
67
build a career
경력을 쌓다
68
burn easily
쉽게 타다
69
buy new clothes
새 옷을 사다
70
calculate the total cost
총 비용을 계산하다
71
can handle
처리할 수 있다
72
cancel a business trip
출장을 취소하다
73
care about you
너에 대해 신경 쓰다
74
carry your bag
너의 가방을 들고 있다
75
catch a ball
공을 잡다
76
cause a traffic accident
교통사고를 일으키다
77
celebrate my birthday
내 생일을 축하하다
78
challenge myself
나 자신에게 도전하다
79
change the world
세상을 바꾸다
80
chase a thief
도둑을 뒤쫓다

DAY 222
81
chat to my friends
친구들과 수다를 떨다
82
check my answer
답을 확인하다
83
cheer her up
그녀를 응원하다
84
chew the food
음식을 씹다
85
chip bits of rock
바위의 일부를 깎다
86
choose between two jobs
2가지 직업 중 선택하다
87
clean the house thoroughly
집을 완전히 청소하다
88
clear the papers off the desk
책상에서 종이를 치우다
89
climb a high mountain
높은 산을 오르다
90
coach students
학생들을 코치하다
91
collect evidence
증거를 수집하다
92
color it red
그것을 붉은색으로 색칠하다

93
combine work with pleasure
일과 오락을 결합하다
94
commence soon
곧 시작하다
95
communicate with each other
서로 의사소통하다
96
compare myself to my friend
나 자신을 내 친구와 비교하다
97
compete with my friend
내 친구와 경쟁하다
98
complete the task
과업을 완료하다
99
conceal the truth
사실을 감추다
100
concentrate on my work
내 일에 집중하다

DAY 223

101
be concerned with health
건강과 관련되다
102
conduct an experiment
실험을 하다
103
be confused about life
인생에 대해 혼란스러워하다
104
congratulate her on winning the award
상을 받은 것에 대해 그녀를 축하하다
105
connect two wires
두 전선을 연결하다
106
consider his options
그의 선택 가능한 것들을 고려하다
107
construct a building
건물을 건설하다
108
consume a lot of electricity
많은 양의 전기를 소모하다
109
contact him at his office
그의 사무실로 연락하다
110
contest a seat in the election
선거에서 의석을 두고 경쟁을 벌이다
111
continue a conversation
대화를 계속하다
112
control one's temper
화를 억제하다
113
convey the meaning exactly
뜻을 정확하게 전달하다
114
cool the air
(공기가) 시원해지다
115
copy a paper
종이를 복사하다
116
correct grammar mistakes
문법 실수를 고치다
117
cough all night long
밤새도록 기침하다
118
could call him
그에게 전화할 수 있었다
119
counsel married couples
부부들을 상담하다
120
be coupled together
서로 연결되다

DAY 224

121
cover my eyes
내 눈을 가리다
122
crawl before you walk
걷기 전에 기다
123
create a new character
새로운 캐릭터를 창조하다
124
creep quietly into bed
침대로 조용히 살금살금 가다
125
cross the street

길을 건너다
126
crush the box
상자를 으스러뜨리다
127
cure the pain
통증을 치유하다
128
curl into a ball
(몸을) 동그랗게 웅크리다
129
dare tell him the secret
그에게 비밀을 감히 말하다
130
date a famous actor
유명한 배우와 데이트하다
131
decide to go home
집에 가기로 결정하다
132
decorate my room with balloons
내 방을 풍선으로 장식하다
133
decrease the number of buses
버스의 수를 줄이다
134
delete a computer file
컴퓨터 파일을 삭제하다
135
delight her fans
그녀의 팬들을 매우 기쁘게 하다
136
deliver the package by Monday
월요일까지 소포를 배달하다
137
demand an immediate explanation
즉각적인 해명을 요구하다
138
depend on the situation
상황에 달려 있다
139
describe her to me
나에게 그녀에 대해 말하다
140
design a dress
드레스를 디자인하다

DAY 225

141
desire a healthy life
건강한 삶을 바라다
142
determine my own future
내 스스로의 미래를 결정하다
143
develop his talent
그의 재능을 발달시키다
144
dig a hole
구멍을 파다
145
dine with us
우리와 함께 식사를 하다
146
disagree with you
너의 의견에 동의하지 않다
147
disappear into the crowd
인파 속으로 사라지다
148
disappoint you
너를 실망시키다
149
discount the price
가격을 할인하다
150
discover a new planet
새로운 행성을 발견하다
151
distinguish between red and green
빨간색과 초록색을 구별하다
152
dive into the pool
수영장 속으로 뛰어들다
153
divide them into two groups
그들을 두 그룹으로 나누다
154
doubt whether it is true or not
그것이 진짜인지 아닌지 의심하다
155
drag the chair over here
의자를 여기로 끌고 오다
156
draw a face
얼굴을 그리다
157
dream about you last night
어젯밤에 너에 대해 꿈을 꾸다
158
drink water
물을 마시다

159
drive a car
차를 몰다
160
drop the cup
컵을 떨어뜨리다

DAY 226

161
dry the clothes
옷을 말리다
162
earn a lot of money
많은 돈을 벌다
163
edit his manuscript
그의 원고를 수정하다
164
educate a child
아이를 교육하다
165
effect a change
변화를 가져오다
166
encourage me to write a book
나에게 책을 쓰라고 권장하다
167
enjoy travelling the world
세계 여행하는 것을 즐기다
168
enter the building
빌딩에 들어가다
169
entertain the audience
관중을 즐겁게 해 주다
170
envy her wealth
그녀의 재력을 시기하다
171
escape from the building
건물에서 탈출하다
172
excite the audience
관중을 흥분시키다
173
exercise in the morning
아침에 운동하다
174
exit the theatre
공연장을 나가다
175
expect to see you
당신을 보기를 기대하다
176
experience a difficulty
어려움을 겪다
177
explain the meaning of culture
문화의 의미에 대해 설명하다
178
explore the space
우주를 탐험하다
179
express my feelings
내 감정을 표현하다
180
face the truth
진실을 직면하다

DAY 227

181
fail the exam
시험에서 떨어지다
182
fall down the stairs
계단에서 넘어지다
183
fan myself with my notebook
내 공책으로 부채질하다
184
fear the unknown future
알 수 없는 미래를 두려워하다
185
feed the cat
고양이 먹이를 주다
186
feel safe
안전하다고 느끼다
187
fight the enemy
적과 싸우다
188
file the reports
보고서를 정리해서 보관하다
189
fill in the blank
빈 칸을 채우다
190
be filtered to remove impurities
불순물을 제거하기 위해 걸러지다
191
find a key

열쇠를 찾다
192
finish the project
프로젝트를 끝내다
193
fit you perfectly
너에게 완벽하게 잘 맞다
194
fix a computer
컴퓨터를 수리하다
195
the trees flame up
나무가 타오르다
196
be flavored with garlic
마늘로 풍미를 더하다
197
flee to the mountain
산으로 도망가다
198
flip a coin
동전을 톡 던지다
199
float on the surface of the water
물 표면 위에 뜨다
200
flood the kitchen
부엌을 침수시키다

DAY 228
201
flow into the sea
바다로 흐르다
202
her musical talent flowers
그녀의 음악적 재능이 꽃을 피우다
203
focus on the important things
중요한 것들에 집중하다
204
fog the issue
문제를 흐리다
205
fold the paper in half
종이를 반으로 접다
206
follow him into the forest
숲 속으로 그를 따라가다
207
fool a lot of people
많은 사람들을 속이다
208
forecast a growth rate of 3%
3% 성장률을 예측하다
209
forget her birthday
그녀의 생일을 잊어버리다
210
forgive me for what I did
내가 한 일에 대해서 나를 용서하다
211
free the prisoners
수감자들을 석방하다
212
freeze the food
음식을 얼리다
213
be frustrated about the news
그 소식에 대해 좌절하다
214
fry an egg
달걀프라이를 하다
215
gain a lot of support
많은 지지를 얻다
216
garden in the backyard
뒤뜰에서 정원 가꾸기를 하다
217
gather information
정보를 모으다
218
glow in the dark
어둠 속에서 빛나다
219
glue the wood together
두 개의 나무(판자)를 붙이다
220
grab my hand
내 손을 붙잡다

DAY 229
221
graduate from high school
고등학교를 졸업하다
222
grasp the idea
아이디어를 이해하다
223
greet the new neighbors
새로운 이웃들을 환영하다
224

grip my finger
내 손가락을 움켜쥐다
225
group themselves around their teacher
선생님 주위에 모이다
226
grow so quickly
매우 빨리 자라다
227
guess a number
숫자를 추측하다
228
guide you through the process
그 과정에서 너를 안내하다
229
hand me the menu
나에게 메뉴를 건네주다
230
handle my problem
내 문제를 처리하다
231
hang your coat
당신의 코트를 걸다
232
happen suddenly
갑작스럽게 일어나다
233
have potential
잠재력이 있다
234
heal the broken leg
부러진 다리를 고치다
235
hear a noise
시끄러운 소리를 듣다
236
heat water
물을 데우다
237
help the elders
노인들을 돕다
238
hide my secret
나의 비밀을 숨기다
239
hire him for the job
그 일에 그를 고용하다
240
hit a tree
나무를 치다

DAY 230
241
hold a flower
꽃을 들고 있다
242
hope to see you
너를 보기를 바라다
243
hug each other
서로 포옹하다
244
hunt animals
동물들을 사냥하다
245
hurry to the living room
거실로 서둘러 가다
246
hurt my feelings
내 감정을 다치게 하다
247 imagine what will happen tomorrow
내일 무슨 일이 일어날지 상상하다
248
impress my boss at work
직장에서 상사에게 깊은 인상을 주다
249
improve your English
너의 영어 실력을 향상시키다
250
include all the information you need
네가 필요한 모든 정보를 포함하다
251
increase taxes
세금을 늘리다
252
indicate a drop in temperature
온도의 감소를 나타내다
253
influence your behavior
너의 행동에 영향을 주다
254
inform you of our policy
당신에게 우리의 정책을 알리다
255
injure one's shoulder
~의 어깨에 부상을 입히다
256
insert a coin
동전을 넣다
257
install the software
소프트웨어를 설치하다

258
interact with each other
상호작용을 하다
259
introduce myself
자기 소개하다
260
invent a machine
기계를 발명하다

DAY 231

261
invite him to the party
그를 파티에 초대하다
262
irritate me
나를 짜증나게 하다
263
jog every morning
매일 아침에 조깅하다
264
join the discussion group
토론 모임에 함께하다
265
keep trying
계속 노력하다
266
kick a ball
발로 차다
267
kill the wild predators
야생 포식자를 죽이다
268
knock on the door
문을 두드리다
269
knot his tie
그의 넥타이를 매다
270
know the situation
상황을 알다
271
land on the moon
달에 착륙하다
272
last for a long time
오랫동안 지속되다
273
laugh at her jokes
그녀의 농담에 웃다
274
lay the baby on the bed
아기를 침대에 놓다(눕히다)
275
lead to bigger problems
더 큰 문제로 이어지다
276
leak from the pipe
파이프에서 (액체, 기체가) 새다
277
lean against the wall
벽에 기대다
278
leap out of the water
물 밖으로 뛰어오르다
279
learn a new language
새로운 언어를 배우다
280
leave one's hometown
~의 고향을 떠나다

DAY 232

281
lend him some money
그에게 돈을 빌려주다
282
let him know
그가 알게 하다
283
be licensed to teach
가르치도록 허가를 받다
284
lie on the floor
바닥에 놓여 있다
285
lift a chair
의자를 들어올리다
286
light a candle
촛불을 켜다
287
be linked to pollution
오염과 연관되어 있다
288
list your strengths
너의 강점을 열거하다
289
listen to me
내 말을 듣다
290
live a happy life

행복한 삶을 살다
291
load the boxes into the car
차 안으로 박스들을 싣다
292
be located in Seoul
서울에 위치하다
293
lock the door
문을 잠그다
294
look at me
나를 보다
295
lose a wallet
지갑을 잃어버리다
296
love her so much
그녀를 많이 사랑하다
297
lunch with my friend
내 친구와 점심 식사를 하다
298
mail the letter
편지를 보내다
299
make me laugh
나를 웃게 만들다
300
mark the walls
벽에 흔적을 남기다

DAY 233

301
marry her
그녀와 결혼하다
302
match the shirt
셔츠와 어울리다
303
mean that they are friends
그들이 친구라는 것을 의미한다
304
measure the temperature
온도를 측정하다
305
meet my friend
내 친구를 만나다
306
melt the chocolate
초콜렛을 녹이다
307
mind opening the window
창문 여는 것을 언짢아하다
308
miss my friend
내 친구를 그리워하다
309
mistake my intentions
내 의도를 오해하다
310
mix the flour with salt
밀가루와 소금을 섞다
311
move to a new city
새로운 도시로 이사하다
312
name a baby
아기 이름을 지어주다
313
near the airport
공항에 가까워지다
314
need a vacation
휴가가 필요하다
315
neighbor the building
빌딩에 인접해 있다
316
nod one's head
머리를 끄덕이다
317
notice the difference
차이를 의식하다
318
number the pages
페이지 번호를 매기다
319
nurse his mother
그의 어머니를 간호하다
320
observe wildlife
야생동물을 관찰하다

DAY 234

321
offer her a chocolate
그녀에게 초콜릿을 권하다
322
oil the bike
자전거에 기름을 치다
323

open the door
문을 열다
324
overcome difficulties
어려움을 극복하다
325
pack a suitcase
여행가방을 싸다
326
paint a wall
벽을 칠하다
327
be paired with a new student
새로 온 학생과 짝이 되다
328
pale visibly
눈에 띄게 창백해지다
329
pardon my ignorance
제 무지를 용서하세요
330
park a car
차를 주차하다
331
participate in the discussion
토론에 참가하다
332
pass a market
시장을 지나가다
333
pat a dog on the head
개의 머리를 쓰다듬다
334
pattern a dress
드레스의 무늬를 만들다
335
pause for a moment
잠시 멈추다
336
pay the electricity bill
전기세를 내다
337
peel an orange
오렌지 껍질을 벗기다
338
perform one's duty
~의 의무를 완수하다
339
photograph people
사람들을 찍다
340
pick a good place
좋은 장소를 고르다

DAY 235
341
picture yourself in a desert
사막에 있는 자신을 상상하다
342
pin a notice on the board
게시판에 공지를 꽂다
343
pinch my cheek
내 볼을 꼬집다
344
plan a trip
여행을 계획하다
345
plant a flower
꽃을 심다
346
play with my toys
내 장난감을 가지고 놀다
347
please my parents
부모님을 기쁘게 하다
348
point at her
그녀를 가리키다
349
pop a balloon
풍선을 터뜨리다
350
post the parcel
소포를 발송하다
351
pot the seeds
씨앗을 화분에 심다
352
pour the sauce
소스를 붓다
353
practice the piano
피아노를 연습하다
354
pray for the victims
희생자를 위해 기도하다
355
prefer milk to juice
주스보다 우유를 더 좋아하다
356
prepare dinner

저녁을 준비하다
357
present the report to the client
고객에게 보고서를 보여주다
358
preserve the environment
환경을 보존하다
359
press the button
버튼을 누르다, 눌리다
360
prevent an accident
사고를 예방하다

DAY 236
361
be priced at $100
100달러에 가격을 매기다
362
print a document
문서를 인쇄하다
363
produce wheat
밀을 생산하다
364
promise (that) I will call him
그에게 전화하겠다고 약속하다
365
pronounce your name
너의 이름을 발음하다
366
propose a new plan
새로운 계획을 제안하다
367
protect your skin
너의 피부를 보호하다
368
provide useful information
유용한 정보를 제공하다
369
pull the chair
의자를 당기다
370
pump water
물을 퍼올리다
371
punch him in the face
그의 얼굴을 주먹으로 치다
372
purchase a train ticket
기차표를 구매하다
373
pursue your dreams
너의 꿈을 추구하다
374
push the button
버튼을 밀다(누르다)
375
put her bag on the table
그녀의 가방을 테이블에 놓다
376
quarter a tomato
토마토를 4등분하다
377
be questioned by police
경찰에 의해 심문을 받다
378
quit smoking
담배를 끊다
379
race a horse
말을 경주에 내보내다
380
rain heavily
심하게 비가 오다

DAY 237
381
raise your hand
너의 손을 들어올리다
382
be ranked the first
1등에 자리하다
383
reach the top
정상에 도달하다
384
react calmly
침착하게 반응하다
385
read a book
책을 읽다
386
ready themselves for the challenge
도전에 그들 스스로 대비를 하다
387
recall talking to him
그와 대화한 것을 기억해내다
388
receive a present
선물을 받다
389

recognize her immediately
그녀를 즉시 알아보다
390
recommend a good movie
좋은 영화를 추천하다
391
record the sound
소리를 녹음하다
392
recycle the paper
종이를 재활용하다
393
reduce the speed
스피드를 줄이다
394
regard him as a genius
그를 천재라고 여기다
395
register a birth
출생 신고하다
396
regret eating too much
너무 많이 먹은 것을 후회하다
397
relate the two experiences
두 경험을 관련시키다
398
relax with a cup of tea
차 한잔과 함께 휴식을 취하다
399
relieve the pain
고통을 덜어주다
400
rely on her
그녀에게 의지하다

DAY 238

401
remain silent
잠자코 있다
402
remember her name
그녀의 이름을 기억하다
403
remind me of my life in Korea
한국에서의 내 삶을 생각나게 하다
404
repair the car
차를 수리하다
405
repeat a song
노래를 반복하다
406
reply to a question
질문에 대답하다
407
report the story
그 이야기를 보도하다
408
request permission
허락을 요청하다
409
require a lot of help
많은 도움을 필요로 하다
410
research the background
배경을 조사하다
411
resemble your mother
네 엄마를 닮다
412
reserve a table at a restaurant
레스토랑에서 자리를 예약하다
413
respect the opinion of others
다른 사람들의 의견을 존중하다
414
respond to the news
소식에 반응을 보이다
415
rest for a few days
며칠간 쉬다
416
result from the change
변화로부터 발생하다
417
return the book
책을 반납하다
418
review the vocabulary
단어를 복습하다
419
reward him for his good behavior
그의 좋은 행동에 대해 보상하다
420
ride a bike
자전거를 타다

DAY 239

421
the sun rises
달이 뜨다

422
the lion roars
사자가 으르렁거리다
423
roast the chicken
치킨을 굽다
424
rob a bank
은행을 털다
425
rock the cradle
요람을 흔들다
426
roll a dice
주사위를 굴리다
427
round the corner
코너를 돌다
428
rub her eyes
그녀의 눈을 비비다
429
ruin my life
내 삶을 망치다
430
rule the country
나라를 다스리다
431
run a hotel
호텔을 운영하다
432
rush toward me
나에게 돌진하다
433
sail north to Hawaii
북쪽으로 하와이까지 항해하다
434
save many lives
많은 삶을 구하다
435
say that she is gone
그녀가 떠났다고 말하다
436
scare the baby
아기를 놀라게 하다
437
scold his son
그의 아들을 꾸짖다
438
score 8 out of 10
10점 중 8점을 받다
439
scramble for a seat
자리를 먼저 잡으려고 서로 다투다
440
scratch the wall
벽에 긁힌 자국을 내다

DAY 240

441
scream at her
그녀에게 소리치다
442
screen the eyes from the sun
햇빛으로부터 눈을 보호하다
443
scrub the floor
바닥을 청소하다
444
search the house
집을 뒤지다
445
secure a contract
계약을 따내다
446
see the children playing together
아이들이 함께 노는 것을 보다
447
seek a job
일자리를 찾다
448
seem tired
피곤해 보이다
449
select a flavor
하나의 맛을 선택하다
450
sell the concert tickets
콘서트 티켓을 팔다
451
send an email
이메일을 보내다
452
sense her feelings
그녀의 기분을 감지하다
453
sew their clothes
그들의 옷을 바느질로 만들다
454
shake their hands
그들 서로 악수하다
455

shall we dance?
춤출까요?
456
shame your family
너의 가족을 망신시키다
457
shape the attitude
태도를 형성하다
458
shave his beard
그의 수염을 면도하다
459
shift over the past 5 years
지난 5년동안 바뀌다
460
the sun shines brightly
해가 밝게 빛나다

DAY 241

461
ship the goods around the world
상품을 전 세계로 수송하다
462
be shocked by the news
그 소식에 충격을 받다
463
shoot an arrow
화살을 쏘다
464
shop for food
음식을 사다
465
should tell him
그에게 말해야 한다
466
shout at him
그에게 소리치다
467
show me your new dress
너의 새로운 드레스를 나에게 보여주다
468
shower every morning
매일 아침 샤워를 한다
469
my sweater shrank
내 스웨터가 줄어들었다
470
shut the door
문을 닫다
471
sigh deeply
깊게 한숨을 쉬다
472
sign the contract
계약서에 서명하다
473
the ship sank
배가 침몰했다
474
sit on a chair
의자에 앉다
475
skip breakfast
아침을 거르다
476
sleep at night
밤에 잠을 자다
477
slide the note into his pocket
그의 주머니에 쪽지를 슬며시 넣다
478
slip on the ice
얼음 위에서 미끄러지다
479
the car slowed down
차가 속력을 늦췄다
480
smash a window
창을 부수다

DAY 242

481
smell good
좋은 냄새가 나다
482
smile at me
나에게 미소를 짓다
483
smoke a cigarette
담배를 피다
484
sneak out of the house
집 밖으로 살금살금 나가다
485
a dog sniffs
개가 냄새를 맡다
486
snow heavily
눈이 아주 많이 오다
487
soak a carpet
카페트를 흠뻑 적시다

488
solve a problem
문제를 해결하다
489
be sorted into two categories
두 개의 카테고리로 분류되다
490
sound strange
이상하게 들리다
491
spark a debate
논쟁을 유발하다
492
speak to her
그녀에게 말하다
493
spell a word
단어의 철자를 말하다[쓰다]
494
spend time with my friend
내 친구와 시간을 보내다
495
spill milk
우유를 흘리다
496
spin round and round
빙글빙글 돌다
497
spit the meat out
고기를 뱉다
498
splash water on his face
그의 얼굴에 물을 튀기다
499
split the children into three groups
아이들을 세 그룹으로 나누다
500
spoil the evening
저녁 시간을 망치다

DAY 243

501
spread out quickly
빠르게 퍼지다
502
square the building stone
건축석재를 네모지게 만들다
503
squeeze a lemon
레몬즙을 짜내다
504
stage a musical
뮤지컬을 무대에 올리다
505
stain a shirt
셔츠를 얼룩지게 하다
506
stamp a passport
여권에 스탬프를 찍다
507
stand still
가만히 서다
508
stare at people
사람들을 빤히 쳐다보다
509
start work
일을 시작하다
510
stay at home
집에 머무르다
511
steal a wallet
지갑을 훔치다
512
steam a fish
생선을 찌다
513
step on the bus
버스에 올라타다
514
stick a note
쪽지를 붙이다
515
stir the tomato sauce
토마토 소스를 젓다
516
stop laughing
웃는 것을 멈추다
517
store food in the fridge
냉장고에 음식을 보관하다
518
tears stream down her face
그녀의 얼굴에 눈물이 줄줄 흐르다
519
stretch your arm
네 팔을 뻗다
520
strike a ball
공을 치다

DAY 244

521
study history
역사를 공부하다
522
succeed in business
사업에서 성공하다
523
supply food to children
아이들에게 음식을 제공하다
524
support the plan
계획을 지지하다
525
surprise everyone
모든 사람들을 놀라게 하다
526
surround the house
집을 둘러싸다
527
survey the damage
손상을 점검하다
528
survive the accident
사고에서 살아남다
529
swallow a grape
포도를 삼키다
530
sweat heavily
심하게 땀을 흘리다
531
sweep the floor
바닥을 쓸다
532
swim two miles
2마일을 수영하다
533
swing a bat
방망이를 휘두르다
534
switch the seats
자리를 바꾸다
535
tackle the problem
문제와 씨름하다
536
take your umbrella
우산을 가져가다
537
talk to you for a minute
너와 잠시 이야기하다
538
tap the fingers
손가락으로 가볍게 두드리다
539
tape a moving box
이삿짐을 테이프로 묶다
540
taste sweet
단 맛이 나다

DAY 245

541
tax imports
수입품에 과세하다
542
teach English
영어를 가르치다
543
tear a piece of paper
종이 한 장을 찢다
544
tease him about his red hair
그의 빨간 머리에 대해 놀리다
545
telephone my doctor
내 의사 선생님께 전화하다
546
tell me about the weekend
나에게 주말에 대해 말하다
547
my shoulders tense up
내 어깨가 긴장되다
548
test the new product
새로운 제품을 시험하다
549
text my girlfriend
여자친구에게 문자하다
550
thank her for coming today
오늘 온 것에 대해 그녀에게 고마워하다
551
think about him
그에 대해 생각하다
552
thrill the audience
관중을 정말 신나게 만들다
553
throw a ball
공을 던지다

554
the clock ticks
시계가 째깍거리다
555
tie a ribbon
리본을 묶다
556
time the departure carefully
조심스럽게 출발 시간을 맞추다
557
tire me all the time
매번 나를 피곤하게 만들다
558
touch the exhibits
전시품을 만지다
559
tour the city
도시를 관광하다
560
train my dog
나의 개를 교육시키다

DAY 246

561
travel around the world
전세계를 여행하다
562
treat people with respect
사람들을 존경심을 갖고 대하다
563
trick all the people
모든 사람들을 속이다
564
trust my instincts
내 감(본능)을 믿다
565
try my best
최선을 다하다
566
turn the door knob
문 손잡이를 돌리다
567
twist my arm
내 팔을 비틀다
568
understand other people
다른 사람들을 이해하다
569
update her on the news
그녀에게 그 소식의 최근 정보를 알려주다
570
upset my parents
내 부모님을 속상하게 만들다
571
use your phone
너의 핸드폰을 사용하다
572
view an exhibit
전시회를 보다
573
visit my grandparents
할아버지, 할머니댁을 방문하다
574
voice concern
걱정을 표하다
575
vote in the election
선거를 하다
576
wait for the bus
버스를 기다리다
577
wake me early tomorrow
내일 나를 일찍 깨우다
578
walk two miles
2마일을 걷다
579
want some coffee
커피를 원하다
580
warm her hands by the fire
불로 그녀의 손을 따뜻하게 하다

DAY 247

581
watch TV
TV를 보다
582
water the plants
식물에 물을 주다
583
wave my hand
내 손을 흔들다
584
wear a shirt
셔츠를 입고 있다
585
welcome us with a wide smile
넓은 미소로 우리를 환영하다
586
whip the cream

크림을 휘젓다
587
whisper something to me
나에게 무언가를 속삭이다
588
whistle a tune
어떤 곡을 휘파람으로 불다
589
will rain tomorrow
내일 비가 올 것이다
590
win the election
선거에서 이기다
591
wind a wool
털실을 감다
592
wipe the tears
눈물을 닦다
593
wish I were a cat
내가 고양이라면 좋겠다
594
wonder who he is
그가 누구인지 궁금해하다
595
word a contract
계약서를 작성하다(말로 나타내다)
596
work at a bank
은행에서 일하다
597
worry about me
나에 대해 걱정하다
598
would be here on time
제 시간에 여기 올 것이다
599
wrap a present
선물을 포장하다
600
write your name
너의 이름을 쓰다

DAY 248
601
abandon the ship
배를 버리다
602
absorb the sound
소리를 흡수하다
603
abuse the power
힘(권력)을 남용하다
604
accelerate the growth
성장을 촉진하다
605
access the internet
인터넷에 접속하다
606
accommodate 500 students
500명의 학생을 수용하다
607
accord importance to the agriculture
농업에 중요성을 부여하다
608
be accounted a genius
천재로 여겨지다
609
accumulate more wealth
부를 더 축적하다
610
accuse me of lying
거짓말로 나를 의심하다
611
acquaint me with the city
내가 그 도시에 대해 알게 하다
612
acquire a reputation
명성을 얻다
613
activate the alarm
알람을 작동시키다
614
address an audience
청중에게 연설하다
615
adjust the speed of the car
차의 속도를 조절하다
616
be administered by the government
정부에 의해 관리되다
617
admire his enthusiasm
그의 열정을 존경하다
618
admit her mistake
그녀의 실수를 시인하다
619
advocate the policy of peace
평화의 정책을 지지하다

620
be affiliated with the university
대학과 제휴되어 있다

DAY 249

621
afford a new car
새 차를 살 여유가 되다
622
alert the world
세계에 경각심을 주다
623
allocate time for working
일할 시간을 할당하다
624
amplify a signal
신호를 증폭시키다
625
anticipate difficulties
어려움을 예상하다
626
appoint a new teacher
새로운 선생님을 임명하다
627
approve the plan
계획을 승인하다
628
argue with each other
서로 언쟁을 하다
629
health problems arise
건강 문제가 발생하다
630
aspire to become a doctor
의사가 되기를 열망하다
631
assemble all the ideas
모든 아이디어를 모으다
632
assert that he is innocent
그는 무죄라고 주장하다
633
assess a student's ability
한 학생의 능력을 평가하다
634
assign the task
업무를 맡기다
635
associate the word with food
그 단어를 음식과 연상하다
636
assume that he will come
그가 올 것이라고 추정하다
637
assure you that I will be okay
내가 괜찮을 것이라고 너에게 장담하다
638
attain the highest grade
가장 높은 등급(점수)을 얻다
639
attempt to cook
요리하는 것을 시도하다
640
attribute success to hard work
성공을 성실한 노력의 결과로 보다

DAY 250

641
average 50 hours' work a week
일주일에 평균 50시간을 일한다
642
balance work and life
일과 삶의 균형을 유지하다
643
be banned from driving
운전하는 것을 금지당하다
644
be bankrupted by the war
전쟁으로 인해 파산하다
645
base the company in New York
뉴욕에 회사의 본사를 두다
646
behave strangely
이상하게 행동하다
647
belong to me
내 것이다
648
benefit the rich
부자들에게 유익하다
649
bet that we are late
우리는 늦은 게 틀림없다
650
betray me
나를 배신하다
651
bias the jury
배심원단이 편견을 갖게 하다
652
block the road

길을 막다
653
trees blossom in March
나무는 3월에 꽃이 핀다
654
thunder boomed
천둥이 쾅[탕]하는 소리를 냈다
655
boost the industry
산업을 신장시키다
656
bow to the Queen
여왕에게 절하다
657
the road branches
도로가 갈라지다
658
be branded as liars
거짓말쟁이로 낙인찍히다
659
brew some coffee
커피를 끓이다
660
bump into a car
차에 부딪치다

DAY 251
661
burden you with my problems
내 문제들로 너에게 부담을 지우다
662
burst into the room
방으로 불쑥 들어오다
663
be buried in the cemetery
묘지에 묻히다
664
be capped with snow
눈으로 덮이다
665
the picture is captioned
그림에 설명이 붙여지다
666
capture the soldiers
군인들을 포로로 잡다
667
carve the wood
나무를 조각하다
668
cast a smile
미소를 보내다
669
cater a party
파티에 음식을 공급하다
670
caution children not to walk alone
혼자 걷지 말라고 아이들에게 주의를 주다
671
cease the attack
공격을 중지하다
672
censor the internet
인터넷을 검열하다
673
charge $20 for dinner
저녁 식사로 20달러를 청구하다
674
be charmed by her talent
그녀의 재능에 매혹되다
675
chill the wine
와인을 차갑게 하다
676
chop an onion
양파를 다지다
677
circulate through the pipes
파이프를 통해 순환하다
678
cite one example
한 가지 예로 들다
679
claim that it was a mistake
그것은 실수였다고 주장하다
680
clarify a situation
상황을 명확히 하다

DAY 252
681
clash with the protesters
시위대와 충돌하다
682
classify animals and plants
동물과 식물을 분류하다
683
cling to her mother
그녀의 엄마에게 매달리다
684
cloud his memory
그의 기억을 흐리다
685

cluster together in the universe
우주에서 함께 모이다
686
code the information
정보를 부호로 처리하다
687
coin a term
용어를 만들다
688
coincide with mine
내 것과 일치하다
689
collaborate on the project
프로젝트에서 협력하다
690
collapse in the earthquake
지진에서 붕괴되다
691
combat disease
질병을 방지하다
692
comfort her crying baby
그녀의 우는 아이를 위로하다
693
command silence
침묵을 명하다
694
comment on the matter
문제에 대해 견해를 밝히다
695
commit a crime
범죄를 저지르다
696
compel him to give up
그에게 포기하라고 강요하다
697
compensate for the lost time
잃어버린 시간을 보상하다
698
compile a list of the restaurants
레스토랑 리스트를 작성하다
699
complain about the noise
소음에 항의하다
700
compose a song
노래를 작곡하다

DAY 253
701
be comprised of 10 members
10명의 회원으로 구성되다
702
compromise with her parents
그녀의 부모님과 타협하다
703
conceive a plan
계획을 세우다
704
conclude that he is telling the truth
그가 사실을 말하고 있다고 결론을 내리다
705
condemn the decision
결정을 비난하다
706
confer with my lawyer
내 변호사와 상의하다
707
confess one's crime
~의 죄를 자백하다
708
confine the discussion to cars
논의를 자동차에 국한시키다
709
confirm the reservation at the hotel
호텔 예약을 확인하다
710
conflict with a coworker
동료와 다투다
711
conform to the law
법을 따르다
712
confront the fear
두려움에 맞서다
713
consent to her marriage
그녀의 결혼을 허락하다
714
conserve energy
에너지를 아끼다
715
consist of 12 chapters
12개의 챕터로 이루어져 있다
716
constitute a family
가족을 구성하다
717
be constrained by the law
법에 의해 제약을 받다
718
consult your doctor

당신의 의사에게 상담하다
719
contain a lot of fat
지방이 많이 들어있다
720
contend that he is innocent
그가 무죄라고 주장하다

DAY 254
721
contract influenza
독감에 걸리다
722
contradict the theory
이론과 상반되다
723
contrast his early novels with his later work
그의 초기 소설들과 후기 작품을 대비시키다
724
contribute to the success of the company
회사의 성공에 기여하다
725
convert pounds to kilograms
파운드를 kg으로 전환하다
726
be convicted of a crime
범죄에 대해 유죄 선고를 받다
727
convince the jury
배심원을 납득시키다
728
cooperate with the company
회사와 협력하다
729
coordinate the schedule
일정을 조정하다
730
cope with the illness
질병에 대처하다(이겨내다)
731
correspond with the information
정보와 부합하다
732
cost $3
3달러가 들다
733
count money
돈을 세다
734
counter the argument
주장을 반박하다
735
crack the glass
유리를 깨다
736
be crafted by an expert
전문가에 의해 (공예품이) 만들어지다
737
the plane crashed
비행기가 추락했다
738
criticize his work
그의 작품을 비평하다
739
cultivate rice
쌀을 재배하다
740
curve around a lake
호수를 따라 곡선을 이루다

DAY 255
741
damage the environment
환경을 훼손하다
742
deal with the company
회사와 거래하다
743
debate the bill
법안을 논의하다
744
the teeth decay
이가 썩다
745
declare independence
독립을 선언하다
746
the popularity declined
인기가 하락했다
747
dedicate his life to helping others
그의 인생을 다른 사람 돕는 것에 헌신하다
748
defeat the champion
챔피언을 물리치다
749
defend myself
스스로를 옹호하다
750
define the term
용어를 정의하다
751

degrade the quality
품질을 떨어뜨리다
752
delay the show
쇼를 연기하다
753
delegate the task to me
나에게 과제를 위임하다
754
deliberate the decision
결정을 신중히 생각하다
755
demonstrate how to use the new system
새로운 시스템을 어떻게 사용하는지 설명하다
756
deny the rumor
소문을 부인하다
757
depict the lives of ordinary people
보통 사람들의 삶을 그리다
758
deposit the extra cash
여분의 현금을 예금하다
759
depress the housing market
주택 시장을 침체시키다
760
be deprived of his freedom
그의 자유를 빼앗기다

DAY 256

761
derive the profit
이익을 얻다
762
descend the stairs
계단을 내려가다
763
deserve the holiday
휴가를 가질 자격이 있다
764
designate the successor
후임자를 지명하다
765
despair at the failure
실패에 절망하다
766
destroy the forest
숲을 파괴하다
767
detach the hood
후드를 분리하다
768
detail the plan
계획을 상세히 알리다
769
detect the smell
냄새를 탐지하다
770
devise a computer program
컴퓨터 프로그램을 고안하다
771
devote her life to justice
그녀의 삶을 정의에 바치다
772
dictate a rule
규칙을 지시하다
773
diminish his achievement
그의 성취를 깎아내리다
774
direct the project
프로젝트를 지휘하다
775
discharge polluted water
오염된 물을 배출하다
776
discipline my child
내 아이를 훈육하다
777
disclose the opinion
의견을 밝히다
778
discriminate against race
인종으로 차별하다
779
discuss the problem
문제를 상의하다
780
be disgusted by the violence
폭력이 혐오감을 유발하다

DAY 257

781
dismiss new ideas
새로운 아이디어들을 묵살하다
782
be displaced by a machine
기계에 의해 대체되다
783
display goods
상품을 전시하다

784
dispose troops
병력을 배치하다
785
dispute the notion
개념을 반박하다
786
disrupt the economy
경제를 붕괴시키다
787
distort the truth
진실을 왜곡하다
788
distract me from studying
공부로부터 나를 집중이 안 되게 하다
789
distribute the books
책을 나누어 주다
790
be disturbed by the noise
소음에 방해되다
791
divorce her husband
그녀의 남편과 이혼하다
792
be documented well
~가 잘 기록되다
793
donate to the charity
자선단체에 기부하다
794
dose oneself with vitamin
비타민을 스스로 투약하다
795
double one's income
~의 수입을 두 배로 하다
796
draft a bill
법안의 초안을 작성하다
797
drain the water
물을 빼내다
798
dread the exam
시험을 두려워하다
799
drown in the river
강에서 익사하다
800
dump the garbage
쓰레기를 버리다

DAY 258

801
dwell in Europe
유럽에 살다
802
ease the pain
통증을 덜다
803
elaborate on one's reasons
~의 이유에 대해 더 자세히 말하다
804
elect him as president
그를 대통령으로 뽑다
805
eliminate the possibility
가능성을 제거하다
806
embarrass me in front of my friends
내 친구들 앞에서 나를 당황스럽게 만들다
807
embrace the technology
기술을 받아들이다
808
principles emerge
원칙들이 드러나다
809
emit a sound
소리를 내다
810
employ him as an assistant
그를 비서로 고용하다
811
enclose a garden
정원을 에워싸다
812
encounter severe problems
심각한 문제들에 직면하다
813
endure a long delay at the airport
공항에서 긴 지연을 견디다
814
enforce the law
법을 집행하다
815
engage the client
고객을 사로잡다
816
enhance the creativity
창의력을 향상시키다
817
enroll in this course

이 과정에 등록하다
818
ensure customer satisfaction
고객 만족을 보장하다
819
be entitled to a discount
할인을 받을 자격이 있다
820
equate success with wealth
성공을 부와 동일시하다

DAY 259
821
erect a bridge
다리를 건설하다
822
escort the queen
여왕을 에스코트하다
823
be established in 2010
2010년에 설립되다
824
estimate the time
시간을 추정하다
825
be evacuated from the building
빌딩에서 대피하다
826
evaluate the result
결과를 평가하다
827
evolve from apes
유인원으로부터 진화하다
828
exaggerate the issue
문제를 과장하다
829
examine a proposal
제안을 검토하다
830
exceed the speed limit
제한속도를 초과하다
831
exchange information
정보를 교환하다
832
be excluded from the project
프로젝트에서 제외되다
833
excuse me for being so late
너무 늦은 것에 대해 나를 용서하다
834
exhaust the children
아이들을 기진맥진하게 만들다
835
exhibit his paintings
그의 그림을 전시하다
836
ghosts exist
유령들은 존재한다
837
expand the knowledge
지식을 확장시키다
838
experiment on animals
동물에 실험을 하다
839
stars explode
항성들이 폭발하다
840
export coffee to other countries
다른 나라로 커피를 수출하다

DAY 260
841
be exposed to the public
대중에게 폭로되다
842
extend our house
우리 집을 확장하다
843
extract oil from plants
식물에서 오일을 추출하다
844
facilitate learning
배움을 촉진하다
845
her memory fades
그녀의 기억이 희미해지다
846
faint in the heat
더위에 실신하다
847
farm this land
이 땅을 경작하다
848
be fascinated by the music
음악에 매혹되다
849
fasten your seatbelt
벨트를 매주세요
850

fault the way they handle the situation
그들이 상황을 해결하는 방식을 흠잡다
851
favor a proposal
제안에 찬성하다
852
feature the famous actor
유명한 배우를 특색으로 하다
853
figure that it is important
그것이 중요하다고 판단하다
854
be fined for speeding
속도위반으로 벌금이 물리다
855
firm the soil
흙을 다지다
856
flash a light
빛을 비추다
857
people flocked to the beach
사람들이 해변으로 모였다
858
the art flourishes
예술이 꽃피다
859
flush one's face
얼굴을 붉히다
860
forbid him to leave town
그가 마을을 떠나는 것을 금지하다

DAY 261
861
force her to make a decision
그녀가 결정을 하라고 강요하다
862
a plan formed
계획이 구성되었다
863
foster a child
아이를 맡아 기르다
864
be framed by the police
경찰에 의해 죄를 뒤집어쓰다
865
front the sea
바다를 향하고 있다
866
windows frosted up
유리창에 성에가 꼈다
867
frown at me
나에게 얼굴을 찌푸리다
868
be fueled by gas
가스로 연료를 공급하다
869
fulfil your dream
너의 꿈을 실현하다
870
be funded by the government
정부에 의해 자금을 지원받다
871
the room is furnished
방에 가구가 배치되다
872
gaze at her
그녀를 바라보다
873
generate power
동력을 발생시키다
874
glare at its prey
먹이를 노려보다
875
glimpse her briefly
그녀를 잠시 언뜻 보다
876
be governed by the president
대통령에 의해 통치되다
877
be graded by size
크기로 분류되다
878
grant us permission to use the data
우리에게 데이터를 사용하는 권한을 승인하다
879
guarantee the best service
최고의 서비스를 보장하다
880
be handicapped by bad weather
기상 악화로 불리해지다

DAY 262
881
harm the animals
동물들을 해치다
882
harvest wheat
밀을 수확하다

883
haunt him every night
매일 밤 그에게 나쁜 생각 계속 떠오르다
884
hazard a guess
틀릴 셈치고 추측하다
885
head toward the station
역으로 향하다
886
hesitate to call me
나에게 전화하기를 망설이다
887
host the next Olympics
다음 올림픽을 주최하다
888
identify the suspect
용의자를 확인하다
889
ignore the warning sign
경고 표시를 무시하다
890
illustrate one's point
~의 요점을 분명히 보여주다
891
imitate the accent
악센트를 모방하다
892
immigrate to the United States
미국으로 이민을 오다
893
impact on her life
그녀의 삶에 영향을 주다
894
implement a policy
정책을 시행하다
895
imply that I am wrong
내가 틀리다고 넌지시 나타내다
896
import cars
자동차를 수입하다
897
be imposed on cigarettes
담배에 부과하다
898
be inclined toward innovation
혁신을 향해 마음이 기울다
899
incorporate their ideas
그들의 아이디어를 통합하다
900
induce me to take the job
그 일을 맡도록 나를 설득하다

DAY 263

901
be infected with a virus
바이러스에 감염되다
902
infer from her expression that she is angry
그녀가 화가 났다고 그녀의 표현에서 추론하다
903
inflate the balloon
풍선을 부풀리다
904
inhabit the island
섬에 살다
905
inhibit communication
의사소통을 하지 못하게 하다
906
initiate a negotiation
협상을 개시하다
907
inject medicine
약을 주사하다
908
innovate the future of education
교육의 미래를 혁신하다
909
input text
글을 입력하다
910
inquire about our products
우리의 제품에 대해 묻다
911
insist that he didn't do anything
그가 아무것도 하지 않았다고 고집하다
912
inspect the car
자동차를 점검하다
913
inspire the students
학생들을 고무하다
914
institute new guidelines
새로운 가이드라인을 도입하다
915
be instructed to follow the rules
규칙을 따르라고 지시되다
916

be insured for one million dollars
백만 달러의 보험에 들어져 있다
917
integrate learning with play
배움과 놀이를 통합시키다
918
intend to go to Europe
유럽에 갈 생각이다
919
interfere in her work
그녀의 일에 간섭하다
920
interpret the statistics
통계를 해석하다

DAY 264

921
interrupt me during the speech
연설 중 나를 방해하다
922
intervene in a dispute
분쟁을 중재하다
923
intimate that he will resign
그가 사임할 것이라고 넌지시 알리다
924
be intrigued by the question
그 질문으로 인해 강한 흥미가 생기다
925
invade our country
우리나라를 침입하다
926
invest a lot of money
많은 돈을 투자하다
927
investigate the fraud
사기 사건을 조사하다
928
involve hard work
힘든 일을 포함하다
929
be isolated from the others
다른 사람들로부터 고립되다
930
judge your own work
네 스스로의 일을 판단하다
931
justify her behavior
그녀의 행동을 정당화시키다
932
be labeled as lazy
게으르다고 꼬리표가 붙여지다
933
labor all day
하루 종일 노동을 하다
934
lack confidence
자신감이 부족하다
935
lease the house
집을 임대하다
936
legislate against discrimination
차별을 금하는 법률을 제정하다
937
level the floor
바닥을 평평하게 만들다
938
limit the environmental damage
환경 훼손을 제한하다
939
line the streets
길을 따라 줄을 서다
940
loan you the money
너에게 돈을 빌려주다

DAY 265

941
log the result
결과를 일지에 기록하다
942
long to see her
그녀를 보기를 간절히 바라다
943
loose a horse
말을 풀어놓다
944
maintain the relationship
관계를 유지하다
945
manage the problem
문제를 처리하다
946
manifest their dissatisfaction
그들의 불만을 나타내다
947
manipulate the truth
사실을 조작하다
948
marvel at the view
경관에 경이로워하다

949
master the language
언어를 완전히 익히다
950
may be true
사실일지도 모른다
951
mediate a conflict
갈등을 중재하다
952
mention nothing to me
나에게 아무것도 말하지 않는다
953
merge the two companies
두 회사를 합병하다
954
mess my hair
내 머리카락을 엉망으로 만들다
955
might happen to me
나에게 일어났을 수도 있다
956
migrate south for the winter
겨울을 나기 위해 남쪽으로 이동하다
957
mirror the opinion
의견을 잘 보여주다
958
mock his friends
그의 친구들을 조롱하다
959
moderate the demand
요구를 완화하다
960
modify the behavior
행동을 수정하다

DAY 266

961
monitor the process
과정을 관찰하다
962
motion me to sit down
나에게 앉으라고 손짓을 하다
963
mount an exhibition
전시회를 시작하다
964
multiply the two numbers
두 개의 숫자를 곱하다
965
be narrated by the actors
배우들에 의해 내레이션 되다
966
narrow the possibilities
가능성들을 좁히다
967
neglect his duty
그의 의무를 등한시하다
968
negotiate with the workers
노동자들과 협상하다
969
network with the experts
전문가들과 인적 네트워크를 형성하다
970
be nominated by the president
대통령에 의해 임명되다
971
note that this is essential
이것이 중요하다는 것을 명심하다
972
obey the rules
규칙을 따르다
973
object to the proposal
제안에 반대하다
974
be obliged to accept the offer
제안을 받아들일 의무가 있다
975
be obsessed with the idea
생각에 사로잡혀 있다
976
obtain the permission
허락을 얻다
977
occupy most of the space
대부분의 공간을 차지하다
978
be offended by his words
그의 말에 기분이 상하다
979
operate the machine
기계를 조작하다
980
oppose her suggestion
그녀의 제안에 반대하다

DAY 267

981
orbit the sun

태양의 궤도를 돌다
982
organize a meeting
회의를 준비하다
983
orient himself in his new school
그의 새로운 학교에 적응하다
984
ought to apologize
사과해야 한다
985
outline the plan
계획의 개요를 설명하다
986
output the document
문서를 출력해내다
987
be outraged by the attack
공격에 의해 격분하다
988
overlap each other
서로 겹치다
989
overlook the important fact
중요한 사실을 간과하다
990
be overwhelmed by grief
슬픔에 잠겨있다
991
owe you $50
너에게 50달러를 빚지고 있다
992
own a house
집을 소유하다
993
pace the room
방을 서성거리다
994
be pained by the news
그 소식에 고통스러워하다
995
parallel our story
우리의 이야기와 유사하다
996
be parted from each other
서로 떨어져 있다
997
patent the invention
발명품을 특허 받다
998
patrol the coast
해안을 순찰하다
999
be paved with bricks
벽돌로 포장되다
1000
unemployment peaked
실업률이 정점에 달했다

DAY 268

1001
peer through the window
창문을 통해 응시하다
1002
be perceived as a problem
문제로 인지하다
1003
be permitted in the theatre
공연장에서 허락되다
1004
the pain persists
통증이 계속되다
1005
persuade her to come
그녀를 오라고 설득하다
1006
be phased over the next six months
다음 6개월 동안 단계적으로 실행되다
1007
be carefully phrased
조심스럽게 표현되다
1008
pile your homework on the table
너의 숙제를 테이블 위에 쌓다
1009
pioneer the new method
새로운 방법을 개척하다
1010
pitch a ball
공을 던지다
1011
pity you for wasting your time
너의 시간을 낭비하는 것에 대해 유감스러워하다
1012
place the book on the desk
책상 위에 책을 놓다
1013
plot against his father
그의 아버지를 상대로 음모를 꾸미다
1014
be poisoned at the hotel
호텔에서 독살되다

1015
polish the shoes
신발을 윤이 나도록 닦다
1016
pool their ideas
그들의 아이디어들을 모으다
1017
portion his meals
그의 식사를 나누다
1018
pose a threat
위협을 제기하다
1019
possess wisdom
지혜를 가지다
1020
be powered by electricity
전기에 의해 동력을 공급받다

DAY 269

1021
praise his cooking
그의 요리를 칭찬하다
1022
preach about forgiveness
용서에 대해 설교하다
1023
be preceded by an introduction
소개가 앞서다
1024
predict the exact time
정확한 시간을 예측하다
1025
prejudice the outcome
결과에 대해 편견을 갖게 하다
1026
prescribe the medicine
약을 처방하다
1027
presume that she didn't know
그녀가 몰랐다고 여기다
1028
pretend to be interested
흥미 있는 척하다
1029
justice prevails
정의가 승리하다
1030
be primed for the test
시험에 준비되다
1031
privilege me to lead
나에게 이끌도록 특권을 주다
1032
proceed smoothly
순조롭게 진행하다
1033
process data
데이터를 처리하다
1034
progress in his career
그의 경력에 진전을 보이다
1035
be prohibited in the building
빌딩 내에서 금지되다
1036
promote digestion
소화를 촉진하다
1037
prompt me to say something
내가 무언가를 말하도록 유도하다
1038
the company prospers
회사가 번영하다
1039
protest low wages
저임금에 항의하다
1040
prove her innocence
그녀의 무죄를 입증하다

DAY 270

1041
provoke an angry response
성난 반응을 유발하다
1042
be severely punished
강하게 처벌받다
1043
puzzle me why she said that
그녀가 왜 그것을 말했는지가 나를 어리둥절하게 만든다
1044
qualify as a teacher
선생님으로서 자격을 얻다
1045
rage at him
그에게 몹시 화를 내다
1046
range from $50 to $100
50~100달러까지 다양하다
1047
rate him as an actor

그를 배우로서 평가하다
1048
realize one's mistake
~의 실수를 깨닫다
1049
rebel against the plan
계획에 저항하다
1050
recover from the shock
충격으로부터 회복되다
1051
recruit volunteers
지원자들을 모집하다
1052
be refined before use
사용하기 전에 정제되다
1053
reflect a change
변화를 반영하다
1054
reform the education system
교육 제도를 개혁하다
1055
regulate industry
산업을 규제하다
1056
reinforce the law
법을 강화하다
1057
reject the suggestion
제안을 거부하다
1058
be released from prison
감옥에서 석방되다
1059
remark that she wanted to see them
그녀는 그들이 보고 싶었다고 언급하다
1060
remove the stain
얼룩을 제거하다

DAY 271
1061
replace the system
시스템을 대체하다
1062
represent their countries at the Olympics
올림픽에서 그들의 나라를 대표하다
1063
rescue the sailors
선원들을 구조하다
1064
reside in Seoul
서울에 거주하다
1065
resign from the company
회사에서 사임하다
1066
resolve the crisis
위기를 해결하다
1067
be restored to health
건강을 회복하다
1068
restrain her sadness
그녀의 슬픔을 억누르다
1069
restrict the opportunity
기회를 제한하다
1070
retail at $10
10달러에 팔리다
1071
retain his right
그의 권리를 보유하다
1072
retire from the business
사업에서 은퇴하다
1073
retreat from the city
도시에서 후퇴하다
1074
reverse the decision
결정을 뒤집다
1075
revise the rule
규칙을 수정하다
1076
revive the hope
희망을 되찾다
1077
satisfy everyone
모든 사람들을 만족시키다
1078
scan her face
그녀의 얼굴을 유심히 살피다
1079
scatter the crowd
관중을 흩어지게 하다
1080
scheme against her
그녀에 대해 모의하다

DAY 272
1081
be sculpted in ice
얼음으로 조각되다
1082
seize his arm
그의 팔을 붙잡다
1083
be sentenced to three years
3년형을 선고받다
1084
separate people from their families
사람들 가족으로부터 분리하다
1085
sequence the story
이야기를 차례로 나열하다
1086
serve dessert with coffee
디저트를 커피와 함께 차려내다
1087
settle a dispute
분쟁을 해결하다
1088
shelter from the rain
비를 피하다
1089
shield her eyes from the sun
햇빛으로부터 그녀의 눈을 가리다
1090
simulate happiness
행복을 가장하다
1091
be sourced from a farm
농장에서 공급 받다
1092
span 20 years
20년에 걸쳐 이어지다
1093
spare the time
시간을 내다
1094
spot my friend
내 친구를 찾아내다
1095
spring out of bed
침대에서 휙 빠져나오다
1096
starve to death
굶어 죽다
1097
state his intention
그의 의도를 표명하다
1098
stem the bleeding
피가 흐르는 것을 막다
1099
stimulate the economy
경제를 자극하다
1100
stock apples
사과를 갖추고 있다

DAY 273
1101
strain a muscle
근육을 혹사하다
1102
stress the importance of voting
투표의 중요성을 강조하다
1103
stroke a dog
개를 쓰다듬다
1104
struggle for survival
생존을 위해 몸부림치다
1105
subject a nation
한 국가를 지배하에 두다
1106
submit the application
지원서를 제출하다
1107
subscribe to an online magazine
온라인 잡지를 구독하다
1108
substitute oil for butter
버터 대신 오일을 쓰다
1109
suck the juice out of the fresh mangoes
신선한 망고에서 즙(주스)을 마시다
1110
suffer from allergy symptoms
알러지 증상으로 고통받다
1111
suggest a plan
계획을 제안하다
1112
suit your need
너의 필요에 맞다
1113
supervise children
아이들을 관리하다

1114
suspect his motives
그의 동기를 의심하다
1115
be suspended for a month
한 달 동안 중단되다
1116
sustain the economic growth
경제적 성장을 지속시키다
1117
be tagged with a number
숫자가 적힌 꼬리표가 붙여지다
1118
tail the suspect
용의자를 미행하다
1119
target young people
젊은 사람들을 겨냥하다
1120
tempt her to join the company
회사로 오라고 그녀를 부추기다

DAY 274

1121
be termed a 'success'
'성공'이라고 일컫다
1122
terminate the contract
계약을 끝나다
1123
testify that she doesn't know
그녀는 모른다고 증언하다
1124
torture a man
남자를 고문하다
1125
trail on the ground
땅에 끌리다
1126
transact business with them
그들과 상업적 거래를 하다
1127
be transfered to another company
또다른 회사로 옮겨지다
1128
transform the area into a park
그 지역을 공원으로 변형시키다
1129
be transmitted to human
인간에게 전염되다
1130
be trapped in the building
빌딩에 갇히다
1131
trigger the headache
두통을 유발하다
1132
trim my hair
머리를 다듬다
1133
trip over the floor
바닥에서 헛디디다
1134
trouble me recently
최근에 나를 애 먹이다
1135
tune her violin
그녀의 바이올린을 조율하다
1136
undergo a medical examination
(의학적) 검사를 하다
1137
underlie a claim
주장의 기저를 이루다
1138
undermine the power
권력을 약화시키다
1139
undertake a program
프로그램에 착수하다
1140
unify the country
국가를 통합하다

DAY 275

1141
the two countries unite
두 국가가 연합하다
1142
urge him to tell the police
경찰에게 말하라고 그를 설득하다
1143
utilize a strategy
전략을 활용하다
1144
utter a cry
비명 소리를 내다
1145
value her opinion
그녀의 의견을 소중하게 생각하다
1146
vanish into thin air

흔적도 없이 사라지다
1147
vary in quality
질적으로 다르다
1148
venture into the unknown
낯선 곳으로 모험하듯 가다
1149
warrant an investigation
조사를 정당하게 만들다
1150
waste a lot of time
많은 시간을 낭비하다
1151
weave wool into fabric
울을 직물로 엮다
1152
withdraw an offer
제안을 철회하다
1153
witness an incident
사건을 목격하다
1154
worship God
하나님께 예배드리다
1155
be wounded in a leg
다리에 부상을 입다
1156
be wrecked by the explosion
폭발에 의해 파괴되다
1157
yield an unexpected result
예상치 못한 결과를 내다
1158
accompany her on a trip
여행에 그녀와 동행하다
1159
launch a new service
새로운 서비스를 시작하다
1160
manufacture car parts
자동차의 부속품을 제조하다

DAY 276

1161
matter to me
나에게 중요하다
1162
the accident occurred
사고가 발생했다
1163
order a pizza
피자를 주문하다
1164
pollute the air
공기를 오염시키다
1165
profile an author
작가의 소개를 쓰다
1166
profit greatly from the project
프로젝트에서 큰 이익을 얻다
1167
prove my innocence
나의 무죄를 입증하다
1168
publish a novel
소설을 출판하다
1169
quote a line from the speech
연설에서 한 문장을 인용하다
1170
reason that there must be a scientific way
반드시 과학적 방법이 있을 것이라고 판단하다
1171
refer me to the doctor
나한테 의사에게 알아보라고 하다
1172
refuse my help
내 도움을 거절하다
1173
rent a car
차를 빌리다(렌트하다)
1174
resist arrest
체포에 저항하다
1175
resume a negotiation
협상을 다시 시작하다
1176
reveal the secret
비밀을 밝히다
1177
sacrifice everything for their children
그들의 아이들을 위해 모든 것을 희생하다
1178
scale a high wall
높은 벽을 오르다
1179
snap the wood pieces
나무 조각들을 부러뜨리다

1180
strip off the paint
페인트를 벗기다

DAY 277

1181
structure the problem
문제를 구조화하다
1182
sun myself
(나 스스로) 햇볕을 쬐다
1183
suppose that he is guilty
그가 유죄라고 가정하다
1184
the soldiers surrender
군인들이 항복하다
1185
swear (that) I don't know
나는 모른다고 맹세하다
1186
my arm swelled up
내 팔이 부어올랐다
1187
telegraph a message
메시지를 전보로 보내다
1188
lions tend to live in a group
사자들은 무리지어 사는 경향이 있다
1189
thread a needle
바늘에 실을 꿰다
1190
tip the chair
의자를 한 쪽으로 기울이다
1191
trace a call
전화(통화)를 추적하다
1192
be traded throughout Asia
아시아 전역에 거래되다
1193
translate the document
문서를 번역하다
1194
be transported by plane
비행기로 수송되다
1195
our team triumphed over the away team
우리 팀이 원정 팀에 승리를 거두다
1196
type the report
보고서를 타자로 입력하다
1197
voyage to distant lands
먼 땅(지역)으로 항해하다
1198
wander around the city
도시를 돌아다니다
1199
warn you not to trust strangers
낯선 사람들을 믿지 말라고 너에게 경고하다
1200
weigh 10kg
무게가 10kg이다

DAY 278

⑤
여자: Golden Bookstore에서 Lora Johnson의 책 사인회를 열 것이라는 이야기를 들었니?
남자: 그녀는 내가 가장 좋아하는 작가들 중 한 명이야. 나는 그녀의 소설을 모두 읽었어. 언제야?
여자: 이번 주 일요일 오후래. 나랑 같이 갈래?
남자: ______________________________
① 정말? 내가 그 작가를 봤어야 했는데.
② 그럴 리 없어. 네가 무척 그리울 거야.
③ 아니야. 나는 그 날 서점에 가지 않았어.
④ 미안해. 난 그녀의 소설에는 관심이 없어.
⑤ 응. 내가 그녀를 직접 본다는 게 믿기지 않아.

DAY 279

①
여자: Jimmy, 뭘 찾고 있어?
남자: 내 핸드폰. 나 어디 뒀는지 잊어버렸어.
여자: 네 방을 먼저 찾아보지 않을래?
남자: ______________________________

① 이미 찾아봤어, 그런데 찾을 수가 없었어.
② 알겠어, 거실에서 기다릴게.
③ 너 휴대폰 고쳐야겠다.
④ 내가 분실물에 전화했어.
⑤ 와이파이는 여기서 이용할 수 없어.

DAY 280

⑤
여자: 안녕하세요? 꿈 놀이공원에 방문해주셔서 감사합니다. 우리의 20주년을 기념하기 위해 이번 주 내내 아이들을 위한 특별한 뮤지컬 '겨울 공주'를 합니다. 이 뮤지컬은 작년에 최고 어린이 뮤지컬 상을 받았고 여러분이 사랑하는 많은 유명한 뮤지컬 배우들이 주연으로 나옵니다. 오늘 공연은 무지개 극장에서 오후 4시에 시작합니다. 만약 공연을 보고 싶다면 가까운 안내 센터에서

예약을 하셔야 합니다. 여러분 모두 좋은 시간 보내시길 바랍니다. 감사합니다.

DAY 281

⑤

여자: 반짝 반짝 빛나는 종이와 리본들 좀 봐! Tom, 뭐 해?

남자: 내 친구 Laura를 위한 생일 선물을 포장하고 있어.

여자: 그녀에게 무엇을 줄 건데?

남자: 열쇠고리. 그녀가 좋아하면 좋겠어.

여자: 열쇠고리를 넣기엔 꽤 큰 상자네, 안 그래?

남자: 응, 종이꽃으로 상자를 채웠어. 이제 반짝 반짝한 종이로 포장하고 리본으로 장식을 할거야.

여자: 내 생각에는 그건 조금 과한 것 같아. 대부분의 종이와 리본은 결국 쓰레기통에 버려질 거야.

남자: 음... 네 말이 맞아. 내 포장은 많은 쓰레기를 만들 거야.

여자: 그래. 환경을 위해 선물 포장은 간단하게 할 필요가 있어.

남자: 나도 동의해. 그럼 포장을 줄여볼게.

여자: 좋은 생각이야.

DAY 282

②

[전화가 울린다.]

남자: 여보세요? Daniel Johnson입니다.

여자: 안녕하세요? Johnson씨. 저는 Elena Roberts입니다. 제 제안에 대해 생각해 보셨나요?

남자: 네, 제 소설을 영화화하고 싶다고 하셨죠, 맞죠?

여자: 맞아요. 당신의 소설을 너무 좋아했어요. 그리고 아주 좋은 영화가 될 거예요.

남자: 그 말을 들으니 기쁘네요. 만약 당신이 감독이 된다면 저에게 큰 영광일 거예요.

여자: 제 제안을 받아들여 주셔서 감사합니다. 직접 만나서 이야기의 세부 내용을 나누고 싶어요.

남자: 그러면 제가 당신의 사무실로 갈까요?

여자: 그러면 좋겠네요. 내일 오실 수 있나요?

남자: 물론이죠. 오전 10시까지 갈게요.

DAY 283

④

남자: Lisa, 우리 마술쇼 포스터는 어떻게 돼가고 있나요?

여자: 몇 가지 변경했어요. 한 번 보세요.

남자: 오, 맨 위의 두 마리 새가 좋네요.

여자: 그리고 제가 제목 'Magic Show' 아래에 날짜와 시간을 적었어요.

남자: 좋은 선택이에요. 더욱 눈길을 끄네요.

여자: 모자 안의 토끼는 어떻게 생각하세요?

남자: 정말 좋아요. 너무 귀여워요. 그리고 네모난 탁자 대신 둥근 탁자를 놓았군요.

여자: 네, 하지만 탁자의 모양에 대해서는 아직 확신이 없어요.

남자: 제 생각에는 둥근 것이 훨씬 나아 보여요.

여자: 알겠어요. 그리고 제안하신 것처럼 제가 마술 지팡이를 들고 있는 마술사를 그렸어요.

남자: 좋아요. 제 생각에는 이제 완벽해요.

여자: 네, 드디어 그렇네요. 도와주셔서 감사합니다.

DAY 284

④

여자: Mike, 마을에 록 축제 포스터 봤어?

남자: 아니, 못 봤어. 자세한 내용 좀 말해줘. 언제 열릴 거래?

여자: 6월 13일 오후 8시에 열린대. 나랑 같이 갈래?

남자: 물론이지. 축제 티켓은 얼마야?

여자: 우리 같은 청소년은 고작 10달러래.

남자: 정말 좋다! 어디서 열린대?

여자: 가까이, 중앙 경기장에서 열린대.

남자: 그거 좋네. 걸어서 갈 수 있잖아. 누가 공연한대?

여자: 세계적으로 유명한 뮤지션인 Garcia와 Martin이 공연한대.

남자: 우와! 빨리 보고 싶어.

DAY 285

⑤

남자: 안녕하세요, 학생 여러분. 물리 선생님, Kyle Evans입니다. Westbank High School Science Fair에 대해 소개하게 되어 기쁩니다. 이것은 7월 21일에 학교 강당에서 열릴 거예요. 여러분은 과제를 심판과 방문객들 앞에서 발표할 거예요. 심판은 다른 학교의 교수님과 선생님들입니다. 그들은 모두 각 팀에게 피드백과 조언을 줄 거예요. 3개의 분야인 물리, 화학, 생물학에 대해 상이 주어질 거예요. 또한, 선착순 100명의 방문객들은 무료로 티셔츠를 받을 거예요. 이 소식을 전하고, 친구들과 부모님을 초대하세요. 여러분이 전람회를 즐기기를 바랍니다.

DAY 286

②

남자: 여보, 컴퓨터로 뭐해?

여자: 여름 휴가 때 묵을 Wayne Island 호텔에서 방을 예약하려고 해.

남자: 우리 여름 휴가? 좀 이르지 않아?

여자: 일찍 예약하면 훨씬 싸게 방을 예약할 수 있어.

남자: 그렇구나. 어떤 방을 생각하고 있어?

여자: 도시 풍경이 보이는 방을 생각하고 있어. 당신 생각은 어때?

남자: 글쎄, 산 풍경이나 바다 풍경이 나을 것 같아.

여자: 나도 동의해. 호텔에서 조식 먹을까?

남자: 그럴 필요 없을 것 같아. 호텔 주변에 좋은 식당이 몇 개 있다고 들었어.

여자: 알겠어. 그러면 두 개의 선택이 남았어. 싼 걸로 하

고 싶어.
남자: 좋은 생각이야. 그럼 이 방으로 예약하자.

DAY 287

④

여자: 안녕, Andrew. 너희 테니스 팀이 City Tennis Tournament에 참가한다고 들었어.
남자: 응. 우리 요즘 연습 많이 하는 중이야.
여자: 넌 잘 할거야.
남자: 고마워. 그런데 우리 학교 테니스 코트가 다음 주부터 공사를 시작해서 연습할 공간이 없을거야.
여자: 주민 센터는 어때? 테니스 코트 여러개 있잖아.
남자: 우리가 벌써 확인했어. 그런데 모든 코트가 다 예약되어 있어.
여자: 안됐네. 어, 잠깐만! 언니가 언니네 학교 테니스 코트가 이번주 토요일에 일반 사람들에게 열린다고 했어.
남자: 정말? 좋은 소식이네. 예약해야 해?
여자: 응. 언니가 예약은 내일 오전 9시에 시작한다고 했었어.
남자: ____

① 네 언니가 예약하는 데 어려움이 있었어.
② 공사는 곧 끝날 거라고 확신해.
③ 주민 센터는 내일 이용 가능할 거야.
④ 계속 연습하기 위해 코트를 예약할 수 있었으면 좋겠어.
⑤ 체육관에서 연습할 수 있도록 그들이 허락해주지 않을 것 같아.

DAY 288

①

여자: Olivia는 온라인으로 쇼핑하는 것을 좋아합니다. 그녀는 며칠 전에 유명한 온라인 쇼핑몰에서 파란색 바지를 주문했어요. 배송되었을 때, 그녀는 바지가 파란색이 아닌 검정색인 것을 알아냈어요. 그래서 그녀는 고객 서비스 센터에 전화를 했어요. 그녀가 상황을 설명하자 전화를 받은 점원이 그들의 실수에 대해 사과를 하고 파란색 바지가 품절이라는 것을 말합니다. 그래서 Olivia는 검정색 바지를 돌려주고 돈을 환불받기를 원합니다. 이 상황에서 Olivia가 고객 센터 점원에서 할 가장 적절한 말은 무엇인가요?
① 바지를 돌려주고 환불받고 싶습니다.
② 내일까지 바지 배송해주실 수 있어요?
③ 파란색 바지 들어오면 알려주세요.
④ 그걸 파란색 바지로 교환할 수 있을까요?
⑤ 배송 정책을 확인하고 싶어요.

DAY 289

1) ① 2) ②

여자: 안녕하세요, 여러분! 지난 시간에 우리는 LED 기술에 대해서 배웠어요. 여러분 모두가 LED가 무엇인지에 대해서 명확한 개념이 있었으면 좋겠어요. 오늘은 LED가 어떻게 우리의 삶을 더 나은 방향으로 만드는 지에 대해 이야기해 볼 거예요. 첫 번째, LED의 장점 중 하나는 긴 수명입니다. LED 전구는 램프에 쓰이고 배터리를 바꾸기 전에 17년 동안 지속됩니다. 둘째, LED는 아주 적은 전력을 씁니다. 예를 들어, 백라이트로 LED를 사용하는 TV는 많은 에너지를 절약합니다. 다음으로 LED는 전통적인 전구보다 훨씬 밝습니다. 그래서, 안개가 낀 상황에서 신호등이 훨씬 잘 보이게 합니다. 마지막으로, 작은 사이즈 덕분에 LED는 다양한 작은 장치에 쓰일 수 있어요. 컴퓨터 키보드에서 볼 수 있는 모든 빛은 LED 빛입니다. 이제, LED를 사용하는 다른 제품에 대해서 생각해 봅시다.

DAY 290

1 경쟁자와의 상호 의존 관계도 매우 같은 방식으로 작동한다.
2 이 상록수는 종종 수천 년 동안 산다.
3 그들은 그저 머리를 책상에 대고 잤다.
4 그러므로 이러한 기준들은 공간과 시간에 따라 다르다.
5 환경의 질에 대한 단일한 측정 기준은 없다.
6 모든 종류의 무시무시한 일들이 오늘 혹은 내일 발생할 수 있다.
7 그들은 아주 천천히 자라서 높이가 15에서 40피트까지 달한다.
8 그러나 저 밖에는 한정된 공급량의 자원이 있는 것이 아니다.
9 24시간 수리점과 24시간 쇼핑이 있다.
10 이 행사는 고3 9월 10일부터 16일까지 일주일간 열립니다.

DAY 291

1 이것은 정상적인 부모의 본능이고, 적절한 행동이다.
2 가능성은 무한하므로 끊임없이 식단을 다양화할 수 있다.
3 그래서 비용은 비교적 저렴하고 이익은 비교적 높아진다.
4 화학적인 관점에서, 마그마는 극도로 복잡한 체계이다.
5 그의 마지막 영화는 George Orwell의 유명한 소설 〈1984〉을 각색한 작품이었다.
6 그 프로는 브로드웨이 역사상 가장 오래 공연된 1인 진행 프로로 남아 있다.
7 먹는 것은 원초적인 과학, 환경에 대한 원초적인 연구였다.
8 여러분의 조류 관찰 경험은 여러분 삶의 일부, 여러분 자신의 일부가 된다.
9 생물학(적 기질)은 운명이 아니므로 유전자 발현은 반드시 불가피한 것은 아니다.
10 그녀의 손은 매우 주름지고, 아주 많이 멍들어 있었다.

DAY 292

1 그는 면접 보던 때의 자신의 강한 신념을 떠올렸다.
2 이것은 언어의 사용에 있어 특별한 전환을 요구한다.
3 크기가 증가하는 것은 여러모로 집단의 생명에 영향을 끼친다.
4 한쪽 극단에서는 표가 어느 정도까지는 똑같은 영향력을 가진다.
5 애완동물이 사람들의 사회적 정체성을 더 좋은 쪽으로 변화시켰다.
6 오늘날 최고 부유층 1퍼센트가 세계부의 절반을 소유하고 있다.
7 그는 미래에 대해 건강하고 긍정적인 전망을 갖게 되었다.
8 그 학생은 단지 정보를 운반 가능한 형태로 소유할 뿐이다.
9 로마는 많은 분야에서 다양한 방식으로 오래 지속되는 유산을 남겼다.
10 진정한 이해는 불가피하게 상황에 대한 지식을 요구한다.

DAY 293

1 구강 지식은 우리에게 우리 몸의 경계를 가르쳐 주었다.
2 그러나 글을 씀으로써 종이에 적힌 우리의 마음을 누군가에게 전해줄 수 있다.
3 그녀는 또한 Betty에게 두 달 분의 급여를 해직 수당으로 주었다.
4 열전도에 대한 그의 수학적 이론은 그가 지속적인 명성을 얻게 해 주었다.
5 할아버지는 내게 소박하게 사는 것이 스스로 궁핍해지는 것은 아니라는 것을 가르쳐 주었다.
6 그녀의 미소는 숨이 멎을 만큼 놀라웠고 그 대학생에게 삶에 대한 완전히 새로운 의미를 주었다.
7 당신은 그녀에게 소리침으로써 혹은 전혀 말하지 않음으로써 당신이 화가 났음을 누군가에게 보여줄 수 있다.
8 저는 그것이 그에게 완벽한 생일을 제공해줄 것이라고 확신합니다.
9 병원의 영양사는 그에게 더 좋은 식습관을 가르쳐주었고, 그는 불필요한 살을 뺐다.
10 불안감을 줄여줄 방법을 찾다가 연구자들은 일부 참가자들에게 벗어날 수단을 제공했다.

DAY 294

1 Mary는 내 손을 잡고 그녀를 따라가도록 했다.
2 우리는 여러분이 이것을 활용하시기를 권장합니다.
3 그 때문에 온도계가 공기보다 더 뜨거워진다.
4 이사는 젊은이에게 그의 손을 보여 달라고 요청했다.
5 나는 속도를 줄이고 그녀가 내 앞에 들어오게 해주었다.
6 우리가 소중한 직원을 지키게 해주십시오.
7 그때 나는 뭔가가 물속에서 나를 향해 다가오고 있는 것을 보았다.
8 우리는 이러한 관점이 철저하게 오도된 것으로 믿는다.
9 그는 Faraday에게 조수로서 그와 동행하자고 요청했다.
10 그 결과, 그것은 우리가 잘못된 도구를 사용하는 원인이 될 수 있다.

DAY 295

1 저희는 이 정보가 귀하의 기부를 더 용이하게 하기를 바랍니다.
2 수송 덕분에 우리는 이 모든 활동을 수행할 수 있다.
3 한 자비로운 여인은 그가 지역의 군사학교에 다니는 것을 도와주었다.
4 그들은 겹겹의 다양한 바위에서 폭포가 쏟아져 나오는 것을 발견했다.
5 사람들을 이해하는 것을 재미있는 게임, 즉 퍼즐을 푸는 것으로 만들어라.
6 힘들게 일어서려고 하다가 그는 무엇인가가 자신의 가방에서 떨어지는 것을 보았다.
7 조금만 움직여도 그 치명적인 뱀의 공격을 받을 수 있다는 것을 알았다.
8 그날 저녁, 젊은이는 어머니에게 자신이 그녀의 손을 씻게 해달라고 부탁했다.
9 유감스럽게도, 산림 벌채는 토양이 거친 날씨에 노출되게 했다.
10 그래서 그녀는 인사과에 Amy를 대체할 사람을 찾아보라고 말했다.

DAY 296

1 지난 삼 년간 Angela는 한 회사의 법률 분석가로 일했었다.
2 그들은 이미 아들 한 명을 잃었고, 그리고 지금 다른 아들이 그의 다리를 잃게 될 지경이었다.
3 여러분이 이 문장을 읽을 때에도 위성들은 많은 양의 사진을 모으고 있다.
4 청중의 부재는 모든 유형과 전통의 연주자들에게 영향을 미쳤다.
5 정부와 원자력 산업은 수용될 수 있는 해결책을 찾으려고 노력해 왔다.
6 당신은 장난감 가게에서 손에 상품권을 쥐고 있는 아이들을 본 적이 있는가?
7 안락감, 만족감 그리고 충족감이 행복의 특효약이었던 적은 한 번도 없었다.
8 많은 국가에서 토양의 손실은 땅의 생산성을 감소시키고 있다.
9 Adrian은 무모하게 물가에 너무 가까이 갔다가 가까스로 벗어난 적이 몇 번 있었다.
10 그 이사는 "어머니가 세탁하는 것을 전에 도와드린 적이 있나요?"라고 물었다.

DAY 297

1 저자들이 오후 2시부터 오후 4시까지 2층 대강당에서 연설을 할 것입니다.

2 그녀는 몸을 돌렸고 그녀가 단지 잠깐 만났던 그녀의 시어머니의 친구인 어떤 여자를 보게 되었다.
3 아기들은 그저 행동을 모방하는 것이 아니라 오히려 의도된 목적을 반복하였다.
4 사실은 저장의 경제적인 측면이 잊어버리기를 너무 값비싸게 만들어 버렸다는 것이다.
5 이것은 또한 어린이들에게 있어 사회화에 대한 이민자 관행에도 크게 영향을 미쳤다.
6 그녀는 오래 전에 더 큰 사이즈의 구이용 팬들을 샀으며, 그 후로는 한쪽 끝을 자르지 않았다.
7 사실 여러분들은 여전히 의사의 진료를 받게 될 테지만, 그 관계가 근본적으로 바뀔 것이다.
8 인터넷 사업가들은 구직 상품을 만들고 정기적으로 그것들을 온라인으로 가져온다.
9 멀리 일렬로 솟아 있는 산과 집처럼 보이는 것이 안개를 뚫고 점차 모습을 드러냈다.
10 저녁 식사 후에 그는 불을 피우고 자신이 차고에 쌓아 둔 나무를 가지러 폭풍을 무릅쓰고 밖으로 나갔다.

DAY 298

1 영화 산업은 분명히 개인적인 추천의 영향을 받는다.
2 다시 물가로 가려고 물을 저어댔지만 내 팔과 다리는 마비되어 있었다.
3 많은 수의 '젊은이 친화적인' 정신 건강 웹 사이트들이 개발되어 왔다.
4 그는 화가보다는 건축가로서 더 성공을 거두었다고 여겨졌다.
5 심지어 폭력이 매력적으로 표현되어 있더라도 혐오감을 느끼는 사람도 있을 수 있다.
6 기본 요소인 데이터는 매일 다른 입력 출처에서 수집된다.
7 대부분의 유럽의 역사에서 예술가는 주로 장인으로 여겨졌다.
8 Jacqueline Cochran은 Florida 주의 가난한 도시에서 위탁 부모 밑에서 자랐다.
9 마찬가지로 참가자들은 글자 'V'를 'B'로 56번 기억해 냈지만, 'X'로는 5번만 기억해 냈다.
10 주로 이것은 금전적 결과물의 부여를 통해 이루어진다.

DAY 299

1 그래서 일부 문화적인 변화는 전체 인구에 의해 상당히 빠르게 채택될 수 있다.
2 그는 North Carolina 주의 가난한 시골 군에 있는 작은 학교에 배정받았다.
3 어떤 경우에는, 수행이 저하되어 심지어 수행 결과가 아예 없는 지경에까지 이른다.
4 똑같은 결과가 Randall Lockwood가 시행한 또 다른 연구에서 관찰되었다.
5 따라서 자연의 세계는 인간의 사회적 관계 측면에서 개념화된다.
6 1972년의 한 고전적인 실험에서, 참가자들은 두 집단으로 나뉘었다.
7 그들의 글은 대개 다른 사람들의 생각과 견해의 맥락 속에 끼워 넣어진다.
8 이 장애를 초래하는 신경학적 증상은 나중에 Minamata병으로 불렸다.
9 이런 파괴는 빠르게 성장하는 매트 제조 산업의 필요에 의해 추진되었다.
10 갑자기, 밝은 색을 띠고 함께 있기를 선호하는 새끼 메뚜기들이 태어난다.

DAY 300

1 반지는 또한 개인적인 관심, 취향 그리고 하위문화를 나타낼 수도 있다.
2 내가 12살이나 13살 때였다고 생각되니 틀림없이 1975이나 1976이었을 것이다.
3 에세이는 1,500에서 2,000 단어 사이여야만 함.
4 여러분이 그것을 아주 강하게 느낄 수 있기 때문에, 여러분이 어쨌든 그것을 야기했음이 틀림없다.
5 당신은 진정으로 이 개념을 소유하고, 당신의 일상생활에 그것을 짜 넣어야 한다.
6 도시 계획자들은 한 달에 한 번 혹은 1년에 한 번씩 찍는 해상도의 사진을 필요로 할 것이다.
7 이 현대 세계에서, 사람들은 불편하게 사는 것에 익숙하지 않다.
8 그런 유형의 참여가 있으면, 공화국은 생존하고 번영할 것이다.
9 여러분은 자신이 듣는 모든 것에 동의하지 않을지도 모르지만, 적어도 여러분은 경청했다.
10 귀하의 기부로 우리는 전 세계의 손상되기 쉬운 산호초를 보호할 수 있습니다.

DAY 301

1 밴드 선생님은 Jessica가 색소폰을 한 번 해보도록 허락하는 것에 동의하였다.
2 여러분의 자녀가 결정을 내리는 연습을 하도록 하는 것은 도움이 된다.
3 설상가상으로 1930년에 면화 값이 떨어졌다.
4 더욱 중요한 것은 내가 다시 인생을 향유하고 즐기는 법을 배웠다는 것이다.
5 그러고 나서 그녀는 계속해서 도와 달라고 울부짖으며 밖으로 나가려고 몸부림쳤다.
6 그래서 신속히 회복하는 능력이 아주 중요하다.
7 그들은 어떤 과제가 얼마나 걸릴지를 추정할 수 있는 능력이 없다.
8 Ellen Langer는 어머니에게서 구이 요리를 조리하는 방법을 배웠다.
9 'Fine'은 만족이나 실망을 표현하는 데 사용될 수 있다.
10 그는 대양의 강력한 파도를 존중하는 법을 빨리 배웠다.

DAY 302

1 그녀는 친구 사귀기를 시작하러 빨리 해변으로 가고 싶어 견딜 수가 없었다.

2 그는 또한 자신의 고객에게 크림으로 모양을 만드는 법을 가르쳐 주었다.
3 때때로 최상의 결정은 그냥 포기하고 다음으로 넘어가는 것입니다.
4 Carol은 문을 열었고 그녀의 현관에서 이전의 그 낯선 사람을 발견했다.
5 대부분의 경우에 언론 매체는 이 중대한 역할을 수행하지 못한다.
6 사람들은 기다리는 방법이나 혹은 심지어 기다림이 무슨 의미인지조차도 더 이상 알지 못한다.
7 인간의 뇌는 그것이 있는 곳, 안락 영역 안에 머물기를 원한다.
8 나는 아버지께서 벌의 엄격함의 정도를 계산하기를 기다렸다.
9 나는 이 미지의 땅에서 성공을 찾고자 하는 많은 대단한 계획들로 가득했다.
10 더욱이, 돈을 벌고자 하는 욕구는 우리에게 도전 정신을 심어주고 영감을 줄 수 있다.

DAY 303
1 우리는 어쨌든 다른 사람들을 보살피고 관심을 가지라는 말을 자주 듣는다.
2 그녀는 수업 중 자기가 형편없이 한 것에 대해 생각하지 않으려고 애를 썼다.
3 자본주의는 수요의 질을 높임으로써 구해질 필요가 있다.
4 모든 것이 더 잘 작동하게끔 만들기 위해 여러분은 더 창의력을 발휘해야만 했다.
5 해외 여행하기는 미국 학생들의 두 번째 큰 동기였다.
6 과학자들은 그들의 실험에서 편견을 줄이도록 조심해야 한다.
7 내 아들과 나에게 그 일은 새해를 시작하는 멋진 선물이었다.
8 예를 들어, 한 판매원의 목표는 수익성 있게 판매를 끝내는 것이다.
9 분명히 치사 유전자는 유전자 공급원에서 제거되는 경향이 있을 것이다.
10 그 약속은 무엇인가를 하거나, 또는 무엇인가를 하지 말라고 하는 것일 수 있다.

DAY 304
1 Faraday는 그 여행을 가기 전에 그의 일을 그만두어야만 했었다.
2 그러므로 배가 부르다는 것과 충분히 만족감을 느낀다는 것은 별개의 문제다.
3 나는 내 자신의 감정과 내면의 지혜에 귀를 기울이기 시작했다.
4 붙잡는 것은 손가락이 물체를 안전하게 잡는 것을 필요로 한다.
5 당신은 무언가를 말함으로써 혹은 아무 말도 하지 않음으로써 친절할 수 있다.
6 그들은 다중 작업을 하려고 하는 대신에 단일한 과제에 초점을 맞춘다.
7 치료하기 위해 식품을 사용하는 것의 증거는 수천 년을 거슬러 올라간다.
8 충분한 잠을 자는 것이 남성과 여성 모두의 목록에서 1위를 했다.
9 행함으로써 배우는 이런 학습은 많은 과학 교과에서 필수적이다.
10 닭고기 수프를 아주 큰 솥에 담아 요리용 난로 위에 올려놓고 요리하는 것을 상상해보라.

DAY 305
1 비결은 일을 멈추고 날을 날카롭게 갈아야 할 때를 아는 데 있다.
2 제 아내와 저는 귀사의 간행물을 수년간 즐겁게 받아보고 있습니다.
3 사람들이 어떻게 농담에 영향을 받는지를 알아내는 것은 대체로 어렵다.
4 카메라 렌즈를 통해 바라보는 것은 그를 현장에서 분리되도록 만들어 버렸다.
5 우리의 감각은 잠재적인 위험을 감지하는 데 맞게 되어 있지 않다.
6 나는 결국 본질적으로 그저 우연이었던 것으로부터 의도를 추론한 것이다.
7 그림을 손본 뒤 화가는 두 번째 시연을 마련했다.
8 하지만, 우리들 자신을 두려움의 벽으로 둘러싸는 것이 해답은 아니다.
9 가축을 지나치게 방목한 결과 토질 악화가 더 심화되었다.
10 우리는 빛이 항상 일직선으로 나아가는 것으로 생각하는 데 익숙하다.

DAY 306
1 그 사람만이 그러한 깊은 절망감을 역사의 종말로 설명한 것은 아니었다.
2 어떤 예술 작품을 누가 썼는지, 혹은 창작했는지 알지 못하는 것은 흔히 심하게 좌절감을 준다.
3 그들은 또한 민속춤과 불 속 걷기 공연을 함으로써 추가적인 소득을 얻고 있다.
4 따라서 대성공에서 중요한 요인은 최악의 상태에서 회복하는 것이다.
5 그 아이는 배 타는 것을 좋아하지 않았고, 생선 냄새는 그에게 구역질을 일으켰다.
6 예를 들어, 어떤 사람은 다른 사람을 돕는 것으로부터 내적 만족감을 얻을 수 있다.
7 흥미롭게도, 다른 누군가가 지켜보고 있다는 것은 수행에 2가지 매우 상이한 영향을 미친다.
8 그들을 거부하거나 변화시키려는 것 대신 그들이 여러분에게 주는 것을 가지고 일해라.
9 이것이 잘 알려진 인물과 우월한 사람에 대해 뒷공론을 하는 주요 동기이다.
10 인터넷에 발표된 소문들은 이제 즉시 사실이 되는 수가 있다.

DAY 307

1 Steve는 여전히 그의 눈에서 실망감이 불타고 있는 것을 볼 수 있었다.
2 그들은 자신들이 보는 것의 의미를 이해하는 것으로 만족해한다.
3 대표적인 실험은 최후통첩 게임이라고 불리는 과업을 이용한다.
4 빛을 내는 것은 달과 별뿐이었다.
5 손전등을 들고 있는 그 형체는 조용히 계속해서 위로 올라오고 있었다.
6 몇몇은 행인들 사이를 경주용 자동차처럼 걸어가면서 흥분한 듯이 보였다.
7 그 지역에 서식하는 독특한 동물 중 하나는 Kermode 곰이다.
8 Linda는 그 당시 매우 우울했었는데 더욱 우울해졌다.
9 게다가, 그 집단들은 두 명 내지 세 명으로 이루어진 집단에서 발견되는 취약함과 긴장 상태로 괴로워하지 않는다.
10 Richard Warren이라는 이름의 한 심리학자는 이를 특별히 잘 입증했다.

DAY 308

1 그는 무겁게 숨을 내쉬었고 두려움의 식은땀이 그의 등을 타고 내려오는 것을 느꼈다.
2 그것은 British Columbia의 공식 포유류로 알려져 있는 희귀종 곰이다.
3 그들은 수백만 년 동안 우리에게 주입되어 온 즉흥적인 직감을 무시한다.
4 놀라고 실망한 캐나다인이 무엇이 잘못된 것인지 이해하려고 했다.
5 Richard는 파란 셔츠를 입고 있는 웨이터를 불러서 그에게 거품 크림을 요청했다.
6 남태평양의 Caroline 제도에는 Yap(혹은 Uap)이라는 이름의 섬이 있다.
7 Peter Anderson은 마침내 자신의 아파트 현관문을 열었을 때 지쳐 있었다.
8 1992년 1월 10일, 거친 바다를 항해하던 배 한 척이 12개의 화물 컨테이너를 잃었는데, 그 중 하나는 28,800개의 물에 뜨는 욕실 장난감을 담고 있었다.
9 이런 옷들은 동시에 2가지의 열처리 과정이 일어나고 있기 때문에 효과적이다.
10 현장의 경험은 이런 순간에 촉발되는 흥분을 중요시하도록 나에게 가르쳐 주었다.

DAY 309

1 연구원들이 기술적인 문제를 해결하려고 애쓰는 두 개의 휴대 전화 회사를 연구했다.
2 환경 과학 특유의 한 가지 난제는 주관성에 의해 제기되는 딜레마에 있다.
3 부시먼족으로도 알려진 !Kung San족은 남부 아프리카에 있는 칼라하리 사막에 살고 있다.
4 냉동고에서 꺼내 탁자 위에 올려놓은 각얼음은 흐르지 않고, 그냥 거기에 있으며 녹는다.
5 세포, 유기체, 사회집단, 그리고 문화에 의해 제공되는 맥락이 없으면, DNA는 비활성이다.
6 위 표들은 2014년과 2015년에 뉴질랜드에서 연구에 사용된 동물에 대한 통계를 보여준다.
7 그들은 매일 수십 마일을 걷고 점심은 이동하면서 먹는 일련의 데워 먹지 않는 간식으로 이루어진다.
8 부정확하게 표현된 개념은 단순한 사실보다 청자나 독자에게 더 지적으로 자극적일 수도 있다.
9 2015년에 연구에 사용된 동물의 총계는 2014에 사용된 동물의 총계보다 적었다.
10 그렇지만 이런 식으로 얻은 정보의 정확성을 검사하는 것은 간단한 문제가 아니다.

DAY 310

1 Amy는 교실에서 자기 옆에 있는 창의 바깥쪽을 응시하고 있었다.
2 그러고 나서 그는 자신의 베개 아래로 손을 뻗어, 몇 장의 지폐를 더 끄집어냈다.
3 올바르게 행해지면 상호 의존 관계는 펌프를 (작동하도록) 준비시키는 것과 같다.
4 그의 설명을 따라 Richard는 크림으로 꽃을 만들었다.
5 Apgar는 새로운 것을 시도하고자 마취학에 그녀의 노력을 집중했다.
6 되돌아보면 일단 그들이 정답을 알면 해답은 명확해 보인다.
7 녀석이 더 빠르게 걷기 시작하자 Marvin은 녀석의 속도에 맞추기 위해 뛰어야 했다.
8 좌절감을 느끼면서 그녀는 경주를 포기하는 것에 대해 생각하기 시작했다.
9 환호하는 친구들에게 둘러싸여 그녀는 기쁨으로 가득 찬 승리를 즐겼다.
10 그 유약함을 보고 잔인한 Travis는 사냥감 주변을 빙빙 돌기 시작했다.

DAY 311

1 조심스럽게 난간을 붙잡으며 그는 어둠 속으로 내려가기 시작했다.
2 군체 형성은 느린 과정이며 수 또는 심지어는 수십 년에 걸쳐 진행된다.
3 Steve를 보면서 Dave는 그날 늦게 그에게 사과를 해야 할 필요를 느꼈다.
4 그 여자가 심폐소생술을 실시하고 있는 동안 나는 즉시 가까운 병원에 알렸다.
5 프랑스에 돌아왔을 때 Fourier는 열전도에 대한 그의 연구를 시작했다.
6 Timothy는 무엇을 해야 할지 몰라 그것들이 싸우는 것을 단지 바라만 보며 꼼짝 않고 있었다.
7 충분한 어휘가 주어지면 빈 공간을 하나씩 채울 수 있다.
8 남자는 그 소년이 이미 돈을 가지고 있는 것을 보자 또

다시 화가 나기 시작했다.
9 그는 위에 덮인 부드러운 흰 눈을 털어내고 땔감을 모은 후 그것들을 집안으로 가지고 왔다.
10 개인들은 두 개의 형용사 목록에 근거하여 두 사람을 평가하라고 요청받았다.

DAY 312
1 초창기 무성 영화기를 시발점으로 연극은 자주 영화로 '전환'되었다.
2 개인과 팀들은 서로 경쟁하며, 정보 공유를 중지했다.
3 Bob이 통역사의 역할을 하는 가운데, Paul은 300페소를 제안했고 그의 상대는 450페소를 제안했다.
4 나는 금발의 곱슬머리가 내 턱을 간질이는 것을 느끼면서 아기의 머리카락의 깨끗한 냄새를 들이마셨다.
5 아침 7시에 잠에서 깨어 나와 누이동생들은 아래층의 난로 쪽으로 줄달음을 쳤다.
6 결과적으로 그들은 자신들의 공유지를 다 소모하고 자신들에게 식량을 거의 남기지 않게 된다.
7 이것은 근본적인 권력 이동을 촉발해 개인을 무대 중심에 놓게 될 것이다.
8 우리 지역의 중고 매장들을 찾아보다가, 나의 엄마는 마침내 중고 재봉틀을 발견했다.
9 Jean이 빈둥거리는 것에 대해 걱정이 되어 Ms. Baker는 자신의 교수 방법을 바꾸기로 결심했다.
10 친구들 사이에서 말을 할 때, 당신은 "Luce가 세계 최고의 식당이야."라고 말할지도 모른다.

DAY 313
1 음식은 여러분이 야외 활동을 얼마만큼 즐기는가에 많은 역할을 한다.
2 문제는 그녀가 법률에 대해 많은 열정을 가지고 있지 않았다는 것이었다.
3 나는 그것이 크리스마스 선물로 조랑말을 받게 될 것을 의미한다고 믿었다.
4 Julia는 그녀에게 자신이 하고 싶은 어떤 재미있는 일이 있는지를 물었다.
5 당신은 모든 사람이 모든 것을 가질 수 있는 방법은 없다고 믿는다.
6 승자와 패자 사이의 한 가지 차이는 그들이 패배를 어떻게 다루느냐이다.
7 그것은 곧 한 개의 구멍이 집이란 것을 알았고, 그것은 안으로 돌진했다.
8 그녀는 창에 비친 자신의 침울한 얼굴이 자신의 실수를 어떻게 비추고 있는지 생각해 보았다.
9 이것으로부터 우리는 건강이 통제와 곧장 연결되어 있지 않다는 것을 알 수 있다.
10 내가 안달하면서 앉아 있을 때 나는 내 자신이 참으로 어리석게 굴고 있다는 사실을 깨달았다.

DAY 314
1 그림 A와 B는 이슬점 습도계로 이슬점이 어떻게 측정되는지를 보여준다.
2 그는 지금 크림을 얹는 것이 좋을지, 그녀가 도착할 때까지 기다리는 것이 좋을지 궁금했다.
3 그 상황의 현실은 중요한 어떤 것도 아직 성취되지 않았다는 것이다.
4 따라서 사람들은 인류 평등주의의 과정이 계속 이어지고, 심지어 가속될 것으로 기대했다.
5 그들은 이 시간을 Glenn에게 그가 언젠가 다시 걸을 것이라는 믿음을 불어넣는 데 사용했다.
6 그리고 바다에서, 만일 여러분이 시각을 알 수 없다면, 여러분은 얼마나 동쪽으로 멀리, 혹은 서쪽으로 멀리 있는지를 알지 못한다.
7 그들은 컬러 사진이 흑백 사진보다 더 '진짜 같다'고 역설한다.
8 발달 생물학자들은 이제 그것이 진정 둘 다, 즉 양육을 '통한' 천성이라는 것을 안다.
9 하지만 문제는 많은 조직이 정보와 지식이 부족하다는 것이다.
10 1890년대에 파리의 몇몇 판매자들은 냉장이 그들의 농산물을 상하게 할 것이라고 생각했다.

DAY 315
1 그 어느 특정한 날에도 우리는 모든 제품에 명확한 가격표가 붙어 있다는 것을 안다.
2 그녀는 그러면 나중에 후회하리라는 것을 알았지만 자신이 할 수 있는 일이라곤 아무것도 없는 것 같았다.
3 문제의 핵심은 사람들이 자기 자신의 적응력을 예상하지 못한다는 것이다.
4 이제는 직원이 얼마나 잘 집중할 수 있는지가 그 사람이 얼마나 지식이 있는지보다 더 중요하다.
5 다시 말하자면 한 공동체의 운명은 그 공동체가 얼마나 잘 그 구성원들을 기르는지에 달려있다.
6 Ms. Baker는 자신의 새로운 교수 방법이 성공적이었음을 Jean의 향상에 의해 확신하게 되었다.
7 제 추산으로는 우리 학교의 학생과 교사 50명이 그 프로그램에 참여하고 싶어 합니다.
8 예술가는 전달하려는 특별한 메시지를 가지고 있다는 생각은 단지 몇백 년 밖에 안 된 것이다.
9 그는 흑인과 백인의 혈액 사이에 과학적 차이가 없음을 주장했다.
10 단점은 추가적인 방목은 목초지 악화의 원인이 된다는 것이다.

DAY 316
1 만약 우리가 우리의 안락 영역 안에 머무른다면, 우리는 생존하기 위해 고군분투할 필요가 없다.
2 그 2가지 의미는 너무 관련이 없어서 그것(그 2가지 의미)을 혼동하는 사람은 아무도 없을 것이다.
3 전달된 빛이 그 이슬방울들과 부딪치면 그것은 분산된다.
4 도보 여행을 하는 사람들은 구조자가 자신들에게 쉽게 접근할 수 있다고 생각할 때 더 위험을 무릅쓴다.

5 Jeremy는 너무 스트레스를 받아서 그의 교실에 들어가는 것을 두려워하기까지 했다.
6 당신도 잘 아시다시피 지난주에 우리 도시에 커다란 비극적인 일이 일어났습니다.
7 낮은 성취를 보여주는 사람들은 보통 만장일치로 투표를 했고 공개적인 토론은 거의 가지지 않았다.
8 일단 하나의 신념과 그것과 연관된 이야기를 찾아내면, 우리는 더 이상의 처리 과정이 필요하지 않다.
9 나는 물에 떠 있는 것처럼 보이는 아름답게 뻗어있는 해안선을 보았다.
10 한 물체에서 나오는 빛이 사람과 부딪칠 때 그것 중 오로지 일부만이 되튀게 된다.

DAY 317
1 비록 때때로 그것이 불편하게 느껴질지라도, 계속 관계에 공을 들이라.
2 비록 이제는 거의 사용되지 않지만 이런 민감성이 오늘날에도 여전히 존재한다.
3 만일 우리가 시간을 더 잘 관리한 결과로서 더 많은 일을 하게 되면, 우리는 단지 더 바빠지게 됩니다.
4 일단 그들이 싸개를 밀봉하면, 그들은 그것 안에 무엇이 있는지 더 이상 볼 수 없었다.
5 다른 사람이 실패할 때, 당신은 당신이 성공할 더 좋은 기회가 있다고 생각한다.
6 과학적 진실은 집단의 산물이 아닌 한 설 자리가 거의 없다.
7 아마 당신이 그 두 집단에서 다른 정도의 비판적인 면밀한 검토를 기대했기 때문일 것이다.
8 부동산 가격이 오르면서, 많은 이웃들이 자신들의 집과 땅을 팔아버렸다.
9 이 경우, 정보가 (신호를 받는 동물에게) 전해졌지만 아주 완전히 잘못된 것이다.
10 전문적인 수영 선수들은 그들이 엄청나게 훈련하여 완벽한 몸을 가진 것이 아니다.

DAY 318
1 여러분이 애착을 가지고 있는 것을 따른다면, 여러분은 글을 잘 쓸 것이고 여러분의 글을 읽는 독자의 관심을 사로잡을 것이다.
2 만약 직장 동료에게 개인적인 문제가 있으면, 그 사람은 Amy가 (그 문제의) 밝은 면을 발견할 것임을 알고 있다.
3 이는 뜨거운 어느 날 여러분이 길게 뻗은 고속도로에서 신기루를 볼 때 분명하다.
4 눈은 표면에서 보지만, 귀는 표면 아래로 침투하는 경향이 있다.
5 "Marie Curie의 전기(傳記)요." Rob은 컴퓨터 자판을 치며 멍하니 말했다.
6 그러나 인플레이션이 8%까지 되면, 물가는 9년마다 대략 두 배가 된다.
7 Eliot이 마침내 직장을 정말로 그만두었을 때, 그는 여전히 독립하지 않았다.
8 수로를 따라 우거진 맹그로브 숲의 시원한 그늘로 들어가자 그 광경은 나를 전율하게 했다.
9 하지만 만약 그 가려움이 사라지지 않는다면, 긁는 것을 멈추고 약을 복용하라.
10 더 많은 의료 공급자들이 시장에 들어옴에 따라, 그들 사이의 경쟁이 증가했다.

DAY 319
1 텔레비전에서 시간이 압축되는 방식은 상호작용의 타이밍과는 다르다.
2 그것들(생물학적인 단서)이 발견되는 정도는 동물마다 다르고 행동마다 다르다.
3 중재는 옹호와 많은 공통점이 있는 과정이지만, 중요한 부분에 있어서는 다르기도 하다.
4 흥미롭게도 그가 'Satyr'를 그린 정원은 적의 막사 한가운데에 있었다.
5 건강에 좋은 음식을 먹는 것이 여성에게 두 번째로 가장 흔한 조치였는데, 그것은 남성에게도 마찬가지였다.
6 그 다음에는, Los Angeles에서 소외계층 아이들을 가르치게 되는 직업상의 변화가 있었다.
7 에너지는 반드시 이전부터 존재하는 극성에 달려 있는데, 그것 없이는 에너지도 없을 것이다.
8 그는 우리 집 문을 보자 그냥 지나쳐 갔는데, 그 때문에 나는 홍수 같은 눈물을 쏟았다.
9 그들 각자가 기억하게 될 것은 선택적이고 그들 가족의 구성 개념 체계에 의해 채색된다.
10 지식에는 구체적인 사회적 또는 도덕적 적용을 좌우하는 내재적인 것은 없다.

DAY 320
1 '!Kung'이라는 이름에 있는 '!K'는 병에서 코르크를 뽑을 때 나는 소리와 비슷하다.
2 귀하의 기부는 도서를 살 여유가 없을지도 모르는 우리 지역 사회의 어린이를 지원하는 데 도움이 될 것입니다.
3 방문 팀의 라커룸은 청록색으로 칠해졌는데, 이것이 팀원들을 차분하게 하는 효과를 나타냈다.
4 가장 정상적이고 유능한 아이라 하더라도 살면서 극복할 수 없는 문제들처럼 보이는 것을 만난다.
5 적극적인 권리는 특정한 혜택을 받는 데 있어 인간이 갖는 매우 중요한 이익을 반영한다.
6 Weir가 모두의 구미를 맞추려 하지 않았기 때문에 그는 자신의 핵심 독자층을 즐겁게 해 준 무언가를 썼다.
7 변화에 성공하기 위해서, 저항과 저항하는 사람들은 다르게 여겨져야 한다.
8 이러한 경향은 공동으로 소유된 토지의 분할을 장려하는 정부 정책에 의해 시작되었다.
9 게임을 하는 동안 보호 장구를 착용한 어린이들은 더 많은 신체적인 위험을 무릅쓰는 경향이 있다.
10 미루기 쉬운 자아 성찰적 반성은 풍경의 흐름에 따라 촉진된다.

DAY 321

1 이 자료는 제조업자에게 온라인으로 전송되는데, 제조업자의 제조 기술이 몸에 꼭 들어맞게 해준다.

2 물은 칼로리가 없지만 위장에서 공간을 차지하여 그것이 포만감을 만든다.

3 이론상, 정신적으로 시간의 지속 시간을 늘리는 사람은 더 느린 템포를 경험할 것이다.

4 올해의 승자 진출전 이전에는 아무도 알아보지 못했던 Andrew가 결승전에 진출하게 되었다.

5 귀를 통해서 우리는 우리 주변에 있는 모든 것의 근저에 있는 진동에 접근하게 된다.

6 이것은 현재 우리가 사는 방식 때문에 잊게 된 유대감 형성 요인 중의 하나이다.

7 소비자는 지역 농민으로부터 농산물 그리고 다른 상품을 구매하고, 지역 농민은 지역 업체에서 농업 자재를 구매한다.

8 우리 중에서 물질 중심적이지 않다고 주장하는 사람들조차도 특정한 옷에 대한 애착을 형성하지 않을 수 없게 된다.

9 탐색되어 온 한 가지 방안은 활성 성분을 제거하기 위해 사용된 연료를 재처리하는 것이다.

10 며칠 후에 물고기를 어항에 다시 풀어놓는데 그것은 그때쯤에는 이전과는 매우 다르게 보인다.

DAY 322

1 그렇기 때문에 사람들이 표준 시간대를 가로 질러 여행을 할 때에 시차로 인한 피로감을 경험하게 된다.

2 염가 쇼핑은 사람들이 쇼핑을 하는 중요한 이유 중 하나이다.

3 대화가 시작되는 방식은 대화가 어디로 흘러갈지에 대한 주요 결정 요인일 수 있다.

4 그것들은 우리가 결정을 내려야 하는 상황에서는 그야말로 거의 아무런 지침도 제공하지 못한다.

5 이 사람들이 바다에 휩쓸려 들어간 곳에는 콘크리트로 만든 십자가가 표시되어 있었다.

6 그러나 밀은 해변에서 그들에게 제공되었고, 거기에서 밀은 금방 모래와 섞이게 되었다.

7 성장은 항상 가장자리, 곧 현재 여러분이 처한 곳의 한계 바로 바깥에 있다.

8 그날 밤, 그 조언자는 Jeremy가 가족과 행복하게 살고 있는 작은 오두막을 방문했다.

9 그래서 한 저명한 학자가 다음과 같이 말했다. "진행되는 도중에는 무엇이든 잘못된 것처럼 보일 수 있다."

10 당신은 세상을 모든 사람이 다른 모든 사람과 경쟁하는 하나의 큰 경기로 여긴다.

DAY 323

1 그때 그는 교실 안에서 긍정적인 태도를 기르는 것에 더 집중하기로 마음을 먹었다.

2 논거에 대한 결론의 우위는 감정이 결부되는 곳에서 가장 두드러진다.

3 영국에서 농업이 실행되는 방식에서의 중대한 변화를 우리는 현재 보고 있다.

4 먹잇감이 되는 동물들이 먹이를 찾는 그룹을 형성하는 이유가 있는데, 그것은 증가된 경계이다.

5 오히려, 행복은 우리가 가장 상처받기 쉽거나 혼자이거나 고통을 겪는 그런 순간에 자주 발견된다.

6 그곳은 개선하고 혁신하며 실험하고 성장할 수 있는 기회가 있는 장소이다.

7 그 결과, 대부분의 사용된 연료는 그것이 생산되었던 핵발전소에 저장되어 왔다.

8 확증 편향은 정신이 모순된 사실에 직면하는 것을 조직적으로 회피하는 방식을 설명하는 용어이다.

9 그것은 3년 전에 Anderson이 처음으로 교장 선생님을 만났던 세미나실에서 열렸다.

10 1897년에 Maeterlinck는 파리로 갔고, 그곳에서 당대의 많은 주요 상징주의 작가들을 만났다.

DAY 324

1 그리고 열일곱 살 때, 그녀는 여자아이들을 위한 자신의 학교를 직접 열었는데, 거기서 그녀는 그들에게 과학과 수학을 가르쳤다.

2 할아버지는 자신이 일하고 있었던 Oakland 부두에서 그의 자그마한 집을 위한 대부분의 자재를 구했다.

3 두 명의 이웃이 신축 사다리를 호수로 가져와서는 그것을 Denise와 Josh가 있는 곳으로 밀어 보냈다.

4 사과가 실패하는 한 가지 이유는 "잘못한 사람"과 "당한 사람"이 대개 사건을 다르게 보기 때문이다.

5 대부분 포유동물은 자신의 소화 배설물을 자신이 먹고 자는 곳으로부터 치우는 생물학적 성향을 타고났다.

6 한 시간 후에 내 좌절감은 최고조에 다다랐는데, 그때 어떤 남자가 최신의 안장을 갖춘 조랑말을 타고 오는 것을 보았다.

7 참여자들의 절반은 재활용 시설은 아예 없고 쓰레기통만 있는 방에서 가위를 시험했다.

8 그러나 여론이 고려되는 국가에서는 서로가 받아들일 수 있는 해결책이 전혀 발견되지 않았다.

9 나중에 그는 독일로 여행을 갔고 그곳에서 Berlin 대학에 등록하여 3년 동안 철학을 공부했다.

10 대부분의 개들이 대부분의 사람들보다 훨씬 더 행복한 한 가지 이유는 개가 우리(인간)처럼 외부 환경의 영향을 받지 않는 것이다.

DAY 325

1 여러분이 얼마나 많이 과거를 기억하거나 미래를 예상할지라도, 여러분은 현재에 살고 있다.

2 하지만, 여러분의 엔진이 아무리 강력할지라도 만일 여러분에게 바퀴가 하나도 없다면 여러분은 아주 멀리 가지 못할 것이다.

3 때때로 완벽주의자들은 무엇을 하든지 결코 만족스럽지 않아 보이기 때문에 자신들이 괴롭다는 것을 알게 된다.

4 그러나 어느 날 오후, 그녀는 연습을 하던 중 아무리 노력해도 몇 개의 음을 낼 수가 없었다.

5 그러나 방문객들이 그 우리 앞에서 아무리 오랜 시간을 보낸다 하더라도 그들은 결코 진정으로 그 동물을 이해할 수는 없을 것이다.
6 옴짝달싹 못하고 정신적으로 메말라 있고 또는 전적으로 우울하다고 느낄 때마다, 시간을 가지고 변화가 진행되고 있다는 것을 여러분 자신에게 상기시켜라.
7 사람이 어떠한 어려움을 겪든지 간에, 만족의 지표는 재빠르게 그것의 초기 수준으로 되돌아온다.
8 자치에 관해 다른 어떤 것으로 결론을 내리든, 시민들이 자신들이 말하고 있는 바를 모르는 경우는 위험하다.
9 이러한 긴 과정 동안, 위협을 느낄 때마다, 아이는 부모의 사랑과 권위라는 안전한 곳으로 되돌아온다.

DAY 326

1 그것은 가정 이 장래의 계획을 세우는 것을 어렵게 만든다.
2 그는 말과 행동을 통해서 그가 약하지 않다는 것을 분명히 해야 한다.
3 그 종이를 깨끗하게 하는 추가 비용이 어떤 목적을 위해 사용하기에는 그것(재활용 종이)을 지나치게 비싸게 만든다.
4 저희는 선생님들께서 귀교의 일정에 맞추어 편리한 시간에 심폐 소생술 교육에 참여하기 쉽게 해드립니다.
5 뿐만 아니라, 풀은 자신의 세포벽 안에 동물이 그 세포벽을 부수고 소화시키는 것을 어렵게 만드는 단단한 물질을 가지고 있다.
6 연장된 긍정적인 (또는 부정적인) 감정은 집중하고 새로운 감정적 정보를 감지하는 것을 어렵게 만들면서 심리적 손실을 갖게 될 것이다.
7 이러한 나라들은 강력하고 친숙한 브랜드를 가진 나라들과 관광객을 놓고 경쟁하는 것을 어렵게 만드는 대중과 미디어의 부정적 이미지 때문에 어려움을 겪었다.
8 평범한 삶에서 중요하지 않다고 여겨질 수 있을 행위에 참여하는 것은 또한 우리를 약간 해방해, 보호된 환경에서 우리의 능력을 탐구할 수 있게 해준다.

DAY 327

1 British Columbia의 해안가를 따라서 짙은 황록색과 반짝이는 파란색의 지대가 위치하고 있다.
2 개인주의는 미국 사회의 강한 요소이며, 소속되고자 하는 욕구도 마찬가지이다.
3 어떤 경우에도 모든 적 혹은 모든 과일을 하나씩 일일이 셀 필요는 없었다.
4 현재 순간은 그것들 안에 존재하지 않으며, 그러므로 시간의 흐름도 그렇지 않다.
5 단지 상 형성에 대한 물리학의 관점에서만 눈과 카메라는 공통된 것을 가지게 된다.
6 바로 그의 눈앞에 맛있게 보이는 초코바의 줄이 손대주기를 기다리고 있었다.
7 Emily Dickinson이 그랬던 것처럼, 자신들의 작품이 개인적으로 옮겨 적은 타자 인쇄물로 유통되는 러시아 시인들도 그렇게 한다.
8 그들은 골 넣기, 터치다운, 홈런, 점수, 혹은 명중시키는 것에 대해서는 좀처럼 말하지 않는다.
9 그들은 이제 더 이상 자신들에게 가까운 장소와 다른 사람들이 그들의 앞에 놓아두는 물건들에만 제한되어 있지 않다.
10 두드러진 점은 날개깃과 꼬리깃 밑에는 분명하게 보이는 짙은 점이 거의 없다는 것이다.

DAY 328

1 Gestalt 학파를 출범시켰던 것이 바로 이와 같은 관찰 결과들이었다.
2 설령 그들이 조리법을 참고한다 하더라도, 그들은 즐겁게 되는대로 양을 조절한다.
3 하지만 연구와 실제 삶이 모두 보여 주듯이, 다른 많은 사람들은 실제로 중요한 변화를 한다.
4 수송에 대한 필요성을 발생시키는 것은 지역마다의 바로 이런 차이이다.
5 우리가 왜 그렇게 많이 영화를 즐기는지를 설명해 주는 것은 바로 영화의 이 이상적인 측면임이 틀림없다.
6 전문가들의 미각은 적절한 방향으로 움직였는데, 그들은 더 고급스럽고 더 비싼 와인을 선호했다.
7 그러므로 시인들이 인쇄업자와 출판업자에 의지하기는 하지만, 어떤 이는 그들 없이도 시를 창작할 수 있다.
8 신문과 잡지 기사에서 굵은 활자로 인쇄되거나 네모 표시된 삽입란에 들어가는 것이 그러한 말이다.
9 총체적으로, 다른 것들 대신 특정한 종류의 안락과 자극을 선택하는 것은 바로 다름 아닌 우리, 즉 소비자이다.
10 바로 그 마지막 몇 주간에, 사장은 Amy가 그녀의 직원들에게 큰 격려가 되는 사람이라는 것을 깨달았다.

DAY 329

1 반면에, 특성은 시간이 흘러도 지속되는 더 영속적인 특징이다.
2 특정 종들은 다른 종들보다 자신들의 생태계 유지에 더 결정적이다.
3 이 내리막은 세계에서 가장 길게 뻗어 지속되는 내리막길 중 하나이다.
4 우리는 책을 사는 것이 아니라 삶의 가장 소중한 부분인 건강에 대해 말하고 있다.
5 Leonardo da Vinci는 지금껏 살았던 사람 가운데 가장 박식하고 다재다능한 사람 중 한 명이었다.
6 그 일은 농담을 해야 하거나 혹은 요구대로 말씨를 따라 해야 하는 것처럼 무력하게 할 수도 있다.
7 특히 야구는 텔레비전에서 자주 방송되는 가장 인기 있는 스포츠들 중 하나이다.
8 새들의 무리가 더 크면 클수록 한 마리의 새가 경계에 바치는 시간은 더 적어진다.
9 이 금화 중 단 하나도 살면서 그가 볼 거라고 기대할 수 있었던 것보다 많았다.
10 가장 유명한 사례는 일본 Koshima 섬의 마카크 원숭

이의 예이다.

DAY 330

여러분이 세우는 어떤 목표든 달성하기 어려울 것이고, 여러분은 분명히 도중에 어느 시점에서 실망하게 될 것이다. 그러니 여러분의 목표들을 시작부터 여러분이 가치 있다고 여기는 것보다 훨씬 더 높게 세우는 것은 어떤가? 만약에 그것들이 일, 노력, 그리고 에너지를 요구한다면, 각각을 10배 더 많이 발휘하는 것은 어떤가? 만약 여러분이 자신의 능력을 과소평가하고 있는 것이라면 어떻게 되겠는가? "비현실적 목표를 세우는 것으로부터 오는 실망은 어찌할 것인가?"라고 말하며, 여러분은 이의를 제기할지도 모른다. 그러나 여러분의 삶을 되돌아보기 위해 그저 잠깐의 시간을 가져봐라. 아마 여러분은 너무 낮은 목표들을 세우고 그것들을 달성은 했으나, 결국 자신이 원했던 것을 여전히 얻지 못한 것에 깜짝 놀라며 더욱 자주 실망했을 것이다

주제: 여러분의 목표들을 시작부터 여러분이 가치 있다고 여기는 것보다 훨씬 더 높게 세워라.

DAY 331

인간뿐만 아니라 동물도 놀이 활동에 참여한다. 동물에게 있어 놀이는 오랫동안 미래 생존에 필요한 기술과 행동을 학습하고 연마하는 방식으로 여겨져 왔다. 아이들에게 있어서도 놀이는 발달하는 동안 중요한 기능을 한다. 유아기의 가장 초기부터, 놀이는 아이들이 세상과 그 안에서의 그들의 위치에 대해 배우는 방식이다. 아이들의 놀이는 신체능력 — 매일의 삶에 필요한 걷기, 달리기, 그리고 점프하기와 같은 기술을 발달시키기 위한 훈련의 토대로서 역할을 한다. 놀이는 또한 아이들이 사회적 행동을 시도하고 배우며, 성인기에 중요할 가치와 성격적 특성을 습득하도록 한다. 예를 들어, 그들은 다른 사람들과 경쟁하고 협력하는 방식, 이끌고 따르는 방식, 결정하는 방식 등을 배운다.

주제: 아이들에게 있어서도 놀이는 발달하는 동안 중요한 기능을 한다.

DAY 332

당신이 먼저 먹는 요리가 당신의 전체 식사에 닻을 내리는 음식의 역할을 한다. 실험은 사람들이 먼저 먹는 음식을 거의 50% 더 많이 먹는다는 것을 보여 준다. 만약 당신이 디너 롤로 시작하면, 당신은 더 많은 녹말과 더 적은 단백질, 그리고 더 적은 채소를 먹을 것이다. 접시에 있는 가장 건강에 좋은 음식을 먼저 먹어라. 오래된 지혜에서 알 수 있듯이, 이것은 보통 채소나 샐러드를 먼저 먹는 것을 의미한다. 만약 당신이 건강에 좋지 않은 음식을 먹을 것이라면, 적어도 그것을 마지막 순서로 남겨둬라. 이것은 여러분 이 녹말이나 설탕이 든 디저트로 이동하기 전에 당신의 몸을 더 나은 선택 사항들로 채울 기회를 줄 것이다.

주제: 만약 당신이 건강에 좋지 않은 음식을 먹을 것이라면, 적어도 그것을 마지막 순서로 남겨둬라.

DAY 333

좋은 생각을 머릿속에 떠돌게 하는 것은 그것이 이루어지지 않게 하는 확실한 방법이다. 생명력을 얻는 유일한 좋은 생각은 적어둔 것이라는 점을 아는 작가들로부터 조언을 얻어라. 종이 한 장을 꺼내 언젠가 하고 싶은 모든 것을 기록하고, 꿈이 100개에 이르는 것을 목표로 해라. 여러분을 부르고 있는 그것들을 시작하도록 상기시키고 동기 부여하는 것을 갖게 될 것이고 또한 그 모든 것을 기억하는 부담을 갖지 않을 것이다. 꿈을 글로 적을 때 여러분은 그것을 실행하기 시작하는 것이다.

주제: 꿈을 글로 적을 때 여러분은 그것을 실행하기 시작하는 것이다.

DAY 334

삶에서, 어떤 것이든 과도하면 이롭지 않다고 한다. 실제로, 삶에서 어떤 것은 과도하면 위험할 수 있다. 예를 들어, 물은 모든 생물에게 필수적이기 때문에 적이 없다고 한다. 그러나 만일 물에 빠진 사람처럼 너무 많은 물을 들이마시면, 위험할 수 있다. 교육은 이 규칙에서 예외다. 교육이나 지식은 아무리 많이 있어도 지나치지 않다. 실상은 대부분의 사람은 평생 아무리 많은 교육을 받아도 지나치지 않을 거라는 것이다. 나는 교육을 너무 받아서 삶에서 피해를 본 사람을 아직 본 적이 없다. 오히려 우리는 매일, 전 세계에서 교육의 부족으로 인해 생긴 수많은 피해자들을 본다. 교육이 인간에게 시간, 돈, 그리고 노력을 장기 투자하는 것임을 명심해야 한다.

주제: 교육이 인간에게 시간, 돈, 그리고 노력을 장기 투자하는 것임을 명심해야 한다.

DAY 335

여러분 중 얼마나 많은 사람이 거절하는 데 어려움을 겪고 있을까? 어떤 사람이 여러분에게 무엇을 요청하더라도, 그것이 여러분에게 아무리 많은 불편함을 주더라도 여러분은 그들이 요구하는 것을 한다. 항상 승낙함으로써 여러분이 불편함이라는 감정을 쌓아가고 있기 때문에 이것은 건강한 삶의 방식이 아니다. 여러분은 조만간 무슨 일이 벌어질지 아는가? 여러분이 자신의 삶과 자신을 행복하게 만드는 것에 대해 더 이상 통제권을 갖지 않기 때문에, 여러분은 여러분이 거절하지 못할 것 같은 사람에게 분개할 것이다. 여러분은 다른 사람이 여러분의 삶에 대한 통제권을 갖도록 하고 있다. 여러분이 감정적으로 억눌리고 끊임없이 여러분 자신의 의지에 반하는 일들을 할 때, 스트레스가 여러분이 셋까지 셀 수 있는 것보다 더 빠르게 여러분을 잡아먹을 것이다.

주제: 항상 승낙함으로써 여러분이 불편함이라는 감정을 쌓아가고 있기 때문에 이것은 건강한 삶의 방식이 아니다.

DAY 336

2016 Pew Research Center 조사에 따르면, 23퍼센

트의 사람들이 한 인기 있는 사회 관계망 사이트에서 우연으로든 의도적으로든 가짜 뉴스의 내용을 공유한 적이 있다고 인정한다. 나는 이것을 의도적으로 무지한 사람들의 탓으로 돌리고 싶은 마음이 든다. 그러나 뉴스 생태계가 너무나 붐비고 복잡해져서 나는 그곳을 항해하는 것이 힘든 이유를 이해할 수 있다. 의심이 들 때, 우리는 내용을 스스로 교차 확인할 필요가 있다. 사실 확인이라는 간단한 행위는 잘못된 정보가 우리의 생각을 형성하는 것을 막아준다. 무엇이 진실인지 혹은 거짓인지, 사실인지 혹은 의견인지를 더 잘 이해하기 위해, 우리는 FactCheck.org와 같은 웹사이트를 참고할 수 있다.
주제: 의심이 들 때, 우리는 내용을 스스로 교차 확인할 필요가 있다.

DAY 337
사람이 원하는 삶을 얻는 것은 간단하다. 하지만, 대부분의 사람들은 그들의 최선보다 덜한 것에 안주하는데 그들이 하루를 제대로 시작하지 못하기 때문이다. 만약 어떤 사람이 하루를 긍정적인 사고방식으로 시작한다면, 그는 긍정적인 하루를 보낼 가능성이 더 높다. 게다가 그가 하루에 어떻게 접근하는가는 그의 삶의 다른 모든 부분에 영향을 끼친다. 만약 어떤 사람이 그의 하루를 좋은 기분으로 시작한다면, 그는 직장에서 계속 행복하게 지낼 가능성이 있고, 그것은 흔히 직장에서의 더 생산적인 하루로 이어질 것이다. 이러한 향상된 생산성은 승진이나 임금 인상과 같은 더 나은 업무 보상으로 이어지는 것은 놀랍지 않다. 결과적으로, 만약 사람들이 자신이 꿈꾸는 삶을 살기 원한다면, 그들은 어떻게 하루를 시작하는지가 그날뿐만 아니라 삶의 모든 측면에도 영향을 끼친다는 것을 깨달을 필요가 있다.
주제: 결과적으로, 만약 사람들이 자신이 꿈꾸는 삶을 살기 원한다면, 그들은 어떻게 하루를 시작하는지가 그날뿐만 아니라 삶의 모든 측면에도 영향을 끼친다는 것을 깨달을 필요가 있다.

DAY 338
너무도 많은 회사들이 마치 경쟁자들이 존재하지 않는 것처럼 신제품들을 광고한다. 그들은(비교대상이 없는) 공백의 상황에서 광고하고 나서 자신들의 메시지가 도달하지 못할 때 실망한다. 특히 이전 것과 대조되지 않는다면 새로운 제품 범주를 도입하는 것은 어렵다. 새롭고 특이한 것이 예전의 것과 연결되지 않는다면 소비자들은 일반적으로 관심을 주지 않는다. 그래서 당신에게 정말로 새로운 제품이 있다면 그것이 무엇인지보다는 무엇이 아닌지를 말하는 것이 대체로 더 좋다. 예를 들어 최초의 자동차는 '말이 없는' 마차라고 불렸으며, 이 명칭은 대중이 기존의 수송방식과 대조하여 그 개념을 이해하도록 해주었다.
주제: 그래서 당신에게 정말로 새로운 제품이 있다면 그것이 무엇인지보다는 무엇이 아닌지를 말하는 것이 대체로 더 좋다.

DAY 339
만약 여러분이 나무 그루터기를 본 적 있다면, 아마도 그루터기의 꼭대기 부분에 일련의 나이테가 있는 것을 보았을 것이다. 이 나이테는 그 나무의 나이가 몇 살인지, 그 나무가 매해 살아오는 동안 날씨가 어떠했는지를 우리에게 말해 줄 수 있다. 나무는 비와 온도 같은, 지역의 기후 조건에 민감하므로, 그것은 과거의 그 지역 기후에 대한 약간의 정보를 과학자에게 제공해준다. 예를 들어, 나이테는 온화하고 습한 해에는 (폭이) 더 넓어지고 춥고 건조한 해에는 더 좁아진다. 만약 나무가 가뭄과 같은 힘든 기후 조건을 경험하게 되면, 그러한 기간에는 나무가 거의 성장하지 못할 수 있다. 특히 매우 나이가 많은 나무는 관측이 기록되기 훨씬 이전에 기후가 어떠했는지에 대한 단서를 제공해 줄 수 있다.
주제: 나무는 비와 온도 같은 지역의 기후 조건에 민감하므로, 그것은 과거의 그 지역 기후에 대한 약간의 정보를 과학자에게 제공해준다.

DAY 340
당신의 아이의 지능과 재능을 칭찬하는 것은 그의 자존감을 높이고 그에게 동기를 부여하는 것처럼 보일지도 모른다. 그러나 이런 종류의 칭찬은 역효과를 일으키는 것으로 밝혀진다. Carol Dweck과 그녀의 동료들은 일련의 실험적 연구들에서 그 효과를 보여주었다: "우리가 그들의 능력에 대해 아이들을 칭찬할 때, 아이들은 더 조심하게 된다. 그들은 도전을 피한다." 그것은 마치 그들이 자신들을 실패하게 만들고 당신의 높은 평가를 잃게 할지도 모를 어떤 것을 하길 두려워하는 것과 같다. 아이들은 또한 지능이나 재능이 사람들이 가지거나 가지지 못하는 어떤 것이라는 메시지를 받을지도 모른다. 이것은 아이들이 실수했을 때 무기력하게 느끼도록 만든다. 만약 당신의 실수가 당신이 지능이 부족하다는 것을 나타낸다면 향상하도록 노력하는 것이 무슨 소용이겠는가?
주제: 당신의 아이의 지능과 재능을 칭찬하는 것은 오히려 역효과를 일으킬 수 있다.

DAY 341
사실상 가치 있는 것은 어떤 것이든 우리가 실패나 거절당할 위험을 무릅쓸 것을 요구한다. 이것은 우리 앞에 놓인 더 큰 보상을 성취하기 위해 우리 모두가 지불해야 하는 대가이다. 위험을 무릅쓴다는 것은 언젠가 성공할 것이라는 것을 의미하지만 위험을 전혀 무릅쓰지 않는 것은 결코 성공하지 못할 것임을 의미한다. 인생은 많은 위험과 도전으로 가득 차 있으며, 이 모든 것에서 벗어나기를 원하면 인생이라는 경주에서 뒤처지게 될 것이다. 결코 위험을 무릅쓰지 못하는 사람은 아무것도 배울 수 없다. 예를 들어, 만약 차를 운전하기 위해 위험을 무릅쓰지 않는다면, 여러분은 결코 운전을 배울 수 없다. 거절당할 위험을 무릅쓰지 않는다면 친구나 파트너를 절대 얻을 수 없다. 마찬가지로 면접에 참석하는 위험을 무릅쓰지 않음으로써, 여러분은 결코 일자리를 얻지 못할 것이다.

주제: 결코 위험을 무릅쓰지 못하는 사람은 아무것도 배울 수 없다.

DAY 342

Jacqueline Olds 교수에 따르면, 외로운 환자들이 친구를 사귈 수 있는 한 가지 확실한 방법이 있는데, 공동의 목적을 가진 집단에 가입하는 것이다. 이것은 외로운 사람들에게는 어려운 일일지도 모르지만, 연구에 따르면 그것은 도움이 될 수 있다. 여러 연구는 자원봉사와 같이 다른 사람들에게 도움이 되는 일을 하는 사람이 더 행복한 경향이 있다는 것을 보여 준다. 자원 봉사자들은 다른 사람들을 도와주면서 자신들의 사회적 관계망을 풍부하게 하는 데서 만족감을 (얻는다고) 말한다. 자원봉사는 2가지 방식으로 외로움을 감소시키는 데 도움이 된다. 우선, 외로운 사람은 다른 사람을 도와주는 일로부터 혜택을 받을지도 모른다. 또한 그들은 자신들의 사회적 관계망을 형성하는 데 지지와 도움을 얻게 되는 자원봉사 프로그램에 참여하는 것으로부터 혜택을 받을지도 모른다.
주제: 외로운 환자들이 친구를 사귈 수 있는 한 가지 확실한 방법은 공동의 목적을 가진 집단에 가입하는 것이다.

DAY 343

마음을 산만하게 하는 것들이 너무 많이 있을 때, 공부에 전념하는 것은 힘들 수 있다. 많은 젊은이들이 숙제를 찔끔하는 것과 즉각적으로 메시지 주고받기, 전화로 잡담하기, SNS에 신상 정보 업데이트하기, 그리고 이메일 확인하기를 잔뜩 하는 것을 함께 하고 싶어 한다. 여러분이 동시에 여러 가지 일을 처리할 수 있고 이러한 모든 일들에 집중할 수 있다는 것이 사실일지도 모르지만, 자신에게 솔직해지려고 노력해라. 여러분이 공부에 집중하되 (앞서 못했던) 그런 다른 소일거리를 하기 위해 규칙적인 휴식을—30분 정도마다—허락한다면 여러분은 아마도 가장 잘 공부할 수 있을 것이다.
주제: 여러분이 공부에 집중하되 (앞서 못했던) 그런 다른 소일거리를 하기 위해 규칙적인 휴식을 허락한다면 여러분은 아마도 가장 잘 공부할 수 있을 것이다.

DAY 344

대부분의 사람들이 글을 쓰려고 할 때 그들에게 어떤 생각이 밀려온다. 그들은 친구들에게 이야기할 경우에 사용할 법한 말과는 다른 언어로 글을 쓴다. 하지만, 만약 사람들이 당신이 쓴 것을 읽고 이해하기를 원한다면, 구어체로 글을 써라. 문어체는 더 복잡한데 이것은 읽는 것을 더욱 수고롭게 만든다. 또한, 형식적이고 거리감이 들게 하여 독자로 하여금 주의를 잃게 만든다. 생각을 표현하기 위해 복잡한 문장이 필요하지는 않다. 심지어, 어떤 복잡한 분야의 전문가들조차도 자신의 생각을 표현할 때, 그들이 점심으로 무엇을 먹을지에 대해 이야기할 때 사용하는 것보다 복잡한 문장을 사용하지는 않는다. 만약 당신이 구어체로 글을 쓰게 된다면, 당신은 작가로서 좋은 출발을 하는 것이다.
주제: 만약 사람들이 당신이 쓴 것을 읽고 이해하기를 원한다면, 구어체로 글을 써라.

DAY 345

①
Anderson씨에게
Jeperson 고등학교를 대표해서, 저는 귀 공장에서 산업 현장견학을 할 수 있도록 허가를 요청하기 위해 이 편지를 쓰고 있습니다. 저희는 학생들에게 산업 절차와 관련해 몇 가지 실제적인 교육을 하기를 희망합니다. 이러한 목적을 생각할 때, 저희는 그러한 프로젝트를 진행하기 위해 귀사가 이상적이라고 믿습니다. 물론, 저희는 귀사의 승인과 협조가 필요합니다. 두 명의 선생님이 35명의 학생들과 동행할 것입니다. 저희는 이 현장 견학을 위해 단 하루를 예정하고 있습니다. 협조해주시면 정말 감사하겠습니다.
Ray Feynman 드림

DAY 346

①
Salva는 남부 수단을 돕기 위한 프로젝트를 위해서 모금을 해야 했다. Salva가 관중 앞에서 말하는 것은 처음이었다. 백 명이 넘는 사람들이 있었다. 그가 마이크로 걸어갈 때 Salva의 다리가 후들거리고 있었다. "아-아-안녕하세요," 그가 말했다. 그의 손이 떨리면서, 그는 관중을 바라보았다. 모든 사람들이 그를 보고 있었다. 그때, 그는 모든 얼굴이 그가 할 말에 관심이 있어 보임을 알아차렸다. 사람들은 미소 짓고 있었고 우호적으로 보였다. 그것이 그의 기분을 좀 더 나아지게 해서 그는 다시 마이크에 대고 말했다. "안녕하세요," 그는 반복했다. 그는 안심하여 미소를 지었고 말을 이어갔다. "저는 남부 수단을 위한 프로젝트에 관해 여러분께 말씀드리려고 이 자리에 섰습니다."
① 긴장한 → 안도하는
② 무관심한 → 흥분한
③ 걱정하는 → 실망한
④ 만족한 → 좌절한
⑤ 자신감 있는 → 당황스러운

DAY 347

④
우리는 우리가 알고 있는 사람들에게 연락 없이 오랜 기간의 시간을 보내는 경향이 있다. 그러다 우리는 생겨 버린 거리감을 갑자기 알아차리고 허둥지둥 수리를 한다. 우리는 우리가 오랫동안 이야기하지 못했던 사람들에게 전화하면서, 작은 노력 하나가 우리가 만들어 낸 몇 달과 몇 년의 거리를 지우길 바란다. 그러나 이것은 거의 효과가 없다. 왜냐하면 관계들은 커다란 일회성의 해결책들로 지속되지 않기 때문이다. 그것들은 자동차처럼 정기적인 정비로 유지된다. 말하자면, 우리의 관계들에서 우리가(엔진) 오일 교환 사이에 너무 많은 시간이 흘러가지

않도록 확실히 해야 한다. 이것은 여러분이 단지 이야기한 지 오래되었기 때문에 누군가에게 애써 전화해서는 안 된다고 말하는 것이 아니라, 스스로를 애초에 연락이 끊기지 않게 하는 것이 더 이상적이라고 말하는 것이다. 일관성이 항상 더 나은 결과들을 가져온다.

DAY 348

①

목표 지향적인 사고방식은 "요요" 효과를 낼 수 있다. 많은 달리기 선수들이 몇 달 동안 열심히 연습하지만, 결승선을 통과하는 순간 훈련을 중단한다. 그 경기는 더 이상 그들에게 동기를 주지 않는다. 당신이 애쓰는 모든 일이 특정한 목표에 집중될 때, 당신이 그것을 성취한 후에 당신을 앞으로 밀고 나갈 수 있는 것은 무엇인가? 이것이 많은 사람들이 목표를 성취한 후 옛 습관으로 되돌아가는 자신을 발견하는 이유다. 목표를 설정하는 목적은 경기에서 이기는 것이다. 시스템을 구축하는 목적은 게임을 계속하기 위한 것이다. 진정한 장기적 사고는 목표 지향적이지 않은 사고이다. 그것은 어떤 하나의 성취에 관한 것이 아니다. 그것은 끝없는 정제와 지속적인 개선의 순환에 관한 것이다. 궁극적으로, 당신의 발전을 결정짓는 것은 그 과정에 당신이 전념하는 것이다.

DAY 349

①

우리가 수를 읽을 때 우리는 가장 오른쪽보다 가장 왼쪽 숫자에 의해 더 영향을 받는데, 그것이 우리가 그것들을 읽고 처리하는 순서이기 때문이다. 수 799가 800보다 현저히 작게 느껴지는 것은 우리가 전자(799)를 7로 시작하는 어떤 것으로, 후자(800)를 8로 시작하는 어떤 것으로 인식하기 때문인데, 반면에 798은 799와 상당히 비슷하게 느껴진다. 19세기 이래 소매상인들은 상품이 실제보다 싸다는 인상을 주기 위해 9로 끝나는 가격을 선택함으로써 이 착각을 이용해 왔다. 연구는 모든 소매가격의 1/3에서 2/3 정도가 지금은 9로 끝난다는 것을 보여준다. 우리가 모두 경험이 많은 소비자일지라도, 우리는 여전히 속는다. 2008년에 Southern Brittany 대학의 연구자들이 각각 8.00유로에 다섯 종류의 피자를 제공하고 있는 지역 피자 음식점을 관찰했다. 피자 중 하나가 7.99유로로 가격이 인하되었을 때, 그것의 판매 점유율은 전체의 1/3에서 1/2로 증가했다.

① 사람들이 숫자를 읽는 방법을 이용한 가격 전략
② 지역 경제 트렌드를 반영한 소비 패턴
③ 판매자의 신로성을 강화시키기 위해 숫자를 더하는 것
④ 시장 크기와 제품 가격 사이의 인과 관계
⑤ 가게 환경을 변화시켜서 소비자를 속이는 판매 속임수

DAY 350

①

패스트 패션은 매우 낮은 가격에 가능한 빨리 디자인되고, 만들어지고, 소비자에게 팔리는 유행 의류를 의미한다. 패스트 패션 상품은 계산대에서 당신에게 많은 비용을 들게 하지 않을지는 모르지만, 그러나 그것들은 심각한 대가를 수반한다: 일부는 아직 어린 아이들인, 수천만의 개발도상국 사람들이 흔히 그것들을 만들기 위해 노동착취공장이라고 이름 붙여진 종류의 공장에서 오랜 시간 동안 위험한 환경에서 일한다. 대부분의 의류 작업자들은 간신히 생존할 정도의 임금을 받는다. 패스트 패션은 또한 환경을 훼손한다. 의류는 유해한 화학 물질을 이용해 제작되고 전 세계로 운반되는데, 이것은 석유산업 다음으로 의류산업을 세계에서 두 번째로 큰 오염원으로 만든다. 그리고 버려진 의류 수백만 톤이 매년 매립지에 쌓인다.

① 패스트 패션 산업 뒤의 문제들
② 패스트 패션이 라이프 스타일에 끼치는 긍정적인 영향
③ 패션 산업이 성장하는 이유
④ 노동 환경을 개선해야 하는 필요성
⑤ 개발도상국 공기 오염의 심각성

DAY 351

②

중앙아프리카 반투족들 사이에서는 한 부족의 사람이 다른 부족 사람을 만났을 때, 그들은 "당신은 어떤 춤을 추나요?"라고 묻는다고 한다. 오랫동안 공동체들은 종교적인 축제들과 계절의 중요한 시점들뿐만 아니라, 출생, 결혼, 죽음을 포함한 개인들의 삶에서 중요한 사건들을 기념하는 춤 의식들을 통해 자신들의 정체성을 구축해 왔다. 아프리카 부족들부터 스페인의 집시들과 스코틀랜드의 씨족들까지 많은 공동체들의 사회적 구조는 춤이라는 집단적 행동으로부터 많은 결속을 얻게 된다. 역사적으로, 춤은 그 집단의 사회적 정체성을 표현하는 수단으로서, 단결시켜 주는 강한 영향력을 공동체 삶에 미쳐 왔으며 참여는 개인들이 소속감을 보여주도록 해준다. 그 결과, 세계의 많은 지역에는 뚜렷한 정체성을 가진 공동체들이 존재하는 만큼 많은 종류의 춤들이 존재한다.

① 무엇이 전통 춤 배우기를 어렵게 만드는가?
② 춤: 사회적 정체성의 뚜렷한 표시
③ 더 많은 다양성, 더 나은 춤
④ 우울해요? 춤을 즐기세요!
⑤ 부족 춤의 기원

DAY 352

④

위 그래프는 2016년 실내 냉방을 위한 국가 / 지역별 최종 에너지 소비를 보여 준다. 2016년 실내 냉방을 위한 전 세계의 최종 에너지소비는 1990년의 최종 에너지 소비의 3배 넘게 많았다. 최종 에너지를 가장 많이 소비한 곳은 미국이었고, 그 양은 616 TWh에 달했다. 유럽 연합, 중동, 일본의 최종 에너지 소비의 양의 총합은 중국의 최종 에너지 소비의 양보다 적었다. 인도와 한국의 최종 에너지 소비의 양의 차이는 60 TWh보다 많았다. 인도네시아의 최종 에너지 소비는 위의 국가들 / 지역들 중

에 가장 적었고, 총 25 TWh이었다.

DAY 353

②

'너무 ~해서 …하다'라는 의미의 「so ~ that…」 구문의 that절을 이끌어야 하므로, which를 that으로 바꿔야 합니다.

'먹는 것이 여러분을 만든다.' 그 구절은 흔히 여러분이 먹는 음식과 여러분의 신체 건강 사이의 관계를 보여주기 위해 사용된다. 하지만 여러분은 가공식품, 통조림 식품, 포장 판매 식품을 살 때 자신이 무엇을 먹고 있는 것인지 정말 아는가? 오늘날 만들어진 제조 식품 중 다수가 너무 많은 화학 물질과 인공적인 재료를 함유하고 있어서 때로는 정확히 그 안에 무엇이 들어있는지 알기가 어렵다. 다행히도, 이제는 식품 라벨이 있다. 식품 라벨은 여러분이 먹는 식품에 관한 정보를 알아내는 좋은 방법이다. 식품 라벨은 책에서 볼 수 있는 목차와 같다. 식품 라벨의 주된 목적은 여러분이 구입하고 있는 식품 안에 무엇이 들어있는지 여러분에게 알려주는 것이다.

DAY 354

④

④가 포함된 문장이 주어(Judith Rich Harris) 뒤에 관계사절 (who is~)이 연결되어 주어와 동사가 멀어진 구조로, 'arguing'을 'argues'로 바꾸는 것이 적절합니다.

긍정적이든 부정적이든, 우리의 부모와 가족은 우리에게 강력한 영향을 미친다. 하지만 특히 우리가 어렸을 때, 훨씬 더 강한 영향을 주는 것은 우리의 친구들이다. 가족의 범위를 넘어서 우리의 정체성을 확장하는 방법으로 우리는 친구들을 선택한다. 그 결과, 친구와 다른 사회집단의 기준과 기대에 부합해야 한다는 압박감이 거세질 가능성이 있다. 발달 심리학자 Judith Rich Harris는 우리의 발달을 형성하는 3가지 주요한 힘은 : 개인적인 기질, 우리의 부모, 우리의 또래들이라고 주장한다. 또래들의 영향은 부모의 영향보다 훨씬 더 강하다고 그녀는 주장한다. "아이들이 그들의 또래들과 공유하는 세상은 그들의 행동을 형성하는 것이고, 그들이 가지고 태어난 특성을 수정하는 것이며, 따라서 그들이 자라서 어떤 사람이 될지를 결정하는 것이다."라고 그녀는 말한다.

DAY 355

③

* (A)-warn: 경고하다 / exhaust: 소진시키다 (B) more: 더 많은 / less: 더 적은
(C) creative: 창의적인 / efficient: 효율적인

뇌는 몸무게의 2 퍼센트만을 차지하지만 우리의 에너지의 20 퍼센트를 사용한다. 갓 태어난 아기의 경우, 그 비율은 65 퍼센트에 달한다. 그것은 부분적으로 아기들이 항상 잠을 자고 (뇌의 성장이 그들을 소진시키고), 체지방을 보유하는 이유인데, 필요할 때 보유한 에너지를 사용하기 위한 것이다. 근육은 약 4분의 1 정도로 훨씬 더 많은 에너지를 사용하기도 하지만, 많은 근육을 가지고 있기도 하다. 실제로, 물질 단위당, 뇌는 다른 기관보다 훨씬 많은 에너지를 사용한다. 그것은 우리 장기 중 뇌가 단연 가장 에너지 소모가 많다는 것을 의미한다. 하지만 그것은 또한 놀랍도록 효율적이다. 뇌는 하루에 약 400 칼로리의 에너지만 필요로 하는데, 블루베리 머핀에서 얻는 것과 거의 같다. 머핀으로 24시간 동안 노트북을 작동시켜서 얼마나 가는지 보라.

DAY 356

①

빈칸 뒤쪽에 나오는 문장에서 초기 인류가 생존을 위해 외양에 기초해서 안전한 동물인지 아닌지 빨리 추측해야 한다고 말합니다. 이것은 '생존'을 위한 기술이기 때문에 빈칸에는 necessary survival skill(필수적인 생존의 기술)이 들어가야 합니다.

여기 불편한 진실이 있다. 즉, 우리는 모두 편향되어 있다. 모든 인간은 다른 사람들에 대한 부정확한 추측을 하도록 이끄는 무의식적인 편견에 의해 영향을 받는다. 모두가 그렇다. 어느 정도, 편견은 필수적인 생존 기술이다. 만약에 당신이, 가령 Homo Erectus처럼, 정글을 돌아다니는 초기 인류라면, 당신은 동물이 다가오는 것을 볼지 모른다. 당신은 그 동물의 외양에만 기초하여 그 동물이 안전한지 아닌지에 대해서 매우 빨리 추측해야 한다. 이것은 다른 인류에게도 똑같이 적용된다. 당신은 만약 필요하다면, 도망갈 많은 시간을 갖기 위하여 위협에 대해서 순간적인 결정을 내려야 한다. 이것은 타인의 외모와 옷으로 그들을 범주화하고 분류하는 성향의 한 근간일지 모른다.

① 필수적인 생존의 기술 ② 상상의 기원
③ 바람직하지 않은 지능 ④ 관계의 장벽
⑤ 도덕적 판단에 대한 도전

DAY 357

②

이 지문은 털의 유무가 장거리 달리기의 효율성에 어떤 영향을 미치는지 설명하고 있습니다. According to one leading theory, ancestral humans lost their hair over successive generations because less hair meant cooler, more effective long?distance running. (유력한 한 이론에 따르면, 털이 더 적으면 더 시원하고 장거리 달리기에 더 효과적인 것을 의미하기 때문에 선조들은 잇따른 세대에 걸쳐서 털을 잃었다.)라고 설명하고 있으므로 털이 적은 것이 장거리 달리기에 더 효율적임을 알 수 있습니다. 빈칸이 있는 문장의 앞에서 덥고 습한 날 재킷 여러 개를 입고 1마일을 뛰는 것과 재킷을 벗고 뛰는 것을 비교하고 있습니다. 재킷을 벗었을 때는 'a lack of fur(털의 부족)의 상태를 뜻하므로 ②번

이 답입니다.

인간들은 최고의 장거리 달리기 선수들이다. 한 사람과 침팬지가 달리기를 시작하자마자 그들은 둘 다 더위를 느낀다. 침팬지는 빠르게 체온이 오른다; 인간들은 그렇지 않은데, 그들은 신체 열을 떨어뜨리는 것을 훨씬 잘하기 때문이다. 유력한 한 이론에 따르면, 털이 더 적으면 더 시원하고 장거리 달리기에 더 효과적인 것을 의미하기 때문에 선조들은 잇따른 세대에 걸쳐서 털을 잃었다. 그런 능력은 우리 조상들이 먹잇감을 이기고 앞질러서 달리게 했다. 덥고 습한 날에 여분의 재킷 두 개를 — 혹은 더 좋게는, 털코트를 — 입는 것을 시도하고 1마일을 뛰어라. 이제, 그 재킷을 벗고 다시 시도하라. 당신은 털의 부족이 만드는 차이점이 무엇인지 알 것이다.

① 더운 날씨
② 털의 부족
③ 근력
④ 과도한 운동
⑤ 종의 다양성

DAY 358

③

빈칸이 있는 첫 번째 문장은 동사 remember(기억하다)로 시작되었으므로 이 글의 화자가 말하려고 하는 바를 명령문으로 나타낸 것입니다. 뒤에 나오는 내용에서는 It can take time, maybe a long time, before the injured party can completely let go and fully trust you again. (상처받은 당사자가 완전히 떨쳐 버리고 여러분을 온전히 다시 믿기까지 시간이 걸릴 수 있고, 어쩌면 오래 걸릴 수 있다.)라고 하면서 시간이 걸릴 수 있다고 말합니다. 또한 If the person is truly important to you, it is worthwhile to give him or her the time and space needed to heal. (그 사람이 여러분에게 진정으로 중요하다면, 그 사람에게 치유되는 데 필요한 시간과 공간을 주는 것이 가치 있다.)라고 하며 기다리는 것에 대해 말하고 있으므로 빈칸에는 ③ patience(인내)가 들어가야 합니다.

인내가 항상 가장 중요하다는 것을 기억해라. 사과가 받아들여지지 않으면, 그 사람이 여러분의 말을 끝까지 들어줬다는 것에 감사하고, 그 사람이 화해하고 싶을 경우와 시기를 위해 문(가능성)을 열어두어라. 여러분의 사과를 받아들인다고 해서 그 사람이 여러분을 온전히 용서했다는 뜻이 아니라는 사실을 알고 있어라. 상처받은 당사자가 완전히 떨쳐 버리고 여러분을 온전히 다시 믿기까지 시간이 걸릴 수 있고, 어쩌면 오래 걸릴 수 있다. 이 과정을 빨라지게 하기 위해 여러분이 할 수 있는 것은 거의 없다. 그 사람이 여러분에게 진정으로 중요하다면, 그 사람에게 치유되는 데 필요한 시간과 공간을 주는 것이 가치 있다. 그 사람이 즉시 평상시처럼 행동하는 것으로 바로 돌아갈 것이라고 기대하지 마라.

① 궁금증
② 독립
③ 인내
④ 창의성
⑤ 정직

DAY 359

①

이 글은 작은 사업체가 웹사이트를 통해 홍보하는 방법을 설명하고 있습니다. 두 번째 문장에서 One way to get the word out is through an advertising exchange, in which advertisers place banners on each other's websites for free. (소문나게 하는 한 가지 방법은 광고주들이 서로의 웹사이트에 무료로 배너를 게시하는 광고 교환을 통해서이다.)라고 말하며 an advertising exchange(광고 교환)에 대해 설명합니다. 광고 교환의 방법은 뒤에 나오는 것처럼 they simply exchange ad space.(그들은 그저 광고 공간을 교환하는 것이다.)를 의미하는 것임을 알 수 있습니다. 따라서 답은 ① trading space (공간을 교환하기)입니다.

비록 많은 작은 사업체가 훌륭한 웹사이트를 가지고 있지만, 그들은 보통 매우 적극적인 온라인 캠페인을 할 여유가 없다. 소문나게 하는 한 가지 방법은 광고주들이 서로의 웹사이트에 무료로 배너를 게시하는 광고 교환을 통해서이다. 예를 들어, 미용 제품을 판매하는 회사는 여성 신발을 판매하는 사이트에 자신의 배너를 게시할 수 있고, 그 다음에는 그 신발 회사가 미용 제품 사이트에 배너를 게시할 수 있다. 두 회사 모두 상대에게 비용을 청구하지 않는데, 그들은 그저 광고 공간을 교환하는 것이다. 광고 교환은 인기를 얻고 있는데, 특히 돈이 많지 않거나 대규모 영업팀이 없는 마케팅 담당자들 사이에서 그러하다. 공간을 교환함으로써, 광고주들은 그러지 않으면 접촉할 여유가 없는 자신의 목표 접속자와 접촉할 수 있는 새로운 (광고의) 출구를 찾는다.

① 공간을 교환하기
② 자금을 받기
③ 리뷰를 공유하기
④ 공장 시설 빌리기
⑤ TV 광고 증가시키기

DAY 360

① (A) – (C) – (B)

주어진 문장의 두 번째 문장에서 직업이 행복할 때에도 '더 나은 직업'을 추구한다고 말합니다. 이것은 (A)에서 A spectator several rows in front(몇 줄 앞에 있는 한 관중) 즉, 앞에 있어서 더 잘 보이는 관중이 일어남에 따라 연쇄 반응이 일어난다는 내용과 연결됩니다. 그 연쇄 반응은 (C)의 Soon everyone is standing(곧 모든 사람들이 일어서게 된다.)와 연결됩니다. (C)의 마지막에 있는 position(위치)이라는 단어가 (B)의 When people pursue goods that are positional(사람들이 위치에 관련된 재화(이익)를 추구할 때)와 연결됩니다.

학생들은 공부에 관심이 없을 때에도 좋은 성적을 얻기 위해 공부한다. 사람들은 심지어 이미 가지고 있는 직업에 행복할 때조차도 더 나은 직업을 추구한다. (A) 그것은 마치 사람들로 붐비는 축구 경기장에서 중요한 경기를 관람하는 것과 같다. 몇 줄 앞에 있는 한 관중이 더 잘 보기 위해 일어서고, 뒤이어 연쇄 반응이 일어난다. (C) 단지 이전처럼 잘 보기 위해 곧 모든 사람들이 일어서게 된다. 모두가 앉기보다는 일어서지만, 그 누구의 위치도 나아지지 않았다. (B) 그리고 만약 누군가가 일어서기를 거부한다면, 그는 경기에 있지 않는 것이 나을 것이다. 사람들이 위치에 관련된 재화(이익)를 추구할 때, 그들은 치열하고 무의미한 경쟁을 하지 않을 수 없다. 뛰지 않기로 선택하는 것은 지는 것이다.

DAY 361

② (B) – (A) – (C)

우리는 우리가 안다고 '생각하는' 것에 기초하여 결정을 한다. 대다수의 사람들이 세상이 편평하다고 믿었던 것은 그다지 오래되지 않았다. (B) 이렇게 인지된 사실은 행동에 영향을 미쳤다. 이 기간 동안에는, 탐험이 거의 없었다. 사람들은 만약 그들이 너무 멀리 가면, 지구의 가장자리에서 떨어질까 봐 두려워했다. 그래서 대체로 그들은 감히 이동하지 않았다. (A) 대대적으로 행동이 변화한 것은 비로소 그런 사소한 사항 — 세상은 둥글다— 이 드러나고 나서였다. 이것이 발견된 후 곧, 사람들은 세상을 돌아다니기 시작했다. 무역 경로가 만들어졌으며, 향신료가 거래되었다. (C) 모든 종류의 혁신과 진보를 고려했던 사회들 사이에 수학과 같은 새로운 개념이 공유되었다. 단순한 잘못된 가정의 수정이 인류를 앞으로 나아가게 했다.

DAY 362

⑤

주어진 문장은 Within cultures individual attitudes can vary dramatically(같은 문화 내에서 개인의 태도는 극적으로 다를 수 있다.)라고 말합니다. 그렇다면 그 뒤에는 한 문화 내에서 개인의 태도가 달라지는 예시를 보여줘야 합니다. ⑤의 뒤에 For instance(예를 들어) 표현과 함께 예시를 주는데 뒤의 내용이 영국이라는 문화 내에서는 설치류를 싫어하지만 National Mouse Club과 National Fancy Rat Club같이 기르는 데 전념하는 협회도 있다는 것을 소개해 주고 있습니다. 그러므로 정답은 ⑤번입니다.

자연계는 예술과 문학에서 사용되는 상징의 풍부한 원천을 제공한다. 식물과 동물은 전 세계의 신화, 춤, 노래, 시, 의식, 축제 그리고 기념일의 중심에 있다. 각기 다른 문화는 주어진 종에 대해 상반되는 태도를 보일 수 있다. 예를 들어 뱀은 일부 문화에서는 존경의 대상이고 다른 문화에서는 증오를 받는다. 쥐는 유럽과 북아메리카의 많은 지역에서 유해 동물로 여겨지고, 인도의 일부 지역에서는 매우 중시된다. 물론 (같은) 문화 내에서 개인의 태도는 극적으로 다를 수 있다. 예를 들어, 영국에서는 많은 사람들이 설치류를 싫어하지만, National Mouse Club과 National Fancy Rat Club을 포함해서 설치류를 기르는 데 전념하는 여러 협회들이 있다.

DAY 363

④

주어진 문장의 맨 앞에 Because of these obstacles(이러한 장애물들 때문에)라는 표현이 나왔기 때문에 앞에 장애물에 대한 설명이 나와야 합니다. ④번 바로 앞에서 착륙할 표면조차 가지고 있지 않은 행성이라는 장애물을 설명하고 있어 주어진 문장은 ④에 와야 합니다. 또한 주어진 문장의 most research missions(대부분의 연구 임무)는 승무원이 탑승하지 않는다고 했습니다. 이 내용은 ④번 뒤에 나오는 these explorations(이런 탐험들)이 우주 비행사를 포함하지 않으므로 아무런 위험도 주지 않는다는 내용과 이어지므로 답은 ④번입니다.

현재, 우리는 인간을 다른 행성으로 보낼 수 없다. 한 가지 장애물은 그러한 여행이 수 년이 걸릴 것이라는 점이다. 우주선은 긴 여행에서 생존에 필요한 충분한 공기, 물, 그리고 다른 물자를 운반할 필요가 있을 것이다. 또 다른 장애물은 극심한 열과 추위 같은, 다른 행성들의 혹독한 기상 조건이다. 어떤 행성들은 착륙할 표면조차 가지고 있지 않다. 이러한 장애물들 때문에, 우주에서의 대부분의 연구 임무는 승무원이 탑승하지 않은 우주선을 사용해서 이루어진다. 이런 탐험들은 인간의 생명에 아무런 위험도 주지 않으며 우주 비행사들을 포함하는 탐험보다 비용이 덜 든다. 이 우주선은 행성의 구성 성분과 특성을 실험하는 기구들을 운반한다.

DAY 364

④

④번 문장의 해석은 '화석 연료를 사용하는 기술을 개발하기 위한 우리의 노력은 의미 있는 결과를 거둬왔다.'로 원래 지문에서 말하고 있는 '태양이 지구의 에너지원 역할을 한다.'는 내용과는 관련이 없습니다.

단 한 주 만에, 태양은 '모든 인간의 역사' 에 걸쳐 인간이 석탄, 석유, 그리고 천연가스의 연소를 통해 사용해 온 것보다 더 많은 에너지를 지구에 전달한다. 그리고 태양은 수십억 년 동안, 계속하여 지구를 비출 것이다. 우리의 당면 과제는 우리의 에너지가 고갈되고 있다는 것이 아니다. 그것은 우리가 잘못된 원천 — 우리가 고갈시키고 있는 (양이) 적고 한정적인 것 — 에 집중하고 있다는 것이다. 사실, 우리가 오늘날 사용하고 있는 모든 석탄, 천연가스, 그리고 석유는 수백만 년 전에 온 태양에너지일 뿐이며, 그것의 극히 일부분만이 지하 깊은 곳에 보존되어 있었다. (화석 연료를 사용하는 기술을 개발하기 위한 우리의 노력은 의미 있는 결과를 거둬왔다.) 우리의 기회이자 당면 과제는 태양으로부터 매일 지구에 도달하는 새로운 에너지인 '훨씬 더 풍부한' 원천을 효율적으로 그리고 저비용으로 사용하는 것을 배우는 것이다.

DAY 365

①

음악이 감정을 표현할 수 있는 한 방법은 단지 학습된 연관을 통해서이다. 단조나 낮은 음으로 느리게 연주된 악곡에 대해 본질적으로 슬픈 무언가가 있는 것은 아닐 것이다. 우리는 어떤 종류의 음악을 슬프다고 듣게 되는데 우리가 우리의 문화 속에서 그것들을 장례식과 같은 슬픈 일과 연관시키는 것을 학습해 왔기 때문일 것이다. 만약 이 관점이 옳다면, 우리는 문화적으로 친숙하지 않은 음악에 표현된 감정을 이해하는데 분명 어려움이 있을 것이다. 이 관점과 완전히 반대되는 입장은 음악과 감정 사이의 연결고리는 유사함이라는 것이다. 예컨대, 슬프다고 느낄 때 우리는 느리게 움직이고 낮은 음의 목소리로 느리게 말한다. 따라서 우리가 느리고 낮은 음의 음악을 들을 때, 우리는 그것을 슬프게 듣는다. 만약 이 관점이 옳다면, 우리는 문화적으로 친숙하지 않은 음악에 표현된 감정을 이해하는데 분명 어려움이 거의 없을 것이다.

〈요약문〉 음악에 표현된 감정은 (A) 문화적으로 학습된 연관을 통해서 이해될 수 있다고 믿어지거나, 혹은 음악과 감정 사이의 (B) 유사성 때문에 이해될 수 있다고 믿어진다.

① (A) 문화적으로 (B) 유사성
② (A) 문화적으로 (B) 균형
③ (A) 사회적으로 (B) 차이점
④ (A) 부정확하게 (B) 관련성
⑤ (A) 부정확하게 (B) 대조

■ 독자 여러분의 소중한 원고를 기다립니다

메이트북스는 독자 여러분의 소중한 원고를 기다리고 있습니다. 집필을 끝냈거나 집필중인 원고가 있으신 분은 khg0109@hanmail.net으로 원고의 간단한 기획의도와 개요, 연락처 등과 함께 보내주시면 최대한 빨리 검토한 후에 연락드리겠습니다. 머뭇거리지 마시고 언제라도 메이트북스의 문을 두드리시면 반갑게 맞이하겠습니다.

■ 메이트북스 SNS는 보물창고입니다

메이트북스 유튜브 bit.ly/2qXrcUb

활발하게 업로드되는 저자의 인터뷰, 책 소개 동영상을 통해 책에서는 접할 수 없었던 입체적인 정보들을 경험하실 수 있습니다.

메이트북스 블로그 blog.naver.com/1n1media

1분 전문가 칼럼, 화제의 책, 화제의 동영상 등 독자 여러분을 위해 다양한 콘텐츠를 매일 올리고 있습니다.

메이트북스 네이버 포스트 post.naver.com/1n1media

도서 내용을 재구성해 만든 블로그형, 카드뉴스형 포스트를 통해 유익하고 통찰력 있는 정보들을 경험하실 수 있습니다.

STEP 1. 네이버 검색창 옆의 카메라 모양 아이콘을 누르세요. STEP 2. 스마트렌즈를 통해 각 QR코드를 스캔하시면 됩니다.
STEP 3. 팝업창을 누르시면 메이트북스의 SNS가 나옵니다.